Vertraulichkeit für Informanten des Europäischen Amtes für Betrugsbekämpfung (OLAF)

Schriften zum Europa- und Völkerrecht und zur Rechtsvergleichung

Herausgegeben von Manfred Zuleeg

Band 19

PETER LANG

Frankfurt am Main · Berlin · Bern · Bruxelles · New York · Oxford · Wien

Andrea Spellerberg

Vertraulichkeit für Informanten des Europäischen Amtes für Betrugsbekämpfung (OLAF)

Der Schutz des Informanten nach Art. 287 EG und die Verteidigungsrechte der Betroffenen

PETER LANG
Europäischer Verlag der Wissenschaften

Bibliografische Information Der Deutschen Bibliothek
Die Deutsche Bibliothek verzeichnet diese Publikation in der Deutschen Nationalbibliografie; detaillierte bibliografische Daten sind im Internet über <http://dnb.ddb.de> abrufbar.

Zugl.: Augsburg, Univ., Diss., 2005

D384
ISSN 1436-2007
ISBN 3-631-54839-7

www.peterlang.de

Meinen Eltern

Vorwort

Diese Arbeit wurde im Wintersemester 2004/2005 vom Fachbereich Rechtswissenschaften der Universität Augsburg als Dissertation angenommen. Literatur und Rechtsprechung konnten bis Ende des Jahres 2004 berücksichtigt werden.

Mein besonderer Dank gilt meinem Doktorvater Herrn Prof. Dr. Helmut Satzger für die engagierte Betreuung der Arbeit. Herrn Prof. Dr. Frank Arloth danke ich für die zügige Erstellung des Zweitgutachtens. Sehr gefreut habe ich mich über die Bereitschaft von Herrn Prof. Dr. Manfred Zuleeg, die Arbeit in seine Schriftenreihe aufzunehmen.

Harald Spitzer und Laraine L. Laudati waren so freundlich, meine Fragen zu OLAF zu beantworten.

Für moralische und fachliche Unterstützung bei der Anfertigung dieser Arbeit bedanke ich mich ganz herzlich bei Dr. Michael Reiling. Besonders erwähnen möchte ich auch Anja Gitta Berger, Heike Weitzer, Myriam Schwalbé und Marlies Kneifel.

Frankfurt am Main, im November 2005

Inhaltsverzeichnis

Abkürzungsverzeichnis

a.A.	anderer Ansicht
ABl.	Amtsblatt der Europäischen Gemeinschaften
Abs.	Absatz
a.E.	am Ende
AgrarR	Agrarrecht (Zeitschr.)
Allg.	Allgemeiner, Allgemeines
Anm.	Anmerkung
AöR	Archiv für öffentliches Recht (Zeitschr.)
ArchKrim	Archiv für Kriminologie (Zeitschr.)
Art.	Artikel
Aufl.	Auflage
AV	Vertrag von Amsterdam zur Änderung des Vertrags über die Europäische Union, der Verträge zur Gründung der Europäischen Gemeinschaften sowie einiger damit zusammenhängender Rechtsakte
Az.	Aktenzeichen
BayObLG	Bayerisches Oberstes Landesgericht
BayVBl	Bayerische Verwaltungsblätter
Beih.	Beiheft
Beschl. v.	Beschluss vom
Bd.	Band
BGH	Bundesgerichtshof
BGHSt	Sammlung der Entscheidungen des BGH in Strafsachen
BT	Bundestag
BT- Drs.	Bundestagsdrucksache
BTMG	Gesetz über den Verkehr mit Betäubungsmitteln
BVerfG	Bundesverfassungsgericht
BVerfGE	Sammlung der Entscheidungen des BVerfG
BVerwG	Bundesverwaltungsgericht
BVerwGE	Sammlung der Entscheidungen des BVerwG
CMLRev	Common Market Law Review (Zeitschr.)
DB	Der Betrieb (Zeitschr.)
d.h.	das heißt
DÖV	Die öffentliche Verwaltung
DR	Decisions and Reports (amtliche Sammlung der Entscheidungen der Europäischen Kommission für Menschenrechte)
DRiZ	Deutsche Richterzeitung
Drs.	Drucksache (auch: Drucks.)
DVBl.	Deutsches Verwaltungsblatt
EA	Vertrag zur Gründung der Europäischen Atomgemeinschaft in der nach dem 1. Mai 1999 geltenden Fassung
EAGV	Vertrag zur Gründung der Europäischen Atomgemeinschaft in der vor dem 1. Mai 1999 geltenden Fassung
ECU	European Currency Unit
ECLRev	European Competition Law Review
ed.	edition
EG	Europäische Gemeinschaften
EG	Vertrag zur Gründung der Europäischen Gemeinschaft in der nach dem 1. Mai 1999 geltenden Fassung
EG	Einführungsgesetz
EGGVG	Einführungsgesetz zum Gerichtsverfassungsgesetz
EGKS	Europäische Gemeinschaft für Kohle und Stahl
EGKSV	Vertrag über die Gründung der Europäischen Gemeinschaft für Kohle und Stahl in der vor dem 1. Mai 1999 geltenden Fassung
EGMR	Europ. Gerichtshof für Menschenrechte

EGV	Vertrag zur Gründung der Europäischen Gemeinschaft in der vor dem 1. Mai 1999 geltenden Fassung
EKMR	Europäische Kommission für Menschenrechte
EL	Ergänzungslieferung
ELRev	European Law Review (Zeitschr.)
EMRK	Europopäische Konvention zum Schutze der Menschenrechte und Grundfreiheiten
EU	Europäische Union; Vertrag über die Europäische Union in der nach dem 1. Mai 1999 geltenden Fassung
EuArch.	Europa-Archiv (Zeitschr.
EuG	Europäisches Gericht erster Instanz
EuGH	Gerichtshof der Europäischen Gemeinschaften
EuGRZ	Zeitschrift für Europäische Grundrechte
EuR	Europarecht (Zeitschr.)
Euratom	Europäische Atomgemeinschaft
EUV	Vertrag über die Europäische Union in der vor dem 1. Mai 1999 geltenden Fassung
EuZW	Europäische Zeitschrift für Wirtschaftsrecht
EWG	Europäische Wirtschaftsgemeinschaft
EWGV	Vertrag zur Gründung der EWG
EWS	Europäisches Wirtschafts- und Steuerrecht (Zeitschr.)
f.	für, folgende
ff.	folgende
FAZ	Frankfurter Allgemeine Zeitung
Fn.	Fußnote(n)
FS	Festschrift
GA	Generalanwalt
GA	Goltdammer's Archiv für Strafrecht (Zeitschr.)
GG	Grundgesetz
GRC	Charta der Grundrechte der Europäischen Union
GS	Gedächtnisschrift
GVG	Gerichtsverfassungsgesetz
HS.	Halbsatz
HStR	Handbuch des Staatsrechts
h.M.	herrschende Meinung
Hrsg.	Herausgeber
i.d.R.	in der Regel
i.e.S.	im engeren Sinn
i.S.v.	im Sinne von
i.S.d.	im Sinne der / des
i.V.m.	in Verbindung mit
i.w.S.	im weiteren Sinn
JR	Juristische Rundschau (Zeitschr.)
Jura	Juristische Ausbildung (Zeitschr.)
JZ	Juristenzeitung (Zeitschr.)
KOM	Dokument der EG-Kommission [KOM (Jahr) Nr.]
KS	Vertrag über die Gründung der Europäischen Gemeinschaft für Kohle und Stahl in der nach dem 1. Mai 1999 geltenden Fassung
LG	Landgericht
LIEI	Legal Issues of Economic Integration (Zeitschr.)
lit.	litera, literae
Losebl.-Ausg.	Loseblatt-Ausgabe
MDR	Monatsschrift für Deutsches Recht
m.w.N.	mit weiteren Nachweisen
n.	note
NJW	Neue Juristische Wochenschrift
n. n. a. Slg.	noch nicht in der amtlichen Sammlung veröffentlicht
n. v.	nicht veröffentlicht
NVwZ	Neue Zeitschrift für Verwaltungsrecht

NZA	Neue Zeitschrift für Arbeitsrecht
NZZ	Neue Zürcher Zeitung
OLAF	Office Européen de lutte anti-fraude
OLG	Oberlandesgericht
RabelsZ	Rabels Zeitschr. für ausländ. und internat. Privatrecht
RdC	Recueil des Cours de l'Académie de droit international
Rdnr.	Randnummer
RIW	Recht der internationalen Wirtschaft (Zeitschr.)
RIW / AWD	Recht der internationalen Wirtschaft / Außenwirtschaftsdienst (Zeitschr.)
RL	Richtlinie
RMC	Revue du Marché Commun
Rs.	Rechtssache
Rspr.	Rechtsprechung
RTDE	Revue trimestrielle de droit européen (Zeitschr.)
RTDH	Revue trimestrielle des droits de l'homme (Zeitschr.)
S.	Satz, Seite
Schw ZStrR	Schweizerische Zeitschrift für Strafrecht
Slg.	Amtliche Sammlung der Entscheidungen des EuGH und des EuG
Spr.	Spiegelstrich
st.	ständig, ständige
st. Rspr.	ständige Rechtsprechung
StPO	Strafprozeßordnung
StraFo	Strafverteidiger Forum
SZ	Süddeutsche Zeitung
u.	und
u.a.	und andere
u.ä.	und ähnliches
UCLAF	Unité de coordination de la lutte anti-fraude
Urt. v.	Urteil vom
v.	von, vom
VerfO	Verfahrensordnung
VG	Verwaltungsgericht
VO	Verordnung
Vol.	Volume
VwVfG	Verwaltungsverfahrensgesetz
W. Comp.	World Competition (Zeitschr.)
wistra	Zeitschrift für Wirtschaft - Steuer - Strafrecht
WTO	Welthandelsorganisation
WuW	Wirtschaft und Wettbewerb (Zeitschr.)
WVRK	Wiener Übereinkommen über das Recht der Verträge
ZaöRV	Zeitschrift für ausländ. öffentl. Recht u. Völkerrecht
z.B.	zum Beispiel
Zeitschr.	Zeitschrift
ZeuS	Zeitschrift für Europarechtliche Studien
ZStW	Zeitschrift für die gesamte Strafrechtswissenschaft
ZvglR Wiss	Zeitschrift für vergleichende Rechtswissenschaft

Im Übrigen sei auf *Kirchner, Hildebert*, Abkürzungsverzeichnis der Rechtsprache, bearbeitet von Cornelie Butz, 5. Auflage, Berlin 2003 und *Igor Karass / Mary Miles Prince* (Hrsg.), World Dictionary of Legal Abbreviations, Loseblatt, Buffalo 1999 verwiesen.

Wird in Fußnoten direkt auf WWW-Dokumente verwiesen, so sind diese letztmalig im Januar 2005 eingesehen worden. Für die noch nicht in der amtlichen Sammlung veröffentlichten Entscheidungen der Gemeinschaftsgerichte (n. n. a. Slg.) sei auf die Möglichkeit verwiesen, diese unter http://curia.eu.int/jurisp/cgi-bin/form.pl?lang=de einzusehen.

Sämtliche Rechtsakte sind – soweit nicht anders vermerkt – in ihrer im Januar 2005 geltenden Fassung zitiert.

Die Fundstellen von Rechtsakten der Union und der Gemeinschaften ergeben sich aus EUR-Lex, dem Portal zum Recht der Europäischen Union (http://europa.eu.int/eur-lex/de/index.html). Sie sind jedoch aus Gründen der komfortableren Auffindbarkeit jeweils mit angeführt.

Für die Fundstellen der Bundesgesetze sei hingegen auf die gängigen Gesetzessammlungen *Heinrich Schönfelder*, Deutsche Gesetze, Loseblatt, München und *Carl Sartorius*, Bd. I, Verfassungs- und Verwaltungsgesetze, Loseblatt, München, verwiesen.

Einleitung

A. Problemstellung

Durch rechtswidrige Handlungen erleidet die Gemeinschaft jährlich einen Schaden in Höhe von insgesamt mehreren hundert Millionen Euro[1]. Dementsprechend hat die Europäische Gemeinschaft seit Ende der achtziger Jahre verstärkte Anstrengungen unternommen, ihre finanziellen Interessen zu schützen[2]. 1988 richtete die *Kommission* die Task-Force „Koordinierung der Betrugsbekämpfung" *UCLAF* (Unité de coordination

[1] *C. Waldhoff*, in: Calliess / Ruffert, EUV / EGV, 2. Aufl. 2002, Art. 280 EG Rdnr. 1; *P. Chavaki*, ZEuS 1999, S. 431, 433. Siehe *Kommission*, Schutz der finanziellen Interessen der Gemeinschaft und Betrugsbekämpfung – Jahresbericht 1998 vom 17.12.1999, KOM (1999) 590 endgültig, S. 7 f., einsehbar unter: http:// europa.eu.int/ comm/ anti_fraud/ reports/ commission/ 95-99/ rep_comm_98_de.pdf; *Kommission*, Schutz der finanziellen Interessen der Gemeinschaft und Betrugsbekämpfung – Jahresbericht 2001 vom 06.08.2002, KOM (2002) 348 endgültig/3, S. 100 ff., http:// europa.eu.int/ comm/ anti_fraud/ reports/ commission/ 2001/ rep_comm_2001_de.pdf; zum Betrug als Strukturproblem vgl. *W. A. Tupman*, The search for supra-national solutions: Investigating fraud against the European Budget, in: Fraud on the European Budget, Hume Papers on Public Policy, Vol. 4 No. 3 1996, S. 43, 45 f.; zur Anfälligkeit des Agrarsektors für Betrug vgl. *L. Allkemper*, RIW 1992, S. 121 ff.; insbesondere im Zusammenhang mit den Quotierungen *C. Harrison*, A Ministry of Agriculture, Fisheries and Food Perspective, in: Fraud on the European Budget, Hume Papers on Public Policy, Vol. 4 No. 3 1996, S. 55 ff.; zu den Erscheinungsformen von Unregelmäßigkeiten zu Lasten des EG-Haushaltes vgl.: *E. Pache*, Der Schutz der finanziellen Interessen der Europäischen Gemeinschaften, 1994, S. 57 ff.; *G. Dannecker*, ZStW 1996, S. 577, 579 ff.

[2] *Rechnungshof*, Sonderbericht Nr. 8/98 über die mit der Betrugsbekämpfung befaßten Dienststellen der Kommission, insbesondere die Einheit für die Koordinierung der Betrugsbekämpfung UCLAF (Unité de coordination de la lutte anti-fraude), zusammen mit den Antworten der Kommission Sonderbericht Nr. 8/98 des Rechnungshofes über die mit der Betrugsbekämpfung befaßten Dienststellen, ABl. Nr. C 230 vom 22.07.1998, S. 2; vgl. Verordnung (EG/EURATOM) Nr. 2988/1995 des Rates vom 18. Dezember 1995 über den Schutz der finanziellen Interessen der Europäischen Gemeinschaften, ABl. Nr. L 312 vom 23.12.1995, S. 1–4; Verordnung (EURATOM, EG) Nr. 2185/96 des Rates vom 11. November 1996 betreffend die Kontrollen und Überprüfungen vor Ort durch die Kommission zum Schutz der finanziellen Interessen der Europäischen Gemeinschaften vor Betrug und anderen Unregelmäßigkeiten, ABl. Nr. L 292 vom 15.11.1996, S. 2–5; durch den Vertrag von Maastricht Einfügung des Art. 209a EGV, geändert durch den Vertrag von Amsterdam und nunmehr Art. 280 EG; vgl. auch *U. Mager*, ZEuS 2000, S. 177.

de la lutte anti-fraude)[3] ein, die die Bekämpfung der Betrügereien zu Lasten der Finanzen der Gemeinschaft zur Aufgabe hatte. Mit Wirkung vom 1. Juni 1999 wurde *UCLAF* vom europäischen Amt für Betrugsbekämpfung (*OLAF* – Office Europėen de lutte anti-fraude) abgelöst[4]. Seitdem nimmt *OLAF* die Untersuchungsbefugnisse wahr, die der *Kommission* durch die in diesen Bereichen geltenden gemeinschaftlichen Rechtsvorschriften und Übereinkommen übertragen wurden[5]. Dies dient der intensiveren Bekämpfung von Betrug, Korruption und sonstigen rechtswidrigen Handlungen zum Nachteil der finanziellen Interessen der Europäischen Gemeinschaft[6]. Darüber hinaus sichert *OLAF* seitens der *Kommission* die Unterstützung der Mitgliedstaaten bei der Organisation einer engen und regelmäßigen Zusammenarbeit zwischen ihren zuständigen Behörden, um die Tätigkeit zum Schutz der finanziellen Interessen der Europäischen Gemeinschaft vor Betrug zu koordinieren[7].

Zur effektiven Wahrnehmung der Untersuchungsbefugnisse ist *OLAF* in besonderem Maße auf die Zusammenarbeit mit Personen angewiesen, die aus eigener Initiative dem Amt Unregelmäßigkeiten melden. Nicht jeder Hinweisgeber möchte dabei offen in Erscheinung treten. Probleme ergeben sich bei denen, die eine vertrauliche Behandlung ihrer Angaben begehren, denn das Zusammenspiel von OLAF-Untersuchungen und anschließendem nationalen Strafverfahren ist komplex. *OLAF* trifft durch seine Untersuchungstätigkeit wesentliche Vorbereitungen für ein anschließendes nationales Strafverfahren. Die Strafverfahren selbst, in denen die Angaben der

[3] Zu UCLAF vgl. *H.-J. Prieß / H. Spitzer*, EuZW 1994, S. 297, 302 f.; *U. Sieber*, SchwZStrR 1996, S. 357, 386 ff.

[4] Verordnung (EG) Nr. 1073/1999 des Europäischen Parlaments und des Rates vom 25. Mai 1999, ABl. Nr. L 136 vom 31.05.1999, S. 1–7; Verordnung (Euratom) Nr. 1074/1999 des Rates vom 25. Mai 1999, ABl. Nr. L 136 vom 31.05.1999, S. 8–14; Beschluss 1999/352/EG, EGKS, Euratom der Kommission vom 28. April 1999, ABl. Nr. L 136 vom 31.05.1999, S. 20–22.

[5] Art. 1 Abs. 1 Verordnung (EG) Nr. 1073/1999 des Europäischen Parlaments und des Rates vom 25. Mai 1999, ABl. Nr. L 136 vom 31.05.1999, S. 1–7; Art. 1 Abs. 1 Verordnung (Euratom) Nr. 1074/1999 des Rates vom 25. Mai 1999, ABl. Nr. L 136 vom 31.05.1999, S. 8–14.

[6] Art. 1 Abs. 1 Verordnung (EG) Nr. 1073/1999 des Europäischen Parlaments und des Rates vom 25. Mai 1999, ABl. Nr. L 136 vom 31.05.1999, S. 1–7; Art. 1 Abs. 1 Verordnung (Euratom) Nr. 1074/1999 des Rates vom 25. Mai 1999, ABl. Nr. L 136 vom 31.05.1999, S. 8–14.

[7] Art. 1 Abs. 2 Verordnung (EG) Nr. 1073/1999 des Europäischen Parlaments und des Rates vom 25. Mai 1999, ABl. Nr. L 136 vom 31.05.1999, S. 1–7; Art. 1 Abs. 2 Verordnung (Euratom) Nr. 1074/1999 des Rates vom 25. Mai 1999, ABl. Nr. L 136 vom 31.05.1999, S. 8–14.

Informanten von Nutzen sein können, fallen indessen ausschließlich in die Kompetenz der Mitgliedstaaten.

Es fragt sich, wie in diesem Spannungsfeld von Untersuchungstätigkeit auf Gemeinschaftsebene und Verwertung der Untersuchungsergebnisse auf mitgliedstaatlicher Ebene Vertraulichkeit für einen Informanten gewährt werden kann. Mit in dieses Spannungsfeld einzuordnen ist dabei die Wahrung der Verteidigungsrechte.

B. Gang der Untersuchung

Diese Untersuchung stellt zunächst die Problematik von Vertraulichkeit für Informanten im rein deutschen Rechtsrahmen dar (*Teil 1*[8]).

Sodann wird auf die Problematik eines Informanten des *OLAF* eingegangen. Dabei soll zunächst herausgearbeitet werden, welche Regelungen und Regelungsmöglichkeiten es vor dem Hintergrund des geltenden Gemeinschaftsrechts gibt. Besonderes Augenmerk gilt dabei den Verteidigungsrechten Betroffener (*Teil 2* – B.[9]). Anschließend werden die Auswirkungen der gemeinschaftsrechtlichen Vorgaben auf die mitgliedstaatliche Ebene untersucht (*Teil 2* – C.[10]).

Die Arbeit schließt mit einer Darstellung der gewonnenen Ergebnisse (*Teil 3*[11]).

8 Unten, S. 5–31.
9 Unten, S. 34–208.
10 Unten, S. 209–246.
11 Unten, S. 247–251.

Teil 1:

Stellung von Informanten in Deutschland

A. Spezifischer Schutz von Informanten

I. Begriffsbestimmung

1. Informant

In Deutschland hat man sich nach früheren terminologischen Unklarheiten[12] anscheinend mittlerweile darauf verständigt, „*eine Person, die im Einzelfall bereit ist, gegen Zusicherung*[13] *der Vertraulichkeit der Strafverfolgungsbehörde Informationen zu geben*“, als Informant zu definieren[14].

Diese Begriffsfestlegung wird – soweit die Untersuchung sich auf Deutschland bezieht – wegen der allgemeinen Üblichkeit auch beibehalten[15].

[12] Vgl z.B. *H. Geißer*, GA 1985, S. 247 Fn. 2; *B. Wehner*, Kriminalistik 1986, S. 383; einen guten Überblick liefert *A. Beck*, Bekämpfung der organisierten Kriminalität speziell auf dem Gebiet der Rauschgiftkriminalität unter besonderer Berücksichtigung der V-Mann-Problematik, 1990, S. 4 ff. m.w.N.

[13] Die Verwendung des Terminus „Zusicherung“ scheint dabei nicht der üblichen verwaltungsrechtlichen Terminologie zu entsprechen; zum mittlerweile üblichen Sprachgebrauch vgl. *P. Stelkens / U. Stelkens*, in: Stelkens / Bonk / Sachs, VwVfG, 6. Aufl. 2001, § 38 Rdnr. 1.

[14] Gemeinsame Richtlinien der Justizminister / -senatoren und der Innenminister / -senatoren der Länder über die Inanspruchnahme von Informanten sowie über den Einsatz von Vertrauenspersonen (V-Personen) und Verdeckten Ermittlern im Rahmen der Strafverfolgung, Teil I Nr. 2.1., abgedruckt bei *L. Meyer-Goßner*, StPO, 46. Aufl. 2003, Anlage D zu A 15 S. 1934 ff. Die RiStBV inklusive Anlagen sind jedoch lediglich eine bundeseinheitliche Verwaltungsanordnung, die vornehmlich für den Staatsanwalt bestimmt ist (vgl. *C. Roxin*, Strafverfahrensrecht, 25. Aufl. 1998, § 3 D Rdnr. 9 f.).

[15] Jedoch ist diese Definition nicht unproblematisch. Bedenklicherweise ist trotz der Komplexität der Entscheidung, ob einem bestimmten Hinweisgeber Vertraulichkeit zugesichert werden kann, die Vertraulichkeitszusage sozusagen als angestrebte Gegenleistung bereits in der Definition enthalten. Ungeklärt ist auch, wie das Verlangen des Hinweisgebers nach einer Vertraulichkeitszusage genau ausgestaltet sein soll, d.h. z.B., ob das Verlangen nach einer Vertraulichkeitszusage als „Gegenleistung“ fortwährt. Nach dem

2. Andere Ermittlungsgehilfen

Von Informanten sind V-Männer, auch Vertrauenspersonen genannt, verdeckte Ermittler und nicht öffentlich ermittelnde Polizeibeamte zu unterscheiden.

a) V-Männer

„V-Männer sind Personen, die, ohne einer Strafverfolgungsbehörde anzugehören, bereit sind, diese bei der Aufklärung von Straftaten auf längere Zeit vertraulich zu unterstützen, und deren Identität grundsätzlich geheimgehalten wird."[16]

b) Verdeckte Ermittler

Verdeckte Ermittler sind Beamte des Polizeidienstes, die unter einer ihnen verliehenen, auf Dauer angelegten, veränderten Identität (Legende) ermitteln (§ 110 a Abs. 2 S. 1 StPO)[17].

Wortlaut der Definition müsste man genau von letzterem ausgehen, da die Definition die Präsensform von „bereit sein" verwendet. De facto bedeutet das, dass man in der deutschen Terminologie eigentlich einen Informanten, dem Vertraulichkeit versagt wurde, mit dieser Versagung nicht mehr Informant nennen darf. Mit Nichteintritt der angestrebten „Gegenleistung", d.h. der Vertraulichkeitszusage, ist der Hinweisgeber denknotwendig vor dem Hintergrund dieser Definition nicht mehr bereit, seine Informationen preiszugeben und also nicht mehr „Informant" im Sinne der Definition.

[16] Gemeinsame Richtlinien der Justizminister / -senatoren und der Innenminister / -senatoren der Länder über die Inanspruchnahme von Informanten sowie über den Einsatz von Vertrauenspersonen (V-Personen) und Verdeckten Ermittlern im Rahmen der Strafverfolgung, Teil I Nr. 2.2., abgedruckt bei *L. Meyer-Goßner*, StPO, 46. Aufl. 2003, Anlage D zu A 15 S. 1934 ff.

[17] Zur Abgrenzung des Verdeckten Ermittlers zu anderen verdeckt Ermittelnden vgl: *BGH*, 07.03.1995, 1 StR 685/94, BGHSt 41, 64 und die Anmerkung von *W. Beulke / S. Rogat*, JR 1996, S. 517 ff. sowie *V. Krey / S. Jaeger* NStZ 1995, S. 517, 518 f.; *E. Weßlau*, StV 1995, S. 506 ff. und *K. Rogall*, JZ 1996, S. 260 ff.; *BGH*, 06.02.1996, 1 StR 544/95, NStZ 1996, 450 mit Anmerkung von *K. Rogall*, NStZ 1996, 451 f.; *BGH*, 12.12.1996, 4 StR 499/96, NStZ 1997, 294; *C. Roxin*, StV 1998, S. 43 ff.; *H. Wollweber*, StV 1997, S. 507 ff.; *BGH*, 06.02.1997, 1 StR 527/96 NStZ 1997, 448 mit Anmerkung von *H. Hilger*, NStZ 1997, S. 449 f. und *H. Nitz*, JR 1998, S. 211 ff. sowie *H. Frister*, JZ 1997, S. 1130 ff.; *J. Felsch*, StV 1998, S. 285 ff.; *H. Maul*, StraFo 1997, S. 38, 38 f.

c) Nicht öffentlich ermittelnde Polizeibeamte

Nicht öffentlich ermittelnde Polizeibeamte sind verdeckt ermittelnde Polizeibeamte, die, ohne auf Dauer unter einer Legende aufzutreten, kurzzeitig in eine andere Rolle schlüpfen[18].

d) Übergänge

Offensichtlich ist auch, dass der Übergang zwischen der Qualifizierung einer Person als Informant und der Qualifizierung einer Person als V-Mann nicht klar umrissen werden kann. Sofern es sich lediglich um Informationsweitergabe und nicht um darüber hinausgehende Unterstützung der Strafverfolgungsbehörden handelt, ist der Definitionsunterschied lediglich folgender: Der Informant ist „im Einzelfall bereit", der V-Mann „auf längere Zeit bereit". Die Übergänge sind im Bereich der Informationsweitergabe dementsprechend fließend. Damit korrespondiert auch, dass selbst nach Erlass der Anlage D zur RiStBV in der Literatur Informanten meist in einem Atemzug mit V-Männern genannt werden und anschließend häufig keine weitere Differenzierung vorgenommen wird. Auch das *Kriminalistik Lexikon* führt in seiner 3. Auflage von 1996 immer noch keinen Eintrag unter dem Stichwort „Informant".

In diesem Sinne sind *Werner Beulke / Helmut Satzger* der Auffassung, dass sich V-Mann (i.e.S.) und Informant in der rechtlichen Behandlung nicht unterscheiden; für beide gelten die von der Rechtsprechung herausgearbeiteten Grundsätze gleichermaßen. Dementsprechend wollen sie beide Personengruppen unter der Bezeichnung V-Männer (i.w.S.) zusammenfassen[19].

3. Der Untersuchung zu Grunde gelegte Begriffe

Diese Untersuchung legt ihren Schwerpunkt auf den „Informanten" im Sinne der oben genannten Definition. *OLAF* arbeitet nur mit Hinweisgebern, die in der Regel nur im Einzelfall bereit sind, gegen Zusicherung der Vertraulichkeit Informationen an *OLAF* weiterzugeben. Es werden keine verdeckten Operationen mit V-Männern durchgeführt.

Bezüglich des deutschen Rechtsrahmens wird in dieser Untersuchung die Problematik der Informanten und der V-Männer (i.e.S.) gemeinsam be-

[18] *W. Beulke*, Strafprozeßrecht, 6. Aufl. 2002, Rdnr. 423.

[19] *W. Beulke / H. Satzger*, JZ 1993, S. 1013, 1014; ähnlich *H.-J. Weider*, StV 2000, S. 48, 48.

handelt, sofern sich nicht Besonderheiten für den Informanten ergeben, die eine getrennte Betrachtungsweise erfordern. In letzterem Fall wird in der Regel ausschließlich der Informant behandelt. Eine spezielle Betrachtung des V-Mannes i.e.S.[20] ist nicht mehr Gegenstand dieser Untersuchung. Sofern es sich nicht um die schwer abgrenzbare Grauzone zwischen „Informant" und „V-Mann i.e.S." im Bereich der reinen Informationsweitergabe handelt, ist eine Verwendung eines V-Mannes i.e.S. durch *OLAF* kaum denkbar.

II. Arten vertraulicher Information

Es gibt eine Vielzahl von Gründen, warum Angaben von Personen bzw. auch die Personalien dieser Personen in verschiedenen Stadien des Verfahrens verdeckt gehalten und nicht berücksichtigt werden. Für die Konstellation, dass eine Privatperson Hinweise auf eine Straftat hat, sind indessen lediglich folgende Kategorien vertraulicher Information relevant:

1. Anonymer Hinweis

Ein anonymer Hinweisgeber fällt per definitionem bereits nicht in die Kategorie der Informanten. Allerdings wird selbst anonymen Mitteilungen nachgegangen, aus denen sich der Verdacht einer Straftat schlüssig ergibt[21]. Die anonyme Information als solche hat jedoch keinerlei Beweiswert, sogar eine mittelbare Verwertung durch Vernehmung des Empfängers der Information muss ausgeschlossen sein[22]. Anonyme Hinweise können einzig dazu dienen, aufgrund ihres Inhaltes weiterführende Beweismittel zu erschließen oder den anonymen Hinweisgeber ausfindig zu machen.

[20] Auch gibt es bereits genügend umfangreiche Untersuchungen zur Problematik des V-Mannes als solchem, z.B. *H. H. Haas*, V-Leute im Ermittlungs- und Hauptverfahren, 1986; *A. Beck*, Bekämpfung der organisierten Kriminalität speziell auf dem Gebiet der Rauschgiftkriminalität unter besonderer Berücksichtigung der V-Mann-Problematik, 1990; *D. Scherp*, Die polizeiliche Zusammenarbeit mit V-Personen, 1992; *H. von Zwehl*, Der Einsatz von V-Leuten und die Einführung des Wissens von V-Leuten in das Strafverfahren, 1987; *F. Arloth*, Geheimhaltung von V-Personen und Wahrheitsfindung im Strafprozeß, 1987; *K. Krauß*, V-Leute im Strafprozeß und die Europäische Menschenrechtskonvention, 1999.

[21] *L. Meyer-Goßner*, StPO, 46. Aufl. 2003, § 160 Rdnr. 9.

[22] *P. Wetterich*, Verwertung vertraulicher Informationen, in: FS für Middendorff, 1986, S. 274.

2. Vertrauliche Anzeige

Die Zusage der vertraulichen Behandlung einer Anzeige ist nach einhelliger Meinung grundsätzlich zulässig[23]. Andernfalls würden Staatsanwaltschaft und Polizei in nicht wenigen Fällen ein wichtiges Mittel zur Aufklärung von Straftaten verlieren[24]. Damit ist hier aber zunächst nur die Behandlung der Anzeige als solche gemeint.

3. Vertrauliche Information eines Informanten im Sinne der Definition

Demgegenüber handelt es sich bei vertraulichen Informationen eines Informanten im Sinne der Definition um all diejenigen Angaben, die ein Informant an die Strafverfolgungsbehörde weitergibt. Als „Gegenleistung" dafür erwartet er eine möglichst umfangreiche Vertraulichkeitszusage der Strafverfolgungsbehörde. Diese Art der vertraulichen Information gehört zur Kernproblematik dieser Untersuchung.

III. Zulässigkeit der Verwendung von Informanten

Im Gegensatz zum verdeckten Ermittler (§ 110 a Abs. 1 StPO) wurde der Einsatz der anderen Ermittlungsgehilfen und so auch der Informanten gesetzlich nicht geregelt. Ein Umkehrschluss aus der gesetzlichen Verankerung des verdeckten Ermittlers auf die Unzulässigkeit der Verwendung von Informanten kann allerdings nicht gezogen werden, da der Gesetzgeber den Bereich der Informanten und V-Männer bewusst offen gelassen hat[25].

[23] *C. Roxin*, Strafverfahrensrecht, 25. Aufl. 1998, § 37 A II 9; *L. Meyer-Goßner*, StPO, 46. Aufl. 2003, § 158 Rdnr. 16f; vgl. *H. Geißer*, GA 1985, S. 247 ff.

[24] *W. Dallinger*, MDR 1952, S. 657, 659.

[25] BT- Drs. 12/989 S. 41: *„Der Entwurf greift den Vorschlag nicht auf, auch für die Inanspruchnahme von Informanten sowie über den Einsatz von Vertrauenspersonen (V-Personen) besondere Regelungen in der StPO zu schaffen. Diese Personen sind strafprozessual Zeugen, so daß die notwendige gesetzliche Grundlage für ihre Heranziehung in Ermittlungs- und Strafvefahren gegeben ist.* [...] *Hinsichtlich der Zusicherung der Vertraulichkeit / Geheimhaltung enthält bereits die oben genannte bundeseinheitliche Richtlinie von 1986* [Gemeinsame Richtlinien der Justizminister / -senatoren und der Innenminister / -senatoren der Länder über die Inanspruchnahme von Informanten sowie über den Einsatz von Vertrauenspersonen (V-Personen) und Verdeckten Ermittlern im Rahmen der Strafverfolgung, Teil I Nr. 2.2., abgedruckt bei *L. Meyer-Goßner*, StPO,

Ein wesentlicher Grund dafür[26], den Einsatz Verdeckter Ermittler in der StPO selbst zu regeln, ergibt sich aus der Fürsorgepflicht des Staates gegenüber seinen als Verdeckter Ermittler tätigen Polizeibeamten. Der Gesetzgeber wollte ihre heimliche und auf Täuschung ausgerichtete amtliche Tätigkeit, die insbesondere zu den bei Vernehmungen geltenden Belehrungspflichten in Widerspruch geraten kann, zum Schutz der Polizeibeamten auf eine die Generalklauseln ausformende spezielle Gesetzesgrundlage stellen. Eine solche Fürsorgepflicht besteht gegenüber Informanten und Vertrauensleuten nicht, weil sie die Polizei als Privatpersonen unterstützen und somit nicht gegen Amtspflichten verstoßen können[27].

Eine spezielle Regelung der Nutzung der Erkenntnisse von Informanten und V-Leuten ist bewusst nicht getroffen worden. Informanten und V-Leute sind Zeugen, deren Schutz sich nach den allgemeinen Regeln für Zeugen richtet[28]. Auch wäre eine Regelung eines „Einsatzes" von Informanten und Vertrauensleuten problematisch, denn sie sind nicht Angehörige der Strafverfolgungsbehörden und sollen keine staatlichen Aufgaben mit staatlichen Mitteln erfüllen[29]. Sie werden als Privatpersonen tä-

46. Aufl. 2003, Anlage D zu A 15 S. 1934 ff.] *Regelungen, die auf dem geltenden Recht beruhen und sich bewährt haben. Daraus, daß sich der Entwurf lediglich zu einer Regelung des Ermittlungsorgans „verdeckter Ermittler" entscheidet, kann und darf nicht geschlossen werden, daß die Heranziehung von Zeugen (Informanten / V-Personen) in Zukunft unzulässig sei.*"; vgl. auch *W. Beulke*, Strafprozeßrecht, 6. Aufl. 2002, Rdnr. 424; *H. Hilger*, NStZ 1992, S. 523 Fn. 128.

[26] Abgesehen von verfassungsrechtlichen Erwägungen.

[27] *BGH*, 22.02.1995, 3 StR 552/94, wistra 1995, S. 268, 269.

[28] *H. Hilger*, Verdeckte Ermittler, V-Leute, in: FS für Hanack, 1999, S. 213; vgl. auch *N. Joachim*, StV 1992, S. 245, 246 f. und *H. Lesch*, StV 1995, S. 542, 545 sowie auch *EGMR*, 15.06.1992, Nr. 12433/86, Lüdi / Schweiz, Series A-238, ebenfalls abgedruckt in StV 1992, S. 499 f.

[29] *H. Hilger*, NStZ 1992, S. 523 Fn. 128.

Teile der Literatur fordern jedoch eine direkte gesetzliche Normierung. (*W. Hetzer*, Kriminalistik 2001, S. 690, 692 ff; *H. Lilie / B. Rudolph*, NStZ 1995, S. 514, 515 f.; *G. Fezer*, JZ 1996, S. 602, 609; *O. Lagodny*, StV 1996, S. 167, 172; *G. Duttge*, JZ 1996, S. 556, 556.) Die Verwendung von Informanten und V-Leuten stelle einen Eingriff in das Recht auf informationelle Selbstbestimmung dar (*D. Lammer*, Verdeckte Ermittlungen im Strafprozeß, S. 25 ff.); solche Eingriffe könnten nur aufgrund einer gesetzlichen Grundlage erfolgen, aus der sich Voraussetzungen und der Umfang der Beschränkungen klar für den Bürger erkennbar ergäben und die damit dem rechtsstaatlichen Gebot der Normenklarheit entspreche (Zu letzterem vgl. *BVerfG*, 15.12.1983, 1 BvR 209/83, 1 BvR 269/83, 1 BvR 362/83, 1 BvR 420/83, 1 BvR 440/83 und 1 BvR 484/83 – Volkszählungsurteil, BVerfGE 65, 1, 44; *BVerfG*, 22.06.1977, 1 BvR 799/76, BVerfGE 45, 400, 420). Die herrschende Gegenmeinung sieht die Aufgabenzuweisung des § 163 StPO indessen als ausreichend an (*BGH*, 17.10.1983, GSSt 1/83, BGHSt 32, 115, 121 ff.; *BGH*,

tig. Auch muss der Staat sich ihr eventuelles Fehlverhalten nicht zurechnen lassen, es sei denn, staatliche Organe haben ein solches Fehlverhalten schuldhaft verursacht[30].

IV. Vertraulichkeitszusagen

1. Vertraulichkeitszusage als Bedingung?

Ein Informant kann die Nichtweitergabe seiner Personalien oder die Nichtverwertung des Inhaltes seiner Angaben allerdings nicht zur Aussagebedingung machen. Eine solche Bedingung stände im Widerspruch zur Strafverfolgungspflicht des Ermittlungsbeamten. Der Ermittlungsbeamte kann nicht gezwungen werden, gegen diese Pflicht zu verstoßen[31]. *Paul Wetterich* spricht davon, dass der Ermittlungsbeamte oder der Strafrichter schließlich kein Beichtvater oder Verteidiger sei, für den die StPO Zeugnisverweigerungsrechte bezüglich aller in ihrer Berufseigenschaft anvertrauten Daten vorsehe[32].

Schließlich verpflichtet das Legalitätsprinzip (vgl. §§ 152 Abs. 2, 170 Abs. 1 StPO) die Staatsanwaltschaft, bei einem entsprechenden Anfangsverdacht, Ermittlungen aufzunehmen und, soweit sich der Anfangsverdacht zu einem hinreichenden Tatverdacht (vgl. § 203 StPO) verdichtet, Anklage zu erheben. Dementsprechend ist auch die Rede von einem Ermittlungs- und Anklagezwang bzw. einem Verfolgungszwang gegenüber jedem Verdächtigen[33]. In dem Maße, wie die Polizei in die Ermittlungen eingeschaltet ist (vgl. § 163 StPO), unterliegt sie ebenfalls dem Legalitätsprinzip. Das

21.07.1994, 1 StR 83/94, BGHSt 40, 211, 215; *BGH*, 22.02.1995, 3 StR 552/94, BGHSt 41, 42, 43 f.; *L. Meyer-Goßner*, StPO, 46. Aufl. 2003, § 163 Rn. 34 a).

[30] *H. Hilger*, NStZ 1992, S. 523 Fn. 128. Allerdings können schwerwiegende Gesetzesverstöße von Informanten und V-Leuten (z.B. gegen §§ 201 ff. StGB), die der Erlangung ihrer Erkenntnisse dienen, zur Unverwertbarkeit dieser Erkenntnisse führen (vgl. zur Problematik BGH, 28.04.1987, 5 StR 666/86, NStZ 1989, 33 mit Anmerkung *H. Wagner* NStZ 1989, S. 34 f; *BayObLG*, 27.07.1989, RReg. 2 St 119/89, NJW 1990, 197; *K. H. Gössel*, GA 1991, S. 483, 496). Zu materiellrechtlichen Problemen der Verwendung von V-Männern: *J. Drywa*, Die materiellrechtlichen Probleme des V-Mann-Einsatzes, 1987.

[31] *P. Wetterich*, Verwertung vertraulicher Informationen, in: FS für Middendorff, 1986, S. 275.

[32] *P. Wetterich*, Verwertung vertraulicher Informationen, in: FS für Middendorff, 1986, S. 275.

[33] Vgl. *BVerfG*, 23.07.1982, 2 BvR 8/82, NStZ 1982, 430.

Legalitätsprinzip stellt das notwendige Korrelat zum Anklagemonopol des Staates, d.h. zur Offizialmaxime dar[34]. Gemäß § 152 Abs. 1 StPO ist die Staatsanwaltschaft zur Erhebung der öffentlichen Klage berufen. Indem der materielle Strafanspruch und dessen Durchsetzung allein dem Staat obliegt, gebietet es insbesondere der Gleichheitsgrundsatz (Art. 3 Abs. 1 GG), dass der Staat auch gegen jeden Verdächtigen in gleicher Weise vorgeht[35].

Soweit dementsprechend der Inhalt der Angaben eines Informanten einen Anfangsverdacht begründet, kann der Informant die Nichtweitergabe seiner Personalien bzw. die Nichtverwertung des Inhaltes seiner Angaben nicht zur Aussagebedingung machen.

2. Voraussetzungen einer Vertraulichkeitszusage

a) Die gemeinsamen Richtlinien der Justizminister/ -senatoren und der Innenminister/ -senatoren der Länder

(1) Voraussetzungen

Vielmehr gibt es explizite Vorgaben für die Zusicherung der Vertraulichkeit an eine Vertrauensperson. Die gemeinsamen Richtlinien der Justizminister/ -senatoren und der Innenminister/ -senatoren der Länder über die Inanspruchnahme von Informanten sowie über den Einsatz von Vertrauenspersonen (V-Personen) und Verdeckten Ermittlern im Rahmen der Strafverfolgung[36] formulieren entsprechende Voraussetzungen.

Grundgedanke ist dabei, dass die Inanspruchnahme von Vertrauenspersonen (i.w.S.) eine Abwägung der strafprozessualen Erfordernisse der Unmittelbarkeit der Beweisaufnahme und der vollständigen Sachverhaltserforschung einerseits sowie der Erfüllung öffentlicher Aufgaben durch Sicherung der Vertraulichkeit andererseits erfordert[37]. Der Grundsatz des rechtsstaatlichen fairen Verfahrens ist zu beachten[38].

[34] *L. Meyer-Goßner*, StPO, 46. Aufl. 2003, § 152 Rdnr. 2.

[35] Vgl. *P. Eckl*, ZRP 1973, S. 139, 139.

[36] Gemeinsame Richtlinien der Justizminister / -senatoren und der Innenminister / -senatoren der Länder über die Inanspruchnahme von Informanten sowie über den Einsatz von Vertrauenspersonen (V-Personen) und Verdeckten Ermittlern im Rahmen der Strafverfolgung, Teil I Nr. 2.2., abgedruckt bei *L. Meyer-Goßner*, StPO, 46. Aufl. 2003, Anlage D zu A 15 S. 1934 ff., (im folgenden: „Gemeinsame Richtlinien").

[37] Gemeinsame Richtlinien Teil I Nr. 3.1. S. 1, Fundstelle oben, Fn. 36.

[38] Gemeinsame Richtlinien Teil I Nr. 3.1. S. 2, Fundstelle oben, Fn. 36.

Aus diesen Abwägungskriterien folgt, dass die Zusicherung der Vertraulichkeit vorrangig im Bereich der Schwerkriminalität, der organisierten Kriminalität, des illegalen Betäubungsmittel- und Waffenhandels, der Falschgeldkriminalität und der Staatsschutzdelikte in Betracht kommt[39].

Demgegenüber bedarf es im Rahmen der mittleren Kriminalität einer besonders sorgfältigen Prüfung des Einzelfalles. Die Zusicherung der Vertraulichkeit wird als Ausnahme für den Fall betrachtet [40], dass durch ein stark gehäuftes Auftreten gleichartiger Straftaten ein die Erfüllung öffentlicher Aufgaben oder die Allgemeinheit ernsthaft gefährdender Schaden eintreten kann.

Hingegen muss die Zusicherung der Vertraulichkeit im Bereich der Bagatellkriminalität ausgeschlossen sein[41].

Darüber hinaus gebietet es die Verhältnismäßigkeit, dass Informanten und V-Personen nur verwendet werden dürfen, wenn die Aufklärung sonst aussichtslos oder wesentlich erschwert wäre[42]. Werden Informanten und V-Personen in Anspruch genommen bzw. eingesetzt, so ist es das Ziel der weiteren Ermittlungen, Beweismittel zu beschaffen, die den strafprozessualen Erfordernissen der Unmittelbarkeit der Beweisaufnahme genügen und einen Rückgriff auf die Informanten und V-Personen als Zeugen erübrigen[43].

Für Informanten besteht zusätzlich eine weitere Anforderung. Einem Informanten darf nur dann Vertraulichkeit zugesichert werden, wenn dieser bei Bekanntwerden seiner Zusammenarbeit mit den Strafverfolgungsbehörden erheblich gefährdet wäre oder unzumutbare Nachteile zu erwarten hätte[44].

Aus den einzelnen Kriterien ergeben sich erhebliche praktische Probleme; diese sollen hier jedoch nur kurz angedeutet werden. Da Informanten und V-Personen ihre Kooperation in der Regel von der vorherigen Zusicherung der Vertraulichkeit abhängig machen, werden sie auch erst nach Abgabe der Vertraulichkeitszusage verwertbare Angaben machen. Schwierig dürfte sein, ob in der Praxis die vorangehenden globalen Andeutungen richtig nach Umfang, tatsächlichem Hintergrund sowie kriminalistischer Verwertbarkeit eingeschätzt werden können. Es kann wohl

39 Vgl. Gemeinsame Richtlinien Teil I Nr. 3.1.a), Fundstelle oben, Fn. 36.
40 Gemeinsame Richtlinien Teil I Nr. 3.1.b) S. 2, Fundstelle oben, Fn. 36.
41 Gemeinsame Richtlinien Teil I Nr. 3.1.c), Fundstelle oben, Fn. 36.
42 Vgl. Gemeinsame Richtlinien Teil I Nr. 3.2. S. 1, Fundstelle oben, Fn. 36.
43 Gemeinsame Richtlinien Teil I Nr. 3.2. S. 2, Fundstelle oben, Fn. 36.
44 Gemeinsame Richtlinien Teil I Nr. 3.3., Fundstelle oben, Fn. 36.

nur eine vermutete Einordnung der Kriminalitätsabstufungen erfolgen[45]. Auch ist fraglich, wie anhand solcher Andeutungen im Sinne der Gemeinsamen Richtlinien Teil I Nr. 3.1. S. 1 abgewogen werden soll. Insbesondere wird wohl kaum abzuschätzen sein, ob ein Informant oder V-Mann tatsächlich als Zeuge entbehrlich bleiben kann[46].

(2) Entfallen der Bindung

Staatsanwaltschaft und Polizei sind laut den Gemeinsamen Richtlinien an eine einmal erteilte Vertraulichkeitszusicherung gebunden[47].

Allerdings entfällt die Bindung an die Zusicherung gemäß den Gemeinsamen Richtlinien grundsätzlich dann, wenn die Information wissentlich falsch oder leichtfertig falsch gegeben wird[48] oder wenn sich eine strafbare Tatbeteiligung des Empfängers der Zusicherung herausstellt[49]. Weitere Gründe für das Entfallen der Bindung werden explizit nur für die V-Personen aufgestellt; demgemäß entfällt die Bindung an die Zusicherung für V-Personen grundsätzlich auch dann, wenn sie von einer Weisung vorwerfbar abweichen oder sich sonst als unzuverlässig erweisen[50], bzw. wenn sie sich bei ihrer Tätigkeit für die Strafverfolgungsbehörden strafbar machen[51]. Auf diese Gründe sind Informant bzw. die V-Person vor jeder Zusicherung hinzuweisen[52].

(3) Zuständigkeit für eine Vertraulichkeitszusage

Über die Zusicherung der Vertraulichkeit entscheidet im Bereich der Staatsanwaltschaft der Behördenleiter oder ein von ihm besonders bezeichneter Staatsanwalt, bei Gefahr im Verzug der Dezernent[53]. Im Polizeibereich wird die Entscheidung mindestens auf der Ebene des Leiters der sachbearbeitenden Organisationseinheit getroffen[54].

[45] Vgl. *A. Beck*, Bekämpfung der organisierten Kriminalität speziell auf dem Gebiet der Rauschgiftkriminalität unter besonderer Berücksichtigung der V-Mann-Problematik, 1990, S. 174.

[46] Vgl. *A. Beck*, Bekämpfung der organisierten Kriminalität speziell auf dem Gebiet der Rauschgiftkriminalität unter besonderer Berücksichtigung der V-Mann-Problematik, 1990, S. 175.

[47] Gemeinsame Richtlinien Teil I Nr. 4. S. 1, Fundstelle oben, Fn. 36.

[48] Gemeinsame Richtlinien Teil I Nr. 4.a), Fundstelle oben, Fn. 36.

[49] Gemeinsame Richtlinien Teil I Nr. 4.c), Fundstelle oben, Fn. 36.

[50] Gemeinsame Richtlinien Teil I Nr. 4.b), Fundstelle oben, Fn. 36.

[51] Gemeinsame Richtlinien Teil I Nr. 4.d), Fundstelle oben, Fn. 36.

[52] Gemeinsame Richtlinien Teil I Nr. 4. S. 3, Fundstelle oben, Fn. 36.

[53] Gemeinsame Richtlinien Teil I Nr. 5.1. S. 1, Fundstelle oben, Fn. 36.

[54] Gemeinsame Richtlinien Teil I Nr. 5.1. S. 2, Fundstelle oben, Fn. 36.

(4) Verfahren nach den Gemeinsamen Richtlinien

Die Gemeinsamen Richtlinien enthalten spezifische Verfahrensanweisungen[55]. Besonders hervorzuheben ist, dass die Polizei grundsätzlich, bevor sie einem Informanten Vertraulichkeit zusichert[56] bzw. gezielt eine Vertrauensperson einsetzt[57], die Einwilligung der Staatsanwaltschaft einzuholen hat. Es sei denn, dass der Untersuchungszweck sonst gefährdet würde[58] bzw. die Einholung der Einwilligung nicht rechtzeitig möglich ist[59].

(5) Rechtsnatur der Gemeinsamen Richtlinien

Die Gemeinsamen Richtlinien sind als Anlage D der RiStBV genauso wie die RiStBV selbst nur eine bundeseinheitliche Verwaltungsanordnung, die vornehmlich für den Staatsanwalt bestimmt ist[60].

Die Gemeinsamen Richtlinien bestimmen den Anwendungsbereich teilweise enger als es nach der geltenden Rechtslage notwendig wäre[61]. Für den Staatsanwalt sind die Gemeinsamen Richtlinien auch insoweit bindend, als den Polizeibehörden Befugnisse eingeräumt werden, die ihnen nach der Gesetzeslage wegen der Leitungsbefugnis der Staatsanwaltschaft nicht ohne weiteres zustehen würden[62].

b) Bundesländerspezifische Regelungen

Neben den Gemeinsamen Richtlinien gibt es in den einzelnen Bundesländern noch diverse andere Richtlinien und innerdienstliche Weisungen über den Umgang mit Vertrauenspersonen. So sind insbesondere Detailfragen wie Belehrungen der Vertrauenspersonen, regelmäßige Überwachung, so genannte „Abklärung", der Umgang mit Vorzeigegeld und das Verfahren bei Entlohnung von Vertrauenspersonen geregelt[63]. In der Regel

[55] Vgl. Gemeinsame Richtlinien Teil I Nr. 5., Fundstelle oben, Fn. 36.

[56] Gemeinsame Richtlinien Teil I Nr. 5.2. S. 1, Fundstelle oben, Fn. 36.

[57] Gemeinsame Richtlinien Teil I Nr. 5.3. S. 1, Fundstelle oben, Fn. 36.

[58] Gemeinsame Richtlinien Teil I Nr. 5.2. S. 1, Fundstelle oben, Fn. 36.

[59] Gemeinsame Richtlinien Teil I Nr. 5.3. S. 1, Fundstelle oben, Fn. 36.

[60] Vgl. *C. Roxin*, Strafverfahrensrecht, 25. Aufl. 1998, § 3 D Rdnr. 9 f.

[61] Vgl. LR - *P. Rieß*, 24. Aufl. 1989, § 163 Rdnr. 59.

[62] LR - *P. Rieß*, 24. Aufl. 1989, § 163 Rdnr. 59 mit dem Hinweis auf Abschnitt I 5.4., wonach die Polizei nur in begründeten Ausnahmefällen verpflichtet ist, die Staatsanwaltschaft über die Identität zu unterrichten; vgl. auch *K. Rebmann*, NJW 1985, S. 1, 5 f.

[63] *D. Scherp*, in: Körner, BTMG, 5. Aufl. 2001, § 31 Rdnr. 119.

sind diese Vorschriften als Verschlusssachen mit dem Geheimhaltungsgrad „Nur für den Dienstgebrauch" gekennzeichnet[64].

c) Rechtsnatur der Vertraulichkeitszusage

Die Rechtsnatur der Vertraulichkeitszusage ist allerdings nicht ohne weiteres eindeutig. Die Vertraulichkeitszusage bindet nur die Polizei und die Staatsanwaltschaft. Ein Informant bzw. eine Vertrauensperson darf in der Hauptverhandlung solange nicht als unerreichbares Beweismittel angesehen werden, als nicht eine Sperrerklärung der obersten Dienstbehörde entsprechend § 96 S. 1 StPO vorliegt[65]. Eine bloße Vertraulichkeitszusage ist somit für die Hauptverhandlung irrelevant.

Jedenfalls stellt die Vertraulichkeitszusage keine Zusicherung i.S.d. § 38 Abs. 1 S. 1 VwVfG dar. Eine Zusicherung i.S.d. § 38 Abs. 1 S. 1 VwVfG ist eine von der zuständigen Behörde erteilte Zusage, einen bestimmten Verwaltungsakt später zu erlassen oder zu unterlassen, die zu ihrer Wirksamkeit der schriftlichen Form bedarf. Es ist nicht ersichtlich, dass Vertraulichkeitszusagen stets schriftlich erteilt werden bzw. stets schriftlich erteilt werden sollen. So erwähnen die Gemeinsamen Richtlinien an keiner Stelle eine schriftliche Form.

Auch bezieht sich die Erklärung der Polizei oder der Staatsanwaltschaft nicht darauf, später eine Sperrerklärung zu erlassen, da die Sperrerklärung nur von der jeweils obersten Dienstbehörde (vgl. § 96 S. 1 StPO) erlassen werden kann.

Man muss eine Vertraulichkeitszusage wohl als regulären Verwaltungsakt ansehen[66]. Ein Verwaltungsakt ist eine hoheitliche Maßnahme, die eine

[64] *D. Scherp*, in: Körner, BTMG, 5. Aufl. 2001, § 31 Rdnr. 119.

[65] *BGH*, 17.02.1981, 5 StR 21/81, BGHSt, 30, 34, 35; *BGH*, 03.11.1987, 5 StR 579/87, BGHSt 35, 82, 85; *BGH*, 16.01.2001, 1 StR 523/00, NStZ 2001, S. 333, 333.

[66] Eine Literaturauffassung will die Vertraulichkeitszusage allerdings den vor Erlass des VwVfG geltenden ungeschriebenen Grundsätzen des Allgemeinen Verwaltungsrechts unterstellen, da die Gemeinsamen Richtlinien die Wirksamkeit einer Vertraulichkeitszusage entgegen § 38 Abs. 1 S. 1 HS. 2 VwVfG nicht von einer Schriftform abhängig machen (*H. von Zwehl*, Der Einsatz von V-Leuten und die Einführung des Wissens von V-Leuten in das Strafverfahren, 1987, S. 49). Mit der von *H. von Zwehl* zitierten älteren Kommentierung von *P. Stelkens* kann dies jedoch ohnehin nur für eine Zusage gelten, die sich auf eine andere Handlung des öffentlichen Rechtes als auf den Erlass eines Verwaltungsaktes bezieht (*P. Stelkens*, in: Stelkens / Bonk / Leonhardt, VwVfG, 2. Aufl. 1983, § 38 Rdnr. 5). Im Sinne der heutigen Terminologie würde *H. von Zwehl* die Vertraulichkeitszusage wohl als verwaltungsrechtliche Willenserklärung eigener Art begreifen. Die Rechtsnatur von Zusagen, die eine Zusicherung i.S.d. § 38 VwVfG darstellen, und von allgemeinen Zusagen (solchen, die nicht auf einen Verwaltungsakt gerichtet sind) ist in der verwaltungsrechtlichen Literatur stark umstritten. Teilweise wird die Zusage als

Behörde zur Regelung eines Einzelfalles auf dem Gebiet des öffentlichen Rechtes trifft und die auf unmittelbare Rechtswirkung nach außen gerichtet ist, § 35 S. 1 VwVfG. Die vermeintliche „Zusage" ist gerade nicht auf eine zukünftige Regelung gerichtet, sondern regelt selbst, dass die Polizei und die Staatsanwaltschaft etwas vertraulich zu behandeln haben. Dies gilt im Rahmen der Bindungswirkung einer Vertraulichkeitszusage. Auch hat diese „Zusage" eine Außenwirkung. Zunächst verpflichtet sie zwar nur die Polizei und die Staatsanwaltschaft. Aber diese Verpflichtung ist auch dazu bestimmt, dem Empfänger der Vertraulichkeitszusage ein Recht zu geben. Schließlich begehrte dieser die Vertraulichkeit als „Gegenleistung" für seine Informationen.

d) Bewertung

Indes spielt die Vertraulichkeitszusage im Grunde nur eine Rolle für die reine Ermittlungstätigkeit. Dies ergibt sich aus der Reichweite ihrer Bindung.

Für die Hauptverhandlung ist die bloße Vertraulichkeitszusage irrelevant. Ein Informant darf in der Hauptverhandlung solange nicht als unerreichbares Beweismittel angesehen werden, als nicht eine Sperrerklärung der obersten Dienstbehörde entsprechend § 96 S. 1 StPO vorliegt[67]. Es reicht gerade nicht aus, dass sich die Behörde auf eine einmal erteilte Vertraulichkeitszusage beruft. Die Ladung des Informanten oder einer Vertrauensperson wird dadurch verhindert, dass in analoger Anwendung des § 96 S. 1 StPO[68] jede Auskunft über Identität und Aufenthaltsort des Betreffenden verweigert wird. Ergänzend versagt die Behörde den Beamten, die Aussagen über die ladungsrelevanten Daten des V-Manns machen könnten, insoweit die Aussagegenehmigung, § 54 StPO[69].

Verwaltungsakt angesehen, teilweise jedoch auch traditionell als verwaltungsrechtliche Willenserklärung eigener Art begriffen. In der heutigen Rechtsprechung ist keine klare Linie erkennbar, i.d.R. wird die Frage offen gelassen. Für eine eingehende Darstellung des Streitstandes sei auf *P. Stelkens / U. Stelkens*, in: Stelkens / Bonk / Sachs, VwVfG, 6. Aufl. 2001, § 38 Rdnr. 3 ff. verwiesen.

[67] *BGH*, 17.02.1981, 5 StR 21/81, BGHSt, 30, 34, 35; *BGH*, 03.11.1987, 5 StR 579/87, BGHSt 35, 82, 85; *BGH*, 16.01.2001, 1 StR 523/00, NStZ 2001, S. 333, 333.

[68] § 96 S. 1 StPO analog gilt für sämtliche Zeugen, deren Identität behördlich geheimgehalten wird. BGH, 29.10.1980, 3 StR 335/80, BGHSt 29, 390, 393; *BGH*, 17.02.1981, 5 StR 21/81, BGHSt, 30, 34, 35; *BGH*, 01.07.1983, 1 StR 138/83, BGHSt 32, 32, 37; *BGH*, 17.10.1983, GSSt 1/83, BGHSt 32, 115, 123f.; *BGH*, 16.04.1985, 5 StR 718/84, BGHSt 33, 178, 179 f.; kritisch *G. Herdegen*, NStZ 1984, S. 97, 100.

[69] Zur Diskussion über die Heranziehung von § 96 StPO oder § 54 StPO vgl. *F. Arloth*, Geheimhaltung von V-Personen und Wahrheitsfindung im Strafprozeß, 1987, S. 30 ff.

Das heißt aber auch, dass die inhaltlichen Kriterien für eine Vertraulichkeitszusage letztendlich identisch mit den inhaltlichen Kriterien einer Sperrerklärung nach § 96 S. 1 StPO analog sein müssen. Ansonsten würde eine solche Vertraulichkeitszusage ins Leere laufen, da sie nicht zu dem Hauptziel - der Geheimhaltung der Identität eines Informanten oder V-Mannes mittels Sperrerklärung in der Hauptverhandlung - führen kann. Dementsprechend muss sich auch eine Vertraulichkeitszusage an den Kriterien des § 96 S. 1 StPO analog[70] messen lassen[71].

Aus dem Rechtsstaatsprinzip folgt auch, dass die Behörde grundsätzlich nicht eine Vertraulichkeitszusage abgeben darf, die nicht den Kriterien des § 96 S. 1 StPO entspricht, obwohl sie schon zu dem Zeitpunkt der Zusage weiß bzw. wissen müsste, dass eine solche Vertraulichkeitszusage nicht zu der letztendlich erforderlichen Sperrerklärung nach § 96 S. 1 StPO analog führen kann.

V. Die Sperrerklärung nach § 96 S. 1 StPO analog

1. Zuständigkeit für die Erteilung der Sperrerklärung

Zuständig für die Erteilung der Sperrerklärung ist die oberste Dienstbehörde (§ 96 S. 1 StPO). Demgemäß ist der Innenminister zuständig, soweit es sich um einen Zeugen handelt, der von der Polizei geheim gehalten wird[72]. Dies ist schon deswegen sachdienlich, da das Justizministerium in der Regel nicht über das gleiche Ausmaß an erforderlichen Informationen verfügen dürfte wie das Innenministerium und die Informationen erst von diesem einholen müsste[73]. Des Weiteren muss ohnehin das Innenministerium die Aussagenehmigung für die betreffenden Polizeibeamten versagen[74] (vgl. § 54 StPO).

[70] Zur Sperrerklärung siehe unten, *Teil 1* – A.V., S. 18 ff.

[71] Vgl. *F. Arloth*, Geheimhaltung von V-Personen und Wahrheitsfindung im Strafprozeß, 1987, S. 40, der die Zusage der Vertraulichkeit den §§ 54, 96 StPO unterstellen will, mit Hinweis auf: *J. Meyer*, ZStW 95 (1983), S. 834, 842; *K. Rebmann*, NJW 1985, S. 1, 5 f.; *H. Geißer*, GA 1985, S. 247, 252 ff.

[72] *BGH*, 16.02.1995, 4 StR 733/94, BGHSt 41, 36 ff.; siehe auch die Anmerkung von *K. H. Gössel*, NStZ 1996, S. 287 ff.

[73] Vgl. *BGH*, 16.02.1995, 4 StR 733/94, BGHSt 41, 36, 38 f.

[74] Vgl. *BGH*, 16.02.1995, 4 StR 733/94, BGHSt 41, 36, 38 f.

Soweit die Identität eines Zeugen tatsächlich von der Staatsanwaltschaft und nicht von der Polizei geheim gehalten wird, ist der Justizminister zuständig.

2. Inhaltliche Kriterien für eine Sperrerklärung

Die inhaltlichen Kriterien richten sich ebenfalls nach § 96 S. 1 StPO analog.

a) Geheimhaltungsgründe

§ 96 S. 1 StPO normiert, dass die Vorlegung oder Auslieferung von Akten oder anderen in amtlicher Verwahrung befindlichen Schriftstücken durch Behörden und öffentliche Beamte nicht gefordert werden darf, wenn deren oberste Dienstbehörde erklärt, dass das Bekanntwerden des Inhaltes dieser Akten oder Schriftstücke dem Wohl des Bundes oder eines deutschen Landes Nachteile bereiten würde.

Im Zusammenhang mit Informanten und V-Männern muss also auf die Funktionsfähigkeit der Verwaltung abgestellt werden.

b) Hoher Rang des Gebotes einer fairen Verfahrensgestaltung

Über die geschriebenen Tatbestandsmerkmale des § 96 S. 1 StPO hinaus hat das *BVerfG* weitere Voraussetzungen aufgestellt.

Die Behörde muss den hohen Rang der gerichtlichen Wahrheitsfindung für die Sicherung der Gerechtigkeit und das Gewicht des Freiheitsanspruches des Beschuldigten beachten[75]. Alle Behörden sind verpflichtet, dazu beizutragen, dass dem Gericht möglichst gute Beweismittel zur Verfügung stehen[76]. Das Gebot einer rechtsstaatlichen, insbesondere auch fairen Verfahrensgestaltung wendet sich nicht nur an die Gerichte, sondern ist auch von allen anderen staatlichen Organen zu beachten, die auf den Gang eines Strafverfahrens Einfluss nehmen; demgemäß auch von der Exekutive, soweit sie sich rechtlich gehalten sieht, bestimmte Beweismittel nicht freizugeben[77]. Diese Interessen sind gegen die in den Geheimhaltungsgründen

[75] *BVerfG*, 26.05.1981, 2 BvR 215/81, BVerfGE 57, 250, 284; vgl. auch bereits *W. Kriegler*, Beeinträchtigung des Rechtsschutzes durch staatliche Geheimhaltungsmaßnahmen unter Ausschluß patentrechtlicher Maßnahmen, 1968, S. 136 m.w.N.

[76] *L. Meyer-Goßner*, StPO, 46. Aufl. 2003, § 96 Rdnr. 12.

[77] *BVerfG*, 26.05.1981, 2 BvR 215/81, NJW 1981, S. 1719, 1723.

zum Ausdruck kommenden öffentlichen Interessen sorgfältig abzuwägen, wobei im besonderen Maße die Schwere der Straftat, das Ausmaß der dem Beschuldigten drohenden Nachteile und das Gewicht der einer bestmöglichen Aufklärung entgegenstehenden Umstände sowie der Stellenwert des Beweismittels von Bedeutung sind[78]. Die Rechtsprechung des *BVerfG* ist dabei dahingehend zu verstehen, dass die Abwägung auf der Tatbestandseite vorzunehmen ist und nicht zusätzlich eine Ermessensentscheidung getroffen wird[79].

Insbesondere ist bei dieser Abwägung zu beachten, dass die Zurückhaltung von Beweismitteln für die Verteidigung trotz formaler Wahrung aller prozessualen Rechte zu erheblichen Nachteilen führen kann[80]. Wenn der Zeuge nicht in der Hauptverhandlung vernommen werden kann, entfällt der persönliche Eindruck. Seine Glaubwürdigkeit kann in diesem Fall nicht umfassend beurteilt werden. Möglicherweise bleiben Gesichtspunkte unentdeckt, die zu Zweifeln Anlass geben könnten[81]. Auch kann Näheres über den Zeugen nicht anderweitig in Erfahrung gebracht werden, da Vernehmungsbeamte, die den Zeugen kennen, darüber nicht aussagen dürfen. Die Sperrerklärung darf dementsprechend nicht zu leichtfertig erteilt werden und muss einen Ausnahmefall darstellen[82]. Häufig verbergen sich hinter der Floskel „Funktionstüchtigkeit der Verwaltung" indes konkrete Einzelinteressen[83]. Ein restriktiver Gebrauch der Sperrerklärung folgt jedoch bereits aus ihrem Ausnahmecharakter. Die Regel stellt die Verfügbarkeit aller Beweismittel dar. Jegliche Sperrung ist geeignet, die prozessuale „Waffengleichheit" und damit die Wahrheitsfindung[84] zu beeinträchtigen[85].

c) Beurteilungsspielraum der obersten Dienstbehörde?

Das *OLG Hamm* geht davon aus, dass der obersten Dienstbehörde bei einer solchen Abwägung ein gewisser Beurteilungsspielraum zustehe. Die-

[78] *BVerfG*, 26.05.1981, 2 BvR 215/81, BVerfGE 57, 250, 285.

[79] *F. Arloth*, Geheimhaltung von V-Personen und Wahrheitsfindung im Strafprozeß, 1987, S. 47, Fn. 148.

[80] Vgl. *BVerfG*, 26.05.1981, 2 BvR 215/81, NJW 1981, S. 1719, 1723.

[81] Vgl. *BVerfG*, 26.05.1981, 2 BvR 215/81, NJW 1981, S. 1719, 1723.

[82] Vgl. *BGH*, 03.11.1987, 5 StR 579/87, BGHSt 35, 82, 85; zu diversen Versuchen, die Sperrbefugnis extensiv bis exzessiv zu nutzen vgl. die Belege bei *U. Ziegler*, Die Aussagegenehmigung im Beamtenrecht, 1989, S. 98 ff.

[83] *H. Lisken*, NJW 1991, S. 1658, 1660.

[84] Vgl. zur „Waffengleichheit": *BVerfG*, 08.10.1974, 2 BvR, 747, 748, 749, 750, 751, 752, 753/73, BVerfGE 38, 105, 111.

[85] Vgl. *H. Lisken*, NJW 1991, S. 1658, 1660.

ser werde durch die Verwendung unbestimmter Rechtsbegriffe in § 96 S. 1 StPO („dem Wohl des Bundes oder eines deutschen Landes Nachteile bereiten würden") eröffnet[86].

(1) Die Lehre vom Beurteilungsspielraum und ihre Entwicklung

Nach der von *Otto Bachof* entwickelten Lehre vom Beurteilungsspielraum wird der Behörde durch die Verwendung unbestimmter Rechtsbegriffe ein Beurteilungsspielraum zugestanden, somit ein Bereich eigener, gerichtlich nicht weiter überprüfbarer Wertung und Entscheidung[87]. Die Gerichte können lediglich prüfen, ob die Grenzen dieses Bereiches beachtet werden, ansonsten sind die innerhalb dieses Bereiches liegenden Entscheidungen hinzunehmen[88]. Im Ergebnis ähnlich ist die von *Carl Hermann Ule* entwickelte Vertretbarkeitslehre; demnach sind bei Grenzfällen mit mehreren vertretbaren Lösungen die von der Behörde getroffenen Entscheidungen als rechtmäßig anzusehen, wenn sie sich im Rahmen des Vertretbaren halten[89]. In die gleiche Richtung geht die Auffassung von *Hans Julius Wolff*: Die Verwaltungsbehörde habe eine Einschätzungsprärogative; wenn ein unbestimmter Rechtsbegriff eine „Einschätzung" – insbesondere hinsichtlich künftiger Entwicklungen – erfordere, die durch die Gerichte nicht nachvollzogen und damit nicht nachgeprüft werden könne, sei die „Einschätzung" der Behörde zu Grunde zu legen[90].

Diese drei Auffassungen gehen von folgendem aus: Durch die Verwendung von unbestimmten Rechtsbegriffen ermächtige der Gesetzgeber die Verwaltung zu eigenverantwortlichen Entscheidungen, die gerichtlich nur beschränkt nachprüfbar seien. Unbestimmte Rechtsbegriffe ließen unterschiedliche Wertungen zu, schon allein aus normlogischen Gründen könne es nicht nur eine einzige vertretbare Lösung geben. Die Behörde besäße die größere Sachkunde und mehr Erfahrung, sie stände insgesamt dem

[86] Vgl. *OLG Hamm*, 26.08.1985, 1 VAs 74/84, NStZ 1985, S. 566, 567; so auch *G. Herdegen*, NStZ 1984, S. 97, 100; a.A. OLG Stuttgart, 02.04.1986, 4 VAs 9/86, MDR 1986, S. 690, 691.

[87] Zum Beurteilungsspielraum vgl. die Darstellung bei *H. Maurer*, Allg. Verwaltungsrecht, 13. Aufl. 2000, § 7 Rdnr. 31 ff.

[88] *O. Bachof*, Beurteilungsspielraum, Ermessen und unbestimmter Rechtsbegriff im Verwaltungsrecht, JZ 1955, S. 97 ff.; *O. Bachof*, Wege zum Rechtsstaat, 1979, S. 154 ff.; *O. Bachof*, Neue Tendenzen in der Rechtsprechung zum Ermessen und zum Beurteilungspielraum, JZ 1972, S. 641 ff.

[89] Vgl. *C. H. Ule*, in: GS für Walter Jellinek, 1955, S. 309 ff.

[90] Vgl. *H. J. Wolff / O. Bachof / R. Stober*, Verwaltungsrecht I, 11. Aufl. 1999, § 31 Rdnr. 17 ff.

konkreten Verwaltungsproblem näher. Es gäbe Entscheidungen, die von ihrer Art und Weise sachgerecht nur in dem jeweiligen Moment und nur von der konkret damit befassten, zuständigen Behörde getroffen werden könnten. Schließlich müsse der Verwaltung als eigenständiger Staatsgewalt auch ein eigener Verantwortungsbereich gegenüber der Gerichtsbarkeit zugestanden werden.

Der überwiegende Teil der Literatur hat sich dem zunächst angeschlossen. Allerdings wurde auch zunehmend betont, dass das Vorliegen eines unbestimmten Rechtsbegriffes allein nicht ausreiche, zusätzlich müsse die Behörde durch das jeweilige Gesetz zur abschließenden Beurteilung ermächtigt werden, um von einem gerichtlich nicht voll überprüfbaren Beurteilungsspielraum der Behörde auszugehen (sog. normative Ermächtigungslehre)[91].

Dieser Wechsel von einer eher rechtstheoretisch bzw. praktisch ausgerichteten hin zu einer eher normativ orientierten Begründung führt im Ergebnis schwerlich zu einem Unterschied, da nach der normativen Ermächtigungslehre die gesetzliche Ermächtigung nicht ausdrücklich zu erfolgen hat, sondern auch im Wege der Auslegung der einzelnen Vorschriften ermittelt werden kann. Dementsprechend wird man, wenn man dieser Ansicht folgt, auch weiterhin den Zusammenhang betrachten, in dem der unbestimmte Rechtsbegriff verwendet wird. Freilich wird das Augenmerk mehr auf das normative Umfeld gelegt werden[92].

Unklarheiten bezüglich der Annahme eines Beurteilungsspielraumes im Einzelfall können auch durch einen normativen Begründungsansatz nicht beseitigt werden. Gerne wird auch in der Literatur das Grundsätzliche außer Acht gelassen, dass ein Beurteilungsspielraum von der ursprünglichen Vorstellung her nur ausnahmsweise in Betracht kommen soll[93]. Auch ist bei den Befürwortern des Beurteilungsspielraumes nicht abschließend geklärt, ob sich ein Beurteilungsspielraum auf die Subsumtion, d.h. auf die Anwendung des Gesetzes im Einzelfall, beschränken oder darüber hinaus auch die abstrakte Auslegung unbestimmter Rechtsbegriffe umfassen soll[94].

[91] Vgl. *E. Schmidt-Aßmann*, in: Maunz / Dürig, GG, 42. Lieferung Februar 2003, Art. 19 Abs. 4 Rdnr. 184 ff.; *M. Sachs*, in: Stelkens / Bonk / Sachs, VwVfG, 6. Aufl. 2001, § 40 Rdnr. 161 ff.; *R. Wahl*, NVwZ 1991, S. 409 ff. mit jeweils weiteren Nachweisen.

[92] *H. Maurer*, Allg. Verwaltungsrecht, 13. Aufl. 2000, § 7 Rdnr. 33.

[93] *H. Maurer*, Allg. Verwaltungsrecht, 13. Aufl. 2000, § 7 Rdnr. 33

[94] *H. Maurer*, Allg. Verwaltungsrecht, 13. Aufl. 2000, § 7 Rdnr. 33.

Darüber hinaus gibt es in der Literatur auch genügend Gegenstimmen zur Lehre vom Beurteilungsspielraum i.w.S.[95].

(2) Die Rechtsprechung zum Beurteilungsspielraum

Das *BVerwG* seinerseits überprüfte anfangs diverse unbestimmte Rechtsbegriffe lediglich in eingeschränkter Art und Weise, ist anschließend aber recht schnell zu der Überzeugung gelangt – von weiter unten noch zu nennenden Ausnahmen abgesehen – dass den Behörden grundsätzlich *kein* Beurteilungsspielraum zustehe und mithin unbestimmte Rechtsbegriffe grundsätzlich gerichtlich voll überprüfbar seien[96].

In die gleiche Richtung geht die Rechtsprechung des *BVerfG*, allerdings setzt dieses die Grenzen der Ausnahmen bei Grundrechtseinschränkungen noch enger als das *BVerwG*.

Das *BVerfG* hebt ausdrücklich hervor, dass die Gerichte grundsätzlich verpflichtet sind, die Entscheidungen der Behörden sachlich und rechtlich umfassend und uneingeschränkt zu überprüfen, selbst wenn die Anwendung und Konkretisierung unbestimmter Rechtsbegriffe in Frage steht. Ein begrenzter Entscheidungsfreiraum komme nur in Betracht, wenn unbestimmte Rechtsbegriffe wegen der hohen Komplexität und der besonderen Dynamik der geregelten Materie so vage und ihre Konkretisierung im Nachvollzug der Verwaltungsentscheidung so schwierig seien, dass die gerichtliche Kontrolle an die Funktionsgrenzen der Rechtsprechung stoße[97]. Letztere Möglichkeit scheint allerdings bisher lediglich angedeutet

[95] So will eine Auffassung im Rahmen einer Weiterentwicklung der traditionellen Auffassungen vom Tatbestandsermessen den Behörden durch die Verwendung unbestimmter Rechtsbegriffe einen Ermessensspielraum einräumen, der nach den allgemeinen Grundsätzen über das Ermessen überprüfbar ist (*H. Meyer*, in: Meyer / Borgs, VwVfG, 2. Aufl. 1982, § 40 Rdnr. 17 ff.; *K. Obermayer*, VwVfG, 2. Aufl. 1990, § 40 Rdnr. 11 ff.; *C. Starck*, in: FS für Sendler, 1991, S. 167 ff.). Demgegenüber fordert eine andere Literaturauffassung aus grundsätzlichen Erwägungen bzw. im Lichte des Art. 19 Abs. 4 GG sogar eine vollständige gerichtliche Überprüfung der angegriffenen Maßnahmen, sowohl in rechtlicher als auch in tatsächlicher Hinsicht. Ein gerichtlich nur eingeschränkt überprüfbarer Beurteilungsspielraum der Behörden sei zu verneinen (vgl. hierzu *H. H. Rupp*, Grundfragen der heutigen Verwaltungsrechtslehre, 2. Aufl. 1991, S. 216 ff.; *H. H. Rupp*, „Ermessen", unbestimmter Rechtsbegriff" und kein Ende, in: FS für Zeidler, 1987, S. 455 ff. m.w.N.; mit Bezug auf Art. 19 Abs. 4 GG *Kopp / Ramsauer*, VwVfg, 8. Aufl. 2003, § 40 Rdnr. 73).

[96] Vgl. insbesondere: *BVerwG*, 14.12.1962, VII C 140.61, BVerwGE 15, 207, 208; *BVerwG*, 22.04.1966, IV C 120.65, BVerwGE 24, 60, 63f.; *BVerwG*, 21.05.1974, I C 37.72, BVerwGE 45, 162, 164ff.; *BVerwG*, 10.11.1988, 3 C 19.87, BVerwGE 81, 12, 17; *BVerwG*, 14.02.1991, 4 C 20.88, BVerwGE 88, 35, 37; *BVerwG*, 25.11.1993, 3 C 38.91, BVerwGE 94, 307 ff.

[97] *BVerfG*, 17.04.1991, 1 BvR 419/81 und 213/83, BVerfGE 84, 34, 50.

worden zu sein[98]. Offensichtlich ergab sich für eine ausführliche Behandlung dieses Aspektes bisher kein Anlass. Das *BVerfG* hat nur bei berufsbezogenen Prüfungen einen von ihm so genannten „Bewertungsspielraum“ anerkannt[99].

Lediglich bei folgenden Fallgruppen besteht nach Auffassung der Rechtsprechung ein Beurteilungsspielraum:

α) Prüfungsentscheidungen (wie z.B. Abitur und Staatsexamen)[100];
β) Prüfungsähnliche Entscheidungen, wie sie insbesondere im schulischen Bereich vorkommen[101];
γ) Beamtenrechtliche Beurteilungen[102];
δ) Wertende Entscheidungen eines weisungsfreien Ausschusses, der mit Sachverständigen bzw. Interessenvertretern besetzt ist[103];
ε) Prognoseentscheidungen und Risikobewertungen insbesondere im Rahmen des Umweltrechts und des Wirtschaftsrechts[104];
ζ) Einzelne verwaltungspolitische Entscheidungen, die Faktoren für eine später folgende Auslegung eines unbestimmten Rechtsbegriffes konstituieren, wie z.B. eine behördliche Stellenplanung[105].

[98] Vgl. *BVerfG*, 17.04.1991, 1 BvR 419/81 und 213/83, BVerfGE 84, 34, 50: *„Diese Frage bedarf jedoch hier keiner umfassenden Klärung“.*

[99] Vgl. *BVerfG*, 17.04.1991, 1 BvR 419/81 und 213/83, BVerfGE 84, 34 ff.; *BVerfG*, 17.04.1991, 1 BvR 1529/84 und 138/87, BVerfGE 84, 59 ff.; *BVerfG*, 08.06.1960, 1 BvL 53/55, 1 BvL 16/56, 1 BvL 31/56, 1 BvL 53/56, 1 BvL 7/57, 1 BvL 18/57 und 1 BvL 24/57, BVerfGE 11, 168, 191 f.; *BVerfG*, 05.02.1963, 2 BvR 21/60, BVerfGE 15, 275, 282; *BVerfG*, 08.07.1982, 2 BvR 1187/80, BVerfGE 61, 82, 111; *BVerfG*, 28.06.1983, 2 BvR 539, 612/80, BVerfGE 64, 261, 279; *BVerfG*, 27.11.1990, 1 BvR 402/87, BVerfGE 83, 130, 148; *BVerfG*, 22.05.1975, 2 BvL 13/73, BVerfGE 39, 334, 354; *BVerfG*, 08.08.1978, 2 BvL 8/77, BVerfGE 49, 89, 136 f.; *BVerfG*, 16.12.1992, 1 BvR 167/87, BVerfGE 88, 40, 50 ff.

[100] *BVerfG*, 17.04.1991, 1 BvR 419/81 und 213/83, BVerfGE 84, 34 ff.; *BVerfG*, 17.04.1991, 1 BvR 1529/84 und 138/87, BVerfGE 84, 59 ff.

[101] *BVerwG*, 24.04.1959, VII C 104.58, BVerwGE 8, 272 ff.; *BVerwG*, 10.12.1986, 7 C 60.84, BVerwGE 75, 275 ff.

[102] *BVerwG*, 13.05.1965, II C 146.62, BVerwGE 21, 127 ff.; *BVerwG*, 26.06.1980, 2 C 8.78, BVerwGE 60, 245 ff.; *BVerwG*, 27.11.1980, 2 C 38.79, BVerwGE 61, 176, 185 f.

[103] *BVerwG*, 23.01.1961, II C 129.59, BVerwGE 12, 20 ff.; *BVerwG*, 13.12.1979, 5 C 1.79, BVerwGE 59, 213 ff.; *BVerwG*, 25.06.1981, 3 C 35.80, BVerwGE 62, 330, 337 ff.; vgl. *BVerwG*, 03.03.1987, 1 C 16.86, BVerwGE 77, 75, 77 f. im Zusammenhang mit *BVerfG*, 27.11.1990, 1 BvR 402/87, BVerfGE 83, 130, 148.

[104] Vgl. zu den Prognoseentscheidungen *BVerwG*, 15.04.1988, 7 C 94.86, BVerwGE 79, 208, 213 ff.; *BVerwG*, 07.11.1989, 7 C 44 und 45.88, BVerwGE 82, 295, 299 ff.; vgl. zu den Risikobewertungen: *BVerwG*, 19.12.1985, 7 C 65.82, BVerwGE 72, 300, 316 ff., *BVerwG*, 19.01.1989, 7 C 31.87, BVerwGE 81, 185, 190 ff.; im Widerspruch dazu vgl. *BVerwG*, 10.11.1988, 3 C 19.87, BVerwGE 81, 12, 17 f.

(3) Kritik an der Rechtsprechung des OLG Hamm

Vor diesem Hintergrund ist dem *OLG Hamm*[106] jedenfalls insoweit zu widersprechen, als der obersten Dienstbehörde nicht allein durch die Verwendung unbestimmter Rechtsbegriffe in § 96 S. 1 StPO („dem Wohl des Bundes oder eines deutschen Landes Nachteile bereiten würden") ein Beurteilungsspielraum zustehen kann. Allein die Verwendung eines unbestimmten Rechtsbegriffes kann keinen Beurteilungsspielraum eröffnen[107]. Schnell lässt sich auch erkennen, dass diese Entscheidung in keine der von der Rechtsprechung anerkannten Fallgruppen passt.

Richtigerweise geht das *OLG Stuttgart* demgegenüber nach seiner ständigen Rechtsprechung davon aus, dass der unbestimmte Rechtsbegriff „Nachteil für das Wohl des Bundes oder des Landes" einer uneingeschränkten gerichtlichen Überprüfung unterliegt[108]. Es lehnt somit einen Beurteilungsspielraum ab.

Auch die Prüfung des § 96 S. 1 StPO im Einzelnen ergibt, dass sich weder aus dem Wortlaut, dem normativen Kontext noch dem Regelungszweck Rückschlüsse auf einen gewollten Auslegungsspielraum ergeben. Es ist nicht ersichtlich, warum allein die oberste Dienstbehörde ausschließlich in der Lage sein sollte, abschließend zu beurteilen, was dem Wohl des Bundes oder eines Landes Nachteile bereiten würde.

d) Zwischenergebnis

Zusammenfassend lässt sich festhalten, dass der unbestimmte Rechtsbegriff „Nachteil für das Wohl des Bundes oder des Landes" keinen Beurteilungsspielraum eröffnet. Vielmehr unterliegt er einer uneingeschränkten gerichtlichen Überprüfung.

3. Reichweite der Sperrerklärung

Die Wirkung der Sperrerklärung kann allerdings häufig schon aus faktischen Gründen beschränkt sein. Es kann bereits aus tatsächlichen Gründen sehr schwierig werden, die Vertraulichkeit bis in die letzte Konsequenz zu gewährleisten. Zur Veranschaulichung sei beispielhaft folgender Fall

[105] Vgl. *BVerwG*, 25.01.1967, VI C 58.65, BVerwGE 26, 65, 77; *BVerwG*, 09.02.1972, VI C 20.69, BVerwGE 39, 291, 299.

[106] Vgl. *OLG Hamm*, 26.08.1985, 1 VAs 74/84, NStZ 1985, S. 566, 567.

[107] Vgl. *BVerfG*, 20.02.2001, 2 BvR 1444/00, Absatz-Nr. 45, zitiert nach: http://www. bverfg.de.

[108] *OLG Stuttgart*, 23.07.1990, 4 VAs 21/90, NJW 1991, S. 1071, 1072 m.w.N.

genannt: Aufgrund der Hinweise eines Informanten konnte mittels einer gesteuerten Verkehrskontrolle eine größere Menge gestohlener Pelze sichergestellt werden. Dies ist grundsätzlich eine Idealsituation bei der Verwendung eines Informanten; durch Mithilfe des Informanten konnten genügend Beweise beschafft werden, so dass eine Zeugenaussage des Informanten nicht mehr notwendig war[109]. Selbst ein Verdacht in Richtung des Informanten konnte nicht aufkommen. Die betroffene Versicherung zahlte indes über die Polizei eine Wiederbeschaffungsprämie an den Informanten und machte später eine entsprechende zivilrechtliche Regressforderung gegenüber den Tätern geltend. Auf diese Weise erfuhren die Täter letztendlich doch, dass die Verkehrskontrolle kein Zufall war, sondern auf einen entsprechenden Hinweis zurückzuführen war. Den Informanten vor diesem Hintergrund zu ermitteln, war sodann ein Leichtes[110].

a) Rechtliche Wirkung der Sperrerklärung

Die rechtliche Wirkung einer Sperrerklärung und die Grenzen dieser Wirkung lassen sich demgegenüber einfacher bestimmen. Wie bereits angesprochen, darf ein Informant bzw. eine Vertrauensperson in der Hauptverhandlung solange nicht als unerreichbares Beweismittel angesehen werden, als nicht eine Sperrerklärung der obersten Dienstbehörde entsprechend § 96 S. 1 StPO vorliegt[111]. Die Ladung eines Informanten bzw. einer Vertrauensperson wird mittels einer Sperrung nach § 96 S. 1 StPO analog verhindert. Ergänzend versagt die Behörde den Beamten, die über die Identität der Person informiert sind, insoweit die Aussagegenehmigung, § 54 StPO.

Die zulässige behördliche Sperrung eines Zeugen hat dabei lediglich die Wirkung, dass die Behörde von ihrer aus Art. 35 Abs. 1 GG folgenden Auskunftspflicht gegenüber dem Gericht entbunden ist[112].

Die Rechtsgrundlage dieser Auskunftspflicht ist allerdings nicht unumstritten[113]. Anstelle von Art. 35 Abs. 1 GG bevorzugen andere die §§ 161,

[109] Vgl. Gemeinsame Richtlinien Teil I Nr. 3.2. S. 2, Fundstelle oben, Fn. 36.

[110] Fall berichtet von: *K. Mörschel*, Kriminalistik 1971, S. 169, 171.

[111] *BGH*, 17.02.1981, 5 StR 21/81, BGHSt, 30, 34, 35; *BGH*, 03.11.1987, 5 StR 579/87, BGHSt 35, 82, 85; *BGH*, 16.01.2001, 1 StR 523/00, NStZ 2001, S. 333, 333.

[112] *BGH*, 10.02.1993, 5 StR 550/92, JZ 1993, S. 1012, 1013; *BGH*, 03.11.1987, 5 StR 579/87, BGHSt 35, 82, 85; *W. Beulke / H. Satzger*, JZ 1993, S. 1013, 1015.

[113] Für Art. 35 Abs. 1 GG: *BGH*, 10.10.1979, 3 StR 281/79, BGHSt 29, 109 ff.; *BGH*, 29.10.1980, 3StR 335/80, BGHSt 29, 390, 393; *BGH*, 17.10.1983, GSSt 1/83, BGHSt 32, 115, 124; *J. Taschke*, Die behördliche Zurückhaltung von Beweismitteln im Strafprozeß, 1989, S. 67.

202, 244 Abs. 2 StPO, parallel zur Auskunftspflicht gegenüber der Staatsanwaltschaft[114].

Da die Auskunftspflicht der Behörde gegenüber dem Auskunft ersuchenden Gericht jedoch gesetzlich nicht näher konkretisiert ist, müssen die allgemeinen Regeln der Amtshilfe gelten[115]. Damit folgt die Auskunftspflicht aus Art. 35 Abs. 1 GG[116].

b) Grenzen der Bindungswirkung der Sperrerklärung

Aus dieser Wirkung der Sperrerklärung folgt unmittelbar auch die Grenze der Bindungswirkung der Sperrerklärung: Die Sperrerklärung bindet lediglich die Behörde. Die Richter sind unabhängig und nur dem Gesetz unterworfen (Art. 97 Abs. 1 GG). Innerhalb der durch die Anklage gezogenen Grenzen sind die Gerichte zu einer selbständigen Tätigkeit nicht nur berechtigt, sondern auch verpflichtet (vgl. § 155 Abs. 2 StPO)[117].

Der *BGH* geht davon aus, die einzige Bedeutung der Sperrerklärung bestehe darin, dass das mit der Sache befasste Gericht die Weigerung der Behörde, die Identität eines Zeugen zu offenbaren, hinnehmen muss[118]. Auch eine rechtmäßige Sperrerklärung führe nicht zu einem Beweisverbot[119]. Kenne das Gericht aus den Akten oder sonstigen Erkenntnisquellen die Identität des Zeugen, stehe seiner Ladung und Vernehmung nichts entgegen[120]. Ergeben sich also aus den Akten oder aus sonstigen Erkenntnisquellen Hinweise auf die Identität des Zeugen, kann es die Aufklärungspflicht aus § 244 Abs. 2 StPO erfordern, dass das Gericht von Amts wegen Bemühungen entfaltet, den Namen festzustellen und die Vernehmung in der Hauptverhandlung zu ermöglichen[121]. Bezeichnet ein Beweisantrag eine bestimmte Person, so ist deren Vernehmung nicht schon deshalb unzulässig, weil diese Person mit jemandem identisch sein kann, dessen Identität mittels einer Sperrerklärung nach § 96 S. 1 StPO analog von der

[114] Für die §§ 161, 202, 244 Abs. 2 StPO: *BGH,* 17.02.1981, 5StR 21/81, BGHSt 30, 34, 35; *BGH,* 19.01.1982, 1StR 755/81, StV 1982, S. 206, 206; *BVerfG,* 26.05.1981, 2 BvR 215/81, BVerfGE 57, 250, 282.

[115] *J. Taschke,* Die behördliche Zurückhaltung von Beweismitteln im Strafprozeß, 1989, S. 67.

[116] *J. Taschke,* Die behördliche Zurückhaltung von Beweismitteln im Strafprozeß, 1989, S. 67.

[117] Vgl. auch *BGH,* 10.02.1993, 5 StR 550/92, JZ 1993, S. 1012, 1013.

[118] *BGH,* 10.02.1993, 5 StR 550/92, JZ 1993, S. 1012, 1013.

[119] *BGH,* 10.02.1993, 5 StR 550/92, JZ 1993, S. 1012, 1013.

[120] *BGH,* 10.02.1993, 5 StR 550/92, JZ 1993, S. 1012, 1013.

[121] *BGH,* 17.11.1992, 1 StR 752/92, StV 1993, S. 113.

Exekutive nicht preisgegeben wird[122]. Allerdings muss das Gericht prüfen, inwieweit eine Gefährdung des Zeugen an Leib und Leben einer Vernehmung entgegensteht[123].

c) Rechtliche Schritte gegen eine Sperrerklärung

Die Sperrerklärung kann vom Gericht oder der Staatsanwaltschaft nicht angefochten werden. Dies steht nur dem davon betroffenen Prozessbeteiligten zu[124]. Wenn die oberste Dienstbehörde der Innenminister ist[125], kann die Sperrerklärung nur vor dem Verwaltungsgericht angefochten werden[126]. So haben mittlerweile *BGH* und *BVerwG* übereinstimmend entschieden. Damit kann wohl die frühere Rechtsprechung der Oberlandesgerichte, auch in diesem Fall den Rechtsweg nach § 23 EGGVG für eröffnet zu halten, als überholt angesehen werden[127].

VI. Einführung in die Hauptverhandlung

Nachdem die grundsätzliche Wirkung der Sperrerklärung behandelt wurde, soll nun darauf eingegangen werden, welche inhaltlichen Gestaltungsmöglichkeiten es gibt.

Es besteht nicht nur die Möglichkeit, einen Zeugen gänzlich mittels § 96 S. 1 StPO analog für die Hauptverhandlung zu sperren. Vielmehr kann die oberste Dienstbehörde die Sperrung der Vertrauensperson von bestimmten Bedingungen abhängig machen. Dabei zeichnet sich eine so genannte „Stufentheorie“[128] ab.

[122] *BGH*, 10.02.1993, 5 StR 550/92, JZ 1993, S. 1012, 1013.

[123] *BGH*, 10.02.1993, 5 StR 550/92, JZ 1993, S. 1012, 1013.

[124] *L. Meyer-Goßner*, StPO, 46. Aufl. 2003, § 96 Rdnr. 14.

[125] Vgl. *BGH*, 16.02.1995, 4 StR 733/94, BGHSt 41, 36 ff.

[126] *L. Meyer-Goßner*, StPO, 46. Aufl. 2003, § 96 Rdnr. 14

[127] *L. Meyer-Goßner*, StPO, 46. Aufl. 2003, § 96 Rdnr. 14 mit Verweis auf die letzte Entscheidung in diese Richtung: *OLG Hamm*, 25.11.1997, 1 VAs 78/97, NStZ 1998, S. 316 f. m.w.N.

[128] Vgl. etwa *W. Beulke*, Strafprozeßrecht, 6. Aufl. 2002, Rdnr. 427 mit Verweis auf *BGH*, 17.10.1983, GSSt 1/83, BGHSt 32, 115 ff.

1. Stufentheorie

a) 1. Stufe: Einschränkungen bei der Vernehmung

Auf der niedrigsten Stufe sind bestimmte äußere Einschränkungen bei der Vernehmung der Vertrauensperson anzusiedeln, wie etwa die Einschränkung der Identität im Rahmen des § 68 StPO. § 68 StPO sieht folgende Möglichkeiten vor: Ein Zeuge, der seine Wahrnehmungen in amtlicher Eigenschaft gemacht hat, kann statt des Wohnortes den Dienstort angeben (§ 68 Abs. 1 S. 2 StPO). Sofern Anlass zu der Besorgnis besteht, dass der Zeuge oder ein Dritter gefährdet wird, kann dem Zeugen gestattet werden, statt des Wohnortes eine andere ladungsfähige Anschrift anzugeben (§ 68 Abs. 2 S. 1 StPO) bzw. gar keine ladungsfähige Anschrift anzugeben (§ 68 Abs. 2 S. 2 StPO). Bei Anlass zu der Besorgnis, dass der Zeuge oder ein Dritter an Leib, Leben oder Freiheit gefährdet wird, kann dem Zeugen gestattet werden, Angaben zu seiner Person nicht oder nur über eine frühere Identität zu machen (§ 68 Abs. 3 S. 1 StPO)[129].

Daneben gibt es etwa die Möglichkeit, die Öffentlichkeit gemäß § 172 Nr. 1a GVG auszuschließen oder eine Videosimultanübertragung gemäß § 247a StPO durchzuführen.

b) 2. Stufe: Vernehmung der gesperrten Person durch beauftragten oder ersuchten Richter

Die zweite Stufe stellt die Möglichkeit dar, die gesperrte Person durch einen beauftragten oder ersuchten Richter vernehmen zu lassen, §§ 223 f. StPO, und das Protokoll der Vernehmung gemäß § 251 Abs. 1 Nr. 2 in der Hauptverhandlung zu verlesen.

c) 3. Stufe: komplette Sperrung als Zeuge

Auf der letzten Stufe ist die komplette Sperrung des Zeugen einzuordnen. Durch die komplette Sperrung wird ein Zeuge unerreichbar i.S.d. § 244 Abs. 3 S. 2 StPO. Es bleiben somit nur die Beweissurrogate, wie etwa die Vernehmung der Verhörsperson oder die Verlesung polizeilicher Vernehmungsprotokolle, § 251 Abs.2 S. 2 StPO. Die Verwertung von Aussagen einer anonymen Gewährsperson verletzt jedoch nicht das Recht des Angeklagten auf rechtliches Gehör und auf ein faires, rechtsstaatliches

[129] Vgl. zu diesen Zeugenschutzmöglichkeiten auch *W. Gropp / L. Schubert / M. Wörner*, Landesbericht Deutschland, in: Rechtliche Initiativen gegen organisierte Kriminalität, 2001, S. 161 f.

Verfahren[130]. Nach ständiger Rechtsprechung ist die Einführung von Wahrnehmungen anonymer Gewährspersonen durch Dritte und die Verwertung dieser Wahrnehmungen im Urteil zulässig, wenn sie bei der Beweiswürdigung einer besonders sorgfältigen und kritischen Prüfung unterzogen und durch weitere Beweisanzeichen bestätigt werden[131]. Bei Sperrerklärungen von Justiz- und Polizeibehörden ist allerdings besondere Sorgfalt geboten, weil es hier die Exekutive ist, die eine erschöpfende Sachaufklärung verhindert und es den Verfahrensbeteiligten unmöglich macht, die persönliche Glaubwürdigkeit der im Dunkeln bleibenden Gewährspersonen zu überprüfen[132].

Vor dem Hintergrund des geltenden Rechtes ist hingegen der Einsatz der Videotechnologie bei der Vernehmung einer Vertrauensperson, wie insbesondere die Zulässigkeit einer Vermummung und Stimmverzerrung, noch ungeklärt[133].

2. Bilanz

Die inhaltliche Reichweite der Sperrerklärung kann somit je nach Geheimhaltungsbedürfnis unterschiedlich gestaltet sein, wobei die Behörde nur die Stufe wählen darf, die das justizielle Interesse an der Wahrheitsfindung am geringsten beeinträchtigt[134].

[130] KK – *H. Diemer*, 5. Aufl. 2003, § 250 Rdnr. 13 mit Verweis auf *BGH*, 01.08.1962, 3 StR 28/62, BGHSt 17, 382 ff. und *BVerfG*, 20.12.2000, 2 BvR 591/00, NJW 2001, S. 2245 ff.; *BGH*, 20.11.1990, 1 StR 562/90, NJW 1991, S. 646 ff.

[131] *BGH*, 01.08.1962, 3 StR 28/62, BGHSt 17, 382, 385 f., *BGH*, 16.04.1985, 5 StR 718/84, BGHSt 33, 178, 181 f.; *BGH*, 20.06.1994 - 5 StR 283/94 NStZ 1994, S. 502 ff.; *BVerfG*, 20.12.2000, 2 BvR 591/00, NJW 2001, S. 2245 ff.

[132] KK – *H. Diemer*, 5. Aufl. 2003, § 250 Rdnr. 14 mit Verweis auf *BVerfG*, 20.12.2000, 2 BvR 591/00, NJW 2001, S. 2245 ff.; siehe auch *BGH*, 16.04.1985, 5 StR 718/84, BGHSt 33, 178, 181 f.

[133] *W. Beulke*, ZStW 113 (2001), S. 709, 726 ff.; *H. Diemer*, NStZ 2001, S. 393, 397 f.; vgl. *K. Malek*, Verteidigung in der Hauptverhandlung, 3. Aufl. 1999, Rdnr. 354g; *E. Schlüchter / O. Greff*, Kriminalistik 1998, S. 530 ff.; *H.-J. Weider*, StV 2000, S. 48, 55; vgl. auch KK – *V. Wache*, 5. Aufl. 2003, § 168e Rdnr. 4.

[134] Vgl. *W. Beulke*, Strafprozeßrecht, 6. Aufl. 2002, Rdnr. 428 mit Verweis auf *BVerfG*, 26.05.1981, 2 BvR 215/81, BVerfGE 57, 250 ff.

B. Ergebnis

Zusammenfassend ist festzuhalten, dass ein Informant als Zeuge mittels § 96 S. 1 StPO analog für die Hauptverhandlung gesperrt werden kann. Die Sperrerklärung erlässt die oberste Dienstbehörde. Ergänzend versagt die Behörde den Beamten, die Aussagen über die ladungsrelevanten Personalien dieser Person machen könnten, insoweit die Aussagegenehmigung, § 54 StPO. Die inhaltliche Reichweite der Sperrerklärung kann je nach Geheimhaltungsbedürfnis unterschiedlich gestaltet sein. Durch eine komplette Sperrung wird ein Zeuge unerreichbar i.S.d. § 244 Abs. 3 S. 2 StPO. Die Sperrerklärung bindet jedoch lediglich die Behörde.

Teil 2:

Informanten und Tätigkeit des OLAF

A. Gang der Untersuchung im zweiten Teil

Im zweiten Teil der Untersuchung werden zunächst die grundsätzlichen Regelungen dargestellt, die für die Tätigkeit von *OLAF* gelten[135]. Dem folgen praktische Überlegungen zu OLAF-Informanten[136] und zu den Möglichkeiten, die Angaben eines Informanten zu verwenden[137]. Im Anschluss daran wird die allgemeine Geheimhaltungsverpflichtung nach Art. 287 EG behandelt[138] sowie die rechtliche Ausgestaltung der Gewährung von Vertraulichkeit[139]. Als Gegenpol zu der Verpflichtung, einem Informanten Vertraulichkeit zu gewähren, werden möglicherweise beeinträchtigte Verteidigungsrechte untersucht[140]. Insbesondere soll versucht werden, Lösungsmöglichkeiten für die Kollision zwischen Vertraulichkeitsschutz und Verteidigungsrechten herauszuarbeiten[141].

In einem nächsten Schritt werden diese gemeinschaftsrechtlichen Vorgaben auf die mitgliedstaatliche Ebene bezogen. Dabei werden die rechtlichen Regelungen analysiert, die für die Zusammenarbeit von *OLAF* und den Mitgliedstaaten gelten. Dies geschieht zunächst im Generellen[142] und sodann im Hinblick auf die Informantenproblematik[143]. Ausführungen zum Rechtsschutz schließen den zweiten Teil der Untersuchung ab[144].

135 Unten, *Teil 2* – B.I. bis *Teil 2* – B.IV., S. 34 ff.
136 Unten, *Teil 2* – B.V., S. 64 ff.
137 Unten, *Teil 2* – B.VI., S. 70 ff.
138 Unten, *Teil 2* – B.VII., S. 72 ff. sowie *Teil 2* – B.VIII., S. 91 ff.
139 Unten, *Teil 2* – B.IX., S. 95 ff.
140 Unten, *Teil 2* – B.X., S. 128 ff.
141 Unten, *Teil 2* – B.XI., S. 170 ff.
142 Unten, *Teil 2* – C.I. bis *Teil 2* – C.IV., S. 210 ff.
143 Unten, *Teil 2* – C.V., S. 240 ff.
144 Unten, *Teil 2* – C.VI., S. 242 ff.

B. Gemeinschaftliche Ebene

I. Der rechtliche Rahmen für die Betrugsbekämpfung

Der rechtliche Rahmen für die Betrugsbekämpfung ruht auf zwei separaten rechtlichen Grundlagen: Art. 274 EG[145] und Art. 280 EG aus der „ersten Säule" sowie Art. 29 EU aus der „dritten Säule"[146].

1. Begriffsbestimmung: Betrug – Betrügereien – Unregelmäßigkeiten

Zunächst seien die gemeinschaftsrechtlichen Begrifflichkeiten kurz erläutert. Es werden hauptsächlich die Begriffe „Betrug", „Betrügereien" und „Unregelmäßigkeiten" verwendet.

Die Verordnung (EG, Euratom) Nr. 2988/95 benutzt die Terminologie „Bekämpfung des Betrugs zum Nachteil der finanziellen Interessen der Gemeinschaften"[147] und definiert in Art. 1 Abs. 2 den Tatbestand der Unregelmäßigkeit wie folgt:

> „Der Tatbestand der Unregelmäßigkeit ist bei jedem Verstoß gegen eine Gemeinschaftsbestimmung als Folge einer Handlung oder Unterlassung eines Wirtschaftsteilnehmers gegeben, die einen Schaden für den Gesamthaushaltsplan der Gemeinschaften oder die Haushalte, die von den Gemeinschaften verwaltet werden, bewirkt hat bzw. haben würde, sei es durch die Verminderung oder den Ausfall von Eigenmitteleinnahmen, die direkt für Rechnung der Gemeinschaften erhoben werden, sei es durch eine ungerechtfertigte Ausgabe."

Die Verordnung (EURATOM, EG) Nr. 2185/96 enthält die Formulierungen „Schutz der finanziellen Interessen der Europäischen Gemein-

[145] In dieser Arbeit werden die neuen, durch den Vertrag von Amsterdam vom 02.10.1997 (Abl. Nr. C 340 vom 10.11.1997) eingeführten Artikelnummern in der Fassung des Vertrages von Nizza (vgl. zur konsolidierten Fassung ABl. Nr. C 325 vom 24.12.2002, S. 1–184) verwandt und mit EG, EA, KS gekennzeichnet, ohne die zwar präzise aber umständliche Zitierweise des *EuGH* (ABl. Nr. C 246 vom 28.08.1999, S. 1) zu verwenden. Wird auf die Fassung vor dem 01.05.1999 Bezug genommen, so wird dies durch EGV respektive EWGV, EAGV und EGKSV gekennzeichnet.

[146] *L. L. Laudati*, in: Studies in Honour of Claus-Dieter Ehlermann, 2002, S. 246; zum Säulenmodell vgl. z.B. *M. Schweitzer / W.Hummer*, Europarecht, 5. Aufl. 1996, Rdnr. 58.

[147] Siehe die Erwägungsgründe der Verordnung (EG, Euratom) Nr. 2988/95.

schaften vor Betrug und anderen Unregelmäßigkeiten“[148] sowie „Bekämpfung des Betrugs und sonstiger Unregelmäßigkeiten“[149].

Die *Kommission* unterscheidet in ihrem Jahresbericht 2001 zum Schutz der finanziellen Interessen der Gemeinschaften und Betrugsbekämpfung[150] zwischen einem Betrugsdelikt und einer Unregelmäßigkeit[151]. Der Unterschied bestehe darin, dass Betrug eine Straftat darstelle, über die in einem Gerichtsverfahren befunden wird. Sie verweist dabei auf die Definition des Begriffs „Betrug“ in Art. 1 Abs. 1 des Übereinkommens aufgrund von Artikel K.3 des Vertrags über die Europäische Union über den Schutz der finanziellen Interessen der Europäischen Gemeinschaften vom 26. Juli 1995[152]. Der Jahresbericht 2000[153] erläutert demgegenüber die Statistik

[148] Vgl. die vollständige Bezeichnung der Verordnung (EURATOM, EG) Nr. 2185/96.

[149] Erwägungsgrund Nr. 1 und 13 der Verordnung (EURATOM, EG) Nr. 2185/96.

[150] *Mitteilung der Kommission*, Schutz der finanziellen Interessen der Gemeinschaften und Betrugsbekämpfung, Jahresbericht 2001, 06.08.2002, KOM (2002) 348 endgültig/3, einsehbar unter: http://europa.eu.int/comm/anti_fraud/reports/commission/2001/rep_comm_2001_de.pdf.

[151] *Mitteilung der Kommission*, Schutz der finanziellen Interessen der Gemeinschaften und Betrugsbekämpfung, Jahresbericht 2001, 06.08.2002, KOM (2002) 348 endgültig/3, S. 98.

[152] Übereinkommen aufgrund von Artikel K.3 des Vertrags über die Europäische Union über den Schutz der finanziellen Interessen der Europäischen Gemeinschaften, ABl. C 316 vom 27.11.1995, S. 49–57.

Art. 1 Abs. 1 lautet:

(1) Für die Zwecke dieses Übereinkommens umfaßt der Tatbestand des Betrugs zum Nachteil der finanziellen Interessen der Europäischen Gemeinschaften

a) im Zusammenhang mit Ausgaben jede vorsätzliche Handlung oder Unterlassung betreffend

– die Verwendung oder Vorlage falscher, unrichtiger oder unvollständiger Erklärungen oder Unterlagen mit der Folge, daß Mittel aus dem Gesamthaushaltsplan der Europäischen Gemeinschaften oder aus den Haushalten, die von den Europäischen Gemeinschaften oder in deren Auftrag verwaltet werden, unrechtmäßig erlangt oder zurückbehalten werden;

– das Verschweigen einer Information unter Verletzung einer spezifischen Pflicht mit derselben Folge;

– die mißbräuchliche Verwendung solcher Mittel zu anderen Zwecken als denen, für die sie ursprünglich gewährt worden sind;

b) im Zusammenhang mit Einnahmen jede vorsätzliche Handlung oder Unterlassung betreffend

– die Verwendung oder Vorlage falscher, unrichtiger oder unvollständiger Erklärungen oder Unterlagen mit der Folge, daß Mittel aus dem Gesamthaushaltsplan der Europäischen Gemeinschaften oder aus den Haushalten, die von den Europäischen Gemeinschaften oder in deren Auftrag verwaltet werden, rechtswidrig vermindert werden;

über die von den Mitgliedstaaten gemäß Verordnung Nr. 595/91 gemeldeten Unregelmäßigkeiten dahingehend, dass der Begriff „Unregelmäßigkeit" im Sinne der genannten Verordnung die Fälle von „Betrug" erfasse; ob es sich in dem betreffenden Fall um Betrug im strafrechtlichen Sinne handele, werde erst nach Abschluss des Strafverfahrens bekannt[154].

Die Terminologie ist nicht einheitlich[155]. Dies betrifft auch das inhaltliche Verständnis einzelner Begriffe. Als Beispiel sei die Auffassung von *Hans-Michael Wolffgang* und *Stephan Ulrich* angeführt. Diese benutzen den Begriff „Betrug" nicht in einem strafrechtlich technischen Sinn: Vorab gehen sie von dem Begriff der „Unregelmäßigkeiten" aus und umfassen damit alle gegen Gemeinschaftsrecht verstoßenden Verhaltensweisen von Wirtschaftsbeteiligten, die sich nachteilig auf die finanziellen Interessen der Gemeinschaft auswirken, also ihre Einnahmen mindern oder die Ausgaben erhöhen. Soweit die Unregelmäßigkeit auf einem vorsätzlichen oder leichtfertigen Verhalten beruht, sei der Terminus „Betrug" zu verwenden[156].

Art. 280 EG selbst verwendet u.a. den Begriff „Betrügereien". Der Begriff „Betrügereien" ist so weit zu verstehen, dass er alle Handlungen umfasst, die den Finanzinteressen Nachteile zufügen, sowohl strafrechtlich wie ordnungswidrigkeitenrechtlich relevante Verhaltensweisen als auch Schein- und Umgehungstatbestände[157]. Dies entspricht dem Sinn der Vorschrift, die für die Gemeinschaft primär die Sachverhaltsklärung in den Vordergrund stellt, inwieweit den finanziellen Interessen der Gemeinschaft

– das Verschweigen einer Information unter Verletzung einer spezifischen Pflicht mit derselben Folge;

– die mißbräuchliche Verwendung eines rechtmäßig erlangten Vorteils mit derselben Folge.

[153] *Kommission*, Schutz der finanziellen Interessen der Gemeinschaften und Betrugsbekämpfung, Jahresbericht 2000, Brüssel, 23.05.2001, KOM (2001) 255 endgültig/2, einsehbar unter: http://europa.eu.int/comm/anti_fraud/reports/commission/2000/rep_comm_2000_de.pdf.

[154] *Kommission*, Schutz der finanziellen Interessen der Gemeinschaften und Betrugsbekämpfung, Jahresbericht 2000, Brüssel, 23.05.2001, KOM (2001) 255 endgültig/2, S. 102.

[155] Vgl. die Begrifflichkeiten in der Verordnung (EG) Nr. 1073/1999. Vgl. umfassend zu der unterschiedlichen Terminologie *H. J. Prieß / H. Spitzer*, in: Groeben / Schwarze, 6. Aufl. 2004, Art. 280 Rdnr. 10 ff.; vgl. auch *H. Satzger*, in: Streinz, EUV / EGV, 1. Aufl. 2003, Rdnr. 6; *N. Martyn*, Community Fraud – an analysis of the phenomenon, in: La protection juridique des intérêts financiers des Communautés Européennes, 1992, S. 37 ff.; *A. Sherlock / C. Harding*, ELRev 16 (1991), S. 20, 21 f.

[156] *H.-M. Wolffgang / S. Ulrich*, EuR 1998, S. 616, 627.

[157] Vgl. *H. J. Prieß / H. Spitzer*, in: Groeben / Schwarze, 6. Aufl. 2004, Art. 280 Rdnr. 12.

Nachteile zugefügt werden. Die rechtliche Einordnung des ermittelten Sachverhaltes bleibt den zuständigen Stellen der Mitgliedstaaten überlassen.

Eine nähere Befassung mit der Terminologiefrage ist indessen im Rahmen dieser Untersuchung nicht angezeigt. Es stehen verfahrensrechtliche Aspekte im Vordergrund. Die materiellrechtliche terminologische Einordnung einzelner Vorgänge zu Lasten der finanziellen Interessen der Europäischen Gemeinschaft ist insoweit nicht relevant.

Für die Zwecke dieser Untersuchung werden die Begriffe wie folgt gebraucht: Im Einklang mit der Terminologie der *Kommission* wird der Begriff „Betrug" im rein strafrechtlichen Sinne verwendet. Der Begriff „Betrügereien" dient als weit auszulegender Oberbegriff, ebenso der Begriff der „Betrugsbekämpfung"[158]. Ein weites Verständnis des Begriffes „Betrugsbekämpfung" rechtfertigt sich schon aus dem Namen des Amtes vor dem Hintergrund seiner Funktion. Schließlich lautet die Bezeichnung „Europäisches Amt für Betrugsbekämpfung" und nicht „Europäisches Amt für die Bekämpfung von Betrug und sonstigen Unregelmäßigkeiten".

2. Der rechtliche Rahmen innerhalb der „ersten Säule"

Für den rechtlichen Rahmen der Betrugsbekämpfung in der „ersten Säule" ist zunächst relevant, dass die *Kommission* für die ordnungsgemäße Durchführung des Haushaltsplans verantwortlich ist. Art. 274 S. 1 EG bestimmt, dass die *Kommission* den Haushaltsplan gemäß der nach Art. 279 EG festgelegten Haushaltsordnung in eigener Verantwortung und im Rahmen der zugewiesenen Mittel entsprechend dem Grundsatz der Wirtschaftlichkeit ausführt.

Zwar hängt bereits aus der Natur der Sache der Schutz der finanziellen Interessen eng mit der ordnungsgemäßen Durchführung des Haushaltes zusammen. Indessen ist jedoch die *Kommission* nicht allein für den Schutz der finanziellen Interessen zuständig.

Die Gemeinschaft und die Mitgliedstaaten bekämpfen Betrügereien und sonstige gegen die finanziellen Interessen der Gemeinschaft gerichteten rechtswidrigen Handlungen mit Maßnahmen nach Art. 280 EG[159]. Die Mitgliedstaaten sind zu den gleichen Maßnahmen verpflichtet, die sie auch zur Bekämpfung von Betrügereien zu Lasten ihrer eigenen finanziellen Interessen ergreifen würden, Art. 280 Abs. 2 EG. Dabei ist eine Bekämpfung in diesem Sinne zunächst nicht nur durch Kriminalstrafrecht, sondern

[158] Zum Begriff „Betrugsbekämpfung" vgl. auch *R. Mögele*, EWS 1998, 1, 1 f.
[159] Art. 280 Abs. 1 EG.

auch durch verwaltungsrechtliche Maßnahmen und Sanktionen möglich[160]. Darüber hinaus sind die Mitgliedstaaten im Zusammenwirken mit der *Kommission* dazu verpflichtet, ihre eigenen Maßnahmen zum Schutz der finanziellen Interessen der Gemeinschaft zu koordinieren, Art. 280 Abs. 3 EG.

Durch den Amsterdamer Vertrag wurde Abs. 4 eingefügt, der die *Kommission* ermächtigt, im Rahmen des Verfahrens der Mitentscheidung nach Art. 251 EG die erforderlichen Maßnahmen zur Verhütung und Bekämpfung von Betrügereien zu Lasten der finanziellen Interessen der Gemeinschaft zu treffen, um einen effektiven und gleichwertigen Schutz in den Mitgliedstaaten zu gewährleisten, Art. 280 Abs. 4 S. 1 EG. Die Anwendung des Strafrechtes der Mitgliedstaaten und ihrer Strafrechtspflege bleibt von solchen Maßnahmen jedoch unberührt, Art. 280 Abs. 4 S. 2 EG.

Bereits in der Rechtssache *Kommission / Griechenland* (*Griechischer Maisskandal*)[161] stellte der *EuGH* folgende Grundsätze auf:

- Soweit die gemeinschaftsrechtlichen Regelungen keine besondere Vorschrift enthalten, die für den Fall eines Verstoßes gegen die Regelung eine Sanktion vorsehe oder insoweit auf die nationalen Rechts- und Verwaltungsvorschriften verweise, gelte Art. 5 EWGV[162]. Die Mitgliedstaaten seien danach verpflichtet, alle geeigneten Maßnahmen zu treffen, um die Geltung und die Wirksamkeit des Gemeinschaftsrechts zu gewährleisten[163].
- Dabei müssten die Mitgliedstaaten, denen allerdings die Wahl der Sanktionen verbleibe, namentlich darauf achten, dass Verstöße gegen das Gemeinschaftsrecht nach analogen[164] sachlichen und verfahrensrechtlichen Regeln geahndet werden wie nach Art und

[160] *H. Satzger*, ZRP 2001, S. 549, 552.

[161] *EuGH*, 21.09.1989, Rs. 68/88, Kommission / Griechenland, Slg. 1989, 2965 ff.: Jugoslawischer Mais wurde in griechischen Dosen von Griechenland nach Belgien exportiert. Die griechischen Behörden hatten offiziell erklärt, dass es sich um griechischen Mais handele, so dass keine Agrarabschöpfungen erhoben wurden. Nach Kenntnis des tatsächlichen Sachverhaltes forderte die Kommission Griechenland vergeblich auf, die hinterzogenen Beträge einzuziehen und an die Kommission abzuführen sowie gegen die Verantwortlichen strafrechtlich respektive disziplinarrechtlich vorzugehen. Schließlich leitete die Kommission ein Vertragsverletzungsverfahren ein.

Beispiele anderer Betrugsfälle schildert: *S. White*, Protection of the Financial Interests of the European Communities, 1998, S. 49 f. und S. 92 ff.; sowie *H. W. Hamacher*, Kriminalistik 1996, S. 778, 779 ff.

[162] Nunmehr Art. 10 EG.

[163] *EuGH*, 21.09.1989, Rs. 68/88, Kommission / Griechenland, Slg. 1989, 2965 ff. Rdnr. 23.

[164] In der deutschen Übersetzung des Urteils steht lediglich „ähnlich". Sowohl die französische als auch die griechische Fassung benutzen den Begriff „analog" („[...] dans des conditions, de fond et de procédure, qui soient analogues"; „ανάλογες"). Verbindlich ist die griechische Fassung, da Griechisch Verfahrenssprache war. Die „Original"fassung ist allerdings die französische. Siehe hierzu Fn. 371, S. 74.

Schwere gleichartige Verstöße gegen nationales Recht, wobei die Sanktion jedenfalls wirksam, verhältnismäßig und abschreckend sein müsse.[165]

- Ferner seien die nationalen Stellen verpflichtet, gegen Gemeinschaftsrechtsverstöße mit derselben Sorgfalt vorzugehen, die sie bei Verstößen gegen nationale Rechtsvorschriften walten ließen[166].

Mit dem vormaligen Art. 209a EGV[167] wurden diese Grundsätze in den Vertrag aufgenommen[168]. Die Verpflichtung der Mitgliedstaaten, die gleichen Maßnahmen zu ergreifen, die sie auch zur Bekämpfung von Betrügereien ergreifen, die sich gegen ihre eigenen finanziellen Interessen richten[169], ergibt sich – wie das Urteil verdeutlicht – bereits genuin aus der Pflicht zur loyalen Zusammenarbeit[170], die ihren Ausdruck in Art. 10 EG gefunden hat[171]. Art. 280 Abs. 2 EG kommt insofern lediglich eine deklaratorische und klarstellende Funktion zu[172].

a) Die Verordnung (EG, Euratom) Nr. 2988/95 des Rates vom 18. Dezember 1995

Art. 235 EGV stellte die Rechtsgrundlage für die Verordnung (EG, Euratom) Nr. 2988/95 des Rates vom 18. Dezember 1995 über den Schutz der finanziellen Interessen der Europäischen Gemeinschaften[173] dar. Zum Schutz der finanziellen Interessen der Europäischen Gemeinschaften wurde eine Rahmenregelung für einheitliche Kontrollen sowie für verwaltungsrechtliche Maßnahmen und Sanktionen bei Unregelmäßigkeiten getroffen[174]. Die Verordnung definiert den Terminus der „Unregelmäßigkeit"[175].

[165] *EuGH*, 21.09.1989, Rs. 68/88, Kommission / Griechenland, Slg. 1989, 2965 ff. Rdnr. 24.

[166] *EuGH*, 21.09.1989, Rs. 68/88, Kommission / Griechenland, Slg. 1989, 2965 ff. Rdnr. 25.

[167] Der vormalige Art. 209a EGV erfuhr durch den Vertrag von Amsterdam grundlegende Veränderungen, insbesondere die Gewährung einer ausdrücklichen Zuständigkeit der Gemeinschaft für die erforderlichen Maßnahmen zur Verhütung und Bekämpfung von Betrügereien.

[168] Schlussanträge des Generalanwalts *F. G. Jacobs* vom 03.10.2002, Rs. C-11/00, Kommission / Europäische Zentralbank, n. n. a. Slg. Fn. 6.

[169] Mittlerweile Art. 280 Abs. 2 EG.

[170] Siehe hierzu unten, *Teil 2* – C.I.3.b), S. 217 f.

[171] Vgl. *EuGH*, 21.09.1989, Rs. 68/88, Kommission / Griechenland, Slg. 1989, 2965 ff. Rdnr. 23 bis 25.

[172] *H-J. Prieß / H. Spitzer*, EuZW 1994, S. 297, 298.

[173] ABl. Nr. L 312 vom 23.12.1995, S. 1–4.

[174] Art. 1 Abs. 1 Verordnung (EG, Euratom) Nr. 2988/95.

[175] Art. 1 Abs. 2 Verordnung (EG, Euratom) Nr. 2988/95.

Sie sieht vor, dass Kontrollen sowie verwaltungsrechtliche Maßnahmen und Sanktionen eingeführt werden, soweit sie erforderlich sind, um die ordnungsgemäße Anwendung des Gemeinschaftsrechts sicherzustellen[176]. Sanktionen können nur dann verhängt werden, wenn sie in einem Gemeinschaftsrechtsakt vor dem Zeitpunkt der Unregelmäßigkeit vorgesehen waren[177]. Die Verordnung soll für alle Bereiche der Gemeinschaftspolitik einen gemeinsamen rechtlichen Rahmen festlegen; eine genauere Ausgestaltung ist spezifischen sektorbezogenen Regelungen vorbehalten[178]. Zum Teil wird auch von einem „Allgemeinen Teil des Europäischen Verwaltungssanktionsrechts" gesprochen[179].

Die Sanktionen allerdings, die insbesondere seit den achtziger Jahren vor allem im Agrar- und Fischereirecht eingeführt wurden, werden gerade nicht wie die Geldbußen im Wettbewerbsrecht durch Gemeinschaftsorgane verhängt. Die Mitgliedstaaten sind im Rahmen des indirekten Vollzugs des Gemeinschaftsrechts für die Anwendung der Sanktionsregeln zuständig[180].

b) Verordnung (EURATOM, EG) Nr. 2185/96 des Rates vom 11. November 1996

Die Verordnung (EURATOM, EG) Nr. 2185/96 des Rates vom 11. November 1996 betreffend die Kontrollen und Überprüfungen vor Ort durch die *Kommission* zum Schutz der finanziellen Interessen der Europäischen Gemeinschaften vor Betrug und anderen Unregelmäßigkeiten[181] ergänzt die Verordnung (EG, Euratom) Nr. 2988/95. Sie enthält zusätzliche allgemeine Bestimmungen i.S.d. Art. 10 der Verordnung (EG, Euratom) Nr. 2988/95[182] für Kontrollen und Überprüfungen vor Ort.

Die Möglichkeit, selbst Kontrollen vor Ort durchzuführen, stellte einen erheblichen Fortschritt in der Betrugsbekämpfung dar. Bis 1997[183] stand den Kommissionsbeamten nur für begrenzte Sektoren ein Recht zu, selbst

176 Art. 2 Abs. 1 S. 1 Verordnung (EG, Euratom) Nr. 2988/95.

177 Art. 2 Abs. 2 Verordnung (EG, Euratom) Nr. 2988/95.

178 Vgl. die Erwägungsgründe der Verordnung (EG, Euratom) Nr. 2988/95.

179 *G. Dannecker*, ZStW 1996, S. 577, 604; *H.-M. Wolffgang*, Betrugsbekämpfung im Marktordnungsrecht, in: Ehlers / Wolffgang, Rechtsfragen der Europäischen Marktordnungen, 1998, S. 222; *L. Kuhl*, Zukunftsperspektiven des EG-Sanktionsrechts, in: Henke, Hemmnisse und Sanktionen in der EU, 1996, S. 154 („allgemeiner Rechtsrahmen").

180 *H. Satzger*, Die Europäisierung des Strafrechts, 2001, S. 85.

181 ABl. Nr. L 292 vom 15.11.1996, S. 2–5.

182 Art. 1 der Verordnung (EURATOM, EG) Nr. 2185/96.

183 Die Verordnung (EURATOM, EG) Nr. 2185/96 gilt ab dem 1. Januar 1997 (Art. 10).

Kontrollen und Überprüfungen vor Ort durchzuführen[184]. In der Regel begleiteten sie lediglich die Beamten der Mitgliedstaaten bei Kontrollen[185].

Die Kontrollen werden vom *OLAF*[186] in enger Zusammenarbeit mit den zuständigen mitgliedstaatlichen Behörden vorbereitet und durchgeführt. Die mitgliedstaatlichen Behörden haben ein Teilnahmerecht, auf Wunsch können sie die Kontrolle mit durchführen[187].

Der Kontrolle unterworfen sind diejenigen Wirtschaftsteilnehmer, gegen die gemäß Art. 7 der Verordnung (EG, Euratom) Nr. 2988/95 verwaltungsrechtliche Maßnahmen oder Sanktionen der Gemeinschaft ergriffen werden können, wenn die begründete Annahme besteht, dass Unregelmäßigkeiten begangen worden sind[188]. Dies betrifft nicht nur Unregelmäßigkeiten mit einem grenzüberschreitenden Element, sondern auch solche, zu deren Aufdeckung es sich im Einzelfall als erforderlich erweist, dass *OLAF*[189] selbst eine Kontrolle durchführt. Auch kann der betreffende Mitgliedstaat eine Kontrolle beantragen[190].

Mit der Formulierung „begründete Annahme“ wurde bewusst das Wort „Verdacht“ vermieden[191]. Einige Autoren wollen gleichwohl davon ausgehen, dass sich die „begründete Annahme“ mit der im deutschen Strafprozess geläufigen Definition des „Anfangsverdachts“ deckt[192]. Ohne weiteres scheint diese Übertragung jedoch zweifelhaft, schließlich kommt den OLAF-Untersuchungen gerade kein strafprozessualer Charakter zu[193]. Sofern es sich um einen strafprozessualen Begriff handeln würde, wären im Übrigen die Rechtsordnungen sämtlicher Mitgliedstaaten zu berücksichtigen. Schließlich steht ein gemeinschaftsrechtlicher Begriff in Rede, welcher gemeinschaftsrechtlich zu bestimmen ist[194].

184 Vgl. den Überblick bei *S. White*, Protection of the Financial Interests of the European Communities, 1998, S. 55 ff. und S. 79 f.

185 Vgl. *J. Jokisch*, Gemeinschaftsrecht und Strafverfahren, 2000, S. 76.

186 Ursprünglich „Kommission“, zur Übertragung auf *OLAF* siehe unten, *Teil 2* – B.I.2.c), S. 42 ff.

187 Art. 4 der Verordnung (EURATOM, EG) Nr. 2185/96.

188 Art. 5 UAbs. 1 der Verordnung (EURATOM, EG) Nr. 2185/96.

189 Ursprünglich „Kommission“, zur Übertragung auf *OLAF* siehe unten, *Teil 2* – B.I.2.c), S. 42 ff.

190 Art. 2 der Verordnung (EURATOM, EG) Nr. 2185/96.

191 So zumindest *U. Nelles*, ZStW 1997, S. 727, 744.

192 *J. Jokisch*, Gemeinschaftsrecht und Strafverfahren, 2000, S. 76; *U. Nelles*, ZStW 1997, S. 727, 744 die freilich von einem strafprozessualen Charakter des OLAF-Untersuchungsverfahrens ausgeht. Zum Anfangsverdacht vgl. *W. Beulke*, Strafprozeßrecht, 6. Aufl. 2002, Rdnr. 111.

193 Hierzu siehe unten, *Teil 2* – B.II., S. 55 ff.

194 Zur Auslegung gemeinschaftsrechtlicher Begriffe siehe unten, *Teil 2* – B.VII.1., S. 73 ff.

Naheliegender scheint hier vielmehr ein Vergleich mit den kartellrechtlichen Ermittlungsbefugnissen der *Kommission* zu sein[195]. In deren Rahmen sind Ermittlungshandlungen nur zulässig, wenn ein Anfangsverdacht im kartellrechtlichen Sinn vorliegt. Dies ist Ausdruck des Willkürverbotes; es darf keine Ermittlungen „ins Blaue“ geben, hinreichende Anhaltspunkte für einen Verstoß reichen jedoch aus[196]. Diese Ausgestaltung des Anfangsverdachtes im EG-Kartellrecht deckt sich inhaltlich mit den Bestimmungen der Verordnung (EURATOM, EG) Nr. 2185/96. Bei „hinreichenden Anhaltspunkten“ kann man von einer „begründeten Annahme“ i.S.v. Art. 5 UAbs. 1 der Verordnung (EURATOM, EG) Nr. 2185/96 ausgehen[197].

Die der Kontrolle unterworfenen Wirtschaftsteilnehmer sind verpflichtet, Zugang zu sämtlichen gewerblich genutzten Räumlichkeiten und Örtlichkeiten zu gewähren und zu ermöglichen[198]. In Ausnahmefällen kann diese Kontrolle auch bei Wirtschaftsteilnehmern durchgeführt werden, gegen die nicht unmittelbar ermittelt wird[199]. Zwangsmaßnahmen können indessen nur von den nationalen Behörden angewendet werden[200].

Die durch die Kontrollen erhaltenen Informationen unterliegen dem Berufsgeheimnis[201].

c) Organisation, Aufgaben und Befugnisse des OLAF

(1) Beschluss der Kommission vom 28. April 1999 (1999/352/EG, EGKS, Euratom)

Mit Beschluss der *Kommission* vom 28. April 1999 (1999/352/EG, EGKS, Euratom)[202] wurde das *OLAF* errichtet. *OLAF* ersetzte die Task-Force „Koordinierung der Maßnahmen zur Betrugsbekämpfung“ (*UCLAF*)

[195] Zur Vergleichbarkeit der OLAF-Untersuchungsbefugnisse zu den Ermittlungskompetenzen im Kartellverfahren siehe unten, *Teil 2* – B.IX.2.c)(2), S. 119 f.

[196] *H. Dieckmann*, in: Wiedemann, Handbuch des Kartellrechts, 1999, § 42 Rdnr. 4.

[197] Dieser Punkt generiert sicherlich noch einigen Diskussionsbedarf. Vgl. auch die Überlegungen bei *C. Billwiller*, Die Befugnisse des Europäischen Amtes für Betrugsbekämpfung (OLAF) im Rahmen von Kontrollen bei Wirtschaftsbeteiligten in Portugal, 2002, S. 143 ff.

[198] Art. 5 UAbs. 2 der Verordnung (EURATOM, EG) Nr. 2185/96.

[199] Art. 5 UAbs. 3 der Verordnung (EURATOM, EG) Nr. 2185/96.

[200] Art. 9 der Verordnung (EURATOM, EG) Nr. 2185/96.

[201] Art. 8 Abs. 1 UAbs. 3 der Verordnung (EURATOM, EG) Nr. 2185/96 näheres hierzu später, siehe *Teil 2* – B.VII.3.b), S. 82 ff.

[202] Beschluss der Kommission vom 28. April 1999 zur Errichtung des Europäischen Amtes für Betrugsbekämpfung (OLAF) (1999/352/EG, EGKS, Euratom), Bekanntgegeben unter Aktenzeichen SEK(1999) 802), ABl. Nr. L 136 vom 31.05.1999, S. 20–22.

und übernahm kraft Art. 1 des Beschlusses (1999/352/EG, EGKS, Euratom) die Gesamtheit ihrer Zuständigkeiten.

OLAF hat die Aufgabe, die Befugnisse der *Kommission* zur Durchführung externer Verwaltungsuntersuchungen auszuüben[203]. Das betrifft nicht nur die Befugnisse aus der Verordnung (EG, Euratom) Nr. 2988/95 und der Verordnung (EURATOM, EG) Nr. 2185/96, sondern auch die sich aus sektoriellen Verordnungen ergebenden Befugnisse[204]. Die externen Verwaltungsuntersuchungen dienen dazu, die Bekämpfung von rechtswidrigen Handlungen zum Nachteil der finanziellen Interessen der Gemeinschaft effizienter und konsequenter zu gestalten[205].

Als weiterer Aufgabenbereich kamen die internen Untersuchungen hinzu, die nicht nur einen Beitrag zum Schutz der finanziellen Interessen der Gemeinschaft liefern, sondern auch die Ordnungsmäßigkeit der Verwaltung sichern sollen[206].

Darüber hinaus können die *Kommission* und die übrigen Organe, Einrichtungen sowie Ämter und Agenturen *OLAF* mit Untersuchungen in anderen Bereichen beauftragen[207].

Neben der Förderung der Zusammenarbeit mit den Mitgliedstaaten erarbeitet *OLAF* nicht nur Konzepte zur Betrugsbekämpfung, sondern bereitet auch die Gesetzgebungsinitiativen der *Kommission* in diesem Bereich vor[208]. *OLAF* nimmt umfassend die operationellen Aufgaben der *Kommission* im Rahmen der Betrugsbekämpfung wahr[209]. Insbesondere soll es die

[203] Art. 2 Abs. 1 UAbs. 1 des Beschlusses (1999/352/EG, EGKS, Euratom).

[204] Für einen Überblick über die sektoriellen Regelungen vgl. *S. Ulrich*, Kontrollen der EG-Kommission bei Wirtschaftsbeteiligten zum Schutz der finanziellen Interessen der Gemeinschaft, 1999, S. 122 ff.

[205] Art. 2 Abs. 1 UAbs. 1 des Beschlusses (1999/352/EG, EGKS, Euratom).

[206] Art. 2 Abs. 1 UAbs. 2 des Beschlusses (1999/352/EG, EGKS, Euratom):

Das Amt wird mit der Durchführung interner Verwaltungsuntersuchungen beauftragt. Diese Untersuchungen dienen dazu,

a) Betrug, Korruption und sonstige rechtswidrige Handlungen zum Nachteil der finanziellen Interessen der Europäischen Gemeinschaften zu bekämpfen;

b) schwerwiegende Handlungen im Zusammenhang mit der Ausübung der beruflichen Tätigkeiten aufzudecken, die eine Verletzung der Verpflichtungen der Beamten und Bediensteten der Gemeinschaften, die disziplinarrechtlich und gegebenenfalls strafrechtlich geahndet werden kann, oder eine Verletzung der analogen Verpflichtungen der Mitglieder der Organe und Einrichtungen, der Leiter der Ämter und Agenturen und der Mitglieder des Personals der Organe, Einrichtungen sowie Ämter und Agenturen, die nicht dem Statut der Beamten der Europäischen Gemeinschaften oder den Beschäftigungsbedingungen für die sonstigen Bediensteten der Europäischen Gemeinschaften unterliegen, darstellen können.

[207] Art. 2 Abs. 1 UAbs. 4 des Beschlusses (1999/352/EG, EGKS, Euratom).

[208] Art. 2 Abs. 2 bis Abs. 4 des Beschlusses (1999/352/EG, EGKS, Euratom).

[209] Art. 2 Abs. 5 des Beschlusses (1999/352/EG, EGKS, Euratom).

zur Betrugsbekämpfung erforderlichen Strukturen entwickeln, die Informationssammlung und -auswertung sichern und anderen, sowohl gemeinschaftlichen als auch zuständigen nationalen Stellen technische Unterstützung bieten.

OLAF ist direkter Ansprechpartner der Polizei- und Justizbehörden[210]. Im Bereich der Betrugsbekämpfung vertritt *OLAF* ferner die *Kommission* in den betreffenden Gremien[211].

Obwohl *OLAF* eine Dienststelle der *Kommission* ist[212], übt es die Untersuchungsbefugnisse gemäß Art. 2 Ab. 1 des Beschlusses (1999/352/EG, EGKS, Euratom) in voller Unabhängigkeit aus[213]. *OLAF* ist sowohl im Bereich der externen als auch im Bereich der internen Untersuchungen unabhängig. Lediglich der gemäß Art. 4 des Beschlusses (1999/352/EG, EGKS, Euratom) eingesetzte Überwachungsausschuss kontrolliert regelmäßig die Wahrnehmung der Untersuchungsbefugnisse durch *OLAF*.

Geleitet wird *OLAF* von einem Direktor[214].

(2) Die Verordnung (EG) Nr. 1073/1999 und die Verordnung (Euratom) Nr. 1074/1999 vom 25. Mai 1999

Die Verordnung (EG) Nr. 1073/1999[215] sowie die Verordnung (Euratom) Nr. 1074/1999[216] betreffen die Untersuchungen des *OLAF*. Die Verordnung (Euratom) Nr. 1074/1999 – für den Bereich des Euratom Ver-

[210] Art. 2 Abs. 6 des Beschlusses (1999/352/EG, EGKS, Euratom).

[211] Art. 2 Abs. 7 des Beschlusses (1999/352/EG, EGKS, Euratom).

[212] Näher zu dem Doppelcharakter siehe unten, *Teil 2* – B.III., S. 59 ff.

[213] Art. 3 des Beschlusses (1999/352/EG, EGKS, Euratom) Zu tatsächlichen Problemen bei der Unabhängigkeit vgl. *Überwachungsausschuss*, Tätigkeitsbericht, Juli 1999 – Juli 2000, 25. August 2000, S. 24 einsehbar unter: http://europa.eu.int/comm/anti_fraud/reports/sup_comm/2000/rep_sc_2000_de.pdf; sowie *L. L. Laudati*, in: Studies in Honour of Claus-Dieter Ehlermann, 2002, S. 257 f.

[214] Art. 5 Abs. 1 S. 1 Beschluss der Kommission 1999/352/EG, EGKS, Euratom. Dies ist seit dem 1. März 2000 der ehemalige bayerische Oberstaatsanwalt *Franz-Hermann Brüner*. Seine Amtszeit beträgt fünf Jahre und kann einmal verlängert werden. Vgl. hier zu auch FAZ vom 29. September 2003, Nr. 226, S. 10: „Viele glauben, sein Name sei Olaf."

[215] Verordnung (EG) Nr. 1073/1999 des Europäischen Parlamentes und des Rates vom 25. Mai 1999 über die Untersuchungen des Europäischen Amtes für Betrugsbekämpfung (OLAF), ABl. Nr. L 136 vom 31.05.1999, S. 1–7.

[216] Verordnung (Euratom) Nr. 1074/1999 des Rates vom 25. Mai 1999 über die Untersuchungen des Europäischen Amtes für Betrugsbekämpfung (OLAF), ABl. Nr. L 136 vom 31.05.1999, S. 8–14.

trages – entspricht dabei im Wesentlichen der Verordnung (EG) Nr. 1073/1999[217].

(a) Externe Untersuchungen

Die Verordnungen übertrugen die der *Kommission* für den Bereich der externen Untersuchungen zustehenden Befugnisse auf *OLAF*[218]. Umfasst waren damit nicht nur die Befugnisse aus der Verordnung (EG, Euratom) Nr. 2988/95 und der Verordnung (EURATOM, EG) Nr. 2185/96, sondern auch die sich aus sektoriellen Verordnungen ergebenden Befugnisse[219].

„Zur intensiveren Bekämpfung von Betrug, Korruption und sonstigen rechtswidrigen Handlungen zum Nachteil der finanziellen Interessen der Europäischen Gemeinschaft nimmt" *OLAF* „die der Kommission durch die in diesen Bereichen geltenden gemeinschaftlichen Rechtsvorschriften und Übereinkommen übertragenen Untersuchungsbefugnisse wahr"[220].

Gemäß Art. 3 Verordnung (EG) Nr. 1073/1999 führt *OLAF* Kontrollen und Überprüfungen gemäß dem Art. 9 Abs. 1 Verordnung (EG, Euratom) Nr. 2988/95 und den sektorbezogenen Regelungen durch. *OLAF* übt die der *Kommission* durch die Verordnung (Euratom, EG) Nr. 2185/96 übertragenen Befugnisse zur Durchführung von Kontrollen und Überprüfungen vor Ort in den Mitgliedstaaten aus[221].

(b) Interne Untersuchungen

Als neue Befugnisse wurden diejenigen zu internen[222] administrativen Untersuchungen geschaffen:

217 Dementsprechend wird im Folgenden nur die Verordnung (EG) Nr. 1073/1999 behandelt.

218 *L. L. Laudati*, in: Studies in Honour of Claus-Dieter Ehlermann, 2002, S. 249.

219 Für einen Überblick über die sektoriellen Regelungen vgl. *S. Ulrich*, Kontrollen der EG-Kommission bei Wirtschaftsbeteiligten zum Schutz der finanziellen Interessen der Gemeinschaft, 1999, S. 122 ff. Zur so genannten „schwarzen Liste" im Agrarbereich vgl. *G. Hitzler*, Schwarze Liste, in: Ehlers / Wolffgang, Rechtsfragen der Europäischen Marktordnungen, 1998, S. 245 ff. und Verordnung (EG) Nr. 1469/95 des Rates vom 22. Juni 1995 über Vorkehrungen gegenüber bestimmten Begünstigten der vom EAGFL, Abteilung Garantie, finanzierten Maßnahmen, ABl. Nr. L 145 vom 29.06.1995, S. 1–3.

220 Art. 1 Abs. 1 Verordnung (EG) Nr. 1073/1999, siehe auch Art. 3.

221 Generell zu den Kontrollen bei Wirtschaftsbeteiligten vgl.: *C. Billwiller*, Die Befugnisse des Europäischen Amtes für Betrugsbekämpfung (OLAF) im Rahmen von Kontrollen bei Wirtschaftsbeteiligten in Portugal, 2002; *H. Gemmel*, Kontrollen des OLAF in Deutschland, 2002; *H Horn*, Die Durchführung von Kontrollen durch das Europäische Amt für Betrugsbekämpfung (OLAF) in Irland, 2002.

222 Art. 4 Abs. 1 UAbs. 1 Verordnung (EG) Nr. 1073/1999.

„Das Amt führt in den durch die Verträge oder auf deren Grundlage geschaffenen Organen, Einrichtungen sowie Ämtern und Agenturen [...] administrative Untersuchungen durch, die dazu dienen,
- Betrug, Korruption und sonstige rechtswidrige Handlungen zum Nachteil der finanziellen Interessen der Europäischen Gemeinschaft zu bekämpfen [...].“[223]

Ferner dienen die Untersuchungen dazu, disziplinarisch und gegebenenfalls strafrechtlich zu ahndende Handlungen der EG-Bediensteten, die dem Beamtenstatut unterstehen, aufzudecken. Entsprechendes gilt für Handlungen von Mitgliedern der Organe und Einrichtungen, für Handlungen von Leitern der Ämter und Agenturen und für Handlungen des Personals von Organen, Einrichtungen, Ämtern und Agenturen, die nicht dem Beamtenstatut unterliegen[224].

Bei den internen Untersuchungen sind die Vorschriften der Verträge und insbesondere das Protokoll über die Vorrechte und Befreiungen[225] sowie das Beamtenstatut zu respektieren[226]. Die Modalitäten der internen Untersuchungen richten sich nach der Verordnung (EG) Nr. 1073/1999 und nach den von den einzelnen Organen, Einrichtungen sowie Ämtern und Agenturen erlassenen einschlägigen Beschlüssen[227]. So trafen am 25. Mai 1999 das *Parlament*, der *Rat* und die *Kommission* eine Interinstitutionelle Vereinbarung über die internen Untersuchungen des *OLAF*[228]. Dieser Vereinbarung war ein Standardbeschluss beigefügt, der vom *Rat* am 25. Mai 1999[229] und von der *Kommission* am 2. Juni 1999[230] umgesetzt

[223] Art. 1 Abs. 3 Verordnung (EG) Nr. 1073/1999.

[224] Art. 1 Abs. 3 2. Spr. Verordnung (EG) Nr. 1073/1999.

[225] Protokoll über die Vorrechte und Befreiungen der Europäischen Gemeinschaften, ABl. Nr. L 152 vom 13.07.1967, S. 13, 14, 15, 16.

[226] Art. 4 Abs. 1 UAbs. 2 Verordnung (EG) Nr. 1073/1999.

[227] Art. 4 Abs. 1 UAbs. 2 Verordnung (EG) Nr. 1073/1999; Zum vorgeschriebenen Inhalt dieser Beschlüsse vgl. Art. 4 Abs. 6.

[228] Interinstitutionelle Vereinbarung vom 25. Mai 1999 zwischen dem Europäischen Parlament, dem Rat der Europäischen Union und der Kommission der Europäischen Gemeinschaften über die internen Untersuchungen des Europäischen Amtes für Betrugsbekämpfung (OLAF), ABl. Nr. L 136 vom 31.05.1999, S. 15–19.

[229] 1999/394/EG, Euratom: Beschluß des Rates vom 25. Mai 1999 über die Bedingungen und Modalitäten der internen Untersuchungen zur Bekämpfung von Betrug, Korruption und sonstigen rechtswidrigen Handlungen zum Nachteil der Interessen der Gemeinschaften, ABl. Nr. L 149 vom 16.06.1999, S. 36–38.

[230] 1999/396/EG, EGKS, Euratom: Beschluß der Kommission vom 2. Juni 1999 über die Bedingungen und Modalitäten der internen Untersuchungen zur Bekämpfung von Betrug, Korruption und sonstigen rechtswidrigen Handlungen zum Nachteil der Interessen der Gemeinschaft (Bekanntgegeben unter Aktenzeichen K(1999) 802), ABl. Nr. L 149 vom 16.06.1999, S. 57–59.

wurde. Das *Parlament* erließ am 18. November 1999 einen entsprechenden Beschluss zur Änderung seiner Geschäftsordnung[231].

Die übrigen Organe, Einrichtungen sowie Ämter und Agenturen wurden aufgefordert, der Interinstitutionellen Vereinbarung beizutreten[232]. So sind hier der Beschluss des *EuGH* vom 26.10.1999[233], der Beschluss des *Rechnungshofes* vom 16.12.1999[234], der Beschluss des *Wirtschafts- und Sozialausschusses* vom 11.10.1999[235] sowie der Beschluss des *Ausschusses der Regionen* vom 17.11.1999[236] zu nennen.

Der OLAF-Errichtungsbeschluss und die Verordnung (EG) Nr. 1073/1999 bilden zusammen mit der Interinstitutionellen Vereinbarung und den entsprechenden Umsetzungsbeschlüssen ein in sich geschlossenes Ganzes, dessen verschiedene Bestandteile voneinander getrennt rechtlich keinen Sinn ergeben würden[237].

Die *Europäische Zentralbank* und die *Europäische Investitionsbank* wollten sich allerdings den internen Untersuchungen von *OLAF* nicht beugen. Dementsprechend sahen der Beschluss der *Europäischen Zentralbank* EZB/1999/5 vom 07.10.1999[238] sowie der Beschluss der *Europäischen Investitionsbank* 10.11.1999[239] nur unzureichende Befugnisse für *OLAF* vor. Die *Kommission* ist gegen diese Beschlüsse der *Europäischen Zentralbank* und der *Europäischen Investitionsbank* allerdings erfolgreich gerichtlich

[231] *EuG*, 26.02.2002, Rs. T-17/00, Rothley u.a. / Parlament, Slg. 2002, II-579 ff. Rdnr. 14; vgl. die Geschäftsordnung der Europäischen Parlamentes in der 14. Auflage, ABl. Nr. L 202 vom 02.08.1999, S. 1–108.

[232] Vgl. Ziff. 4 der Interinstitutionellen Vereinbarung vom 25. Mai 1999 zwischen dem Europäischen Parlament, dem Rat der Europäischen Union und der Kommission der Europäischen Gemeinschaften über die internen Untersuchungen des Europäischen Amtes für Betrugsbekämpfung (OLAF), ABl. Nr. L 136 vom 31.05.1999, S. 15–19.

[233] Décision de la Cour de Justice du 26 octobre 1999 relative aux conditions et modalités des enquêtes internes en matière de lutte contre la fraude, la corruption et toute activité illégale préjudiciable aux intérêts des Communautés (nur in französischer Sprache).

[234] Beschluss des Rechnungshofes Nr. 99-50 vom 16.12.1999.

[235] Beschluss des Wirtschafts- und Sozialausschusses Nr. 363/99 A vom 11.10.1999.

[236] Beschluss des Ausschusses der Regionen Nr. 294/99 vom 17.11.1999.

[237] *EuG*, 26.02.2002, Rs. T-17/00, Rothley u.a. / Parlament, Slg. 2002, II-579 ff. Rdnr. 51.

[238] ABl. Nr. L 291 vom 13.11.1999, S. 36–38.

[239] Der Beschluss wurde nicht veröffentlicht. Der Präsident der EIB übermittelte jedoch am 16. November 1999 eine englische Fassung des Beschlusses an die Präsidenten des Parlaments, des Rates und der Kommission. (*EuGH*, 10.07.2003, Rs. C-15/00, Kommission / EIB, n. n. a. Slg. Rdnr. 42).

vorgegangen. Der *EuGH* erklärte den Beschluss der *EZB* vom 07.10.1999[240] und den Beschluss der *EIB* vom 10.11.1999[241] für nichtig[242].

Im Rahmen der internen Untersuchungen erhält *OLAF* ohne Voranmeldung und unverzüglich Zugang zu sämtlichen Informationen und Räumlichkeiten der betroffenen Organe und Einheiten[243]. *OLAF* darf deren Rechnungsführung kontrollieren und Kopien aller in ihrem Besitz befindlichen Dokumente und Daten anfertigen[244]. Erforderlichenfalls kann *OLAF* Dokumente und Informationen sicherstellen[245]. Außerdem kann *OLAF* mündliche Auskünfte fordern[246].

Die neuen Kompetenzen zu internen Untersuchungen führten auch zu einem Konflikt mit dem *Europäischen Parlament*. Der Beschluss des *Parlamentes* ist vor dem *EuG* von 70 Abgeordneten (erfolglos) mit der Begründung angefochten worden, er verletze ihre Mandatsfreiheit und Immunität[247].

(c) Durchführung der Untersuchungen

Dem Direktor des Amtes obliegt die Einleitung[248] und die Leitung[249] der Untersuchungen.

Externe Untersuchungen werden vom Direktor des Amtes von sich aus oder auf Ersuchen eines betroffenen Mitgliedstaates eingeleitet[250].

[240] *EuGH*, 10.07.2003, Rs. C-11/00, Kommission / EZB, n. n. a. Slg., Tenor zu 1: *„Der Beschluss 1999/726/EG der Europäischen Zentralbank vom 7. Oktober 1999 über Betrugsbekämpfung (EZB/1999/5) wird für nichtig erklärt.“*

[241] *EuGH*, 10.07.2003, Rs. C-15/00, Kommission / EIB, n. n. a. Slg., Tenor zu 1: *„Der Beschluss des Direktoriums der Europäischen Investitionsbank vom 10. November 1999 über die Zusammenarbeit mit dem Europäischen Amt für Betrugsbekämpfung (OLAF) wird für nichtig erklärt.“*

[242] Vgl. Hierzu auch das Handelsblatt vom 12.07.2003, Nr. 131 S. 6 und siehe auch *M. Selmayr / H.-G. Kamann*, FAZ vom 11.04.2000, S. 14, die jedoch verkennen (wollen), dass der Begriff der finanziellen Interessen nicht nur den Gemeinschaftshaushalt, sondern sämtliche von Gemeinschaftseinrichtungen verwaltete Mittel umfasst.

[243] Art. 4 Abs. 2 1. Spr. Verordnung (EG) Nr. 1073/1999.

[244] Art. 4 Abs. 2 1. Spr. Verordnung (EG) Nr. 1073/1999.

[245] Art. 4 Abs. 2 1. Spr. Verordnung (EG) Nr. 1073/1999.

[246] Art. 4 Abs. 2 2. Spr. Verordnung (EG) Nr. 1073/1999.

[247] Vgl. *C. Waldhoff*, in: Calliess / Ruffert, EUV / EGV, 2. Aufl. 2002, Art. 280 EG Rdnr. 19; *EuG*, 26.02.2002, Rs. T-17/00, Rothley u.a. / Parlament, Slg. 2002, II-579 ff.: Die Klage wurde als unzulässig abgewiesen, die Kläger waren durch die angefochtene Handlung nicht im Sinne des Art. 230 EG individuell betroffen (Rdnr. 78); siehe hierzu auch *L. Kuhl / H. Spitzer*, EuR 2000, S. 671, 677; sowie *D. Thym*, Europaabgeordnete gegen Europaparlament – der erste Akt des Streits um OLAF, EuR 2000, S. 990 ff.

[248] Art. 5 Verordnung (EG) Nr. 1073/1999.

[249] Art. 6 Abs. 1 Verordnung (EG) Nr. 1073/1999.

[250] Art. 5 S. 1 Verordnung (EG) Nr. 1073/1999.

Interne Untersuchungen werden vom Direktor des Amtes von sich aus oder auf Ersuchen des Organes, der Einrichtung, des Amtes oder der Agentur, bei dem bzw. der die Untersuchung durchgeführt werden soll, eingeleitet[251].

Der rechtliche Charakter der OLAF-Untersuchungen ist indessen nicht unumstritten[252].

Die Mitgliedstaaten tragen dafür Sorge, dass ihre zuständigen Behörden den OLAF-Bediensteten bei der Wahrnehmung ihrer Aufgaben die erforderliche Unterstützung zukommen lassen[253]. Entsprechendes gilt für Gemeinschaftsorgane und -einheiten[254].

Informationen, die im Rahmen interner Untersuchungen mitgeteilt oder eingeholt werden, fallen unter das Berufsgeheimnis und genießen den Schutz, der durch die für die Organe der Europäischen Gemeinschaften geltenden einschlägigen Bestimmungen gewährleistet ist[255].

Nach Ende einer Untersuchung erstellt *OLAF* einen Bericht, der insbesondere den festgestellten Sachverhalt, gegebenenfalls die ermittelte Schadenshöhe und die Ergebnisse der Untersuchung – einschließlich der Empfehlungen des Direktors des *OLAF* zu den zweckmäßigen Folgemaßnahmen – umfasst.

(d) Mitteilungspflicht auf Gemeinschaftsebene

Auf Gemeinschaftsebene bestehen umfassende Mitteilungspflichten. Die Gemeinschaftsorgane und -einheiten teilen *OLAF* unverzüglich alle Informationen über etwaige Fälle von Betrug, Korruption oder sonstigen rechtswidrigen Handlungen mit[256]. Des Weiteren sind Gemeinschaftsorgane und -einheiten verpflichtet, auf Ersuchen von *OLAF* alle in ihrem Besitz befindlichen Dokumente und Informationen über eine laufende interne Untersuchung an *OLAF* zu übermitteln[257].

(e) Zusammenarbeit und Mitteilungspflicht der Mitgliedstaaten

Wie auch in dem OLAF-Errichtungsbeschluss 1999/352/EG, EGKS, Euratom in Art. 2 Abs. 2 und 6 als Aufgabe von *OLAF* formuliert, obliegt *OLAF* die nach Art. 280 Abs. 3 EG geforderte Koordination und Zusam-

[251] Art. 5 S. 2 Verordnung (EG) Nr. 1073/1999.

[252] Siehe hierzu unten, *Teil 2* – B.II., S. 55 ff.

[253] Art. 6 Abs. 6 S. 1 Verordnung (EG) Nr. 1073/1999.

[254] Art. 6 Abs. 6 S. 2 Verordnung (EG) Nr. 1073/1999.

[255] Art. 8 Abs. 2 UAbs. 1 Verordnung (EG) Nr. 1073/1999; siehe hierzu auch unten, *Teil 2* – B.VII.3.b), S. 82 ff.

[256] Art. 7 Abs. 1 Verordnung (EG) Nr. 1073/1999.

[257] Art. 7 Abs. 2 Verordnung (EG) Nr. 1073/1999.

menarbeit mit den Mitgliedstaaten[258]. Über eine einfache Zusammenarbeit hinausgehend sind die Mitgliedstaaten jedoch außerdem verpflichtet, auf Ersuchen von *OLAF* alle in ihrem Besitz befindlichen Dokumente und Informationen über eine laufende interne Untersuchung an *OLAF* zu übermitteln[259].

(f) Überwachungsausschuss

Der durch den OLAF-Errichtungsbeschluss 1999/352/EG, EGKS, Euratom eingesetzte[260] Überwachungsausschuss soll durch regelmäßige Kontrolle der OLAF-Untersuchungstätigkeit die Unabhängigkeit des *OLAF* garantieren[261]. Insbesondere prüft er die vom OLAF-Direktor kontinuierlich erteilten Informationen über die Untersuchungstätigkeit[262]. Er setzt sich aus fünf externen unabhängigen Persönlichkeiten zusammen, die vom *Europäischen Parlament*, dem *Rat* und der *Kommission* im gegenseitigen Einvernehmen ernannt werden[263].

Der Überwachungsausschuss greift zwar nicht in den Ablauf der Untersuchungen ein, hat aber u.a. Zugang zu sämtlichen Dokumenten und Unterlagen sowie zu den vom *OLAF* gespeicherten Daten. Außerdem kontrolliert der Überwachungsausschuss die Anwendung der Vertraulichkeitsvorschriften des Art. 8 Verordnung (EG) Nr. 1073/1999 und des Art. 286 EG[264].

[258] Art. 1 Abs. 2 Verordnung (EG) Nr. 1073/1999. Zu der Übermittlung von Informationen von *OLAF* an die Mitgliedstaaten vgl. – unbeschadet des Untersuchungsberichtes – Art. 10.

[259] Art. 7 Abs. 2 Verordnung (EG) Nr. 1073/1999.

[260] Art. 4 Beschluss der Kommission 1999/352/EG, EGKS, Euratom.

[261] Art. 11 Abs. 1 Verordnung (EG) Nr. 1073/1999; Art. 1 Geschäftsordnung des Überwachungsausschusses des OLAF, ABl. Nr. L 41 vom 15.02.2000, S. 12–19.

[262] Art. 3 Abs. 1 lit. a Geschäftsordnung des Überwachungsausschusses des OLAF, ABl. Nr. L 41 vom 15.02.2000, S. 12–19.

[263] Art. 11 Abs. 2 Verordnung (EG) Nr. 1073/1999; Art. 5 Abs. 1 Geschäftsordnung des Überwachungsausschusses des OLAF.

Die erste Amtszeit des Überwachungsausschusses endete am 31. Juni 2002. Die Mitglieder des Überwachungsausschusses wurden für die folgende Amtszeit von drei Jahren wieder ernannt. Dies sind *Edmondo Bruti-Liberati*, *Alfredo José de Sousa*, *Mireille Delmas-Marty*, *Raymond Kendall* und *Harald Noack* (Beschluss des Europäischen Parlaments, des Rates und der Kommission vom 8. April 2003 zur Wiederernennung der Mitglieder des Überwachungsausschusses des Europäischen Amtes für Betrugsbekämpfung (OLAF) ABl. Nr. C 134 vom 07.06.2003, S. 1–2).

[264] Art. 24 Abs. 1 und Art. 3 Abs. 3 Geschäftsordnung des Überwachungsausschusses des OLAF.

3. Der rechtliche Rahmen innerhalb der „dritten Säule"

Unbeschadet der Befugnisse der Europäischen Gemeinschaft gibt es auf Ebene der Europäischen Union Bestimmungen über die Entwicklung eines gemeinsamen Vorgehens der Mitgliedstaaten im Bereich der polizeilichen und justiziellen Zusammenarbeit in Strafsachen[265].

Auf der Grundlage des damaligen Art. K.3 EUV[266] schlossen die Mitgliedstaaten im Jahre 1995 ein Übereinkommen über den Schutz der finanziellen Interessen der EG[267]. Ziel des Übereinkommens ist es, eine größere Kompatibilität zwischen den strafrechtlichen Bestimmungen der Mitgliedstaaten durch Schaffung strafrechtlicher Mindestnormen sicherzustellen, um die Bekämpfung von Betrügereien zu Lasten der finanziellen Interessen der Gemeinschaften effizienter und (noch) abschreckender zu gestalten und die Zusammenarbeit in Strafsachen zwischen den Mitgliedstaaten zu intensivieren[268]. Das Übereinkommen stellt eine Ergänzung zu der Verordnung (EG, Euratom) Nr. 2988/95[269] dar[270]. Es stellt eine einheitliche Definition des Betruges auf[271]. Davon ausgehend verpflichteten sich die Mitgliedstaaten in diesem Übereinkommen, die im Hinblick auf den Gemeinschaftshaushalt als betrügerisch definierten Handlungen als Straftaten zu umschreiben[272] und dafür wirksame, angemessene und ab-

[265] Titel IV EU, Art. 29 ff. EU; Für einen Überblick zu den strafrechtlichen Harmonisierungsmaßnahmen auf Unionsebene vgl. *H. Satzger*, Die Europäisierung des Strafrechts, 2001, S. 465 ff.; Zu Maßnahmen im Bereich der justiziellen Zusammenarbeit in Strafsachen vgl. *J. Dieckmann*, NStZ 2001, S. 617, 617 ff.

[266] Nunmehr Art. 31 EU.

[267] Übereinkommen aufgrund von Artikel K.3 des Vertrags über die Europäische Union über den Schutz der finanziellen Interessen der Europäischen Gemeinschaften, ABl. Nr. C 316 vom 27.11.1995, S. 49–57.

[268] Erläuternder Bericht zum Übereinkommen über den Schutz der Finanziellen Interessen der Europäischen Gemeinschaften (vom Rat am 26. Mai 1997 gebilligter Text), ABl. Nr. C 191 vom 23.06.1997, S. 1–10.

[269] ABl. Nr. L 312 vom 23.12.1995, S. 1–4.

[270] *H. Satzger*, ZRP 2001, S. 549, 549; vgl. *S. White*, ELRev 21 (1996), S. 465, 466.

[271] Vgl. die Wiedergabe des Wortlautes des Art. 1 Abs. 1 in Fn. 152, S. 35; interessanterweise vereinnahmt die Kommission diese Definition ohne weiteres gemeinschaftsrechtlich, siehe: *Mitteilung der Kommission*, Schutz der finanziellen Interessen der Gemeinschaften und Betrugsbekämpfung, Jahresbericht 2001, 06.08.2002, KOM (2002) 348 endgültig/3, S. 98.

[272] Art. 1 Abs. 2 des Übereinkommens aufgrund von Artikel K.3 des Vertrags über die Europäische Union über den Schutz der finanziellen Interessen der Europäischen Gemeinschaften, ABl. Nr. C 316 vom 27.11.1995, S. 49–57.

schreckende Strafen vorzusehen[273]. Die Mitgliedstaaten müssen ferner die erforderlichen Maßnahmen ergreifen, damit Leiter oder Entscheidungsträger von Unternehmen in bestimmten Fällen strafrechtlich verantwortlich gemacht werden können[274].

Dieses Übereinkommen wurde durch das Erste Protokoll vom 27. September 1996[275] ergänzt, das insbesondere auf die Bekämpfung von Bestechungshandlungen abzielte, an denen nationale oder Gemeinschaftsbeamte beteiligt sind und durch die die finanziellen Interessen der Europäischen Gemeinschaften geschädigt werden oder geschädigt werden können[276].

Zur Verbesserung der justitiellen Zusammenarbeit der Mitgliedstaaten in Strafsachen bezweckt ein weiteres Übereinkommen[277], über den Rahmen der Betrugsbekämpfung zu Lasten der Europäischen Gemeinschaften und damit über das Erste Protokoll vom 27. September 1996 hinauszugehen. Letzteres Übereinkommen ist generell auf die Bekämpfung von Bestechungshandlungen gerichtet, an denen Gemeinschaftsbeamte oder Beamte der Mitgliedstaaten beteiligt sind.

Das Übereinkommen über den Schutz der finanziellen Interessen der Europäischen Gemeinschaften wurde durch das Zweite Protokoll vom 19. Juni1997[278] dahingehend ergänzt, dass Geldwäsche unter Strafe zu stellen und die Verantwortlichkeit juristischer Personen vorzusehen sei. Ferner

[273] Art. 2 Abs. 1 des Übereinkommens aufgrund von Artikel K.3 des Vertrags über die Europäische Union über den Schutz der finanziellen Interessen der Europäischen Gemeinschaften, ABl. Nr. C 316 vom 27.11.1995, S. 49–57.

[274] Art. 3 des Übereinkommens aufgrund von Artikel K.3 des Vertrags über die Europäische Union über den Schutz der finanziellen Interessen der Europäischen Gemeinschaften, ABl. Nr. C 316 vom 27.11.1995, S. 49–57.

[275] Protokoll aufgrund von Artikel K.3 des Vertrags über die Europäische Union zum Übereinkommen über den Schutz der finanziellen Interessen der Europäischen Gemeinschaften – Erklärungen der Mitgliedstaaten bei der Annahme des Rechtsaktes über die Fertigstellung des Protokolls, ABl. Nr. C 313 vom 23.10.1996, S. 2–10.

[276] Vgl. die Erwägungsgründe des Übereinkommens aufgrund von Artikel K.3 Absatz 2 Buchstabe c) des Vertrags über die Europäische Union über die Bekämpfung der Bestechung, an der Beamte der Europäischen Gemeinschaften oder der Mitgliedstaaten der Europäischen Union beteiligt sind, ABl. Nr. C 195 vom 25.06.1997, S. 2–11.

[277] Übereinkommen aufgrund von Artikel K.3 Absatz 2 Buchstabe c) des Vertrags über die Europäische Union über die Bekämpfung der Bestechung, an der Beamte der Europäischen Gemeinschaften oder der Mitgliedstaaten der Europäischen Union beteiligt sind, ABl. Nr. C 195 vom 25.06.1997, S. 2–11.

[278] Zweites Protokoll aufgrund von Artikel K.3 des Vertrags über die Europäische Union zum Übereinkommen über den Schutz der finanziellen Interessen der Europäischen Gemeinschaften – Gemeinsame Erklärung zu Artikel 13 Absatz 2 – Erklärung der Kommission zu Artikel 7, ABl. Nr. C 221 vom 19.07.1997, S. 12–22; Zum Zweiten Protokoll vgl. *M. Korte*, NJW 1998, S. 1464 ff.

wurden Maßnahmen für die Einziehung von Tatinstrumenten und Erträgen vorgesehen. Auch sind Vorschriften über den Informationsaustausch zwischen den zuständigen Behörden der Mitgliedstaaten und der *Kommission* enthalten.

Das Protokoll vom 29. November 1996[279] ergänzte das Übereinkommen über den Schutz der finanziellen Interessen der Europäischen Gemeinschaften ferner dahingehend, dass die Auslegung dieses Übereinkommens dem *EuGH* im Wege der Vorabentscheidung zugewiesen wurde.

Die Instrumente der dritten Säule haben jedoch einen völkerrechtlichen Charakter. Dementsprechend bedürfen die genannten Übereinkommen und Protokolle als völkerrechtliche Verträge der Ratifizierung durch die Mitgliedstaaten.

Das Übereinkommen über den Schutz der finanziellen Interessen der Europäischen Gemeinschaften trat dementsprechend erst am 17.10.2002 in Kraft, nachdem Belgien, Irland und Italien als letzte Mitgliedstaaten das Abkommen ratifiziert hatten[280].

Die neueren Bestrebungen der *Kommission* sahen sogar eine Verankerung des strafrechtlichen Schutzes in der ersten Säule vor. Im Mai 2001 unterbreitete die *Kommission* einen Vorschlag für eine Richtlinie des Europäischen Parlamentes und des Rates über den strafrechtlichen Schutz der finanziellen Interessen der Gemeinschaft[281]. Gestützt auf Art. 280 Abs. 4. EG übernahm der Vorschlag sämtliche Bestimmungen der genannten völ-

[279] Protokoll aufgrund von Artikel K.3 des Vertrags über die Europäische Union betreffend die Auslegung des Übereinkommens über den Schutz der finanziellen Interessen der Europäischen Gemeinschaften durch den Gerichtshof der Europäischen Gemeinschaften im Wege der Vorabentscheidung – Erklärung zur gleichzeitigen Annahme des Übereinkommens über den Schutz der finanziellen Interessen der Europäischen Gemeinschaften und des Protokolls betreffend die Auslegung dieses Übereinkommens durch den Gerichtshof der Europäischen Gemeinschaften im Wege der Vorabentscheidung – Erklärung gemäß Artikel 2, ABl. Nr. C 151 vom 20.05.1997, S. 2–14.

[280] Vgl. die EU-Pressemitteilung IP/02/1515 vom 18. Oktober 2002, einsehbar unter: http://europa.eu.int/rapid/start/cgi/guesten.ksh?p_action.gettxt=gt&doc=IP/02/1515|0|AGED&lg=EN&display= sowie die entsprechende Mitteilung der EuZW-Redaktion, EuZW 2002, S. 708. Das erste Protokoll sowie das EuGH-Protokoll sind ebenfalls mittlerweile von allen Mitgliedstaaten ratifiziert worden. Beim zweiten Protokoll ist dies jedoch – soweit ersichtlich – nicht der Fall.

[281] Vorschlag für eine Richtlinie des Europäischen Parlaments und des Rates über den strafrechtlichen Schutz der finanziellen Interessen der Gemeinschaft (KOM (2001) 272 vom 23.05.2001), Interinstitutionelles Dossier: 2001/0115 (COD), ABl. C 240 E vom 28.08.2001, S. 125–129. Vgl. hierzu auch den geänderten Vorschlag der Kommission vom 16.10.2002, KOM(2002) 577 endgültig, Interinstitutionelles Dossier: 2001/0115 (COD), einsehbar unter: http://register.consilium.eu.int/pdf/de/02/st13/13396d2.pdf. Soweit ersichtlich wurde der Vorschlag seitdem nicht weiter verfolgt.

kerrechtlichen Verträge mit Ausnahme derjenigen, die das Strafprozessrecht und die justitielle Zusammenarbeit betreffen[282]. Inwieweit jedoch Art. 280 Abs. 4 EG als Rechtsgrundlage dienen kann, ist nicht unproblematisch und wird in der Literatur äußerst kontrovers diskutiert[283]. Diese Fragestellung berührt jedoch die eigentliche Thematik dieser Arbeit nicht.

[282] *H. Satzger*, ZRP 2001, S. 549, 550.

[283] Umfassend hierzu *H. Satzger*, ZRP 2001, S. 549, 552 ff. und *H. Satzger*, in: Streinz, EUV / EGV, 1. Aufl. 2003, Rdnr. 17 ff.

Für Art. 280 Abs. 4 EG als kriminalstrafrechtliche „Ergänzungskompetenz" im Verhältnis zum mitgliedstaatlichen Strafrecht: *K. Tiedemann*, GA 1998, S. 107, 108, Fn. 7; *K. Tiedemann*, Legal bases for the implementation, in: Delmas-Marty / Vervaele, The Implementation of the Corpus Juris in the Member States, Vol. I, 2000, S. 385 ff.; *M. Delmas-Marty*, Legal bases for the implementation, in: Delmas-Marty / Vervaele, The Implementation of the Corpus Juris in the Member States, Vol. I, 2000, S. 374 ff.; *E. Bacigalupo*, Legal bases for the implementation, in: Delmas-Marty / Vervaele, The Implementation of the Corpus Juris in the Member States, Vol. I, 2000, S. 369 ff.; *D. Spinellis*, Legal bases for the implementation, in: Delmas-Marty / Vervaele, The Implementation of the Corpus Juris in the Member States, Vol. I, 2000, S. 383 f.; ähnl. *H. H. Kühne*, Strafprozessrecht, 6. Aufl. 2003, Rdnr. 54 Fn. 47; *D. Moll*, Europäisches Strafrecht durch nationale Blankettstrafgesetzgebung?, 1998, S. 6 ff.; *H.-M. Wolffgang / S. Ulrich*, EuR 1998, 616, 644 f.; *W. Berg / R. Karpenstein*, EWS 1998, S. 77, 81; *J. Schoo*, in: Schwarze, EU-Kommentar, 1. Aufl. 2000, Art. 280 EGV Rdnr. 24; *F. Zieschang*, ZStW 113 (2001), S. 255, 260 f.; vgl. auch *M. Delmas-Marty*, Necessity, legitimacy and feasibility of the Corpus Juris, in: Delmas-Marty / Vervaele, The Implementation of the Corpus Juris in the Member States, Vol. I, 2000, S. 54 ff.

Für eine Auslegung des Art. 280 Abs. 4 S. 2 EG dahingend, dass das nationale Kriminalstrafrecht generell vom Anwendungsbereich der Rechtsgrundlage des Art. 280 Abs. 4 EG ausgenommen ist: *H. Satzger*, ZRP 2001, S. 549, 552 f.; *H. Satzger*, in: Streinz, EUV / EGV, 1. Aufl. 2003, Rdnr. 20; grundsätzlich auch *A. Griese*, EuR 1998, 462, 476; *H. Satzger*, StV 1999, S. 132, 132; *C. Waldhoff*, in: Calliess / Ruffert, EUV / EGV, 2. Aufl. 2002, Art. 280 EG Rdnr. 3 und 19 f.; *J. Jokisch*, Gemeinschaftsrecht und Strafverfahren, 2000, S. 64; *G. Grasso*, Legal bases for the implementation, in: Delmas-Marty / Vervaele, The Implementation of the Corpus Juris in the Member States, Vol. I, 2000, S. 377 ff.; *J. Spencer*, Legal bases for the implementation, in: Delmas-Marty / Vervaele, The Implementation of the Corpus Juris in the Member States, Vol. I, 2000, S. 380 ff.; *C. Müller-Gugenberger*, in: Müller-Gugenberger / Bieneck, Wirtschaftsstrafrecht, 3. Aufl. 2000, § 5 Rdnr. 63; *A. Musil*, NStZ 2000, S. 68, 68 f.; *B. Hecker*, Strafbare Produktwerbung im Lichte des Gemeinschaftsrechts, 2001, S. 2; vgl. auch *P. J. G. Kapteyn / P. VerLooren van Themaat / L. W. Gormley*, Introduction to the Law of the European Communities, 3. ed. 1998, S. 1395; vgl. ferner *J. Deutscher*, Die Kompetenzen der Europäischen Gemeinschaften zur originären Strafgesetzgebung, 2000, S. 344 f.;

Ohne Festlegung: *G. Dannecker*, Der Allgemeine Teil eines europäischen Strafrechts als Herausforderung für die Strafrechtswissenschaft, in: FS für Hirsch, 1999, S. 144.

II. Die rechtliche Einordnung der OLAF-Untersuchungen

Die Frage nach der Rechtsnatur der OLAF-Untersuchungen ist nicht vollständig geklärt. Zum Teil werden diese Untersuchungen als strafrechtliche Ermittlungen angesehen[284]. Der Grund dafür ist, dass im Rahmen der Untersuchungen zwangsläufig strafrechtlich relevante Sachverhalte aufgedeckt werden können und dementsprechend auch Beweise gesammelt werden sollen[285]. Dies führt in der Regel später zu nationalen Strafverfahren.

Die Verordnung (EG) Nr. 1073/1999 spricht jedoch von administrativen Untersuchungen. Gemäß Art. 2 S. 1 der Verordnung (EG) Nr. 1073/1999 umfasst der Begriff „administrative Untersuchungen" sämtliche Kontrollen, Überprüfungen und sonstige Maßnahmen, die die Bediensteten des Amtes in Ausübung ihrer Befugnisse gemäß den Art. 3 und 4 durchführen. Ziel ist die intensivere Bekämpfung von Betrug, Korruption und sonstigen rechtswidrigen Handlungen zum Nachteil der finanziellen Interessen der Europäischen Gemeinschaft[286]. Gegebenenfalls sollen auch Beweise für Unregelmäßigkeiten erbracht werden[287]. Art. 2 S. 2 der Verordnung (EG) Nr. 1073/1999 stellt klar, dass die administrativen Untersuchungen nicht die Zuständigkeit der Mitgliedstaaten für die Strafverfolgung berühren.

Nicht nur die Wortwahl „administrativ" spricht gegen die Einstufung dieser Untersuchungen als „strafrechtliche" Ermittlungen. Auch der primäre Zweck der Untersuchungen steht einer solchen Einstufung entgegen.

Diese Untersuchungen dienen dazu, die *Kommission* in die Lage zu versetzen, sowohl ihrer Rolle als Hüterin der Verträge gemäß Art. 211 EG als auch ihrer Verantwortung für die Durchführung des Haushaltsplans nach Art. 274 EG gerecht zu werden[288]. Die Zuständigkeit der *Kommission* für den Schutz der finanziellen Interessen hängt eng mit ihrer Aufgabe der Ausführung des Haushaltsplans gemäß Art. 274 des EG-Vertrages zusammen, wie durch Art. 280 EG bestätigt[289]. Unter Schutz der finanziellen Interessen fällt jedoch nicht nur die reine Verwaltung der Haushaltsmittel[290]. Schließlich muss sich die *Kommission* für die ordnungsgemäße Durchführung des Haushaltsplans im Rahmen des Entlastungsverfahrens nach

[284] *U. Nelles*, ZStW 1997, S. 727, 742 ff.

[285] Vgl. 14. Erwägungsgrund der Verordnung (Euratom/EG) Nr. 2185/96; 10. und 16. Erwägungsgrund der Verordnung (EG) Nr. 1073/1999.

[286] Vgl. Art. 1 der Verordnung (EG) Nr. 1073/1999.

[287] Art. 2 S. 1 der Verordnung (EG) Nr. 1073/1999.

[288] *H. Spitzer*, Kontrollen und Überprüfungen der Kommission vor Ort zum Schutz der finanziellen Interessen der EG, in: Kontrollen – ATLAS – Risikoanalyse, 2000, S. 31, 34.

[289] 1. Erwägungsgrund der Verordnung (EG) Nr. 1073/1999.

[290] 2. Erwägungsgrund der Verordnung (EG) Nr. 1073/1999.

Art. 276 EG gegenüber dem *Europäischen Parlament* und dem *Rat* verantworten[291]. Ohne ein – wenn auch begrenztes – eigenständiges Überprüfungsrecht der *Kommission* fielen politische und administrative Verantwortlichkeit vollständig auseinander[292]. Demgemäß ist es Teil der Verantwortlichkeit der *Kommission* für die Durchführung des Haushaltsplans, diesen selbst zu überprüfen und nachvollziehen zu können, ob die Durchführung des Haushaltsplans im Detail korrekt war.

Auch ist es gerade nicht das ausschließliche Ziel der OLAF-Untersuchungen, strafrechtlich relevante Sachverhalte aufzudecken. Es sollen sämtliche Unregelmäßigkeiten aufgedeckt werden, nicht nur diejenigen Unregelmäßigkeiten, die potentiell strafrechtlich relevant sind. Die Frage nach der strafrechtlichen Relevanz der aufgedeckten Sachverhalte ist zunächst eine sekundäre. Im Vordergrund der OLAF-Untersuchungen stehen die finanziellen Aspekte. Es geht um die Funktionsfähigkeit des Haushaltes und unter Umständen auch um die Wiedereinziehung zu Unrecht erhaltener Gemeinschaftsmittel[293], während jedes strafrechtliche Ermittlungsverfahren zunächst ausschließlich der Aufdeckung strafrechtlich relevanter Sachverhalte dient.

Im Übrigen übernimmt *OLAF* nicht allein die Betrugsbekämpfung. Art. 280 EG stellt die Bekämpfung von Betrügereien sowohl in die Verantwortung der Gemeinschaft als auch der Mitgliedstaaten.

Ferner spricht Art. 1 der Verordnung (EG) Nr. 1073/1999 ausdrücklich von dem Ziel, eine *intensivere* Bekämpfung zu ermöglichen. *OLAF* kommt eine besondere Rolle bei der Koordinierung der Maßnahmen der Mitgliedstaaten zum Schutz der finanziellen Interessen der Gemeinschaft zu. Bei tatsächlich strafrechtlich relevanten Sachverhalten zeichnet sich *OLAF* insbesondere durch die Aufarbeitung dieser Sachverhalte aus. *OLAF* fertigt einen Untersuchungsbericht an, aus dem gemäß Art. 9 Abs.1 der Verordnung (EG) Nr. 1073/1999 insbesondere der festgestellte Sachverhalt, gegebenenfalls die ermittelte Schadenshöhe und die Ergebnisse der Untersuchung, einschließlich der Empfehlungen des Direktors des Amtes zu den zweckmäßigen Folgemaßnahmen, hervorgehen. Damit die Ergebnisse der OLAF-Untersuchungen bestmöglich berücksichtigt und die erforderlichen Folgemaßnahmen ergriffen werden können, stellen die Erwägungsgründe

[291] Vgl. *C. Kannengießer*, Die Entlastung im Haushaltsrecht der Europäischen Gemeinschaft, DÖV 1998, S. 55 ff.

[292] *H. Spitzer*, Kontrollen und Überprüfungen der Kommission vor Ort zum Schutz der finanziellen Interessen der EG, in: Kontrollen – ATLAS – Risikoanalyse, 2000, S. 31, 34.

[293] *C. Billwiller*, Die Befugnisse des Europäischen Amtes für Betrugsbekämpfung (OLAF) im Rahmen von Kontrollen bei Wirtschaftsbeteiligten in Portugal, 2002, S. 94.

der Verordnung ausdrücklich darauf ab, dass die Untersuchungsberichte in den Verwaltungs- und Gerichtsverfahren der Mitgliedstaaten zulässige Beweismittel darstellen sollten[294]. Dementsprechend sind die Berichte unter Berücksichtigung der für die Ausarbeitung des betreffenden Mitgliedstaates bzw. der betreffenden Mitgliedstaaten geltenden Anforderungen zu erstellen. Die jeweiligen Verfahrenserfordernisse werden dabei bedacht[295]. Gemäß Art. 9 Abs. 2 S. 2 stellen die so erstellten Berichte in der gleichen Weise und unter denselben Bedingungen wie die Verwaltungsberichte der Kontrolleure der einzelstaatlichen Verwaltungen zulässige Beweismittel in den Verwaltungs- oder Gerichtsverfahren des Mitgliedstaates dar. Sie werden nicht nur nach denselben Maßstäben beurteilt wie die Verwaltungsberichte der einzelstaatlichen Kontrolleure, sondern sind diesen auch gleichwertig[296].

OLAF hat jedoch keinerlei Möglichkeiten, Folgemaßnahmen tatsächlich durchzusetzen[297].

Auch die *OLAF* im Rahmen der Verordnung (EURATOM, EG) Nr. 2185/96 eingeräumten Kontrollbefugnisse für den Bereich der externen Untersuchungen führen nicht zwingend zu einem strafprozessualen Charakter der OLAF-Untersuchungen.

Allein die Tatsache, dass Kontrollen bei Wirtschaftsbeteiligten vor Ort durchgeführt werden können, lässt noch nicht auf einen strafprozessualen Charakter schließen. Für den gemeinschaftsrechtlichen Rechtsrahmen sei auf das Kartellordnungswidrigkeitenverfahren hingewiesen und die umfassenden Befugnisse der *Kommission* im Rahmen der Verordnung (EG) Nr. 1/2003 – vormals Verordnung Nr. 17[298]. Zwar gilt das Kartellrecht als Strafrecht im weiteren Sinne. Die *Kommission* kann im Kartellordnungswidrigkeitenverfahren schließlich auch selbst Sanktionen verhängen. Das ist *OLAF* aber nicht möglich.

Auch die insbesondere im Agrar- und Fischereirecht vorhandenen Sanktionen werden gerade nicht – wie die Geldbußen im Wettbewerbsrecht – durch Gemeinschaftsorgane verhängt. Im Rahmen des indirekten Voll-

294 16. Erwägungsgrund der Verordnung (EG) Nr. 1073/1999.

295 Art. 9 Abs. 2 S. 1 der Verordnung (EG) Nr. 1073/1999.

296 Art. 9 Abs. 2 S. 3 der Verordnung (EG) Nr. 1073/1999.

297 Abgesehen von dem indirekten Weg über ein Vertragsverletzungsverfahren.

298 EWG Rat: Verordnung Nr. 17: Erste Durchführungsverordnung zu den Artikeln 85 und 86 des Vertrages vom 06.02.1962, ABl. Nr. P 13 vom 21.02.1962, S. 204–211; seit dem 1. Mai 2004 gilt die Verordnung (EG) Nr. 1/2003 des Rates vom 16. Dezember 2002 zur Durchführung der in den Artikeln 81 und 82 des Vertrags niedergelegten Wettbewerbsregeln, ABl. Nr. L 1 vom 04.01.2003, S. 1–25.

zugs des Gemeinschaftsrechts sind es die Mitgliedstaaten, die für die Anwendung der Sanktionsregeln zuständig sind[299].

Allenfalls könnte man das OLAF-Untersuchungsverfahren als strafprozessual im weiteren Sinne bezeichnen[300], weil es schließlich mittelbar zu strafprozessualen Maßnahmen führen kann. Allerdings erscheint diese Feststellung zu spitzfindig.

Die mittelbaren Folgen der OLAF-Tätigkeit sehen wie folgt aus: Soweit *OLAF* tatsächlich strafrechtlich relevante Sachverhalte zu Lasten der finanziellen Interessen der Europäischen Gemeinschaft aufdeckt, besteht eine gemeinschaftsrechtliche Verpflichtung der betroffenen Mitgliedstaaten, Strafverfolgungsmaßnahmen anzustrengen. Es handelt sich hierbei um eine tatsächliche Folge, die unabhängig davon eintritt, wie die nationalen Behörden Anhaltspunkte für Straftaten zu Lasten der finanziellen Interessen der Europäischen Gemeinschaft erhalten. Bei genügend Anhaltspunkten für einen Verstoß gegen Gemeinschaftsrecht zu Lasten der finanziellen Interessen der Europäischen Gemeinschaft, sind die nationalen Behörden in dem gleichen Maße zur Verfolgung verpflichtet, wie sich dies bei Anhaltspunkten für einen Verstoß gegen nationales Recht ergeben würde. Wie mittlerweile auch in Art. 280 Abs. 2 EG niedergelegt, sind die Mitgliedstaaten verpflichtet, die gleichen Maßnahmen zu ergreifen, wie zur Bekämpfung von Betrügereien, die sich gegen ihre eigenen finanziellen Interessen richten[301]. Unterlässt es ein Mitgliedstaat, trotz ausreichender Hinweise auf die Begehung von Betrügereien zu Lasten der finanziellen Interessen, diese zu verfolgen, kann gegen ihn ein Vertragsverletzungsverfahren eingeleitet werden[302]. Aus welcher Quelle diese Hinweise stammen, ob von OLAF, der mitgliedstaatlichen Verwaltung oder Dritten – etwa der Presse – ist dabei irrelevant.

Trotz dieser möglichen mittelbaren Folgen spricht – wie dargestellt – jedoch mehr dafür, dem OLAF-Untersuchungsverfahren letztendlich einen administrativen Charakter zuzuschreiben.

299 *H. Satzger*, Die Europäisierung des Strafrechts, 2001, S. 85.

300 Vgl. hierzu auch *U. Sieber*, der darauf hinweist, dass *OLAF* aufgrund einer formellen Betrachtungsweise (nach herrschender Meinung) noch als reine Verwaltungsbehörde gesehen wird (*U. Sieber*, ZRP 2000, S. 186, 191).

301 Näher hierzu unten, *Teil 2* – C.I.3., S. 214 ff.

302 Das ist die Konstellation des Griechischen Mais Skandales (*EuGH*, 21.09.1989, Rs. 68/88, Kommission / Griechenland, Slg. 1989, 2965 ff.), siehe hierzu unten, *Teil 2* – C.I.3., S. 214 ff.

III. Doppelnatur des OLAF

OLAF ist dem Grunde nach eine Dienststelle der *Kommission*. In den Bereichen der Betrugsbekämpfung nimmt *OLAF* die Untersuchungsbefugnisse der *Kommission* wahr bzw. wurde mit neuen, eigenen Untersuchungsbefugnissen ausgestattet[303]. Die allgemeinen Grundsätze, die für die Tätigkeit der *Kommission* gelten, gelten auch für die Tätigkeit des *OLAF*.

OLAF wurde im Rahmen der Verwaltungsstruktur der *Kommission* errichtet[304]. Da es formal Teil der *Kommission* ist, kann es auch die Befugnisse der *Kommission* ausüben[305]. In all den Fragen, in denen seine inter- und insbesondere intrainstitutionelle Unabhängigkeit nicht tangiert werden kann, ist das Handeln von *OLAF* als reguläres Kommissionshandeln anzusehen. *OLAF* kommt allerdings eine funktionelle Dualität zu. Zum einen ist es eine Dienststelle der *Kommission*, zum anderen verfügt es aber über Untersuchungsautonomie[306]. *OLAF* steht auch eine budgetrechtliche und verwaltungstechnische Autonomie gegenüber der *Kommission* zu[307]. *OLAF* ist ein weitgehend verselbständigtes Amt[308].

Diese Struktur als „sui-generis-Dienststelle" der *Kommission*[309] ist Ausdruck eines pragmatischen Kompromisses, der innerhalb weniger Monate umgesetzt werden konnte[310]. In dieser Art und Weise sollte ein gradueller

[303] Siehe oben, *Teil 2* – B.I.2.c), S. 42 ff.

[304] Jeweils 4. Erwägungsgrund der Verordnungen (EG) Nr. 1073/1999 und (Euratom) Nr. 1074/1999.

[305] Vgl. *L. L. Laudati*, in: Studies in Honour of Claus-Dieter Ehlermann, 2002, S. 254.

[306] *Kommission*, Grünbuch zum strafrechtlichen Schutz der finanziellen Interessen der Europäischen Gemeinschaften und zur Schaffung einer Europäischen Staatsanwaltschaft, S. 74 und siehe Art. 3 des Beschlusses (1999/352/EG, EGKS, Euratom).

[307] *L. L. Laudati*, in: Studies in Honour of Claus-Dieter Ehlermann, 2002, S. 254. Problematisch ist allerdings, dass gemäß Art. 13 S. 2 Verordnung (EG) Nr. 1073/1999 die dem Amt zugewiesenen Planstellen in einem Anhang zum Stellenplan der Kommission aufgelistet werden. In Personalfragen besteht eine zu große Abhängigkeit von der Administration der Kommission. Vgl. hierzu *Überwachungsausschuss*, Tätigkeitsbericht, Juli 1999 – Juli 2000, 25. August 2000, S. 24 einsehbar unter: http://europa.eu.int/comm /anti_fraud/reports/sup_comm/2000/rep_sc_2000_de.pdf; sowie *L. L. Laudati*, in: Studies in Honour of Claus-Dieter Ehlermann, 2002, S. 257 f.

[308] *L. Kuhl / H. Spitzer*, EuR 2000, S. 671, 675.

[309] Formulierung nach *L. L. Laudati*, in: Studies in Honour of Claus-Dieter Ehlermann, 2002, S. 244: „*The European Anti-Fraud Office („OLAF") was created as a sui generis Commission service with certain guarantees of operational independence.*"

[310] *L. L. Laudati*, in: Studies in Honour of Claus-Dieter Ehlermann, 2002, S. 255; *Überwachungsausschuss*, Tätigkeitsbericht, Juli 1999 – Juli 2000, 25. August 2000, S. 5 f. einsehbar unter: http://europa.eu.int/comm/anti_fraud/reports/sup_comm/2000/rep _sc_2000_de.pdf.

Übergang von *UCLAF* zu *OLAF* und eine Kontinuität der Arbeit gewährleistet werden[311]. Das *OLAF* sollte nur eine temporäre Lösung eines dringenden Problems darstellen. *OLAF* wurde als eine Übergangslösung in Erwartung einer umfassenderen und endgültigeren Lösung konzipiert[312].

Die jetzigen Befugnisse, die *OLAF* innehat, konnten nicht ohne weiteres vollständig auf eine von der *Kommission* unabhängige Behörde übertragen werden. Dies hätte der Rechtsprechung des *Gerichtshofes* zur Zulässigkeit der Übertragung von Befugnissen auf vom Vertrag nicht vorgesehene unabhängige Hilfsorgane widersprochen[313]. Man hätte schon den langwierigen Weg einer Vertragsänderung einschlagen müssen. Dementsprechend hätte der ursprüngliche Ansatz, eine von der *Kommission* gänzlich unabhängige Behörde einzurichten, eine nicht zielführende Aufteilung der Betrugsbekämpfungsfunktionen bedeutet[314].

Mittlerweile scheint es, als sei *OLAF* doch von gewisser Dauer.

Ob es im Rahmen künftiger Reformen wünschenswert wäre, dass *OLAF* sich zu einer Europäischen Staatsanwaltschaft weiterentwickeln sollte, oder dass seine Aktivitäten der Verantwortung eines Europäischen Staatsanwaltes unterstehen und dementsprechend gleiche Verfahrensregeln eingeführt werden sollten[315], braucht hier nicht erörtert zu werden. Solche Reformen würden allerdings sicherlich mit sich bringen, dass der administrative Charakter des OLAF-Untersuchungsverfahrens eine Änderung erfahren würde.

Wünschenswert ist es indessen sicherlich, dass *OLAF*s Unabhängigkeit und Effektivität weiter verstärkt wird. Vor dem Hintergrund der bestehenden Rechtslage wurde im Streit mit dem *Europäischen Parlament* und der

[311] *Überwachungsausschuss*, Tätigkeitsbericht, Juli 1999 – Juli 2000, 25. August 2000, S. 5 f. und 30 einsehbar unter: http://europa.eu.int/comm/anti_fraud/reports/sup_comm/2000/rep_sc_2000_de.pdf.

[312] *Überwachungsausschuss*, Tätigkeitsbericht, Juli 1999 – Juli 2000, 25. August 2000, Anlage 3: Stellungnahme 5/99 vom 17. Dezember 1999 für den Ausschuss für Haushaltskontrolle des Europäischen Parlaments zu den Auswirkungen einer möglichen Umsetzung des Corpus Juris, S. 61, einsehbar unter: http://europa.eu.int/comm/anti_fraud/reports/sup_comm/2000/rep_sc_2000_de.pdf.

[313] *L. Kuhl / H. Spitzer*, EuR 2000, S. 671, 674 mit Verweis auf *EuGH*, 13.06.1958, Rs. 9/56, Meroni / Hohe Behörde, Slg. 1958, 11 ff. und *EuGH*, 13.06.1958, Rs. 10/56, Meroni / Hohe Behörde, Slg. 1958, 53 ff.

[314] Vgl. den entsprechenden Vorschlag der Kommission: *Kommission*, Vorschlag für eine Verordnung (EG, Euratom) des Rates zur Einrichtung eines Europäischen Amtes für Untersuchungen zur Betrugsbekämpfung, KOM(1998) 717 endg., ABl. Nr. C 21 vom 26.01.1999, S. 10–15 und hierzu *L. Kuhl / H. Spitzer*, EuR 2000, S. 671, 673 ff.

[315] Vgl. *M. Delmas-Marty*, Necessity, legitimacy and feasibility of the Corpus Juris, in: Delmas-Marty / Vervaele, The Implementation of the Corpus Juris in the Member States, Vol. I, 2000, S. 26.

EZB über die Untersuchungsbefugnisse von *OLAF* Klarheit geschaffen[316]. Aber auch künftige Reformen sollten die letzten haushalts- und personalrechtlichen Fragestellungen beseitigen, die die Unabhängigkeit aus tatsächlichen Gründen in Frage stellen könnten[317].

IV. Geltung der allgemeinen Grundsätze des Verwaltungsverfahrens für das OLAF

OLAF untersteht den allgemeinen Grundsätzen des Verwaltungshandelns, wie dies für jedes Handeln der *Kommission* gilt[318]. Der spezifische Charakter von *OLAF* als „sui-generis-Dienststelle" der *Kommission* wird bei einer Kritik an *OLAF* gerne verkannt.

Die allgemeinen Grenzen der Untersuchungsbefugnisse, die für jedes administrative Handeln der *Kommission* gelten, gelten auch für *OLAF*. Sobald geklärt ist, dass es sich nach der überwiegenden und zutreffenden Auffassung um administrative Untersuchungen und gerade nicht um strafprozessuale Ermittlungen handelt[319], stellt diese Feststellung eigentlich eine Selbstverständlichkeit dar[320].

Aus Gründen der Rechtssicherheit und Rechtsklarheit wäre eine spezifischere Normierung sicherlich erstrebenswert. Das gilt aber für andere Bereiche ebenso. Es ist nun mal eine besondere Eigenschaft des Gemeinschaftsrechts, dass es von ungeschriebenen allgemeinen Rechtsgrundsätzen ausgeht. Selbst dort, wo eine betreffende Normierung besteht, weist der *EuGH* gerne darauf hin, dass es sich bei der Normierung nur um den Ausdruck eines dahinter stehenden allgemeinen Rechtsgrundsatzes handele.

[316] Zum Europäischen Parlament vgl. *EuG*, 26.02.2002, Rs. T-17/00, Rothley u.a. / Parlament, Slg. 2002, II-579; zur EZB vgl. *EuGH*, 10.07.2003, Rs. C-11/00, Kommission / EZB, n. n. a. Slg.; zur EIB vgl. *EuGH*, 10.07.2003, Rs. C-15/00, Kommission / EIB, n. n. a. Slg.

[317] Vgl. hierzu etwa *Überwachungsausschuss*, Tätigkeitsbericht, Juli 1999 – Juli 2000, 25. August 2000, S. 24 einsehbar unter: http://europa.eu.int/comm/anti_fraud/ reports/sup_comm/2000/rep_sc_2000_de.pdf; *L. L. Laudati*, in: Studies in Honour of Claus-Dieter Ehlermann, 2002, S. 257 f.

[318] Zur Doppelnatur des *OLAF* siehe oben, *Teil 2* – B.III., S. 59 ff.

[319] Siehe hierzu oben, *Teil 2* – B.II., S. 55 ff.

[320] Vgl. auch *G. Dannecker*, Beweiserhebung, Verfahrensgarantien und Verteidigungsrechte im europäischen Kartellordnungswidrigkeitenverfahren als Vorbild für ein europäisches Sanktionsverfahren, ZStW 1999, S. 256 ff.

Die Bedenken, die der Präsident des *EuG* im Verfahren des einstweiligen Rechtsschutzes in der Rechtssache *Rothley u.a. / Parlament*[321] im Hinblick auf die Wahrung der parlamentarischen Immunität äußerte, können eben nicht generalisiert werden[322]. Zunächst äußerte er diese Bedenken nicht für alle das OLAF-Untersuchungsverfahren regelnden Rechtsakte, sondern für den Beschluss des Parlamentes, der im Anschluss an die Interinstitutionelle Vereinbarung die Geschäftsordnung des Parlamentes änderte. Im Verfahren des einstweiligen Rechtsschutzes trugen die Antragsteller vor,

> dass die Bedingungen für die Ausübung der Eingriffsbefugnisse des *OLAF* in dem Beschluss nicht hinreichend genau festgelegt seien, der die Geschäftsordnung des Parlamentes entsprechend änderte. Entgegen Art. 4 Abs. 1, 2 und 6 i.V.m. Art. 6 Abs. 4 Verordnung (EG) Nr. 1073/1999 würden im streitigen Beschluss die Bedingungen, Modalitäten und Verfahren nicht konkretisiert, an die sich die Bediensteten des *OLAF* bei der Durchführung interner Untersuchungen zu halten hätten[323].

Der Präsident des *EuG* prüfte, ob der streitige Beschluss zur Änderung der Geschäftsordnung auf den ersten Blick Bestimmungen enthält, die sicherstellen, dass die Immunität der Abgeordneten nicht beeinträchtigt wird, wenn sie von solchen Untersuchungen betroffen sind[324]. Er führte hierzu aus,

> dass der streitige Beschluss keine spezielle Garantie in Bezug auf die Wahrung der Rechte der Abgeordneten enthalte, wenn das *OLAF* von den ihm nach Art. 4 der Verordnung (EG) Nr. 1073/1999 zustehenden Untersuchungsbefugnissen Gebrauch mache[325]. Es ließe sich unter diesen Umständen nicht ausschließen, dass interne Untersuchungen des *OLAF*, die innerhalb des Parlamentes gegen Abgeordnete geführt werden, deren Immunität beeinträchtigen könnten[326].

Diese Bedenken können nicht auf die Problematik der Beeinträchtigung anderer Rechte – insbesondere der Verteidigungsrechte – übertragen werden. Es handelt sich um ein spezielles Problem der internen Untersuchungen. Der spezielle Charakter steht einer Generalisierung entgegen.

Auch gibt es zu den Verteidigungsrechten eine umfangreiche Rechtsprechung. Zumindest in den Grundzügen ist deren Ausgestaltung weitgehend geklärt. Dies ist für die Frage der Immunität der Parlamentarier oder auch die Frage nach der Ausübung des freien Mandates nicht der Fall.

321 *EuG*, Beschl. v. 02.05.2000, Rs. T-17/00, Rothley u.a. / Parlament, abgedruckt in EuR 2000, 652 ff.

322 So aber wohl *D. Thym*, EuR 2000, S. 990, 997.

323 *EuG*, Beschl. v. 02.05.2000, Rs. T-17/00, Rothley u.a. / Parlament, n. v. Rdnr. 59.

324 *EuG*, Beschl. v. 02.05.2000, Rs. T-17/00, Rothley u.a. / Parlament, n. v. Rdnr. 93.

325 *EuG*, Beschl. v. 02.05.2000, Rs. T-17/00, Rothley u.a. / Parlament, n. v. Rdnr. 95.

326 *EuG*, Beschl. v. 02.05.2000, Rs. T-17/00, Rothley u.a. / Parlament, n. v. Rdnr. 96.

Diese Problematik stellte sich für das Gemeinschaftsrecht – soweit ersichtlich – bisher nicht.

Sicherlich wäre es auch für diese spezielle Frage zumindest wünschenswert gewesen, die Befugnisse von *OLAF* und ihre Grenzen detaillierter und ausdrücklicher zu regeln. Das steht in Anbetracht des Gebotes der Rechtsklarheit außer Frage. In der Rechtssache *Rothley u.a. / Parlament* jedenfalls ist noch keine endgültige Entscheidung ergangen. Im Hauptsacheverfahren wies das *EuG* die Klage als unzulässig ab[327]. Die Entscheidung des *EuGH* steht allerdings noch aus.

Was die Geltung der Grundsätze des Gemeinschaftsrechts angeht, hat der *EuGH* in der Rechtssache *Kommission / EZB*[328] jedenfalls Klarheit geschaffen. Auch im Streit mit der *EZB* kamen u.a. Bedenken hinsichtlich der Bindung des *OLAF* an die Gemeinschaftsgrundrechte auf. Nach Auffassung der *EZB* ergäbe sich die Verpflichtung des *OLAF* zur Wahrung der Grundrechte nicht aus dem verfügenden Teil der Verordnung (EG) Nr. 1073/1999, sondern nur aus deren Präambel[329].

Der *Gerichtshof* führte dazu aus, dass die Gewährung der dem *OLAF* übertragenen Befugnisse von zwei Bedingungen abhängig sind: Einerseits die Garantien für dessen Unabhängigkeit, insbesondere gegenüber der *Kommission*, und andererseits die vollständige Beachtung der gemeinschaftsrechtlichen Vorschriften, zu denen auch die allgemeinen Rechtsgrundsätze gehören:

> „Wie sich nämlich insbesondere aus der vierten, der zehnten, der zwölften und der achtzehnten Begründungserwägung sowie aus den Artikeln 4, 5 Absatz 2, 6, 11 und 12 der Verordnung Nr. 1073/1999 ergibt, ist die mit dieser Verordnung eingeführte Regelung von dem festen Willen des Gemeinschaftsgesetzgebers getragen, die Gewährung der dem OLAF übertragenen Befugnisse zum einen von Garantien abhängig zu machen, die dessen strikte Unabhängigkeit insbesondere gegenüber der Kommission sichern, und zum anderen von der vollständigen Beachtung der gemeinschaftsrechtlichen Vorschriften [...].“[330]
>
> „Außerdem ergibt sich aus den Vorschriften der Verordnung Nr. 1073/1999, dass die Ausübung dieser Befugnisse verschiedenen Regeln und spezifischen Garantien unterliegt, während ihr Gegenstand klar abgegrenzt ist“[331].

[327] *EuG*, 26.02.2002, Rs. T-17/00, Rothley u.a. / Parlament, Slg. 2002, II-579, Tenor zu 1.

[328] *EuGH*, 10.07.2003, Rs. C-11/00, Kommission / EZB, n. n. a. Slg.

[329] *EuGH*, 10.07.2003, Rs. C-11/00, Kommission / EZB, n. n. a. Slg. Rdnr. 121.

[330] *EuGH*, 10.07.2003, Rs. C-11/00, Kommission / EZB, n. n. a. Slg. Rdnr. 139.

[331] *EuGH*, 10.07.2003, Rs. C-11/00, Kommission / EZB, n. n. a. Slg. Rdnr. 140.

V. Informanten in der Praxis des OLAF

1. Allgemeines

Zunächst einige Anmerkungen zu der Handhabung von Informanten in der Praxis des *OLAF*[332].

OLAF hat generell einen sehr vorsichtigen Ansatz für den Umgang mit Informanten. *OLAF* akquiriert insbesondere nicht aktiv Informanten. Man versucht sogar, die Verwendung von Informanten möglichst zu vermeiden. Dafür gibt es hauptsächlich zwei Gründe: Zum einen sind die Haushaltsregelungen so ausgestaltet, dass sie die tatsächliche Wahrung der Anonymität eines Informanten fast unmöglich machen. Zum anderen ist es schwer, die Anonymität bis zum Schluss zu garantieren; wenn die Information angemessen verwendet werden soll, muss sie letztendlich in den jeweiligen nationalen Strafprozess eingespeist werden, auf den *OLAF* keinen direkten Einfluss hat.
Ein Informant wird zunächst in einem sehr ausführlichen Umfang aufgeklärt, inwieweit Anonymität gewährt werden kann. Dabei werden für den Bereich des nationalen Rechtes keinerlei Garantien ausgesprochen.

Bei strafrechtlicher Relevanz wird den Informanten dementsprechend auch gerne geraten, sich direkt an die nationalen Behörden zu wenden, insbesondere auch dann, wenn die Informanten eine finanzielle Gegenleistung erhalten wollen. Es besteht allerdings die Möglichkeit, dass *OLAF* einen Beitrag zu den diesbezüglichen Kosten der nationalen Behörden leistet.

2. Sonderfall: EG-Bediensteter als Informant

a) Sonderprobleme bei der Wahrung der Anonymität eines „internen" Informanten

Wenn ein EG-Bediensteter[333] *OLAF* Hinweise über Unregelmäßigkeiten zukommen lässt und darum bittet, dass seine Anonymität gewahrt bleibt, generiert dies spezielle Probleme. Die Anonymität eines solchen „internen" Informanten zu wahren, ist in besonderem Maße schwierig. Wenn auf

[332] Herrn Harald Spitzer und Frau Laraine L. Laudati von *OLAF* danke ich recht herzlich für ihre Gesprächsbereitschaft und fachliche Unterstützung.

[333] Bediensteter ist der Überbegriff für Beamte und sonstige Bedienstete. Vgl. zur Terminologie und den verschiedenen Kategorien *D. Rogalla*, Das Dienstrecht der Europäischen Gemeinschaften, 2. Aufl. 1992, S. 59 ff.

Grundlage von Angaben aus einer Dienststelle Untersuchungen eingeleitet werden, ist es fast unmöglich, den Namen eines Informanten geheim zu halten. Häufig lassen sich schon allein aus den Umständen genügend Rückschlüsse auf die Identität einer Person ziehen. Zur Veranschaulichung sei folgendes Beispiel genannt: Es werden Unregelmäßigkeiten im Finanzmanagement einer Dienststelle berichtet. In dieser Dienststelle sind lediglich vier Personen für das Finanzmanagement zuständig. Sowohl der Verantwortliche / die Verantwortlichen als auch der Informant müssen zu diesem Kreis von vier Personen gehören. Bei diesen Vorgaben den Informanten zu identifizieren, dürfte nicht schwierig sein. Dies sind allein tatsächliche Probleme, die sich für die Geheimhaltung stellen.

Rechtliche Hindernisse für die Geheimhaltung können nicht nur im Rahmen eines nationalen Strafverfahrens, sondern auch in einem Disziplinarverfahren gegen einen EG-Beamten auftreten. In einem Disziplinarverfahren sind die Verteidigungsrechte des betroffenen EG-Beamten zu beachten. Der EG-Beamte hat grundsätzlich ein Recht auf Akteneinsicht und ein Fragerecht, wenn *OLAF*–Mitarbeiter als Zeugen auftreten[334]. Selbstredend möchte ein betroffener EG-Beamter wissen, wer ihn einer Unregelmäßigkeit bezichtigt.

Eine parallele Problematik kann sich auch im Rahmen eines nationalen Kündigungsschutzprozesses stellen, wenn z.B. einem örtlichen Bediensteten der Europäischen Gemeinschaft aufgrund von Unregelmäßigkeiten gekündigt wird und dieser im Anschluss Kündigungsschutzklage erhebt[335].

Diese Problembereiche sollen hier nur angedeutet werden. Eine eingehende Beschäftigung mit den EG-beamtenrechtlichen Aspekten und den jeweiligen nationalen Verfahrensvorschriften bei einem Kündigungsschutzprozess bleibt anderen Untersuchungen vorbehalten.

[334] Vgl. zum Disziplinarverfahren allgemein *D. Rogalla*, Das Dienstrecht der Europäischen Gemeinschaften, 2. Aufl. 1992, S. 144 ff. Vgl. zur Reform des Beamtenstatuts *W. Kilb*, NVwZ 2003, S. 682 ff. Bei sonstigen Bediensteten ist das Disziplinarrecht inzident anwendbar. Das Beschäftigungsverhältnis kann aus disziplinarischen Gründen fristlos gekündigt werden (*D. Rogalla*, Das Dienstrecht der Europäischen Gemeinschaften, 2. Aufl. 1992, S. 150 f.).

[335] Im Gegensatz zu den Streitigkeiten der anderen sonstigen Bediensteten fallen die arbeitsrechtlichen Streitigkeiten der örtlichen Bediensteten nicht unter die Entscheidungskompetenz des *Gerichtshofes*. Insofern gilt der nationale Rechtsweg (*H.-W. Rengeling / A. Middeke / M. Gellermann*, Rechtsschutz in der EU, 1. Aufl. 1994, Rdnr. 282). Vgl. zum örtlichen Bediensteten auch *D. Rogalla*, Das Dienstrecht der Europäischen Gemeinschaften, 2. Aufl. 1992, S. 83 f.

b) „Whistleblowing"-Verfahren in den Gemeinschaftsinstitutionen

Wenn ein Bediensteter Unregelmäßigkeiten in seinem Arbeitsumfeld meldet, wird dies auch gerne als „Whistleblowing" bezeichnet. Das Recht und die Verpflichtung der Bediensteten der Gemeinschaftsinstitutionen, Unregelmäßigkeiten zu melden, ist ein wichtiges Mittel, um Betrug, Korruption und andere illegale Tätigkeiten zu Lasten der finanziellen Interessen der Europäischen Gemeinschaft zu bekämpfen. Die Bediensteten dürfen und müssen den zuständigen Stellen sämtliche mutmaßlichen Unregelmäßigkeiten anzeigen.

Die Bediensteten sind verpflichtet, die internen Untersuchungen von *OLAF* aktiv zu unterstützen. Die Modalitäten der internen Untersuchungen selbst richten sich nach der Verordnung (EG) Nr. 1073/1999 und nach den von den einzelnen Organen, Einrichtungen sowie Ämtern und Agenturen erlassenen diesbezüglichen Beschlüssen[336]. Die Interinstitutionelle Vereinbarung des *Parlamentes*, des *Rates* und der *Kommission* über die internen Untersuchungen des *OLAF*[337] enthält dementsprechend einen Standardbeschluss, der auch Verfahrensvorschriften für das „Whistleblowing" aufstellt. Dieser Standardbeschluss wurde vom *Rat* am 25. Mai 1999[338] und von der *Kommission* am 2. Juni 1999[339] umgesetzt. Das *Parlament* änderte seine Geschäftsordnung entsprechend[340]. Die übrigen Organe, Einrichtungen sowie Ämter und Agenturen wurden aufgefordert, der Interinstitutionellen Vereinbarung beizutreten[341].

[336] Art. 4 Abs. 1 UAbs. 2 Verordnung (EG) Nr. 1073/1999; zum vorgeschriebenen Inhalt dieser Beschlüsse vgl. Art. 4 Abs. 6.

[337] Interinstitutionelle Vereinbarung vom 25. Mai 1999 zwischen dem Europäischen Parlament, dem Rat der Europäischen Union und der Kommission der Europäischen Gemeinschaften über die internen Untersuchungen des Europäischen Amtes für Betrugsbekämpfung (OLAF), ABl. Nr. L 136 vom 31.05.1999, S. 15–19.

[338] 1999/394/EG, Euratom: Beschluss des Rates vom 25. Mai 1999 über die Bedingungen und Modalitäten der internen Untersuchungen zur Bekämpfung von Betrug, Korruption und sonstigen rechtswidrigen Handlungen zum Nachteil der Interessen der Gemeinschaften, ABl. Nr. L 149 vom 16.06.1999, S. 36–38.

[339] 1999/396/EG, EGKS, Euratom: Beschluss der Kommission vom 2. Juni 1999 über die Bedingungen und Modalitäten der internen Untersuchungen zur Bekämpfung von Betrug, Korruption und sonstigen rechtswidrigen Handlungen zum Nachteil der Interessen der Gemeinschaft (Bekanntgegeben unter Aktenzeichen K(1999) 802), ABl. Nr. L 149 vom 16.06.1999, S. 57–59.

[340] *EuG*, 26.02.2002, Rs. T-17/00, Rothley u.a. / Parlament, Slg. 2002, II-579 ff. Rdnr. 14; vgl. die Geschäftsordnung des Europäischen Parlamentes in der 14. Auflage, ABl. Nr. L 202 vom 02.08.1999, S. 1–108.

[341] Vgl. Ziff. 4 der Interinstitutionellen Vereinbarung vom 25. Mai 1999 zwischen dem Europäischen Parlament, dem Rat der Europäischen Union und der Kommission der

Im Einzelnen wurden die Verfahrensvorschriften nicht immer kongruent umgesetzt[342]. Dementsprechend wird im Folgenden ausschließlich auf den Standardbeschluss Bezug genommen.

Art. 2 Abs. 1 des Standardbeschlusses verpflichtet jeden Bediensteten, der Kenntnis von Tatsachen erhält, die mögliche Fälle von Betrug, Korruption oder sonstige rechtswidrige Handlungen zum Nachteil der Interessen der Gemeinschaften vermuten lassen, diese mitzuteilen. Dies gilt auch bei Hinweisen auf schwerwiegende Vorkommnisse im Zusammenhang mit der Ausübung beruflicher Tätigkeiten, die eine disziplinarrechtlich und gegebenenfalls strafrechtlich zu ahndende Verletzung darstellen. Er muss hierüber unverzüglich seinen Dienststellenleiter oder seinen Generaldirektor oder, falls er dies für zweckdienlich hält, seinen Generalsekretär oder direkt *OLAF* unterrichten[343]. Diese sollen unverzüglich jeden ihnen zur Kenntnis gebrachten Hinweis auf Unregelmäßigkeiten mitteilen[344]. Entsprechendes gilt für Mitglieder eines Organes oder einer Einrichtung. Diese haben den Präsidenten des Organes oder der Einrichtung oder, falls sie dies für zweckdienlich halten, direkt das Amt zu unterrichten[345]. Art. 2 Abs. 3 des Standardbeschlusses stellt dabei ausdrücklich klar, dass im Zusammenhang mit einer solchen Mitteilung ein Leiter oder Bediensteter keinesfalls diskriminiert werden darf.

3. Tatsächliche Gefährdung für Leib und Leben von OLAF-Informanten?

Berechtigterweise stellt sich die Frage, wie wahrscheinlich es ist, dass OLAF-Informanten tatsächlich an Leib und Leben gefährdet und ihnen nicht lediglich sonstige Nachteile drohen. Dieser Aspekt darf nicht vernachlässigt werden, da eine Gefährdung an Leib und Leben ein erheblich stärkeres Schutzinteresse auslöst als sonstige Nachteile.

Europäischen Gemeinschaften über die internen Untersuchungen des Europäischen Amtes für Betrugsbekämpfung (OLAF), ABl. Nr. L 136 vom 31.05.1999, S. 15–19.

[342] Eine Analyse hierzu liefert: *Directorate General for Research, Division for Economic, Monetary and Budgetary Affairs*, Comparative Study of „Whistleblowing" Procedures in Community Institutions, WIP 2002/07/0063.

[343] Art. 2 Abs. 1 Standardbeschluss (Anhang zur Interinstitutionellen Vereinbarung vom 25. Mai 1999 zwischen dem Europäischen Parlament, dem Rat der Europäischen Union und der Kommission der Europäischen Gemeinschaften über die internen Untersuchungen des Europäischen Amtes für Betrugsbekämpfung (OLAF), ABl. Nr. L 136 vom 31.05.1999, S. 15–19).

[344] Art. 2 Abs. 2 Standardbeschluss.

[345] Art. 2 Abs. 4 Standardbeschluss.

Es ist darauf hinzuweisen, dass zwar wohl individuelle Täter für einen zahlenmäßig großen Anteil der Betrügereien zu Lasten der Europäischen Gemeinschaft verantwortlich sind[346]. Die wirtschaftlichen Auswirkungen dieser Fälle sind jedoch relativ gering[347]. Demgegenüber sind einige wenige große Fälle für den größten Teil der finanziellen Schäden, soweit diese erfasst werden konnten, verantwortlich[348]. Die größten Schäden entstehen durch einige wenige organisierte Netzwerke. Es bedarf eines gewissen Grades an Organisation, um „erfolgreich" Betrügereien zu Lasten der finanziellen Interessen der Europäischen Gemeinschaft zu begehen. Je größer die Summe, die auf dem Spiel steht ist, desto ausgefeilter sind die Methoden[349].

Große Betrugsfälle zu Lasten der finanziellen Interessen der Europäischen Gemeinschaft scheinen häufig von denselben organisierten Gruppierungen begangen zu werden, wie denjenigen, die in Drogenhandel, Geldwäsche und Schmuggel verwickelt sind[350]. In Italien z.B. wurde die „Mafia" für einen großen Teil des Betruges in den Jahren 1984 und 1992 beschuldigt, der zu einer Schadensumme von 255 Millionen ECUs führte[351].

[346] *W. A. Tupman*, The search for supra-national solutions: Investigating fraud against the European Budget, in: Fraud on the European Budget, Hume Papers on Public Policy, Vol. 4 No. 3 1996, S. 43, 44.

[347] *W. A. Tupman*, The search for supra-national solutions: Investigating fraud against the European Budget, in: Fraud on the European Budget, Hume Papers on Public Policy, Vol. 4 No. 3 1996, S. 43, 44.

[348] Vgl. etwa die Statistik in: *Kommission*, Protecting the Community's Financial Interests: The Fight against Fraud Annual Report 1995, S. 49, einsehbar unter: http:// europa.eu.int/ comm/ anti_fraud/ reports/ commission/ 95-99/ rep_comm_95_en.pdf; Für eine genauere Aufschlüsselung unter Berücksichtigung der Entwicklungstrends vgl. *Mitteilung der Kommission*, Schutz der finanziellen Interessen der Gemeinschaften und Betrugsbekämpfung, Jahresbericht 2001, 06.08.2002, KOM (2002) 348 endgültig/3, S. 110 ff., einsehbar unter: http://europa.eu.int/comm/anti_fraud/reports/commission/ 2001/rep_comm_2001_de.pdf.

[349] *Kommission*, Protecting the Community's Financial Interests: The Fight against Fraud Annual Report 1995, S. 47, einsehbar unter: http://europa.eu.int/comm/ anti_fraud/ reports/commission/95-99/rep_comm_95_en.pdf.

[350] *W. A. Tupman*, The search for supra-national solutions: Investigating fraud against the European Budget, in: Fraud on the European Budget, Hume Papers on Public Policy, Vol. 4 No. 3 1996, S. 43, 44.; *L. Kuhl*, Kriminalistik 1997, S. 105, 110; Vgl. auch *Mitteilung der Kommission*, Schutz der finanziellen Interessen der Gemeinschaften und Betrugsbekämpfung, Jahresbericht 2001, 06.08.2002, KOM (2002) 348 endgültig/3, S. 11, einsehbar unter: http://europa.eu.int/ comm/anti_fraud/reports/commission/2001/ rep_comm_2001_de.pdf; *S. White*, ELRev 24 (1999), S. 433, 435.

[351] *W. A. Tupman*, The search for supra-national solutions: Investigating fraud against the European Budget, in: Fraud on the European Budget, Hume Papers on Public Policy, Vol. 4 No. 3 1996, S. 43, 44.

Auch aus dem Jahresbericht 1999 der *Kommission* über den Schutz der finanziellen Interessen der Gemeinschaften und die Betrugsbekämpfung[352] ergibt sich etwa, dass am schwersten die Steuerausfälle aus Zigaretten und Alkoholschmuggel wiegen[353]. Laut *Rolf Wägenbaur* zeigen diese Zahlen, dass der Kampf gegen Betrügereien und sonstige Unregelmäßigkeiten weitgehend der organisierten Kriminalität gilt[354].

Seit langem hat das organisierte Verbrechen entdeckt, dass Betrug zu Lasten der finanziellen Interessen der Europäischen Gemeinschaft nicht nur sehr einträglich ist, sondern auch weniger Risiken mit sich bringt als andere Formen der organisierten Kriminalität, wie Drogen- oder Menschenhandel[355].

Die Frage nach der Gefährdungslage eines Informanten ist zwar immer im Einzelfall zu beurteilen. Der Hinweis auf die organisierten Strukturen hinter den größten Betrugsfällen soll jedoch verdeutlichen, dass in bestimmten Bereichen – wie etwa dem organisierten Zigarettenschmuggel – eine gewisse Wahrscheinlichkeit für eine tatsächliche Gefährdung eines Informanten an Leib und Leben besteht. Demgegenüber dürfte, plastisch gesprochen, der „wütende Bauer mit der Mistgabel" eher selten ein Problem darstellen.

4. Gebührenfreie Rufnummern

Neben der üblichen Art und Weise, wie ein Informant Kontakt mit den zuständigen Behörden aufnehmen kann, hat *OLAF* gebührenfreie Rufnummern eingerichtet, über die sachdienliche Informationen von jedem Mitgliedstaat aus direkt an das Amt für Betrugsbekämpfung übermittelt werden können[356]. Dieses Angebot richtet sich selbstredend nicht nur an Personen, die ihre Identität geheim halten möchten. Es soll einen generellen Anreiz schaffen, mit *OLAF* in Kontakt zu treten und Missstände *OLAF* möglichst unkompliziert mitteilen zu können.

Ein statistischer Nachweis über die mittels der gebührenfreien Rufnummern eingegangenen Hinweise für den Zeitraum von Juni 2001 bis

[352] *Kommission*, 08.11.2000, Schutz der finanziellen Interessen der Gemeinschaften und Betrugsbekämpfung – Jahresbericht 1999, KOM (2000) 718 endgültig, einsehbar unter: http://europa.eu.int/comm/anti_fraud/reports/commission/1999/de.pdf.

[353] *R. Wägenbaur*, EuZW 2001, S. 34.

[354] *R. Wägenbaur*, EuZW 2001, S. 34.

[355] *R. Van Camp*, Lutte contre la criminalité organisée au niveau européen, AGON Nr. 30 (2001), S. 5, 5.

[356] Siehe: http://europa.eu.int/comm/anti_fraud/freephone/index_de.html.

Juni 2002 findet sich in dem dritten Tätigkeitsbericht von *OLAF*. Während des Berichtszeitraumes erhielt *OLAF* 576 Hinweise, die zur Registrierung von 552 neuen Fällen führten. Der zahlenmäßige Unterschied erklärt sich daher, dass zu einigen Fällen Hinweise aus mehreren Quellen eingingen. Von den 576 Hinweisen wurden 47, mithin 8 % über das gebührenfreie Telefon übermittelt[357].

Es gehen jedoch weit mehr Anrufe über die gebührenfreien Telefonnummern ein als lediglich 47 pro Jahr. Wenn der Tätigkeitsbericht hier von „Hinweisen" spricht, sind damit nur die tatsächlich brauchbaren Hinweise gemeint und erfasst.

Bei dem gebührenfreien Telefon handelt es sich um ein Voicemailsystem. Die Anrufe werden aufgezeichnet und anschließend nach Sprachen aufgeteilt. Die Ermittler selbst werten sodann die Anrufe aus[358].

Bei den 47 im Tätigkeitsbericht erfassten Anrufen handelt es sich lediglich um den einstelligen Prozentsatz der Anrufe, die insgesamt im Berichtszeitraum eingegangen sind. Die meisten Anrufe kommen von Personen, die schlicht die Telefonnummer ausprobieren. Es gibt auch viele konfus anmutende Anrufe. Viele denken darüber hinaus auch, dass *OLAF* generell für Betrug zuständig sei oder dass Beihilfen „immer was mit Brüssel zu tun hätten". Bei Unzuständigkeit von *OLAF* werden jedoch hinreichend substantierte Hinweise unter Umständen an die zuständige nationale Behörde weitergegeben.

VI. Verwendungsmöglichkeiten für die Angaben eines Informanten

Es sind mehrere Grundkonstellationen denkbar, wie die Angaben eines Informanten verwendet werden können:

α) Nutzung der Informationen nur für die eigenen Untersuchungen von *OLAF*;

β) Weitergabe der Aussage des Informanten an die nationalen Strafverfolgungsbehörden, wobei die Angaben des Informanten lediglich im

[357] Bericht des Europäischen Amts für Betrugsbekämpfung, Dritter Tätigkeitsbericht für das im Juni 2002 endende Jahr, S. 9, einzusehen unter: http://europa.eu.int/comm/anti_fraud/reports/index_en.html.

[358] Näheres zum Ablauf eines Untersuchungsverfahrens bei *OLAF* kann dem Bericht des Europäischen Amts für Betrugsbekämpfung, Dritter Tätigkeitsbericht für das im Juni 2002 endende Jahr, S. 35 ff., entnommen werden, http://europa.eu.int/comm/anti_fraud/reports/index_en.html.

nationalen Ermittlungsverfahren zur Erlangung anderer ausreichender Beweismittel verwendet werden;

γ) Weitergabe von Dokumenten an die nationalen Strafverfolgungsbehörden, die ein Informant *OLAF* zugespielt hat – nur zur internen Verwendung, d.h. um anderes Beweismaterial zu erlangen;

δ) Weitergabe von Dokumenten an die nationalen Strafverfolgungsbehörden, die ein Informant *OLAF* zugespielt hat – auch zur Verwendung direkt im Strafprozess, d.h. diese Dokumente können vor Gericht als Beweismaterial vorgelegt werden;

ε) Verwendung der Aussage des Informanten im nationalen Strafprozess unter Wahrung der Vertraulichkeit.

Folgende weitere zwei Konstellationen fallen aus dem primär strafprozessual relevanten Rahmen und sollen hier nur der Vollständigkeit halber erwähnt werden:

ζ) Verwendung der Informationen im Rahmen eines Disziplinarverfahrens gegen einen EG-Beamten;

η) aufgrund der Informationen wird einem sonstigen Bediensteten der Europäischen Gemeinschaften das Beschäftigungsverhältnis gekündigt.

1. Interne Verwertung der Informationen

Die erste Konstellation (α) stellt eine rein interne Verwertung der Informationen dar. Die Informationen werden nur intern im Rahmen der OLAF-Untersuchung genutzt. Die mittels des Informanten erhaltenen Erkenntnisse dienen *OLAF* ausschließlich zur Erlangung anderer, ausreichender Beweise. In diesem Zusammenhang besteht zunächst die Problematik, wie die Anonymität des Informanten in tatsächlicher Hinsicht am besten gewahrt bleiben kann.

Soweit der Informant in dem OLAF-Abschlussbericht oder in sonstigen an die nationalen Behörden übermittelten Informationen nicht genannt wird, bzw. dessen Identität sich nicht aus sonstigen Angaben ergibt, kennen auch die nationalen Behörden seine Identität nicht.

Auch die nationalen Behörden können die Angaben eines Informanten rein intern zur Erlangung anderer, für eine Verurteilung ausreichender Beweise verwenden (β und γ).

Die interne Verwertung berührt zwar in erster Linie die Verteidigungsrechte eines Beschuldigten nicht. Allerdings können die Verteidigungsrechte es fordern, dass ein Beschuldigter Akteneinsicht erhält. Über die Akteneinsicht kann er leicht zumindest Hinweise auf die Identität des Informanten erhalten. Dabei stellt sich die Frage, in welchem Umfang der Beschuldigte Akteneinsicht in die Akten der nationalen Behörden erhält und ob er auch Einsicht in die nur bei *OLAF* vorhandenen Unterlagen erhalten könnte.

2. Nutzung von Dokumenten im nationalen Strafprozess

Im vierten Fall (δ) wird ein Dokument, das von einem Informanten stammt, im nationalen Strafprozess verwendet. Hierbei wird allein das Dokument verwertet – ohne Zusatzinformationen. Es werden nur Schlüsse aus dem Dokument gezogen, soweit dieses aus sich heraus diese Schlüsse zulässt. Wenn das Dokument direkt als Beweismittel im nationalen Strafprozess dienen soll, wird es auch dem Beschuldigten vorgelegt, so dass seine Verteidigungsmöglichkeiten nicht beschnitten werden können. Das allein verwertete Beweismittel liegt in dem Umfang seiner Verwertung auch dem Beschuldigten vor. Sofern das Dokument keine Rückschlüsse auf den Informanten erlaubt, ist die Anonymität des Informanten nicht gefährdet. Allerdings bestehen auch hier die erwähnten Probleme bei einem Akteneinsichtsrecht.

3. Verwendung eines mittelbaren Zeugen im nationalen Strafprozess

In der Konstellation (ε) wird der OLAF-Informant als mittelbarer Zeuge im nationalen Strafverfahren verwendet und somit nicht direkt mit dem Beschuldigten konfrontiert. Die Konstellation des mittelbaren Zeugen birgt den klassischen Konflikt mit den Verteidigungsrechten des Beschuldigten.

Diese ist für die vorliegende Arbeit eine besonders wichtige Konstellation. Letztendlich kann das volle „Potential" eines Hinweisgebers nur ausgeschöpft werden, wenn er im nationalen Strafprozess zumindest mittelbar als Zeuge auftritt.

VII. Die allgemeinen Geheimhaltungsverpflichtungen nach Art. 287 EG

Nach den allgemeinen Ausführungen zum rechtlichen Rahmen und der Verwendung von Informanten in der Praxis des *OLAF* soll nunmehr der Schutz des Informanten rechtlich verankert werden. Art. 287 EG normiert die allgemeinen Regelungen über die Amtsverschwiegenheit, denen die

Mitglieder der Organe und die Bediensteten der Gemeinschaft unterliegen. Diese sind verpflichtet, Auskünfte, die ihrem Wesen nach unter das Berufsgeheimnis fallen, nicht preiszugeben; dies gilt insbesondere für Auskünfte über Unternehmen sowie deren Geschäftsbeziehungen oder Kostenelemente.

Der in Art. 287 EG verankerte Schutz der Geheimnisse gehört zu den zentralen hoheitlichen Rechtsgütern der Gemeinschaft[359].

Im Folgenden soll untersucht werden, in welchem Umfang die Regelung des Art. 287 EG relevant wird, wenn Privatpersonen *OLAF* Informationen zukommen lassen.

1. Vorbemerkung: die autonomen Auslegungsmethoden des EuGH

Als Vorbemerkung werden die Auslegungsmethoden des *EuGH* kurz dargestellt. Innerhalb des gemeinschaftsrechtlichen Rechtsschutzsystems hat der *EuGH* die Letztentscheidungskompetenz über die „richtige" Auslegung einer Norm[360]. Im Einklang mit dem autonomen Charakter des Gemeinschaftsrechts folgt der *EuGH* bei dessen Auslegung nicht der im nationalen Recht oder im Völkerrecht[361] üblichen Methodik, sondern hat eine autonome Auslegungsmethode entwickelt[362]. Der klassische Methodenkanon, der zwischen grammatikalischer, systematischer und teleologischer Auslegung unterscheidet, dient zwar als Orientierungsmaßstab, jedoch gewichtet der *EuGH* diese Methoden autonom. Anstatt alle drei Auslegungsmethoden gleichberechtigt zu berücksichtigen, folgt der *EuGH* dem Primat der teleologischen Auslegung[363]. Bereits in der Rechtssache

[359] *S. Gröblinghoff*, Die Verpflichtung des deutschen Strafgesetzgebers zum Schutz der Interessen der Europäischen Gemeinschaften, 1996, S. 45, vgl. hierzu auch die Schlussfolgerung, dass die unkorrekte Behandlung von Staats- sowie Amts- und Privatgeheimnissen in den mitgliedstaatlichen Rechtsordnungen unter Strafe stehen muss (mit einem Verweis auf *W. C. Pabsch*, Der strafrechtliche Schutz der überstaatlichen Hoheitsgewalt, 1965, S. 96 f.) und die komplette Aufstellung der zentralen hoheitlichen Rechtsgüter aus dem EG auf S. 39 ff. sowie die Übersicht auf S. 185.

[360] Art. 220, 234, 292 EG

[361] Vgl. Art. 31 WVRK.

[362] *A. Bleckmann*, NJW 1982, 1177; *N. Brown / T. Kennedy*, The Court of Justice of the European Communities, 4. Aufl. 1994, S. 11 ff.; *S. Weatherill / P. Beaumont*, EC Law, 2. ed. 1995, S. 166 ff.; *M. Selmayr*, Die Vergemeinschaftung der Währung, 2002, S. 117. Grundlegend hierzu bereits *M. Zuleeg*, EuR 1969, S. 97 ff.

[363] *M. Selmayr*, Die Vergemeinschaftung der Währung, 2002, S. 117.

van Gend en Loos[364] führte der *EuGH* aus, dass über die Bedeutung von Bestimmungen des EWG-Vertrages

> „vom Geist dieser Vorschriften, von ihrer Systematik und von ihrem Wortlaut her zu entscheiden" sei[365].

Der *EuGH* prüfte anschließend die Bestimmungen anhand der genannten Auslegungsmethoden, wobei den Ausführungen zum „Geist der Vorschriften" eine dominante Rolle zukam[366]; die Ausführungen zur Systematik und zum Wortlaut spielten eine sehr untergeordnete Rolle und bestätigen letztendlich nur das Ergebnis seiner teleologischen Auslegung bzw. widersprechen ihr nicht[367]. Der *EuGH* nennt dementsprechend die teleologische Auslegungsmethode an erster Stelle, während der in einigen nationalen Rechtsordnungen so wichtigen Wortlautauslegung im Gemeinschaftsrecht offensichtlich nur eine nachgeordnete Bedeutung zukommt[368]. Diese Gewichtung der Auslegungsmethoden hat die Rechtsprechung stets beibehalten[369].

Die Bevorzugung der teleologischen Auslegung erklärt sich durch die besonderen Schwierigkeiten, die sich bei einer gemeinschaftsrechtlichen Auslegung ergeben. Der *EuGH* hat diese in der Rechtssache *C.I.L.F.I.T.*[370] wie folgt beschrieben:

> „Zunächst ist dem Umstand Rechnung zu tragen, daß die Vorschriften des Gemeinschaftsrechts in mehreren Sprachen abgefaßt sind und daß die verschiedenen sprachlichen Fassungen gleichermaßen verbindlich sind[371]; die Auslegung einer gemeinschaftsrechtlichen Vorschrift erfordert somit einen Vergleich ihrer sprachlichen Fassungen."[372]

[364] *EuGH*, 05.02.1963, Rs. 26/62, Van Gend en Loos, Slg. 1963, 3 ff.

[365] *EuGH*, 05.02.1963, Rs. 26/62, Van Gend en Loos, Slg. 1963, 3, 24.

[366] Vgl. *EuGH*, 05.02.1963, Rs. 26/62, Van Gend en Loos, Slg. 1963, 3, 24 f.

[367] Vgl. *EuGH*, 05.02.1963, Rs. 26/62, Van Gend en Loos, Slg. 1963, 3, 25. Hierzu ist auch die Bemerkung des ehemaligen Richters am *EuGH F. Schockweiler*, RMC 1991, S. 882, 883, interessant, nach dem der *EuGH „s'est toujours référée davantage à l'économie générale et à sa finalité qu'au texte et à l'intention de ses auteurs pour dégager des solutions allant au-delà, et parfois même à l'encontre, de la lettre du texte."*

[368] *M. Selmayr*, Die Vergemeinschaftung der Währung, 2002, S. 117.

[369] Vgl. z.B. *EuGH*, 21.02.1973, Rs. 6/72, Europemballage und Continental Can / Kommission, Slg. 1973, 215 ff.; in Rdnr. 25 f. stellte der *EuGH* ausdrücklich die Ziele des Art. 3 EWGV über den Wortlaut des Art. 86 EWGV.

[370] *EuGH*, 06.10.1982, Rs. 283/81, C.I.L.F.I.T. und Lanificio di Gavardo, Slg. 1982, 3415 ff.

[371] Indessen verwendet der *Gerichtshof* selbst als interne Arbeitssprache Französisch (*V. Di Bucci / M. Di Bucci*, Der Gerichtshof und das Rechtsschutzsystem der Europäischen Gemeinschaften, in: Röttinger / Weyringer, Handbuch der europäischen Integration, 1991, S. 195; *M. A. Dauses*, in: Dauses, Handbuch des EU-Wirtschaftsrechts, 12. Lieferung April 2003, P IV Rdnr. 75). Das Verfahren läuft so ab, dass der genehmigte

Bezug genommen wird hier auf die Äquivalenz der zwölf Sprachfassungen im Primärrecht (vgl. Art. 314 EG) respektive der elf Sprachfassungen im Sekundärrecht (vgl. Verordnung Nr. 1[373]). Durch den am 16. April 2003 unterzeichneten Beitrittsvertrag kommen hierzu die Sprachen der Beitrittsländer (vgl. Art. 61 und Art. 58 Beitrittsakte[374]). Führt der klassische Methodenkanon der grammatikalischen, systematischen und teleologischen Auslegung zu unterschiedlichen Ergebnissen[375], ist grundsätzlich den Zielen des Gemeinschaftsrechts der Vorrang vor formellen, allein am Wortlaut orientierten Erwägungen zu geben; eine Auslegung wider den eindeutigen Wortlaut ist hingegen ausgeschlossen[376]. Außerdem ist das Gemeinschaftsrecht durch autonome Begrifflichkeiten gekennzeichnet:

> „Sodann ist auch bei genauer Übereinstimmung der sprachlichen Fassungen zu beachten, daß das Gemeinschaftsrecht eine eigene, besondere Terminologie verwendet. Im

und gegebenenfalls ein weiteres Mal berichtigte Urteilsentwurf des Berichterstatters aus dem Französischen in die Verfahrenssprache übersetzt wird (*H.-W. Rengeling / A. Middeke / M. Gellermann*, Rechtsschutz in der EU, 1. Aufl. 1994, Rdnr. 630; *U. Kleinke*, Der Gerichtshof der Europäischen Gemeinschaften, 1. Aufl. 1989, Rdnr. 183). Die Originalfassung ist also immer die französische, obwohl nur die Fassung in der Verfahrenssprache verbindlich ist, vgl. Art. 31 VerfO EuGH und Art. 37 VerfO EuG (hierzu *M. A. Dauses*, in: Dauses, Handbuch des EU-Wirtschaftsrechts, 12. Lieferung April 2003, P IV Rdnr. 52 ff.).

[372] *EuGH*, 06.10.1982, Rs. 283/81, C.I.L.F.I.T. und Lanificio di Gavardo, Slg. 1982, 3415 ff. Rdnr. 18.

[373] Verordnung Nr. 1 des Rates vom 15. April 1958 zur Regelung der Sprachenfrage für die Europäische Wirtschaftsgemeinschaft, ABl. Nr. 17 vom 06.10.1958, S. 385–386 in der Fassung des Beschlusses 95/1/EG, Euratom, EGKS des Rates vom 1. Januar 1995, ABl. Nr. L 1 vom 01.01.1995, S. 1–219.

[374] Einsehbar unter: http:// europa.eu.int/ comm/ enlargement/ negotiations/ treaty_of_accession_2003/ index.htm

[375] Beispielsweise ist der Begriff des Streitgegenstands im primären Recht nicht definiert und in den Art. 19 Abs. 1, 48, 49 Abs. 1 EG-Satzung EuGH (Protokoll über die Satzung des Gerichtshofes vom 17. April 1957, zuletzt geändert durch Art. 6 Abs. 3 S. 3 des Vertrags von Amsterdam vom 02.10.1997, ABl. Nr. C 340, S. 68) nur erwähnt. Dies gilt allerdings nur für die deutsche und griechische Sprachfassung. Alle anderen Sprachfassungen benutzen in den genannten Vorschriften jeweils unterschiedliche termini. Auch in Art. 19 Abs. 1 EG-Satzung EuGH und dem diesen konkretisierenden Art. 38 § 1 lit. c VerfO EuGH (Verfahrensordnung des Gerichtshofes der Europäischen Gemeinschaften vom 19. Juni 1991, ABl. Nr. L 176 vom 04.07.1991, S. 7–32) wird nur in sieben der elf Sprachfassungen der gleiche Terminus verwendet; vgl. näher *M. Reiling*, EuZW 2002, S. 136, 137.

[376] *EuGH*, 16.05.2002, Rs. C-63/00, Schilling und Nehring, Slg. 2002, I-4483 ff. Rdnr. 29 ff.

übrigen ist hervorzuheben, daß Rechtsbegriffe im Gemeinschaftsrecht und in den verschiedenen nationalen Rechten nicht unbedingt den gleichen Gehalt haben müssen."[377]

Insbesondere ist die starke Bindung an die Ziele des Gemeinschaftsrechts, vornehmlich an die Präambel des EG, Art. 2 EG sowie die Spezialziele[378] und die Querschnittsziele[379] zu berücksichtigen:

> „Schließlich ist jede Vorschrift des Gemeinschaftsrechts in ihrem Zusammenhang zu sehen und im Lichte des gesamten Gemeinschaftsrechts, seiner Ziele und seines Entwicklungsstands zur Zeit der Anwendung der betreffenden Vorschrift auszulegen."[380]

Demgegenüber spielt die historische Auslegung höchstens eine äußerst untergeordnete Rolle. Hinsichtlich des Primärrechts verweist der *EuGH* darauf, dass keine oder nur unvollständige Materialien zur Entstehungsgeschichte der Gründungsverträge vorhanden sind, so dass diese nicht als Anhaltspunkte dienen können, um einen übereinstimmenden Willen aller Vertragsparteien zu ermitteln[381]. Auch berücksichtigt der *EuGH* bei der Auslegung von Sekundärrecht grundsätzlich keine Dokumente außerhalb des Rechtsakts selbst, insbesondere können Erklärungen, die in das Protokoll der Ratssitzung aufgenommen wurden, nicht zur Auslegung von Sekundärrecht herangezogen werden, wenn der Inhalt der Erklärung in der fraglichen Bestimmung des Sekundärrechts keinen Ausdruck gefunden und somit keine rechtliche Bedeutung hat[382].

Wegen dieser zielorientierten Autonomie, die die Auslegung des Gemeinschaftsrechts durch den *EuGH* prägt, ist das Gemeinschaftsrecht ein deutlich politisch geprägtes Recht, das sich ganz an den Zielen supranationaler Integration orientiert und im Einzelfall unabhängig von äußeren Einflüssen vom Grundsatz *in dubio pro communitate* ausgeht[383].

Diese Besonderheiten gilt es bei der folgenden Ermittlung des Regelungsgehaltes von Art. 287 EG zu beachten.

[377] *EuGH*, 06.10.1982, Rs. 283/81, C.I.L.F.I.T. und Lanificio di Gavardo, Slg. 1982, 3415 ff. Rdnr. 19.

[378] Art. 4 Abs. 1 und 2, 33, 98, 105 Abs. 1 S. 1, 136, 174 EG.

[379] Art. 4 Abs. 3, 127 Abs. 3, 151 Abs. 4, 153 Abs. 2 EG.

[380] *EuGH*, 06.10.1982, Rs. 283/81, C.I.L.F.I.T. und Lanificio di Gavardo, Slg. 1982, 3415 ff. Rdnr. 20.

[381] *EuGH*, 16.12.1960, Rs. 6/60, Humblet / Belgien, Slg. 1960, 1165, 1187 ff.

[382] *EuGH*, 26.02.1991, Rs. C-292/89, Antonissen, Slg. 1991, I-745 ff. Rdnr. 17 f.

[383] *M. Selmayr*, Die Vergemeinschaftung der Währung, 2002, S. 121; vgl. *G. Rodríguez Iglesias*, EuR 1992, S 225 ff.; *J.-P. Colin*, Le Gouvernement des Juges dans les Communautés européennes, 1966; *R. Lecourt*, L'Europe des Juges, 1976; kritisch: *H. Rasmussen*, On Law and Policy in the European Court of Justice, 1986; *M. Capelleti*, ELRev 12 (1987), S. 3 ff.

2. Allgemeiner Geheimhaltungsgrundsatz

a) Keine Beschränkung auf Auskünfte (im engeren Sinn)

Art. 287 EG normiert einen allgemeinen Geheimhaltungsgrundsatz für alle Arten von Informationen. Unter Auskünfte i.S.d. Art. 287 EG fallen alle der Gemeinschaft vorliegenden Informationen, nicht etwa nur die im Wege des Auskunftsersuchens nach Art. 284 EG erlangten Daten[384]. Umfasst werden alle Angaben, die die zur Geheimhaltung verpflichteten Personen in oder anlässlich der Ausübung ihres Amtes oder ihrer Tätigkeit – auch unaufgefordert oder auf unzulässige Weise – erfahren haben[385]. Art. 287 EG regelt die Amtsverschwiegenheit im Allgemeinen[386] und somit jeglichen Umgang mit den der Gemeinschaft vorliegenden Informationen.

Warum in der deutschen Fassung der Begriff „Auskunft" verwendet wird, ist nicht nachvollziehbar. Ein Blick auf einige andere Sprachfassungen ergibt, dass die Verwendung des deutschen „Auskünfte" im Sinne seiner üblichen Bedeutung zu restriktiv wäre. Gemäß Art. 314 Abs. 1 EG bzw. Art. 314 Abs. 2 EG i.V.m. den Beitrittsverträgen ist der Wortlaut des Vertrages in allen Vertragssprachen verbindlich.

Die französische Fassung verwendet die Begriffe: „*informations*" und anschließend „*renseignements*". Die englische Fassung benutzt jeweils „*information*", die italienische Fassung gebraucht „*informazioni*"; entsprechend verwendet die portugiesische Version „*informações*". Die spanische Version spricht zunächst von „*informaciones*" und am Ende von „*datos relativos a* ...". Allerdings bezieht sich die niederländische Version auf: „*inlichtingen*", „*inlichting*" heißt Auskunft, Bericht, Bescheid, während „Information" auf niederländisch mit „*informatie*" zu übersetzen ist.

Aus einer Gesamtschau der hier genannten Sprachfassungen muss somit darauf geschlossen werden, dass der Gebrauch des Wortes „Auskunft" in der deutschen Fassung auf eine sprachliche Unebenheit zurückzuführen ist. Mit „Auskünften" sind hier alle der Gemeinschaft vorliegenden Informationen gemeint. Dies entspricht auch dem Zweck der Vorschrift.

[384] Vgl. *B. Wegener*, in: Calliess / Ruffert, EUV / EGV, 2. Aufl. 2002, Art. 287 EG Rdnr. 2.

[385] *W. Hummer*, in: Grabitz / Hilf, EUV / EGV, 14. EL Oktober 1999, Art. 214 EGV Rdnr. 16.

[386] *B. Wegener*, in: Calliess / Ruffert, EUV / EGV, 2. Aufl. 2002, Art. 287 EG Rdnr. 1.

b) Keine Beschränkung auf unternehmensbezogene Informationen

Auch besteht keine Beschränkung auf Informationen, die Unternehmen betreffen. Art. 287 EG bezieht sich zunächst zwar lediglich auf Informationen, die Unternehmen direkt betreffen, jedoch zeigt bereits die Verwendung des Ausdrucks „insbesondere“[387], dass die Aufzählung nicht abschließend sein soll[388]. Vielmehr handelt es sich um einen allgemeinen Geheimhaltungsgrundsatz. Der 1. Leitsatz des Urteils in der Rechtssache *Adams / Kommission*[389] lautet zu dieser Frage wie folgt:

„1. Obwohl sich Artikel 214 EWG- Vertrag[390] – der die Mitglieder und die Bediensteten der Gemeinschaftsorgane dazu verpflichtet, Auskünfte, die ihrem Wesen nach unter das Berufsgeheimnis fallen, insbesondere Auskünfte über Unternehmen sowie deren Geschäftsbeziehungen oder Kostenelemente, nicht preiszugeben – in erster Linie auf Auskünfte bezieht, die bei Unternehmen eingeholt worden sind, zeigt der Ausdruck „insbesondere“, dass es sich insoweit um einen allgemeinen Grundsatz handelt, der auch für von natürlichen Personen erteilte Auskünfte gilt, wenn diese „ihrem Wesen nach“ vertraulich sind. Dies ist vor allem bei Auskünften der Fall, die rein freiwillig, zur Wahrung der Anonymität des Informanten jedoch mit der Bitte um Vertraulichkeit erteilt werden[391]. Das Organ, das diese Informationen entgegennimmt, hat eine derartige Bedingung einzuhalten[392].“

Art. 287 EG normiert dementsprechend einen allgemeinen Geheimhaltungsgrundsatz, der insbesondere auch für von Dritten freiwillig gemachte Angaben gilt.

[387] *„notamment“, „in particular“, „in particolare“, „en especial“.*

[388] Vgl auch *W. Hummer,* in: Grabitz / Hilf, EUV / EGV, 14. EL Oktober 1999, Art. 214 EGV Rdnr. 16.

[389] *EuGH,* 07.11.1985, Rs. 145/83, Adams / Kommission, Slg. 1985, S. 3539, 3540.

[390] Heute Art. 287 EG.

[391] Die deutsche Übersetzung kann – obwohl korrekt – missverständlich sein. Verständlicher wäre folgende Übersetzung: *Dies ist vor allem bei Auskünften der Fall, die rein freiwillig erteilt werden, jedoch mit der Bitte um Vertraulichkeit versehen, um die Anonymität des Informanten zu schützen.* [„Auskünfte“ anstatt „Informationen“, wird selbstverständlich ob der Terminologie der deutschen Sprachfassung (s.o.) beibehalten.] Der Französische Satz lautet wie folgt: *„Tel est surtout le cas des informations fournies à titre purement volontaire, mais assorties d'une demande de confidentialité en vue de protéger l'anonymat de l'informateur.“*

[392] Der Vollständigkeit halber hier mitzitiert. Auf diesen Punkt wird später näher eingegangen werden.

c) Begriff des Berufsgeheimnisses

Auch der Terminus Berufsgeheimnis ist vom deutschen juristischen Sprachgebrauch her auf den ersten Blick missverständlich[393]. Gemeinschaftsrechtliche Begriffe sind jedoch gemeinschaftsrechtlich auszulegen. Berufsgeheimnis im gemeinschaftsrechtlichen Sinn ist als ein umfassendes „Berufs- und Amtsgeheimnisses" zu verstehen. Teilweise wird auch vertreten, dass der Ausdruck „Berufsgeheimnis" deplaziert und gänzlich durch „Amtsgeheimnis" zu ersetzen sei[394]. Dem ist allerdings nicht zu folgen. Die Verwendung des Begriffes „Berufsgeheimnis" erklärt sich wohl daraus, dass die französische Rechtssprache[395] für Amtsgeheimnis ebenfalls den Terminus „*secret professionnel*" (*wörtlich* übersetzt: Berufsgeheimnis) verwendet[396].

Interessanterweise wird der Terminus „Berufsgeheimnis" in den jeweiligen deutschen Sprachfassungen auch nicht immer einheitlich verwandt, so spricht die Verordnung (EURATOM, EG) Nr. 2185/96 einheitlich vom „Amtsgeheimnis"[397] anstelle von „Berufsgeheimnis".

d) Schutzumfang des Berufsgeheimnisses

Art. 287 EG schützt die Informationen, die ihrem Wesen nach unter das Berufsgeheimnis fallen, das heißt die Informationen, die dem Verschwiegenheitsverpflichteten in seiner Eigenschaft als Amtsinhaber bzw. Ausschussmitglied zur Kenntnis gelangt sind. Umfasst werden alle Informationen, die er anlässlich der Ausübung seines Amtes oder seiner Tätigkeit erfahren hat, sei es auch auf unzulässige Weise[398]. Ebenso Informationen,

[393] Wohl nicht nur in der deutschen Fassung: Die englische Fassung verwendet statt „official secrecy" „professional secrecy"; vgl. auch *H. Smit / P. Herzog*, The law of the European Community, Art. 214 Anm. 214.05, Blatt 6-89.

[394] Wie dies *J. Grunwald / U. Brühann*, in: Groeben / Schwarze, 6. Aufl. 2004, Art. 287 Rdnr. 13, fordern.

[395] Es soll hier nicht der Fehler gemacht werden, eine deckungsgleiche Übertragung vom französischen Recht auf das Gemeinschaftsrecht zu vollziehen, sondern lediglich der Hinweis gegeben werden, woher bestimmte terminologische „Eigenarten" herrühren können.

[396] Vgl. den Nachweis bei *P. Düwel*, Das Amtsgeheimnis, 1965, S. 244 f: „*Indépendamment des règles instituées dans le code pénal en matière de secret professionnel, tout fonctionnaire est lié par l'obligation de discrétion professionnelle pour tout de qui concerne les faits et informations dont il a connaissance dans l'exercice ou à l'occasion de l'exercice de ses fonctions.*"

[397] Erwägungsgrund Nr. 12 S. 1, Art. 6 Abs. 2 S. 2, Art. 8 Abs. 1 S. 1.

[398] *W. Hummer*, in: Grabitz / Hilf, EUV / EGV, 14. EL Oktober 1999, Art. 214 EGV Rdnr. 16.

die er außerdienstlich erlangt hat, soweit sie einen dienstlichen Bezug haben[399]. Diese Informationen sind dann Geheimnisse, wenn sie nur einem beschränkten Personenkreis bekannt sind und ein Geheimhaltungsinteresse besteht[400]. Ein Geheimhaltungsinteresse besteht dann, wenn das Bekanntwerden der Information zu einem Schaden für die Gemeinschaft, für die Quelle der Information oder den Gegenstand der Information führen kann. Unabhängig von einem möglichen Schadenseintritt besteht dann ein Geheimhaltungsinteresse, wenn die Informationen den persönlichen Bereich des Schutzberechtigten betreffen, wie die familiären und wirtschaftlichen Verhältnisse[401]. Besonders relevant sind die Geschäftsgeheimnisse der Unternehmen.

(1) Der Fall Stanley Adams

Wie der *EuGH* in der Rechtssache *Adams / Kommission* entschieden hat, fällt auch die Identität eines Informanten unter das Berufsgeheimnis[402]. Demnach sind auch sekundäre Informationen, wie die Identität des Informationsgebers, mitumfasst.

Der Entscheidung *Adams / Kommission* lag folgender Sachverhalt[403] zu Grunde:

> *Stanley Adams*, damals Angestellter des Unternehmens *Hoffmann-La Roche*, leitete Geschäftsgeheimnisse an die *Kommission* vertraulich weiter, woraufhin diese 1976 gegenüber *Hoffmann-La Roche* gemäß Art. 86 EGV eine Geldbuße von 300 000 ECU verhängte[404]. Diese Geldbuße wurde vom *EuGH* 1979 im Wesentlichen bestätigt[405]. Am 31. Dezember 1974 wurde Herr *Adams* an der Schweizer Grenze verhaftet und befand sich anschließend fast 3 Monate in Einzelhaft, ohne mit seiner Familie verkehren zu dürfen. Während dieser Zeit nahm sich seine Frau, die ebenfalls von der Schweizer Polizei verhört worden war, das Leben. Im Juli 1976 wurde Herr *Adams* u.a. wegen wirtschaftlichem Nachrichtendienst[406] durch Zugänglichmachung von Geschäftsgeheimnissen an die

[399] *J. Grunwald / U. Brühann*, in: Groeben / Schwarze, 6. Aufl. 2004, Art. 287 Rdnr. 14.

[400] *J. Grunwald / U. Brühann*, in: Groeben / Schwarze, 6. Aufl. 2004, Art. 287 Rdnr. 15.

[401] *J. Grunwald / U. Brühann*, in: Groeben / Schwarze, 6. Aufl. 2004, Art. 287 Rdnr. 15.

[402] *EuGH*, 07.11.1985, Rs. 145/83, Adams / Kommission, Slg. 1985, 3539

[403] Vgl. auch die umfassende Darstellung des Sachverhaltes und der Hintergründe bei *N. M. Hunnings*, CMLRev 24 (1987), S. 65, 70 ff.

[404] *EuGH*, 07.11.1985, Rs. 145/83, Adams / Kommission, Slg. 1985, 3539 ff. Rdnr. 4–8.

[405] *EuGH*, Rs. 85/76, 13.02.1979, Hoffmann-La Roche / Kommission, Slg. 1979, 461 ff.

[406] Vgl. Art. 273 des Schweizerischen Strafgesetzbuches:
„*Wirtschaftlicher Nachrichtendienst:*

Kommission zu einem Jahr Gefängnis auf Bewährung verurteilt[407]. Herr *Adams* seinerseits verklagte die *Kommission* auf Schadensersatz, weil sie nicht ausreichend dafür gesorgt habe, dass seine Anonymität gewahrt blieb.

Die Besonderheit des Falles *Stanley Adams* liegt darin, dass sich Herr *Adams* gegenüber der schweizerischen Strafgesetznorm des wirtschaftlichen Nachrichtendienstes nicht auf eine einschlägige gemeinschaftsrechtliche Verpflichtung zur Anzeige wettbewerbsbehindernder Unternehmenspraktiken berufen konnte[408].

(2) Bewertung

Die Entscheidung ist von zentraler Bedeutung für diese Untersuchung. Sie belegt, dass die Angaben, die zu den eigentlichen Informationen sekundär sind – also die Identität des Informanten – ebenfalls durch das Berufsgeheimnis geschützt werden. Als allgemeiner Geheimhaltungsgrundsatz gewährt Art. 287 EG somit auch einen umfassenden Schutz des Informanten.

In dieser Rechtssache scheint der *EuGH* primär auf die Interessen des Informanten *Stanley Adams* selbst, die durch den Schutz des Berufsgeheimnisses gewahrt bleiben sollten, Bezug genommen zu haben. Die Interessen eines Informanten müssen jedoch nicht der alleinige Grund für eine Geheimhaltung sein. Die Geheimhaltung der Identität eines Informanten kann auch im eigenen Interesse der Gemeinschaft geschehen. In der Rechtssache *Roquette Frères*[409] stellte der *EuGH* den Schutz des Informanten direkt als Aspekt der Effektivität des Handelns der *Kommission* dar.

Der *EuGH* stellte fest,

> dass die Fähigkeit der *Kommission*, die Anonymität bestimmter Informationsquellen zu gewährleisten, für eine wirksame Vorbeugung und Bekämpfung verbotener wettbewerbswidriger Verhaltensweisen von zentraler Bedeutung sei[410].

Wer ein Fabrikations- oder Geschäftsgeheimnis auskundschaftet, um es einer fremden amtlichen Stelle oder einer ausländischen Organisation oder privaten Unternehmung oder ihren Agenten zugänglich zu machen, wer ein Fabrikations- oder Geschäftsgeheimnis einer fremden amtlichen Stelle oder einer ausländischen Organisation oder privaten Unternehmung oder ihren Agenten zugänglich macht, wird mit Gefängnis, in schweren Fällen mit Zuchthaus bestraft. Mit der Freiheitsstrafe kann Busse verbunden werden." Quelle: http://www.gesetze.ch/.

[407] *EuGH*, 07.11.1985, Rs. 145/83, Adams / Kommission, Slg. 1985, 3539 ff. Rdnr. 11–15.

[408] *W. Hummer*, in: Grabitz / Hilf, EUV / EGV, 14. EL Oktober 1999, Art. 214 EGV Rdnr. 24.

[409] *EuGH*, 22.10.2002, Rs. C-94/00, Roquette Frères, Slg. 2002, I-9011.

[410] *EuGH*, 22.10.2002, Rs. C-94/00, Roquette Frères, Slg. 2002, I-9011 ff. Rdnr. 64. Siehe zu diesem Urteil ausführlich unten, *Teil 2* – C.I.4.a)(2), S. 221 ff.

Dahinter steckt der Gedanke, dass Informanten in Zukunft nicht mehr an die *Kommission* herantreten würden, müssten sie damit rechnen, dass die *Kommission* ihre Anonymität nicht garantieren könne.

Informantenschutz kann somit aufgrund der Schutzinteressen des Informanten selbst als auch durch das eigene Interesse der Gemeinschaft geboten sein. Die jeweilige Akzentuierung dürfte vom Einzelfall abhängen. Jedenfalls ist der Informantenschutz direkt durch eines der zentralen hoheitlichen Rechtsgüter der Gemeinschaft[411] gewährleistet.

3. Kreis der Verpflichteten

a) Allgemeines

Art. 287 EG verpflichtet nicht nur die Mitglieder der Organe, sondern auch – dem Zweck der Vorschrift entsprechend – die Organe als solche[412]. Darüber hinaus sind die Mitglieder der (ständigen oder ad hoc-) Ausschüsse dieser Organe, Beiräte und Sachverständigengremien eingeschlossen[413], sowie die Beamten und sonstigen Bediensteten der EG. Was die sekundären und tertiären Organe der Gemeinschaft anbelangt, werden deren Verschwiegenheitsverpflichtungen grundsätzlich in den Gründungsakten niedergelegt.

b) OLAF als Verpflichteter

Was *OLAF* betrifft, gilt Folgendes: Die Verordnung (EG) Nr. 1073/1999[414] sowie die Verordnung (Euratom) Nr. 1074/1999[415] bestimmen jeweils in Art. 8 Abs. 2, dass die Informationen, die im Rahmen interner Untersuchungen mitgeteilt oder eingeholt werden, unter das Berufsgeheimnis fallen und den Schutz genießen, der durch die für die Organe der

[411] *S. Gröblinghoff*, Die Verpflichtung des deutschen Strafgesetzgebers zum Schutz der Interessen der Europäischen Gemeinschaften, 1996, S. 45, vgl. hierzu auch die Schlussfolgerung, dass die unkorrekte Behandlung von Staats- sowie Amts- und Privatgeheimnissen in den mitgliedstaatlichen Rechtsordnungen unter Strafe stehen muss (mit einem Verweis auf *W. C. Pabsch*, Der strafrechtliche Schutz der überstaatlichen Hoheitsgewalt, 1965, S. 96 f.) und die komplette Aufstellung der zentralen hoheitlichen Rechtsgüter aus dem EG auf S. 39 ff. sowie die Übersicht auf S. 185.

[412] *W. Hummer*, in: Grabitz / Hilf, EUV / EGV, 14. EL Oktober 1999, Art. 214 EGV Rdnr. 7.

[413] *E. Klein*, in: Handkomm. EUV / EGV, 7. Lieferung 1998, Art. 214 EGV Rdnr. 3.

[414] ABl. Nr. L 136 vom 31.05.1999, S. 1–7.

[415] ABl. Nr. L 136 vom 31.05.1999, S. 8–14.

Europäischen Gemeinschaften geltenden einschlägigen Bestimmungen gewährleistet ist. Interne Untersuchungen sind solche, die innerhalb der Organe, Einrichtungen sowie Ämter und Agenturen durchgeführt werden[416].

Für interne Untersuchungen wird damit ausdrücklich klargestellt, dass *OLAF* das Berufsgeheimnis zu wahren hat.

Für externe Untersuchungen, d.h. solche, die die Mitgliedstaaten und gemäß den geltenden Kooperationsabkommen Drittstaaten betreffen[417], gilt etwas anderes. In Art. 8 Abs. 1 der genannten Verordnungen wird lediglich deklaratorisch festgestellt, dass die Informationen, die im Rahmen externer Untersuchungen eingeholt werden, durch die Bestimmungen über diese Untersuchungen geschützt werden. Dies bedeutet, dass für externe Untersuchungen bereits die Verpflichtung zur Wahrung des Berufsgeheimnisses i.S.v. Art. 287 EG aufgrund anderer Rechtsgrundlagen besteht.

Die Verordnung (EG) Nr. 1073/1999 und die Verordnung (Euratom) Nr. 1074/1999 schaffen im Bereich der externen Untersuchungen keine neuen Befugnisse. Lediglich für den Bereich der internen Ermittlungen wurden neue Befugnisse übertragen. Hinsichtlich der Befugnisse zu externen Untersuchungen fassen die Verordnungen lediglich den Rechtsstand zusammen. Insbesondere ist hier die Verordnung (EURATOM, EG) Nr. 2185/96 des Rates vom 11. November 1996 betreffend die Kontrollen und Überprüfungen vor Ort durch die Kommission zum Schutz der finanziellen Interessen der Europäischen Gemeinschaften vor Betrug und anderen Unregelmäßigkeiten[418] zu nennen. Die Verordnung (EURATOM, EG) Nr. 2185/96[419] enthält zusätzliche allgemeine Bestimmungen für Kontrollen und Überprüfungen vor Ort[420]. Gemäß Art. 8 Abs. 1 UAbs. 1 Verordnung (EURATOM, EG) Nr. 2185/96 unterliegen sämtliche gemäß dieser Verordnung mitgeteilte oder eingeholte Informationen dem Amtsgeheim-

[416] Jeweils Art. 4 Abs. 1 Verordnung (EG) Nr. 1073/1999 und Verordnung (Euratom) Nr. 1074/1999.

[417] Siehe jeweils Art. 3 S. 1 Verordnung (EG) Nr. 1073/1999 und Verordnung (Euratom) Nr. 1074/1999.

[418] ABl. Nr.L 292 vom 15.11.1996, S. 2–5.

[419] Verordnung (EURATOM, EG) Nr. 2185/96 des Rates vom 11. November 1996 betreffend die Kontrollen und Überprüfungen vor Ort durch die Kommission zum Schutz der finanziellen Interessen der Europäischen Gemeinschaften vor Betrug und anderen Unregelmäßigkeiten, ABl. Nr. L 292 vom 15.11.1996, S. 2–5.

[420] Siehe hierzu Art. 10 der Verordnung (EG, Euratom) Nr. 2988/95 des Rates vom 18. Dezember 1995 über den Schutz der finanziellen Interessen der Europäischen Gemeinschaften, ABl. Nr. L 312 vom 23.12.1995, S. 1–4.

nis[421] und genießen den Schutz, den vergleichbare Informationen nach dem nationalen Recht des Mitgliedstaates, der die Informationen erhalten hat, und nach den entsprechenden Vorschriften für die Organe der Gemeinschaft genießen.

Dieser Art. 8 Abs. 1 UAbs. 1 Verordnung (EURATOM, EG) Nr. 2185/96 betrifft aber lediglich das Berufsgeheimnis im Rahmen von Kontrollen und Überprüfungen vor Ort. Nicht erfasst sind Informationen, die außerhalb einer Kontrolle und Überprüfung vor Ort eingeholt oder mitgeteilt werden. Aber auch solche Informationen können Teil von externen Untersuchungen betreffen[422].

Auch der OLAF-Errichtungsbeschluss[423] enthält keinen Hinweis auf Verschwiegenheitspflichten.

Demnach ist für den Schutz von Informationen, die außerhalb einer Kontrolle und Überprüfung vor Ort eingeholt oder mitgeteilt werden, direkt auf Art. 287 EG zurückzugreifen.

Dem steht auch nicht entgegen, dass bei sekundären und tertiären Organen der Gemeinschaft grundsätzlich die Verschwiegenheitsverpflichtungen in den Gründungsakten niedergelegt werden. *OLAF* kann gerade nicht als sekundäres Gemeinschaftsorgan eingeordnet werden. *OLAF* wurde im Rahmen der Verwaltungsstruktur der *Kommission* errichtet. Wie bereits

[421] Interessanterweise wird hier in der deutschen Sprachfassung tatsächlich „Amtsgeheimnis" anstelle von „Berufsgeheimnis" verwendet, die englische Fassung lautet: „professional secrecy" und die französische „secret professionnel".

[422] Interessanterweise ist allerdings nicht ersichtlich, was überhaupt die Rechtsgrundlage für sonstige Untersuchungstätigkeit im Rahmen externer Untersuchungen darstellen soll. Untersuchungen umfassen nach Art. 2 S. 1 Verordnung (EG) Nr. 1073/1999 sämtliche Kontrollen, Überprüfungen und sonstige Maßnahmen. Für externe Untersuchungen wird dabei auf die Verordnung (EURATOM, EG) Nr. 2185/96 und die Verordnung (EG, Euratom) Nr. 2988/95 verwiesen. Diese Verordnungen enthalten aber nur Befugnisse für Kontrollen und Überprüfungen vor Ort (Verordnung (EURATOM, EG) Nr. 2185/96 und Art. 9 Abs.2 UAbs. 1 Verordnung (EG, Euratom) Nr. 2988/95) und dafür, dass überprüft wird, ob die Verwaltungsgepflogenheiten mit den Gemeinschaftsbestimmungen übereinstimmen, inwieweit die erforderlichen Belege vorhanden sind und mit den Einnahmen und Ausgaben der Gemeinschaften übereinstimmen sowie wie diese Finanztransaktionen gewährleistet und überprüft werden (Art. 9 Abs. 2 Verordnung (EG, Euratom) Nr. 2988/95). Eine Generalklausel für sonstige Maßnahmen fehlt allerdings. Andererseits kann aber kaum angenommen werden, dass sich die tatsächliche Tätigkeit von *OLAF* im Rahmen externer Untersuchungen auf bloße Kontrollen und Überprüfungen vor Ort, d.h. Durchsuchungen, beschränkt. Es ließe sich jedoch in diesem Rahmen diskutieren, für welche sonstigen Maßnahmen etwa auf Art. 274 EG zurückgegriffen werden kann. Das ist jedoch nicht mehr Gegenstand dieser Arbeit.

[423] Beschluss der Kommission vom 28. April 1999, 1999/352/EG, EGKS, Euratom, ABl. Nr. L 136 vom 31.05.1999, S. 20–22.

dargestellt[424], hat *OLAF* eine funktionelle Dualität, es ist eine Dienststelle der *Kommission*, verfügt aber über Untersuchungsautonomie[425]. Es ist sozusagen eine „sui-generis-Dienststelle"[426].

Insofern wären Verweise auf das Berufsgeheimnis grundsätzlich nicht nötig gewesen. Solche Hinweise dienen jedoch der Rechtsklarheit.

c) Verpflichtung nationaler Behörden und deren Bediensteter

(1) Sekundärrechtsakte

Sekundärrechtsakte verpflichten häufig explizit auch die nationalen Behörden zur Wahrung des Berufsgeheimnisses. Ein prominentes Beispiel ist Art. 28 Abs. 2 Verordnung (EG) Nr. 1/2003[427] – vormals Art. 20 Abs. 2 Verordnung Nr. 17[428].

So weist auch der Erwägungsgrund Nr. 15 der Verordnung (EG) Nr. 1073/1999 darauf hin, dass bei einem Austausch von Informationen zwischen *OLAF* und den Mitgliedstaaten die Vertraulichkeit der dem Berufsgeheimnis unterliegenden Informationen zu beachten und dafür zu sorgen ist, dass sie so geschützt werden, wie es bei Daten dieser Art auch sonst der Fall ist.

Die Verordnung (EURATOM, EG) Nr. 2185/96 bestimmt in Art. 8 Abs. 1 S. 1, dass die gemäß dieser Verordnung mitgeteilten oder eingeholten Informationen dem Berufsgeheimnis[429] unterliegen und den Schutz genießen, der vergleichbaren Informationen nach dem nationalen Recht des Mitgliedstaates, der die Informationen erhalten hat, und nach den entsprechenden Vorschriften für die Organe der Gemeinschaft zukommt. Diese Informationen dürfen nur Personen mitgeteilt werden, die in den Gemeinschaftsorganen oder den Mitgliedstaaten aufgrund ihrer amtlichen

[424] Siehe oben, *Teil 2* – B.III, S. 59 ff.

[425] Kommission, Grünbuch zum strafrechtlichen Schutz der finanziellen Interessen der Europäischen Gemeinschaften und zur Schaffung einer Europäischen Staatsanwaltschaft, S. 74.

[426] *L. L. Laudati*, in: Studies in Honour of Claus-Dieter Ehlermann, 2002, S. 244: *„The European Anti-Fraud Office („OLAF") was created as a sui generis Commission service with certain guarantees of operational independence."*

[427] Seit dem 1. Mai 2004 gilt die Verordnung (EG) Nr. 1/2003 des Rates vom 16. Dezember 2002 zur Durchführung der in den Artikeln 81 und 82 des Vertrags niedergelegten Wettbewerbsregeln, ABl. Nr. L 1 vom 04.01.2003, S. 1–25.

[428] EWG Rat: Verordnung Nr. 17: Erste Durchführungsverordnung zu den Artikeln 85 und 86 des Vertrages vom 06.02.1962, ABl. Nr. P 13 vom 21.02.1962, S. 204–211.

[429] Wörtlich heißt es allerdings „Amtsgeheimnis".

Eigenschaft davon Kenntnis erhalten dürfen, und von den Organen der Gemeinschaft zu keinem anderen Zweck als zur Gewährleistung eines wirksamen Schutzes der finanziellen Interessen der Gemeinschaften in allen Mitgliedstaaten verwendet werden[430].

(2) Funktionale Verpflichtung

Des Weiteren geht namentlich *Eckart Klein* von einer funktionalen Verpflichtung der nationalen Behörden zur Geheimhaltung aus, wenn diese Gemeinschaftsrecht vollziehen[431]. Immer wenn nationale Behörden Europarecht anwenden, bestehe allein kraft dieser Anwendung auch die Verpflichtung zur Wahrung des Berufsgeheimnisses. Dies kann jedoch immer nur so weit gehen, wie Gemeinschaftsrecht tatsächlich angewendet wird.

Dieser Meinung ist zu folgen, da es sich bei der Wahrung des Berufsgeheimnisses letztendlich um einen allgemeinen Rechtsgrundsatz handelt, der in Art. 287 EG zum Ausdruck kommt. Die Mitgliedstaaten haben die allgemeinen Grundsätze des Gemeinschaftsrechts zu beachten, wenn sie Gemeinschaftsrecht vollziehen[432]. Die allgemeinen Grundsätze des Gemeinschaftsrechts werden mittels der gemeinsamen Verfassungsüberlieferungen der Mitgliedstaaten und unter Berücksichtigung der internationalen Verträge über den Schutz der Menschenrechte, bei denen die Mitgliedstaaten Vertragsparteien sind[433], hergeleitet[434]. Die Verfassungsüberlieferungen aller Mitgliedstaaten kennen ein Amtsgeheimnis[435]. Ein solches ist für das Funktionieren eines Gemeinwesens unerlässlich. In allen Mitgliedstaaten besteht vom Grundsatz her eine Verpflichtung zur Wahrung von Amtsgeheimnissen. Sowohl die jeweilige Ausprägung dieser Ver-

[430] Art. 8 Abs. 1 S. 2 Verordnung (EURATOM, EG) Nr. 2185/96.

[431] *E. Klein*, in: Handkomm. EUV / EGV, 7. Lieferung 1998, Art. 214 Rdnr. 3.

[432] Vgl. *EuGH*, 24.03.1994, Rs. C-2/92, Bostock, Slg. 1994, I-955 ff. Rdnr. 16; *EuGH*, 13.07.1989, Rs. 5/88, Wachauf, Slg. 1989, 2609 ff. Rdnr. 19; *EuGH*, 26.04.1988, Rs. 316/86, Hauptzollamt Hamburg-Jonas, Slg. 1988, 2213 ff. Rdnr. 22: Es ist festzustellen, *„daß die Beachtung der allgemeinen Grundsätze des Gemeinschaftsrechts jeder mit der Anwendung dieses Rechts betrauten Behörde obliegt"*. Mit Verweis auf *EuGH*, 27.09.1979, Rs. 230/78, Eridania, Slg. 1979, 2749.

[433] *EuGH*, Rs. 4/73, Nold / Kommission, Slg. 1974, 491 ff. Rdnr. 13; siehe auch *EuGH*, 12.11.1969, Stauder, Rs. 29/69, Slg. 1969, 419, 425; *A. Bleckmann*, Europarecht, 6. Aufl. 1997, Rdnr. 572 ff.

Vgl. auch Art. 6 Abs. 2 EU für den Rahmen der Europäischen Union.

[434] Zur Herleitung von allgemeinen Rechtsgrundsätzen siehe unten, *Teil 2* – B.X.1.a), S. 130 ff.

[435] Vgl. *H. Smit / P. Herzog*, The law of the European Community, Art. 214 Anm. 214.03, Blatt 6-88.

pflichtung, als auch die Ausprägung des Amtsgeheimnisses selbst dürften zwar im Einzelfall Unterschiede aufweisen. Hier kommt es jedoch nur auf das grundsätzliche Vorliegen an. Zu diesem Ergebnis lässt sich ergänzend anmerken, dass im Rahmen der EMRK der Schutz bestimmter Angaben über eine Person durch Art. 8 EMRK geschützt wird[436].

Im Übrigen lässt sich diskutieren, inwieweit der Grundsatz der loyalen Zusammenarbeit[437] die Mitgliedstaaten verpflichtet, die Geheimnisse der Gemeinschaft zu wahren. Der Grundsatz der loyalen Zusammenarbeit kann auch in den Bereichen relevant werden, in denen zwar ein gemeinschaftsrechtlicher Bezug besteht, aber kein Vollzug des Gemeinschaftsrechts im eigentlichen Sinne mehr gegeben ist.

Eckart Klein ist jedenfalls zuzustimmen. Die Mitgliedstaaten haben (zumindest) dann, wenn sie Gemeinschaftsrecht vollziehen, das Berufsgeheimnis, wie es seinen Ausdruck in Art. 287 EG gefunden hat, zu wahren.

4. „Preisgabeverbot" – Umfang der Geheimhaltungspflicht

Art. 287 EG verbietet die Preisgabe von unter das Berufsgeheimnis fallenden Auskünften. Umfasst ist dabei jegliche Art der Mitteilung an Dritte, ob in mündlicher, schriftlicher oder konkludenter Form, ob durch ein aktives Handeln oder durch Unterlassen, wie z.B. durch eine unzureichende Aufbewahrung der Informationen[438].

Dritte können dabei grundsätzlich auch Personen sein, die ihrerseits an Art. 287 EG gebunden sind. Etwa bei einer organinternen Weitergabe oder einer Weitergabe zwischen einzelnen Organen der Gemeinschaft sind alle Beteiligten zur Verschwiegenheit verpflichtet. Wie dargestellt können auch mitgliedstaatliche Behörden an das Berufsgeheimnis gebunden sein, wie es seinen Ausdruck in Art. 287 EG gefunden hat. Der Kreis der Verpflichteten ist demnach sehr weitreichend. Insofern kann auch eine Person, die ihrerseits an Art. 287 EG gebunden ist, Dritter im Sinne dieser Vorschrift sein. Sinn einer Amtsverschwiegenheitsvorschrift ist es, eine möglichst effektive Geheimhaltung zu sichern. Dies ist umso eher möglich, je weniger Personen informiert sind[439]. Es erscheint aber etwas zu weitgehend, jede

[436] *Vgl. EGMR*, 26.03.1996, Nr. 20524/92, Doorson / Niederlande, Reports 1996-II, Ziff. 70.

[437] Zum Grundsatz der loyalen Zusammenarbeit siehe unten, *Teil 2* – C.I., S. 210 ff.

[438] *W. Hummer*, in: Grabitz / Hilf, EUV / EGV, 14. EL Oktober 1999, Art. 214 EGV Rdnr. 20.

[439] Vgl. hierzu *H. Smit / P. Herzog,* The law of the European Community, Art. 214 Anm. 214.06, Blatt 6-91: "[...] *it is clearly not permissible to disclose information to*

Mitteilung an unzuständige Stellen innerhalb der Gemeinschaftsorganisation grundsätzlich als unzulässige Preisgabe anzusehen[440], wie dies *Waldemar Hummer* fordert[441]. Dieser führt zur Begründung an, dass sich aus der Verschwiegenheitspflicht der Beamten und Bediensteten eines Organes an sich keine Erlaubnis zur Weitergabe eines Geheimnisses ergebe. Somit dürften nur die für sachliche Behandlung des Vorgangs Zuständigen damit befasst werden, nicht aber die nicht befugten Sachbearbeiter der Dienststelle[442]. Zunächst ist der Umkehrschluss aus der Verschwiegenheitspflicht logisch nicht zwingend. Darüber hinaus ist es zweifelhaft, ob diese Forderung auch der Realität der Arbeitsweise einer Behörde entspricht. Es kann durchaus vorkommen, dass verschiedene Sachbearbeiter einer Dienstelle sich über Angelegenheiten ihres jeweiligen Zuständigkeitsbereiches unterhalten, um Anregungen für die Lösung einer Problemstellung zu erhalten. Art. 287 EG fordert die Verhinderung einer unkontrollierten und unbegrenzten Verbreitung der vertraulichen Informationen[443]. Eine Preisgabe liegt nur dann vor, wenn die Weitergabe der Information an eine unzuständige Stelle die Gefahr des Bekanntwerdens des Geheimnisses objektiv erhöht[444].

So geht *Bernhard Wegener* zutreffend davon aus, dass auch eine Mitteilung an eine zuständige Stelle eine Preisgabe darstellen kann, soweit die Geheimhaltung der Informationen erkennbar nicht gesichert ist[445]. Für das geheimniswahrende Organ kann demnach eine objektive Gefahr der Preisgabe einen Rechtfertigungsgrund darstellen, an sich zu übermittelnde Informationen zurückzuhalten[446]. Dies gilt sowohl innerhalb der Gemeinschaft als auch im Verhältnis zu den Mitgliedstaaten.

Die Preisgabe muss unbefugt sein. Das Merkmal „unbefugt“ ist nicht ausdrücklich im Wortlaut enthalten, dass es jedoch Einschränkungen des Preisgabeverbotes geben muss, gebietet schon der Normzweck[447]. Die Weitergabe von Informationen soll nur dann verhindert werden, wenn sie

another official merely for the reason that he is covered by the rule against disclosing confidential information [...]"

440 *A. Hatje*, in: Schwarze, EU-Kommentar, „1. Aufl. 2000, Art. 287 Rdnr. 8.

441 *W. Hummer*, in: Grabitz / Hilf, EUV / EGV, 14. EL Oktober 1999, Art. 214 EGV Rdnr. 25.

442 *W. Hummer*, in: Grabitz / Hilf, EUV / EGV, 14. EL Oktober 1999, Art. 214 EGV Rdnr. 25.

443 Vgl. *A. Hatje*, in: Schwarze, EU-Kommentar, 1. Aufl. 2000, Art. 287 Rdnr. 8.

444 Vgl. *B. Wegener*, in: Calliess / Ruffert, EUV / EGV, 2. Aufl. 2002, Art. 287 Rdnr. 3; *A. Hatje*, in: Schwarze, EU-Kommentar, 1. Aufl. 2000, Art. 287 Rdnr. 8.

445 *B. Wegener*, in: Calliess / Ruffert, EUV / EGV, 2. Aufl. 2002, Art. 287 Rdnr. 3.

446 *B. Wegener*, in: Calliess / Ruffert, EUV / EGV, 2. Aufl. 2002, Art. 287 Rdnr. 3.

447 Vgl. *A. Hatje*, in: Schwarze, EU-Kommentar, 1. Aufl. 2000, Art. 287 Rdnr. 9.

ohne Erlaubnis des Schutzberechtigten[448] oder ohne ein sonstiges Recht zur Mitteilung erfolgt[449]. Zum Teil wird Preisgabe bereits so definiert, dass das Merkmal „unbefugt" in der Definition der Preisgabe selbst enthalten ist; nämlich, dass es sich bei der Preisgabe um die Weitergabe der erlangten Informationen an Personen handelt, die zu deren Empfang nicht befugt sind[450].

a) Schlussfolgerungen für den Informantenschutz aus dem Fall Stanley Adams

In der Rechtssache *Adams / Kommission*[451] hat der *EuGH* auch besonders anschaulich den Umfang der Geheimhaltungsverpflichtungen dargetan, insbesondere in welchem Rahmen die *Kommission* dafür Sorge tragen muss, dass ein Geheimnis auch nicht mittelbar aufgedeckt werden kann.

Bezüglich der Geheimhaltung der Identität eines Informanten lässt sich aus der Rechtsprechung des *EuGH* in der Sache *Adams / Kommission* Folgendes schließen:

Die *Kommission* muss jedes Risiko einer Identifizierung des Informanten ausschließen können, wenn von dem Informanten Vertraulichkeit erbeten wurde[452]. Insbesondere muss sie mit dem Informanten Rücksprache nehmen, inwieweit selbst die Weitergabe teilweise unkenntlich gemachter Kopien Rückschlüsse auf die Identität des Informanten erlauben können[453]. Das heißt, das Risiko einer mittelbaren Identifizierung durch Weitergabe von Informationen jeglicher Art muss gemeinsam mit dem Informanten

[448] Zur Erlaubniserteilung siehe z.B. Art. 19 Abs. 5 S. 1 der Verordnung (EG) Nr. 3283/94 des Rates vom 22. Dezember 1994 über den Schutz gegen gedumpte Einfuhren aus nicht zur Europäischen Gemeinschaft gehörenden Ländern, ABl. Nr. L 349 vom 31.12.1994, S. 1–21, (nicht mehr in Kraft): *„Der Rat, die Kommission und die Mitgliedstaaten sowie deren Bedienstete geben die Informationen, die sie bei Anwendung dieser Verordnung erhalten haben und deren vertrauliche Behandlung vom Auskunftsgeber beantragt worden ist, nicht ohne ausdrückliche Erlaubnis des Auskunftsgebers bekannt"*. Vgl. auch: *EuGH*, 24.06.1986, Rs. 53/85, AKZO Chemie / Kommission, Slg. 1986, 1965 ff.

[449] *J. Grunwald / U. Brühann*, in: Groeben / Schwarze, 6. Aufl. 2004, Art. 287 Rdnr. 18.

[450] *E. Klein*, in: Handkomm. EUV / EGV, 7. Lieferung 1998, Art. 214 Rdnr. 7; *EuGH*, 24.06.1986, Rs. 53/85, AKZO Chemie / Kommission, Slg. 1986, 1965 ff.

[451] *EuGH*, 07.11.1985, Rs. 145/83, Adams / Kommission, Slg. 1985, 3539; zum Sachverhalt siehe oben, *Teil 2* – B.VII.2.d)(1), S. 80 f.

[452] Vgl. *EuGH*, 07.11.1985, Rs. 145/83, Adams / Kommission, Slg. 1985, 3539 ff. Rdnr. 40.

[453] Vgl. *EuGH*, 07.11.1985, Rs. 145/83, Adams / Kommission, Slg. 1985, 3539 ff. Rdnr. 40.

abgeschätzt werden und darf nur mit dessen Zustimmung eingegangen werden.

Die *Kommission* darf sich nicht mit der Annahme begnügen, dass eine Identifizierung des Informanten wenig wahrscheinlich ist[454]. Vielmehr muss sie alles in ihrer Macht Stehende unternehmen, um eine Identifizierung zu verhindern bzw. die Folgen einer Identifizierung zu mindern, indem sie z.B. den Informanten warnt und jegliches weitere Vorgehen mit ihm abspricht[455].

Es empfiehlt sich im Allgemeinen ein ständiger Kontakt mit dem Informanten, um jegliches weitere Vorgehen – soweit erforderlich – mit ihm abzusprechen. Selbst wenn die *Kommission* nicht weiß, wie sie den Informanten erreichen kann, um eine erforderliche Absprache mit ihm durchzuführen bzw. um für das Risiko seiner Enttarnung relevante Informationen an ihn weiterzugeben, so muss sie trotzdem alles in ihrer Macht Stehende unternehmen, um den Informanten zu erreichen. Soweit sie Anhaltspunkte zu seinen Aufenthaltsort hat, muss sie diesen nachgehen und Nachforschungen anstellen[456]. Dementsprechend empfiehlt es sich für die *Kommission* bereits beim ersten Kontakt, abzuklären, wie der Informant erreicht werden kann.

Wenn man die Konstellation im Fall *Stanley Adams* „aktualisieren" möchte, stelle man sich ein amerikanisches Unternehmen vor, gegen das die *Kommission* wegen des Missbrauches einer marktbeherrschenden Stellung vorgeht. Eine Privatperson, die an einem amerikanischen Standort des Unternehmens tätig ist, unterstützt die *Kommission* dadurch, dass sie ihr vertraulich Unterlagen des amerikanischen Unternehmens weiterleitet, die diesen Missbrauch belegen.

b) Kollision mit einem anderen Rechtsgut bzw. mit gesetzlichen Offenbarungspflichten

Namentlich *Jürgen Grunwald* hat sich dafür ausgesprochen, ein Recht zur Mitteilung der Informationen könne sich aus gesetzlichen Offenbarungspflichten oder aus den Erfordernissen eines höherrangigen Rechtsgutes als des Geheimhaltungsinteresses ergeben[457]. Beispielhaft für den

[454] Vgl. *EuGH*, 07.11.1985, Rs. 145/83, Adams / Kommission, Slg. 1985, 3539 ff. Rdnr. 42.

[455] Vgl. *EuGH*, 07.11.1985, Rs. 145/83, Adams / Kommission, Slg. 1985, 3539 ff. Rdnr. 42.

[456] Vgl. *EuGH*, 07.11.1985, Rs. 145/83, Adams / Kommission, Slg. 1985, 3539 ff. Rdnr. 43.

[457] *J. Grunwald / U. Brühann*, in: Groeben / Schwarze, 6. Aufl. 2004, Art. 287 Rdnr. 18.

deutschen Rechtsraum verweist er dabei auf die Kommentierung im *Schönke / Schröder* zu § 203 StGB[458]. Dieser Verweis auf Offenbarungspflichten, die im deutschen Rechtsraum gelten, kann allerdings tatsächlich nur beispielhaft, mit dem Ziel Problembewusstsein zu wecken, gemeint sein. Gibt es doch bereits im Gemeinschaftsrecht Rechtsgüter bzw. gesetzliche Offenbarungspflichten, die mit der Wahrung des Berufsgeheimnisses kollidieren können.

Als kollidierendes Rechtsgut ist hier insbesondere der prozessuale Grundsatz der Gewährung rechtlichen Gehörs zu nennen, der beim jetzigen Stand des Gemeinschaftsrechts vornehmlich in wettbewerbsrechtlichen Fragen relevant wurde[459].

Ferner ist die Begründungspflicht für Rechtsakte (Art. 253 EG)[460] sowie die Verpflichtungen zur Veröffentlichung von Gemeinschaftsakten und insbesondere zur Bekanntgabe von Einzelfallentscheidungen (Art. 254 EG) zu nennen[461].

Bei dieser Kollisionsproblematik verbietet sich jedes schematische Vorgehen. Vielmehr ist jeweils im Einzelfall eine adäquate Lösung zu finden.

Es sei jedoch schon jetzt darauf hingewiesen, dass es sich bei dem kollidierenden Rechtsgut nicht per se um ein höherrangiges handeln muss. Vielmehr wird es jeweils auf eine Abwägung im Einzelfall ankommen.

VIII. Informantenspezifische Regelungen in anderen Bereichen

Es gibt kaum Regelungen, die die Problematik der Behandlung eines Informanten betreffen.

[458] Siehe *T. Lenckner*, in: Schönke / Schröder, StGB, 26. Aufl. 2001, § 203 Rdnr. 29 ff.

[459] Siehe etwa *EuGH*, 13.02.1979, Rs. 85/76, Hoffmann-LaRoche / Kommission, Slg. 1979, 461 ff.; *EuGH*, 24.06.1986, Rs. 53/85, AKZO Chemie / Kommission, Slg. 1986, 1965 ff.; *EuGH*, 17.11.1987, verbundende Rs. 142 und 156/84, British American Tobacco Company und R. J. Reynolds Industries / Kommission, Slg. 1987, 4487 ff.

[460] Siehe hierzu unten, *Teil 2* – B.XIII.1., S. 202 ff.

[461] Siehe hierzu unten, *Teil 2* – B.XIII.2., S. 205 f.

1. Wettbewerbsrecht

Die Kronzeugenregelung[462] des Wettbewerbsrechts beispielsweise ist bereits inhaltlich nicht vergleichbar. Es handelt sich dabei um eine sich materiell auswirkende Regelung, die eher mit einem so genannten „Deal" zu vergleichen ist, den eine nationale Strafverfolgungsbehörde mit einem Mitbeschuldigten abschließt, damit dieser aussagt. Gegen ein Unternehmen, das bereit ist, mit der *Kommission* zusammenzuarbeiten, setzt die *Kommission* in der Regel eine geringere Geldbuße fest[463]. Verfahrensrechtliche Aspekte, die die Geheimhaltung betreffen, richten sich ausschließlich nach den allgemeinen Regeln. Eine Sonderregelung für die „Kronzeugen" existiert – soweit ersichtlich – nicht. Im Übrigen ist diese Situation mit der eines Informanten auch schwer vergleichbar. Ein Unternehmen, das von der Kronzeugenregelung Gebrauch macht, scheut im Gegensatz zu einem klassischen Informanten in der Regel die Öffentlichkeit nicht.

2. „Trade Barriers Regulation"

Die Verordnung (EG) Nr. 3286/94[464], die so genannte „Trade Barriers Regulation", enthält allerdings explizite verfahrensrechtliche Vorgaben für Informanten. Die „Trade Barriers Regulation" dient der Ausübung der Rechte der Gemeinschaft nach internationalen Handelsregeln, insbesondere der WTO-Regelungen. Sie soll ein Verfahren bereitstellen, um gegen

[462] Zur Kronzeugenregelung vgl.: Mitteilung der Kommission über den Erlass und die Ermäßigung von Geldbußen in Kartellsachen ABl. Nr. C 45 vom 19.02.2002, S. 3–5, diese ersetzt die Mitteilung der Kommission über die Nichtfestsetzung oder die niedrigere Festsetzung von Geldbußen in Kartellsachen, ABl. Nr. C 207 vom 18.07.1996, S. 4–6; zur alten Regelung vgl. im Allgemeinen *H. Diekmann*, in: Wiedemann, Handbuch des Kartellrechts, 1999, § 46 Rdnr. 18 ff; zur Mitteilung von 2002 vgl. *R. Polley / D. Seeliger*, EuZW 2002, S. 397 ff.

[463] Vgl. hierzu auch: Entscheidung der Kommission v. 19.12.1984, ABl. Nr. L 085 vom 26.03.1985, S. 1–52 Rdnr. 148 f.; Entscheidung der Kommission v. 23.04.1986, ABl. Nr. L 230 vom 18.08.1986, S. 1–66 Rdnr. 109; Entscheidung der Kommission v. 05.06.1991, ABl. Nr. L 287 vom 17.10.1991, S. 39–43; Entscheidung der Kommission v. 01.04.1992, ABl. Nr. L 134 vom 18.05.1992, S. 1–35 Rdnr. 74 e.

[464] Verordnung (EG) Nr. 3286/94 des Rates vom 22. Dezember 1994 zur Festlegung der Verfahren der Gemeinschaft im Bereich der gemeinsamen Handelspolitik zur Ausübung der Rechte der Gemeinschaft nach internationalen Handelsregeln, insbesondere den im Rahmen der Welthandelsorganisation vereinbarten Regeln, ABl. Nr. L 349 vom 31.12.1994, S. 71–78.

von dritten Staaten errichtete Handelshemmnisse vorgehen zu können (Art. 1 Trade Barriers Regulation)[465].

Im Rahmen der „Trade Barriers Regulation" fallen die Belange eines Informanten ausdrücklich unter die Gründe des Geheimnisschutzes, die etwa einem Antrag auf Akteneinsicht entgegenstehen können.

Der Informant muss einen Antrag auf vertrauliche Behandlung stellen, der die Gründe für die Vertraulichkeit der Informationen sowie eine nicht vertrauliche Zusammenfassung der Informationen enthält[466]. Sollten die Informationen nicht auf diese Weise zusammengefasst werden können, ist eine diesbezügliche Begründung beizufügen[467]. Gemäß Art. 9 Abs. 3 „Trade Barriers Regulation" gelten solche Informationen als vertraulich, deren Bekanntgabe sich wahrscheinlich in erheblichem Maße nachteilig auf den Auskunftsgeber oder die Informationsquelle auswirken würden. Unabhängig davon, ob diese gesetzliche Vermutung einschlägig ist oder das Geheimhaltungsbedürfnis in sonstiger Weise hinreichend dargelegt wird, hängt die Weitergabe jedoch vom Einverständnis des Informanten ab[468]. Sofern der Informant einer Bekanntgabe der betreffenden Informationen – auch in allgemeiner oder zusammengefasster Form – nicht zustimmt, dürfen die Informationen nicht weitergegeben werden. Dies gilt soweit nicht tatsächlich festgestellt wird, dass ein Antrag auf vertrauliche Behandlung nicht gerechtfertigt ist. Aber auch wenn sich dies herausstellt, können die betreffenden Informationen bei fehlender Zustimmung des Informanten unberücksichtigt bleiben[469].

Grundsätzlich lässt sich feststellen, dass die Angaben eines Informanten nur dann im Rahmen einer Untersuchung nach der „Trade Barriers Regulation" berücksichtigt werden, wenn der Informant der betreffenden Art und dem Umfang der Weitergabe seiner Informationen zugestimmt hat[470].

[465] Allgemein zur „Trade Barriers Regulation" vgl. *H.-J. Prieß und C. Pitschas*, EWS 2000, S. 185 ff.

[466] Art. 9 Abs. 2 lit. b Trade Barriers Regulation.

[467] Art. 9 Abs. 2 lit. b Trade Barriers Regulation.

[468] *H.-J. Prieß und C. Pitschas*, EWS 2000, S. 185, 189.

[469] Art. 9 Abs. 4 Trade Barriers Regulation.

[470] Vgl. *H.-J. Prieß und C. Pitschas*, EWS 2000, S. 185, 189.

3. Antidumping- und Antisubventions-Grundverordnung

Auch die Antidumping[471]- und die Antisubventions-Grundverordnung[472] enthalten eine Regelung, dass Informationen, die ihrer Natur nach vertraulich sind, bei entsprechender Begründung von den Behörden vertraulich zu behandeln sind[473]. Als Beispiel für einen Vertraulichkeitsgrund wird u.a. der genannt, dass die Preisgabe der Informationen für den Auskunftgeber oder die Person, von der er die Informationen erhalten hat, von erheblichem Nachteil wäre[474].

Damit werden die Belange eines Informanten ausdrücklich den Regelungen über vertrauliche Informationen unterstellt.

4. Bewertung

Die „Trade Barriers Regulation" und die Antidumping- und Antisubventions-Grundverordnung enthalten Bestimmungen, die u.a. den in Art. 287 EG niedergelegten Informantenschutz umsetzen. Diesen Regelungen ist es gemein, dass sie einen begründeten Antrag auf vertrauliche Behandlung verlangen und soweit eine Geheimhaltung geboten ist, möglichst auf nicht vertrauliche Zusammenfassungen zurückgreifen.

Es handelt sich hierbei um Spezialregelungen des Sekundärrechts, die zwar aus dogmatischen Gründen keine rechtlichen Rückschlüsse erlauben, als praktische Regelungsmöglichkeiten des Informantenschutzes stellen sie jedoch ein Beispiel für die Umsetzung der Forderungen des Art. 287 EG dar. Aufschlussreich ist insbesondere das vorgesehene Antragsverfahren.

[471] Verordnung (EG) Nr. 384/96 des Rates vom 22. Dezember 1995 über den Schutz gegen gedumpte Einfuhren aus nicht zur Europäischen Gemeinschaft gehörenden Ländern, ABl. Nr. L 56 vom 06.03.1996, S. 1–20 (Antidumping-Grundverordnung).

[472] Verordnung (EG) Nr. 2026/97 des Rates vom 6. Oktober 1997 über den Schutz gegen subventionierte Einfuhren aus nicht zur Europäischen Gemeinschaft gehörenden Ländern, ABl. Nr. L 288 vom 21.10.1997, S. 1–33 (Antisubventions-Grundverordnung).

[473] Art. 19 Abs. 1 Antidumping-Grundverordnung und Art. 29 Abs. 1 Antisubventions-Grundverordnung.

[474] Art. 19 Abs. 1 Antidumping-Grundverordnung und Art. 29 Abs. 1 Antisubventions-Grundverordnung.

IX. Vertraulichkeit für einen OLAF-Informanten

Im Folgenden soll der allgemeine Rahmen der Geheimhaltungsverpflichtung konkret auf die Tätigkeit von *OLAF* übertragen werden: Es soll untersucht werden, inwieweit und in welchem Rahmen *OLAF* zur Geheimhaltung der Identität eines Informanten verpflichtet ist. Als Ausgangspunkt für die Überlegungen dient die Situation, dass sich ein Hinweisgeber an *OLAF* wendet, lohnende Informationen anbietet, dabei jedoch zu verstehen gibt, dass seine Identität geheim gehalten werden soll.

Es stellt sich die Frage, ob der Informant vertrauliche Behandlung als Bedingung fordern kann (1.) und wie die Gewährung von Vertraulichkeit ausgestaltet ist respektive ausgestaltet werden kann: Ob es eine dem deutschen Recht vergleichbare Vertraulichkeitszusage gibt, ob eine Entscheidung ergeht oder ob die Verpflichtung von Gesetzes wegen eintritt (2.). Auch gibt es verschiedene Konstellationen, in denen die Vertraulichkeit in Frage stehen kann, etwa wenn eine konkrete Anfrage zur Identität eines Informanten gemacht wird (3).

1. Vertraulichkeit als Bedingung

Es ist nicht ungewöhnlich, dass ein Informant seine Informationen nur unter der Bedingung zur Verfügung stellt, dass seine Anonymität gewahrt bleibt. Hinweisgeber sind häufig daran interessiert, dass ihre Identität nicht offenbart wird. Auch wenn keine Gefahr für Leib oder Leben droht, so können doch beispielsweise EG-Bediensteten, deren Angaben zu internen Untersuchungen führen, schnell berufliche Nachteile drohen.

Eine solche Bedingung könnte indessen mit den Pflichten des *OLAF* zur Sachverhaltsermittlung kollidieren. Zunächst ist herauszuarbeiten, welchen Pflichten *OLAF* bei seinen Untersuchungen untersteht.

a) Untersuchungsgrundsatz

Unproblematisch ist noch die Frage nach der Geltung des Untersuchungsgrundsatzes. Im Allgemeinen ist das Verwaltungsverfahren durch diesen für die Verwaltungsorgane geltenden Grundsatz geprägt[475]. Übereinstimmend wird angenommen, dass im Europäischen Verwaltungsverfahren nur der Untersuchungsgrundsatz gelten kann[476]. Der *EuGH* geht

[475] Vgl. *G. Haibach*, NVwZ, 1998, S. 456, 458.

[476] Vgl. *A. Weber*, Das Verwaltungsverfahren, in: Schweitzer, Europäisches Verwaltungsrecht, 1991, S. 83; vgl. *EuG*, 10.03.1992, Rs. T-9/89, Hüls / Kommission, Slg.

von der grundsätzlichen Verpflichtung der *Kommission* aus, die konkreten Umstände des einzelnen Sachverhaltes möglichst umfassend aufzuklären und zu berücksichtigen[477]. Wie er in der Rechtssache *Technische Universität München* feststellte, umfassen die verfahrensrechtlichen Garantien des Verwaltungsverfahrens insbesondere auch die Pflicht des zuständigen Organes, alle relevanten Aspekte des Einzelfalles sorgfältig und unvoreingenommen zu untersuchen[478]. Insbesondere besteht bei ungenauem Sachverhalt oder unzureichenden Informationen eine vollständige Ermittlungspflicht der *Kommission*. Es obliegt der *Kommission* einzuschätzen, ob in einem konkreten Fall noch eine Sachverhaltslücke besteht[479]. Diese Einschätzung untersteht jedoch der gerichtlichen Kontrolle. Wie dicht die gerichtliche Kontrolle eines normativen Spielraumes ist, vermag nicht abschließend gesagt zu werden. Die Intensität der gerichtlichen Überprüfung scheint nicht nur bereichsspezifisch sondern auch noch innerhalb eines Rechtsbereiches variabel zu sein[480].

Rainer Arnold begründet die Geltung des Untersuchungsgrundsatzes wie folgt: Die Art der Sachverhaltsermittlung ergebe sich schon aus der Überlegung, dass das Primärrecht nicht nur Handeln gestatte, sondern auch konkrete Zielverwirklichungsgebote enthalte, die effizient nur durch eine leistungsfähige Verwaltung und verfahrensrechtlich nur über den Untersuchungsgrundsatz erfüllt werden können. Dies impliziere für die Tätigkeit der *Kommission* auch die Pflicht zur vollständigen Ermittlung des Sachverhaltes, da sachgerechte Aufgabenerfüllung nur so möglich sei[481].

1992, II-499 ff. Rdnr. 66 ff.; *J. Sedemund*, EuR 1973, S. 306, 318 f., *R. Arnold*, EuR Beih. 1/1995, S. 7, 12; vgl. auch *EuGH*, 14.02.1978, Rs. 27/76, United Brands Company u.a. / Kommission (Chiquita Bananen), Slg. 1978, 207; *H. Dieckmann*, in: Wiedemann, Handbuch des Kartellrechts, 1999, § 41 Rdnr. 9; *K. L. Ritter*, in: Immenga / Mestmäcker, EG-Wettbewerbsrecht, 1. Aufl. 1997–2001, VO 17 A. Vorbemerkungen Rdnr. 35.

477 *J. Schwarze*, Europäisches Verwaltungsrecht Bd. II, 1988, S. 1181.

478 *EuGH*, 21.11.1991, Rs. C-269/90, Technische Universität München, Slg. 1991, I-5469 ff. Rdnr. 14. Vgl. zu dieser Entscheidung auch unten, *Teil 2* – B.X.2.a)(4), S. 141 ff.

479 *J. Schwarze*, Europäisches Verwaltungsrecht Bd. II, 1988, S. 1195 mit Verweis auf *EuGH*, 16.05.1984, Rs. 9/83, Eisen u. Metall / Kommission, Slg. 1984, 2071 ff. Rdnr. 36: „*Sie muß nur dann ermitteln oder zusätzliche Auskünfte einholen, wenn sie der Auffassung ist, daß die ihr bereits vorliegenden Informationen dafür noch nicht ausreichen.*“

480 *S. Kadelbach*, Allgemeines Verwaltungsrecht unter europäischem Einfluß, 1999, S. 446 f. Demgegenüber sieht *C. D. Classen* die Kontrolldichte im Gemeinschaftsrecht als geringer an als im deutschen Recht (*C. D. Classen*, Die Europäisierung der Verwaltungsgerichtsbarkeit, 1996, S. 175 ff.)

481 *R. Arnold*, EuR Beih. 1/1995, S. 7, 12.

Dies lässt sich auch mit Art. 211 EG primärrechtlich untermauern. Art. 211 EG verpflichtet die *Kommission*, die Einhaltung des Gemeinschaftsrechts zu überwachen und durchzusetzen[482]. Dies kann sie nur, wenn sie von sich aus und umfassend die Sachverhalte ermittelt, die eventuell der Einhaltung des Gemeinschaftsrechts entgegenstehen. Dementsprechend statuiert Art. 211 EG eine grundsätzliche Ermittlungs*pflicht*. Ein umfassendes Ermittlungs*recht* ergibt sich aus Art. 284 EG.

Teilweise wird der Untersuchungsgrundsatz auf einen Umkehrschluss aus Art. 284 EG gestützt[483]. Da dieser ein Recht der *Kommission* statuiere, alle erforderlichen Auskünfte einzuholen, müsse aus dieser Ermächtigung zugleich die Verpflichtung der Behörde folgen, alle erforderlichen Auskünfte einzuholen, d.h. den zu Grunde liegenden Sachverhalt umfassend zu ermitteln[484].

Das Verhältnis von Verpflichtung und Ermächtigung gestaltet sich jedoch umgekehrt. Weil die *Kommission* die Verpflichtung trifft, einen Sachverhalt umfassend zu ermitteln, muss sie zwangsläufig auch die hierfür nötigen Befugnisse, wie das Recht, Auskünfte einzuholen, haben. Aus der bestehenden Ermächtigung folgt also nicht die Verpflichtung. Sondern weil die Verpflichtung besteht, wurde auch eine Ermächtigung primärrechtlich verankert.

Da *OLAF* trotz seiner Untersuchungsautonomie letztendlich eine Dienststelle der *Kommission* ist[485], gilt das, was für die Tätigkeit der *Kommission* gilt, auch für die Tätigkeit von *OLAF*. Auch das OLAF-Untersuchungsverfahren ist durch den Untersuchungsgrundsatz geprägt.

Der Untersuchungsgrundsatz per se stellt allerdings kein Hindernis für die Bedingung dar, die Verwertung bestimmter Informationen von der Gewährung von Vertraulichkeit für den Informationsgeber abhängig zu machen. Der Untersuchungsgrundsatz betrifft nur die Art der Sachverhaltsermittlung. Es sind nicht andere für die umfassende Zusammentragung des Sachverhaltes zuständig, sondern die untersuchende Stelle selbst.

482 Vgl. *EuGH*, Beschl. v. 13.07.1990, Rs. 2/88-Imm., Strafverfahren gegen Zwartveld u.a., Slg. 1990, I-3365 ff. Rdnr. 22 siehe auch *EuGH*, Beschl. v. 06.12.1990, Rs. 2/88-Imm., Strafverfahren gegen Zwartveld u.a., Slg. 1990, I-4405; vgl. zum Fall *Zwartveld* auch umfassend *H.-J. Prieß*, EuR 1991, 342, 347 f. Nach der Rechtsprechung des *Gerichtshofes* gilt für Art. 220 EG als Rechtsschutzgeneralklausel Entsprechendes (*EuGH*, Beschl. v. 13.07.1990, Rs. 2/88-Imm., Strafverfahren gegen Zwartveld u.a., Slg. 1990, I-3365 ff. Rdnr. 23; *H.-J. Prieß*, EuR 1991, 342, 353 f.).

483 So: *G. Haibach*, NVwZ, 1998, S. 456, 458.

484 *G. Haibach*, NVwZ, 1998, S. 456, 458.

485 Zur Doppelnatur von *OLAF* siehe oben, *Teil 2* – B.III., S. 59 ff.

b) Legalitäts- oder Opportunitätsprinzip

Sollte jedoch für die OLAF-Untersuchungen ein strenges Legalitätsprinzip gelten, könnte dies der Akzeptanz einer Vertraulichkeitsbedingung entgegenstehen. Nicht ohne weiteres zu beantworten ist allerdings, ob für die Einleitung eines OLAF-Untersuchungsverfahrens das Legalitäts- oder das Opportunitätsprinzip bzw. eine Kombination beider gilt. Art. 5 der Verordnung (EG) Nr. 1073/1999 führt lediglich aus, dass der Direktor des Amtes von sich aus oder auf Ersuchen eines betroffenen Mitgliedstaates die Einleitung externer Untersuchungen beschließt. Entsprechendes gilt für die Einleitung interner Untersuchungen. Der Direktor des Amtes beschließt die Untersuchungseinleitung von sich aus oder auf Ersuchen des Organes, der Einrichtung, des Amtes oder der Agentur, bei dem bzw. der die Untersuchung durchgeführt werden soll. Aus dem Wortlaut des Art. 5 Verordnung (EG) Nr. 1073/1999 ist nicht zu entnehmen, ob Ermessen eingeräumt wird.

Art. 2 der Verordnung (EURATOM, EG) Nr. 2185/96 bestimmt, dass die *Kommission* unter bestimmten Voraussetzungen Kontrollen und Überprüfungen vor Ort durchführen *kann*. Insofern räumt hier der Wortlaut ein Ermessen ein.

Soweit ersichtlich ist die Frage, ob *OLAF* ein Ermessen hinsichtlich der Einleitung einer Untersuchung zusteht, noch nicht abschließend geklärt. Der Überwachungsausschuss wies in seinem Tätigkeitsbericht vom 25. August 2000 darauf hin, dass noch zu erörtern sei, ob *OLAF* unter dem Gesichtspunkt des Legalitätsprinzips oder des Opportunitätsprinzips arbeiten wird oder zu arbeiten hat[486].

Bei dieser Frage ist zunächst Folgendes zu bedenken: Neben *OLAF* sind noch andere zur Bekämpfung von Betrügereien zu Lasten der finanziellen Interessen der Europäischen Gemeinschaft aufgerufen. Insbesondere sind hier die Mitgliedstaaten zu nennen, für den Bereich der externen Untersuchungen muss dies sogar in einem stärkeren Maß als für den Bereich der internen Untersuchungen gelten.

Auch bestehen umfassende Meldepflichten der gemeinschaftlichen Organe, Einrichtungen sowie Ämter und Agenturen. Gemäß Art. 7 Verordnung (EG) Nr. 1073/1999 teilen sie *OLAF* unverzüglich alle Informationen über etwaige Fälle von Betrug, Korruption oder sonstige rechtswidrige Handlungen mit. Eine Mitteilungspflicht besteht nicht nur für die Einheit als Ganze sondern zusätzlich auch für jede einzelne Person. So sind die

[486] *Überwachungsausschuss*, Tätigkeitsbericht, Juli 1999 – Juli 2000, 25. August 2000, S. 24 einsehbar unter: http://europa.eu.int/comm/anti_fraud/reports/sup_comm/2000/rep_sc_2000_de.pdf.

einzelnen EG-Bediensteten zur Meldung an Vorgesetzte oder direkt an *OLAF* verpflichtet, Entsprechendes gilt für die einzelnen Mitglieder der Organe[487].

Da *OLAF* nicht die alleinige Verantwortlichkeit für die Betrugsbekämpfung zukommt, sind insofern – theoretisch – keine „Bekämpfungslücken" möglich. Dementsprechend kann zumindest kein strenges Legalitätsprinzip gelten.

Grundsätzlich ergibt sich für das gemeinschaftliche Verwaltungsverfahren im Allgemeinen folgendes Bild:

Namentlich *Jürgen Schwarze* geht von einem generellen Entschließungsermessen der *Kommission* aus, tätig zu werden[488]. Er sieht dies als allgemeine Regel des Verwaltungsverfahrens an. Ein solches Entschließungsermessen müsse sich aber bei dringender Notwendigkeit, einen Sachverhalt aufzuklären, zu einer Untersuchungspflicht verdichten[489]. So denn das Opportunitätsprinzip tatsächlich eine allgemeine Regel darstellt, müsste dies auch für die Einleitung einer OLAF-Untersuchung gelten. Es sei denn, es würde eine ausdrücklich anders lautende Regelung eingeführt werden.

Im Speziellen wird in folgenden Bereichen des Gemeinschaftsrechts beispielsweise von einem Entschließungsermessen ausgegangen:

Art. 86 Abs. 3 EG räumt vom Wortlaut her nicht ausdrücklich ein Ermessen ein. Nach Auffassung des *Gerichtshofes* ergibt sich aus Art. 86 Abs. 3 EG und dem Sinn und Zweck des gesamten Art. 86 EG, dass die *Kommission* sowohl hinsichtlich des Tätigwerdens, das sie für erforderlich hält, als auch hinsichtlich der dazu geeigneten Mittel ein weites Ermessen besitzt[490]. Dies betrifft die Fälle, in denen die *Kommission* zum Handeln aufgefordert wurde, als auch erst recht die Fälle, in denen eine solche Aufforderung nicht erfolgte[491]. Bei Art. 86 Abs. 3 EG gelte somit ein umfassendes Opportunitätsprinzip. Zwar kann dieses Prinzip angesichts der in Art. 211 EG festgelegten Rolle der *Kommission* als Wächter über die Einhaltung des Gemeinschaftsrechts nicht unbegrenzt gelten, doch kann eine Verpflichtung

[487] Zum „Whistleblowing"-Verfahren siehe oben, *Teil 2* – B.V.2.b), S. 66 f.

[488] *J. Schwarze*, Europäisches Verwaltungsrecht Bd. II, 1988, S. 1174. Vgl. aber zur Antragsmaxime im Antidumpingverfahren *A. Weber*, EuR 1985, S. 1, 12 f.

[489] *R. Arnold*, EuR Beih. 1/1995, S. 7, 12 FN 37.

[490] *EuG*, 27.10.1994, Rs. T-32/93, Ladbroke Racing / Kommission (Ladbroke I), Slg. 1994, II-1015 ff. Rdnr. 37; *EuG*, 23.01.1995, Rs. T-84/94, Bundesverband der Bilanzbuchhalter / Kommission, Slg. 1995, II-101 ff. Rdnr. 31; *EuGH*, 20.02.1997, Rs. C-107/95 P, Slg. 1997, I-947 ff. Rdnr. 27.

[491] *R. Dohms*, in: Wiedemann, Handbuch des Kartellrechts, 1999, § 35 Rdnr. 465.

der *Kommission* zum Einschreiten durch Erlass einer Entscheidung gemäß Art. 90 Abs. 3 EG höchstens für Extremfälle anerkannt werden[492].

Bei Art. 226 Abs. 2 EG legt bereits der Wortlaut ein Ermessen der *Kommission* nahe, den *Gerichtshof* anzurufen. Der *Gerichtshof* räumt der *Kommission* ein solches auch ein[493]. Das ist jedoch nicht unumstritten. Teilweise wird unter Hinweis auf Art. 211 EG eine Klagepflicht bejaht[494]. Eine vermittelnde Auffassung vertreten *Michael Schweitzer* und *Waldemar Hummer*, die von einem Ermessen ausgehen, allerdings den Ermessensspielraum wegen Art. 211 EG sehr restriktiv auslegen[495].

Hinsichtlich der Einleitung eines Verfahrens nach Art. 7 Abs. 1 Verordnung (EG) Nr. 1/2003 – vormals Art. 3 Verordnung Nr. 17 – gilt das Opportunitätsprinzip[496]. Dies ergibt sich bereits aus dem Wortlaut („kann")[497]. Darüber hinaus gilt das Opportunitätsprinzip für alle in der Verordnung (EG) Nr. 1/2003 vorgesehenen Entscheidungsarten mit belastender Rechtswirkung[498]. Aber auch hier ist die Geltung des Opportunitätsprinzips nicht unumstritten[499].

Ein vergleichender Blick auf die gemeinsamen Verfassungsüberlieferungen der Mitgliedstaaten ist wegen der Besonderheiten der gemein-

[492] *R. Dohms*, in: Wiedemann, Handbuch des Kartellrechts, 1999, § 35 Rdnr. 465.

[493] *EuGH*, 04.02.1989, Rs. 247/87, Star Fruit Company / Kommission, Slg. 1989, 291 ff. Rdnr. 11 f.; *EuGH*, 11.08.1995, Rs. C-431/92, Kommission / Deutschland, Slg. 1995, I-2189 ff. Rdnr. 22 (Großkrotzenburg); dem folgt die heute h.M., vgl. etwa *A. Bleckmann*, Europarecht, 6. Aufl. 1997, Rdnr. 823; *P. M. Huber*, Recht der Europäischen Integration, 1996, § 19 Rdnr. 12; *G. Schaub*, NZA 1994, S. 769, 773 f.

[494] Etwa *Wohlfarth*, in: Wohlfarth / Everling / Glaesner / Sprung, EWG, 1960, Art. 169, Rdnr. 3; *L.-J. Constantinesco*, Das Recht der europäischen Gemeinschaften, Band 1, 1977, S. 887.

[495] *M. Schweitzer / W. Hummer*, Europarecht, 5. Aufl. 1996, Rdnr. 470; zustimmend *H. Satzger*, Die Europäisierung des Strafrechts, 2001, S. 657; *F. Emmert*, Europarecht, 1996, § 19 Rdnr. 17; ähnlich *W. Cremer*, in: Calliess / Ruffert, EUV / EGV, 2. Aufl. 2002, Art. 226 EG Rdnr. 43; *K. D. Borchardt*, in: Dauses, Handbuch des EU-Wirtschaftsrechts, 12. Lieferung April 2003,P I Rdnr. 26.

[496] Noch zu Art. 3 Verordnung Nr. 17 vgl. *K. L. Ritter*, in: Immenga / Mestmäcker, EG-Wettbewerbsrecht, 1. Aufl. 1997–2001, VO 17 Art. 3 Rdnr. 3.

[497] Noch zu Art. 3 Verordnung Nr. 17 *H. Dieckmann*, in: Wiedemann, Handbuch des Kartellrechts, 1999, § 41 Rdnr. 8 mit Verweis auf *EuGH*, 18.10.1979, Rs. 125/78, GEMA / Kommission, Slg. 1979, 3173 ff. Rdnr. 18.

[498] Noch zu Verordnung Nr. 17 *G. Dannecker*, in: Immenga / Mestmäcker, EG-Wettbewerbsrecht, 1. Aufl. 1997–2001, VO 17 Vor Art. 15 Rdnr. 60; *C. Arhold*, EuZW 1999, 165, 172.; vgl ferner *J. Schütz*, in: GWB und Europäisches Kartellrecht – Gemeinschaftskommentar, 5. Aufl. 9. Lieferung 2004, Art. 23 VO Nr. 1/2003 Rdnr. 22 sowie Art. 24 VO Nr. 1/2003 Rdnr. 4.

[499] Noch zu Verordnung Nr. 17 vgl. *I. Pernice*, in: Grabitz / Hilf, EUV / EGV, 14. EL Oktober 1999, nach Art. 87 EGV, VO Nr. 17, Vorbemerkung Rdnr. 12 ff.

schaftsrechtlichen Betrugsbekämpfung ohnehin nur eingeschränkt möglich; auch ergeben sie im Vergleich kein eindeutiges Bild. Es ist die Verpflichtung der nationalen Strafverfolgungsbehörden zum Einschreiten zu vergleichen. Zwar haben die OLAF-Untersuchungen einen administrativen Charakter[500]. Jedoch ist den OLAF-Untersuchungen von der Materie letztendlich doch die Tätigkeit der mitgliedstaatlichen Strafverfolgungsbehörden zur Bekämpfung von Betrügereien zu Lasten der *nationalen* finanziellen Interessen am sachnächsten. Eine Präferenz für das Legalitäts- oder Opportunitätsprinzip bzw. für eine Kombination beider Prinzipien lässt sich in den Strafverfahrensrechten der Mitgliedstaaten indes nicht ausmachen. Die Rechtstraditionen sind in diesem Bereich sehr unterschiedlich[501]. Es bestehen gerade keine kongruenten Vorstellungen über die Bindung an Legalitäts- oder Opportunitätsprinzip. Solche rechtsvergleichenden Überlegungen sind jedoch nur bedingt aussagekräftig, da für die Frage der Einleitung von direkten Strafverfolgungsmaßnahmen schließlich Aspekte der „Gleichheit vor dem Gesetz"[502] in einem stärkeren Maß relevant werden, als bei administrativen Untersuchungen, die nur – mittelbar – im Vorfeld eventuell folgender Strafverfolgungsmaßnahmen stattfinden.

Zusammenfassend lässt sich für das Gemeinschaftsrecht jedenfalls grundsätzlich mit *Jürgen Schwarze* feststellen, dass – zumindest nach Auffassung des *EuGH* – das Handeln der *Kommission* vom Opportunitätsprinzip gekennzeichnet ist. Dies scheint unabhängig davon zu gelten, ob der Wortlaut der jeweils in Rede stehenden Vorschrift ausdrücklich ein Ermessen einräumt.

Insofern liegt es nahe, dass dieses Prinzip zumindest grundsätzlich auch für den Bereich der Betrugsbekämpfung gelten muss. Offen bleibt allerdings, inwieweit das Opportunitätsprinzip wegen des letztendlich doch gemeinschaftsgrundrechtssensiblen Bereiches durch Legalitätserwägungen eingeschränkt werden muss. Auch widerspricht ein zu weites Opportunitätsprinzip der Verpflichtung des Art. 211 EG, die Einhaltung des Gemeinschaftsrechts zu überwachen und durchzusetzen[503], die sich in dem speziellen Fall von *OLAF* in der Betrugsbekämpfung kristallisiert. Auch die Verpflichtung zur ordnungsgemäßen Durchführung des Haushaltsplans (Art. 274 EG) erfordert letztendlich die Betrugsbekämpfung. Für den

[500] Siehe oben, *Teil 2* – B.II., S. 55 ff.

[501] *F.-H. Brüner / H. Spitzer*, NStZ 2002, S. 393, 395.

[502] Pauschal gesagt; welche expliziten Ausprägungen dieser Grundsatz in den einzelnen Mitgliedstaaten gefunden hat, braucht hier nicht erörtert zu werden.

[503] Vgl. *EuGH*, Beschl. v. 13.07.1990, Rs. 2/88-Imm., Strafverfahren gegen Zwartveld u.a., Slg. 1990, I-3365 ff. Rdnr. 22 siehe auch *EuGH*, Beschl. v. 06.12.1990, Rs. 2/88-Imm., Strafverfahren gegen Zwartveld u.a., Slg. 1990, I-4405; vgl. zum Fall *Zwartveld* auch umfassend *H.-J. Prieß*, EuR 1991, 342, 347 f.

Zweck der Untersuchung ist es jedoch nicht erforderlich, abschließend zu diesem Punkt Stellung zu nehmen.

Da zumindest kein strenges Legalitätsprinzip gelten kann, sind die Erwägungen des *EuGH* in der Rechtssache *Adams / Kommission*[504] grundsätzlich übertragbar. Es ist zulässig, die Verwertung der Angaben eines Informanten von der Gewährung von Vertraulichkeit abhängig zu machen. Der Informant kann eine entsprechende Bedingung konkludent und erst recht ausdrücklich erklären. Eine solche Vertraulichkeitsbedingung ist zunächst in jedem Fall zu respektieren.

2. Rechtsnatur der Gewährung von Vertraulichkeit

Wie die Gewährung von Vertraulichkeit für einen Informanten rechtlich einzustufen ist, respektive rechtlich ausgestaltet werden kann, soll im Folgenden untersucht werden.

Es böte sich zunächst eine Vertraulichkeitsgewährung an, die direkt oder indirekt in Form einer Entscheidung i.S.v. Art. 249 Abs. 4 EG erfolgt. Die Entscheidung ist der verbindliche Rechtsakt des Gemeinschaftsrechts zur Regelung von Einzelfällen[505], dementsprechend stellt sie das Instrument für vollziehende Funktionen von *Rat* und *Kommission* dar[506]. Die Gewährung von Vertraulichkeit in der Form einer Entscheidung nach Art. 249 Abs. 4 EG böte den besten Informantenschutz, denn die Entscheidung ist „*in allen ihren Teilen*" für den Adressaten verbindlich (Art. 249 Abs. 4 EG), d.h. sie verliert diese Verbindlichkeit grundsätzlich erst, wenn sie gerichtlich für nichtig erklärt wird[507].

Als weitere Möglichkeit könnte man eine Form von „Zusage" diskutieren. Im deutschen Recht gibt es eine so genannte Vertraulichkeitszusage für Informanten[508]. Auch wenn die Rechtsnatur einer „Zusage" im deutschen Recht kontrovers diskutiert wird, stellt sich die Frage, inwieweit im

[504] *EuGH*, 07.11.1985, Rs. 145/83, Adams / Kommission, Slg. 1985, 3539

[505] Zu Entscheidungen allgemein vgl. *R. Greaves*, The Nature and Binding Effect of Decisions under Article 189 EC, ELRev 21 (1996), S. 3 ff; *H. C. Röhl*, Die anfechtbare Entscheidung nach Art. 230 Abs. 4 EGV, ZaöRV 60 (2000), S. 331 ff.; *A. André*, Artikel 189 Abs. 3 EWG-Vertrag als politische Norm, EuR 1969, S. 191 ff.; *B. Börner*, Die Entscheidung der Hohen Behörde, 1965; *C. Junker*, Der Verwaltungsakt im Deutschen und Französischen Recht und die Entscheidung im Recht der Europäischen Gemeinschaften, 1990, S. 164 ff; *P.-H. Teitgen*, La décision dans la Communauté économique européenne, RdC 134 (1971), S. 589 ff.; *R. Thierfelder*, Die Entscheidung im EWG-Vertrag, 1968.

[506] Vgl. *G. Nicolaysen*, Europarecht Bd. I, 2. Aufl. 2002, S. 341.

[507] Vgl. hierzu Art. 230 EG und Art. 231 S. 1 EG.

[508] Siehe hierzu oben, *Teil 1* – A.IV., S. 11 ff.

Gemeinschaftsrecht ein vergleichbares Rechtsinstitut auszumachen ist. *Eberhard Grabitz* war der Auffassung, dass es neben der Entscheidung noch eine „Zusage" gibt, die er als eine Selbstverpflichtung der Verwaltung zu einem Tun oder Unterlassen definierte[509]. Er stufte die Zusage als eine „sonstige Rechtshandlung" ein, die keine Entscheidung i.S.v. Art. 249 Abs. 4 EG darstellt und auch nicht wie eine solche zu behandeln sei, sondern lediglich unter Umständen rechtliche Wirkung wie eine Entscheidung entfalten kann, soweit sie rechtmäßig ist[510].

a) Allgemeine Voraussetzungen einer Entscheidung nach Art. 249 Abs. 4 EG

Da die Zusage im Sinne von *Eberhard Grabitz* in Abgrenzung zur Entscheidung definiert wird, sollen zunächst die allgemeinen Charakteristika einer Entscheidung nach Art. 249 Abs. 4 zusammengestellt werden.

Es ist festzuhalten, dass nicht jede Absichts- oder Meinungsäußerung einer Behörde, auch wenn sie zu Rechtsfragen ergeht, als verbindlicher Rechtsakt angesehen werden kann. Es kommt darauf an, dass die Äußerung dazu bestimmt und geeignet ist, Rechtswirkungen zu erzeugen[511]. Die Praxis der Rechtsprechung hat gezeigt, dass die Abgrenzung, ob es sich um eine verbindliche Entscheidung handelt, häufig problematisch und abstrakten Definitionen schwer zugänglich ist[512].

Bereits früh hat sich der *Gerichtshof* grundlegend zur Entscheidung geäußert:

> „[Da Entscheidungen] in allen ihren Teilen verbindlich sind [...] müssen sie [...] erkennbar dazu bestimmt sein, ihren Adressaten Rechte zu gewähren oder Pflichten aufzulegen" (*Usines Emile Henricot u.a. / Hohe Behörde*)[513].

> „Entscheidungen müssen als Verlautbarungen des zuständigen Organs erkennbar und Rechtswirkungen hervorzurufen bestimmt sein, sie müssen das interne Verfahren abschließen, in dem das Organ seinen Willen gebildet hat, und endgültige Beschlüsse dar-

509 *E. Grabitz*, in: Grabitz / Hilf, EUV / EGV, 14. EL Oktober 1999, Art. 189 EGV Rdnr. 66.

510 *E. Grabitz*, in: Grabitz / Hilf, EUV / EGV, 14. EL Oktober 1999, Art. 189 EGV Rdnr. 66.

511 *EuGH*, 27.03.1980, Rs. 133/79, Sucrimex / Kommission, Slg. 1980, 1299 ff., 1. Leitsatz.

512 *G. Schmidt*, in: Groeben / Schwarze, 6. Aufl. 2004, Art. 249 Rdnr. 44.

513 *EuGH*, 05.12.1963, verb. Rs. 23, 24 und 52/63, Usines Emile Henricot u.a. / Hohe Behörde, Slg. 1963, 469, 484.

stellen, deren äußere Form den Adressaten die Feststellung gestattet, daß eine Entscheidung vorliegt" (*Compagnie des Forges de Châtillon / Hohe Behörde*)[514].

Im Rahmen eines vorbereitenden Verfahrens könne es sich dann um Entscheidungen handeln, wenn die Handlungen „selbst ein besonderes Verfahren endgültig abschlössen, das sich von demjenigen unterscheidet, welches der Kommission oder dem Rat die Entscheidung in der Sache ermöglichen soll" (*IBM / Kommission*)[515].

Ferner müssen die Handlungen „rechtliche Wirkungen normativer oder individueller Art auslösen" (*Geitling Ruhrkohlen-Verkaufsgesellschaft u.a. / Hohe Behörde*)[516].

Entscheidungen müssen außerdem „verbindliche Rechtswirkungen erzeugen, welche die Interessen des Klägers durch einen Eingriff in seine Rechtsstellung beeinträchtigen. Die Form, in der diese Handlungen oder Entscheidungen ergehen, ist dagegen grundsätzlich ohne Einfluß auf ihre Anfechtbarkeit"[517] und damit auf ihre Einordnung als Entscheidung (*IBM / Kommission*).

Demgegenüber ist eine Erklärung, die „weder eine allgemeine Regel" aufstellt, noch einen „abschließenden Eingriff in individuelle Interessen" bedeutet, keine Entscheidung (*S.N.U.P.A.T. / Hohe Behörde*)[518].

Man unterscheidet einerseits so genannte „gestaltende" Entscheidungen[519]; demnach wird eine Entscheidung häufig im weiten Sinne verstanden, dass sie alle Verwaltungsmaßnahmen umfasst, die eine Rechtslage schaffen oder verändern oder Verpflichtungen begründen[520]. Andererseits findet sich der Typus der so genannten „feststellenden" Entscheidungen, die eine bereits bestehende Rechtslage verbindlich festlegen, selbst aber keine rechtlichen Veränderungen vornehmen[521]. Ein Beispiel dafür stellt die Feststellung der Nichtanwendbarkeit nach Art. 10 Verordnung (EG)

[514] *EuGH,* 16.06.1966, Rs. 54/65, Compagnie des Forges de Châtillon / Hohe Behörde, Slg. 1966, 530, 544.

[515] *EuGH*, 11.11.1981, Rs. 60/81, IBM / Kommission, Slg. 1981, 2639 ff. Rdnr. 11.

[516] *EuGH*, 12.02.1960, Rs. 16, 17 und 18/59, Geitling Ruhrkohlen-Verkaufsgesellschaft u.a. / Hohe Behörde, Slg. 1960, 47, 65.

[517] *EuGH*, 11.11.1981, Rs. 60/81, IBM / Kommission, Slg. 1981, 2639 ff. Rdnr. 9.

[518] *EuGH*, 22.03.1961, verb. Rs. 42 und 49/59, S.N.U.P.A.T. / Hohe Behörde, Slg. 1961, 111, 154.

[519] *C. Junker*, Der Verwaltungsakt im Deutschen und Französischen Recht und die Entscheidung im Recht der Europäischen Gemeinschaften, 1990, S. 171.

[520] Schlussanträge *GA M. Lagrange* zu *EuGH*, 14.12.1962, verb. Rs. 16 und 17/62, Confédération nationale des producteurs de fruits et légumes u.a. / Rat, Slg. 1962, 961, 983 ff. (991).

[521] *E. Grabitz*, in: Grabitz / Hilf, EUV / EGV, 14. EL Oktober 1999, Art. 189 EGV Rdnr. 65.

Nr. 1/2003 dar[522] – bzw. vormals das Negativattest nach Art. 2 Verordnung Nr. 17[523].

b) Rechtscharakter einer Zusage nach Eberhard Grabitz

Eberhard Grabitz definiert eine Zusage gerade in Abgrenzung zu diesen Charakteristika der Entscheidung. Als Selbstverpflichtung der Verwaltung zu einem Tun oder Unterlassen sei die Zusage eine „sonstige Rechtshandlung" und keine Entscheidung i.S.v. Art. 249 Abs. 4 EG. Lediglich unter Umständen könne sie rechtliche Wirkung wie eine Entscheidung entfalten, soweit sie rechtmäßig sei[524]. *Eberhard Grabitz* zitiert als Beleg die Urteile in der Rechtssache *Frubo / Kommission*[525] und in der Rechtssache *Klöckner / Kommission*[526].

(1) Rechtsprechung des EuGH und des EuG

(a) Rechtssache Frubo / Kommission

In der Rechtssache *Frubo / Kommission*[527] wandten sich die Klägerinnen gegen eine Entscheidung der *Kommission*, die ihnen vorwarf, durch eine Vereinbarung gegen Art. 81 Abs. 1 EG[528] verstoßen zu haben. U.a. waren die Klägerinnen der Auffassung, der Leiter der Direktion „Kartelle,

[522] Zur Nichtanwendbarkeitsentscheidung vgl. *J. Schütz*, in: GWB und Europäisches Kartellrecht – Gemeinschaftskommentar, 5. Aufl. 9. Lieferung 2004, Art. 10 VO Nr. 1/2003 Rdnr. 6 ff.

[523] EWG Rat: Verordnung Nr. 17: Erste Durchführungsverordnung zu den Artikeln 85 und 86 des Vertrages vom 06.02.1962, ABl. Nr. P 13 vom 21.02.1962, S. 204–211; Verordnung (EG) Nr. 1/2003 des Rates vom 16. Dezember 2002 zur Durchführung der in den Artikeln 81 und 82 des Vertrags niedergelegten Wettbewerbsregeln, ABl. Nr. L 1 vom 04.01.2003, S. 1–25; außerdem möchte *C. Junker* (*C. Junker*, Der Verwaltungsakt im Deutschen und Französischen Recht und die Entscheidung im Recht der Europäischen Gemeinschaften, 1990, S. 173) unter Bezugnahme auf *EuGH*, 24.06.1986, Rs. 53/85, AKZO Chemie / Kommission, Slg. 1986, 1965 ff., auch rein tatsächliche Handlungen u.U. als Entscheidung gewertet wissen. Dies erscheint etwas unglücklich, da der *EuGH* dort lediglich in Rdnr. 17 ausführte, dass der tatsächlichen Handlung notwendigerweise eine Entscheidung vorausgeht: *„In dieser Hinsicht ist die Weiterleitung von Unterlagen an einen Beschwerdeführer zwar an sich eine tatsächliche Handlung. Allerdings wird mit dieser Maßnahme nur eine vorangegangene Entscheidung durchgeführt."* Näheres zu diesem Urteil später, siehe unten, *Teil 2* – B.IX.2.c)(1)(a), S. 113 ff.

[524] *E. Grabitz*, in: Grabitz / Hilf, EUV / EGV, 14. EL Oktober 1999, Art. 189 EGV Rdnr. 66.

[525] *EuGH*, 15. Mai 1975, Rs. 71/74, Frubo / Kommission, Slg. 1975, 563 ff.

[526] *EuGH*, 11. Mai 1983, Rs. 303/81, Klöckner / Kommission, Slg. 1983, 1507 ff.

[527] *EuGH*, 15.05.1975, Rs. 71/74, Frubo / Kommission, Slg. 1975, 563 ff.

[528] Zum Zeitpunkt des Urteils: Art. 85 Abs. 1 EWGV.

Mißbrauch marktbeherrschender Stellungen" hätte ihnen bereits im Vorfeld Zusicherungen[529] über die Vereinbarkeit der streitgegenständlichen Vereinbarungen mit Art. 81 Abs. 3 EG[530] gegeben, an die sich die *Kommission* hätte halten müssen[531]. Der *EuGH* untersuchte daraufhin, ob eine mit bestimmten Worten zum Ausdruck gebrachte Meinung den Eindruck erweckt, eine verbindliche Erklärung der *Kommission* zu sein:

„In diesem Schreiben äußerte der Generaldirektor für Wettbewerb, auf die Erklärung der Klägerinnen, in gewissen Punkten zur Abänderung der Vereinbarung bereit zu sein, die Auffassung, die in diesem Sinne geänderte Vereinbarung könne trotz der fortbestehenden Wettbewerbseinschränkung eine Freistellungserklärung nach Artikel 85 Absatz 3[532] rechtfertigen. Die mit diesen Worten zum Ausdruck gebrachte Meinung erweckte nicht den Eindruck einer verbindlichen Erklärung der Kommission, zumal der Unterzeichner nicht ermächtigt war, derartige verbindliche Erklärungen abzugeben."[533]

Der *EuGH* verneinte somit entschieden, dass eine Rechtsauffassung über die Möglichkeit einer künftigen Handlung eines Organes den Eindruck einer verbindlichen Erklärung hervorruft.

Ein solcher Eindruck könne im Übrigen erst recht nicht entstehen, wenn derjenige, der die Rechtsauffassung äußert, zu einer verbindlichen Erklärung nicht befugt sei[534].

(b) Rechtssache Klöckner / Kommission[535]

In der Rechtssache *Klöckner / Kommission*[536] wehrte sich die Klägerin, ein Stahlunternehmen, u.a. gegen eine Entscheidung der *Kommission*, die eine Geldbuße wegen Überschreitung von Produktionsquoten festsetzte[537].

Die Klägerin behauptete, ein Vertreter der *Kommission* habe eine telefonische Zusage gegeben, dass auf jede finanzielle Ahndung der in Rede stehenden Quotenüberschreitung verzichtet werde. Der *EuGH* führte zunächst aus, dass die vermeintliche Äußerung des Vertreters zu allgemein gehalten sei:

„Die Verwendung der Worte „solve the problem" kann selbst dann nicht als Verpflichtung zu einem bestimmten Verhalten angesehen werden, wenn man sie in dem von

529 Französische Fassung: „assurances", englische Fassung „assurances".
530 Zum Zeitpunkt des Urteils: Art. 85 Abs. 3 EWGV.
531 *EuGH*, 15.05.1975, Rs. 71/74, Frubo / Kommission, Slg. 1975, 563 ff. Rdnr. 18.
532 Nunmehr Art. 81 Abs. 3 EG.
533 *EuGH*, 15.05.1975, Rs. 71/74, Frubo / Kommission, Slg. 1975, 563 ff. Rdnr. 19 f.
534 Vgl. *EuGH*, 15.05.1975, Rs. 71/74, Frubo / Kommission, Slg. 1975, 563 ff. Rdnr. 19 f.
535 *EuGH*, 11.05.1983, Rs. 303/81, Klöckner / Kommission, Slg. 1983, 1507 ff.
536 *EuGH*, 11.05.1983, Rs. 303/81, Klöckner / Kommission, Slg. 1983, 1507 ff.
537 Vgl. *EuGH*, 11. Mai 1983, Rs. 303/81, Klöckner / Kommission, Slg. 1983, 1507 ff. Rdnr. 24 ff.

der Klägerin dargelegten Zusammenhang würdigt.[538] Selbst wenn man aber annehmen könnte, daß die [dem Vertreter der *Kommission*] zugeschriebenen Äußerungen das Absehen von der Verhängung der Geldbuße betrafen, würde es sich in jedem Fall um eine Erklärung ohne jede Rechtswirkung handeln.[539] Denn eine Zusage[540], die darauf gerichtet ist, entgegen einer rechtlichen Verpflichtung zu handeln, ist rechtswidrig und entfaltet keinerlei Rechtswirkung[541]."

(c) Rechtssache Vlachou / Rechnungshof

Darüber hinaus hat sich der *Gerichtshof*[542] zur Problematik einer „Zusage", „Zusicherungen", eines „Versprechens" oder einer „Meinungsäußerung" eines EG-Bediensteten noch wie folgt geäußert:

In der Rechtssache *Vlachou / Rechnungshof*[543], wandte sich die Klägerin, Beamtin auf Probe des Rechnungshofes der Europäischen Gemeinschaften, gegen ihre Nichtzulassung zum Auswahlverfahren durch den Prüfungsausschuss für das interinstitutionelle Auswahlverfahren. Die Klägerin berief sich darauf, dass ihr angeblich die Verbeamtung von hohen Beamten des Rechnungshofes bereits zugesagt worden sei und dementsprechend der Prüfungsausschuss gegen den Grundsatz des Vertrauensschutzes verstoßen habe[544].

Der *Gerichtshof* führte dazu aus, dass vermeintliche Zusagen, die den einzuhaltenden rechtlichen Bestimmungen nicht entsprächen, bei dem Betroffenen kein berechtigtes Vertrauen darauf hervorrufen könnten, „[...] dass sowohl die Anstellungsbehörde als auch der Prüfungsausschuß für das Auswahlverfahren an die Bestimmungen über dieses Verfahren gebunden sind. Zusagen[545], die diesen Bestimmungen nicht Rechnung tragen, können deshalb beim Betroffenen kein berechtigtes Vertrauen begründen, auch wenn sie bewiesen wären, was hier nicht der Fall ist."[546]

[538] *EuGH*, 11. Mai 1983, Rs. 303/81, Klöckner / Kommission, Slg. 1983, 1507 ff. Rdnr. 33.

[539] *EuGH*, 11. Mai 1983, Rs. 303/81, Klöckner / Kommission, Slg. 1983, 1507 ff. Rdnr. 34. Klammerzusatz hinzugefügt.

[540] Französische Fassung „promesse", englische Fassung „promise".

[541] *EuGH*, 11. Mai 1983, Rs. 303/81, Klöckner / Kommission, Slg. 1983, 1507 ff. Rdnr. 34.

[542] „*Gerichtshof*" im institutionellen Sinn, vgl. Art. 220 EG und Art. 7 Abs. 1 EG.

[543] *EuGH*, 06.02.1986, Rs. 162/84, Vlachou / Rechnungshof, Slg. 1986, 481 ff.

[544] *EuGH*, 06.02.1986, Rs. 162/84, Vlachou / Rechnungshof, Slg. 1986, 481 ff. Rdnr. 4.

[545] Französische Fassung: „promesses", englische Fassung „promises".

[546] *EuGH*, 06.02.1986, Rs. 162/84, Vlachou / Rechnungshof, Slg. 1986, 481 ff. Rdnr. 6.

(d) Rechtssache Tréfileurope Sales / Kommission

In der Rechtssache *Tréfileurope Sales / Kommission*[547] wandte sich die Klägerin gegen eine Entscheidung der *Kommission*, mit der die *Kommission* u.a. gegen die Klägerin eine Geldbuße wegen eines Verstoßes gegen Art. 81 Abs. 1 EG festgesetzt hatte. Neben anderen Punkten beanstandete die *Kommission* bestimmte Alleinvertriebsvereinbarungen. Die Klägerin machte geltend, dass sie direkt nach Empfang der Mitteilung, in der die *Kommission* ihre Beschwerdepunkte aufführte, der *Kommission* ihre Bereitschaft erklärt habe, die beanstandete Situation hinsichtlich der Alleinlieferungsverträge zu bereinigen. Auch habe sie bereits tatsächlich eine Alternativlösung umgesetzt. Anschließend sei ihr von den zuständigen Beamten der Kommissionsdienststellen im Rahmen des Verwaltungsverfahrens versichert worden, dass die *Kommission* auf die Frage der Vereinbarkeit der in Rede stehenden Alleinlieferungsverträge mit Art. 81 Abs. 1 EG nun nicht mehr zurückkommen werde[548].

Das *EuG* führte dazu aus, dass, selbst wenn die Behauptungen der Klägerin bezüglich der – von der *Kommission* energisch bestrittenen – angeblichen Stellungnahmen[549] von Kommissionsbeamten

> „[…] zu den betreffenden Absprachen als nachgewiesen gelten könnten, unter solchen Umständen zum Ausdruck gebrachte Meinungen jedenfalls nicht den Eindruck einer verbindlichen Erklärung der Kommission erwecken konnten, zumal diese Beamten nicht ermächtigt waren, eine derartige verbindliche Erklärung abzugeben."[550]

Das *EuG* zitiert zu diesem Punkt Rdnr. 20 des oben bereits erwähnten[551] Urteiles in der Rechtssache *Frubo / Kommission*[552]. Der Leitsatz Nr. 8 gibt diese Ausführungen zwar wie folgt wieder:

> „Im Rahmen eines Verwaltungsverfahrens wegen einer Absprache im Sinne von Artikel 85 Absatz 1 EWG-Vertrag[553] können Zusicherungen von Beamten der Kommission nicht den Eindruck einer verbindlichen Erklärung der Kommission erwecken, wenn diese Beamten nicht ermächtigt sind, eine derartige verbindliche Erklärung abzugeben."

Die Leitsätze selbst sind indessen nicht Bestandteil des Urteils. Das *EuG* verwendet den Begriff „Zusicherungen" selbst nicht – so wie auch der

[547] *EuG*, 06.04.1995, Rs. T-141/89, Tréfileurope Sales / Kommission, Slg. 1995, II-791.

[548] *EuG*, 06.04.1995, Rs. T-141/89, Tréfileurope Sales / Kommission, Slg. 1995, II-791 ff. Rdnr. 112.

[549] *„opinions"* in der französischen Fassung.

[550] *EuG*, 06.04.1995, Rs. T-141/89, Tréfileurope Sales / Kommission, Slg. 1995, II-791 ff. Rdnr. 116.

[551] Siehe oben, *Teil 2* – B.IX.2.b)(1)(a), S. 105 f.

[552] *EuGH*, 15. Mai 1975, Rs. 71/74, Frubo / Kommission, Slg. 1975, 563 ff

[553] Heute Art. 81 Abs. 1 EG.

EuGH in dem hier vom *EuG* zitierten Urteil *Frubo / Kommission*[554] – spricht das *EuG* lediglich von Stellungnahmen und gerade nicht von Zusicherungen. Auch wenn im Gemeinschaftsrecht der konkreten Wortwahl nicht die Bedeutung wie im deutschen Recht zukommt, so zeigt sich doch ein eindeutiger Wertungsunterschied, ob „Zusicherungen" oder lediglich „Stellungnahmen" auf ihre Wirkung untersucht werden. Wenn das *EuG* bewusst nur von Meinungsäußerungen und Stellungnahmen spricht, unterstreicht es damit, dass es sich – wenn überhaupt – nur um subjektive Äußerungen einer einzelnen Person handeln kann.

(e) Bewertung

Aus diesen Entscheidungen ergibt sich Folgendes: Nur in einem von vier Fällen, in der Rechtssache *Frubo / Kommission*[555] konnte der tatsächliche Inhalt der von der Klägerseite behaupteten Erklärung, die nach ihrer Auffassung eine „Zusage", „Zusicherung" oder ein „Versprechen" enthalten solle, überhaupt bewiesen werden. In allen vier Entscheidungen wurde jedoch festgestellt, dass die vorgetragenen Erklärungen jedenfalls nicht den Eindruck einer rechtsverbindlichen Erklärung erwecken konnten.

Insgesamt sind vier Argumentationsansätze auszumachen:

α) Der Inhalt der (behaupteten) Erklärung als solcher reicht nicht aus, einen rechtsverbindlichen Eindruck zu erwecken (*Klöckner / Kommission*[556] und *Frubo / Kommission*[557]);

β) Die Umstände der vermeintlichen Erklärung reichen nicht aus, einen rechtsverbindlichen Eindruck zu erwecken (*Tréfileurope Sales / Kommission*[558]);

γ) Die Erklärenden waren nicht ermächtigt, eine verbindliche Erklärung abzugeben (*Tréfileurope Sales / Kommission*[559] und *Frubo / Kommission*[560]), weswegen kein rechtsverbindlicher Eindruck entstanden sein kann;

δ) Eine angeblich versprochene Handlung steht im Widerspruch zu einschlägigen rechtlichen Bestimmungen und kann deswegen kein be-

[554] *EuGH*, 15. Mai 1975, Rs. 71/74, Frubo / Kommission, Slg. 1975, 563 ff.
[555] *EuGH*, 15. Mai 1975, Rs. 71/74, Frubo / Kommission, Slg. 1975, 563 ff.
[556] *EuGH*, 11. Mai 1983, Rs. 303/81, Klöckner / Kommission, Slg. 1983, 1507 ff.
[557] *EuGH*, 15. Mai 1975, Rs. 71/74, Frubo / Kommission, Slg. 1975, 563 ff.
[558] *EuG*, 06.04.1995, Rs. T-141/89, Tréfileurope Sales / Kommission, Slg. 1995, II-791.
[559] *EuG*, 06.04.1995, Rs. T-141/89, Tréfileurope Sales / Kommission, Slg. 1995, II-791.
[560] *EuGH*, 15.05.1975, Rs. 71/74, Frubo / Kommission, Slg. 1975, 563 ff.

rechtigtes Vertrauen beim Betroffenen begründen (*Klöckner / Kommission*[561] und *Vlachou / Rechnungshof*[562]).

Soweit ersichtlich, gibt es keinen Fall, in dem der *EuGH* oder das *EuG* tatsächlich von einer wie auch immer gearteten Rechtsverbindlichkeit einer Erklärung ausging, die keine Entscheidung i.S.v. Art. 249 Abs. 4 EG ist und nach Klägervorbringen vermeintlich eine Zusage, eine Zusicherung oder ein Versprechen darstellen sollte.

Auch wenn die Klägerseite gerne die Terminologie „Zusicherung" oder „Zusage" benutzt, bevorzugt es der *Gerichtshof*, von „Stellungnahmen" oder „Meinungsäußerungen" durch einzelne Kommissionsbedienstete zu sprechen, was rechtlich unverbindlicher klingt. Dies betont, dass es sich – wenn überhaupt – nur um eine subjektive Äußerung einer einzelnen Person handeln kann. Auch ist es generelle Politik der *Kommission*, dass Äußerungen einzelner Kommissionsbediensteter zu rechtlichen Fragestellungen stets ausschließlich deren persönliche Auffassung wiedergeben dürfen. So enthalten Publikationen von Kommissionsbediensteten den Zusatz, dass die Publikation ihre persönliche Meinung wiedergibt[563].

Es fragt sich, unter welchen Umständen überhaupt von der Rechtsverbindlichkeit einer solchen Erklärung ausgegangen werden könnte: Wenn man die ersten drei Argumentationsansätze positiv formuliert, müsste es sich um Erklärungen handeln, die von ihrem Inhalt und ihren Umständen her sowie weil der Erklärende auch zu einer verbindlichen Erklärung ermächtigt ist, eindeutig und unmissverständlich den Eindruck rechtsverbindlicher Erklärungen erwecken. Somit *„müssen sie [...] erkennbar dazu bestimmt sein, ihren Adressaten Rechte zu gewähren oder Pflichten aufzulegen"*[564], ergo Entscheidungen i.S.v. Art. 249 Abs. 4 EG sein.

Eine „Zusage" kann dementsprechend nur dann verbindlich sein, wenn sie in Form einer Entscheidung ergeht, respektive wenn sie die zwangsläufige Folge einer Entscheidung darstellt.

Der vierte Argumentationsansatz über den Vertrauensschutz betrifft nur Fälle, in denen eindeutige rechtliche Vorschriften bestehen, die im für die Entscheidung relevanten Rahmen keine Gestaltungsmöglichkeit eröffnen. Positiv formuliert bedeutet der vierte Ansatz, dass nur ein Versprechen,

561 *EuGH*, 11.05.1983, Rs. 303/81, Klöckner / Kommission, Slg. 1983, 1507 ff.

562 *EuGH*, 06.02.1986, Rs. 162/84, Vlachou / Rechnungshof, Slg. 1986, 481 ff.; Selbstredend hat der Vertrauensschutz im dienstrechtlichen Bereich eine besondere Ausprägung gefunden, vgl. hierzu *H.-W. Rengeling / A. Middeke / M. Gellermann*, Rechtsschutz in der EU, 1. Aufl. 1994, Rdnr. 330 ff.

563 Vgl. z.B. *H.-J. Prieß / H. Spitzer*, EuZW 1994, S. 297, 297, vor Fn. 1.

564 Zitat nach: *EuGH*, 05.12.1963, verb. Rs. 23, 24 und 52/63, Usines Emile Henricot u.a. / Hohe Behörde, Slg. 1963, 469, 484.

eine bestimmte Handlung vorzunehmen, die einschlägigen rechtlichen Bestimmungen entspricht, ein berechtigtes Vertrauen beim Betroffenen begründen kann. Insofern ist eine „Zusage“ u.ä. unter dem Gesichtspunkt des Vertrauensschutzes stets irrelevant. Wenn die versprochene Handlung ohnehin den einschlägigen rechtlichen Bestimmungen entsprechen muss, kann die „Zusage“ insofern bestenfalls nur eine unverbindliche Auskunft über diese Bestimmungen geben.

Für den schwierigen und noch nicht abschließend geklärten[565] Bereich des Ermessens[566] gelten die oben erläuterten ersten drei Argumentationsansätze.

(f) Zwischenergebnis

Es konnte folglich dargelegt werden, dass nach der Rechtsprechung eine „zusichernde“ Erklärung nur dann rechtsverbindlich sein kann, wenn es sich um eine Entscheidung i.S.v. Art. 249 Abs. 4 EG oder die notwendige Folge aus einer solchen handelt. Ansonsten handelt es sich lediglich um eine bloße unverbindliche Auskunft über eine bereits von Gesetzes wegen vorzunehmende Handlung.

(2) Stellungnahme zum Institut der „Zusage“

Soweit die bisherige Rechtsprechung unter den beschriebenen Leitlinien fortgesetzt wird, ist dementsprechend kein Fall denkbar, in dem der *Gerichtshof* tatsächlich eine wie auch immer geartete Rechtsverbindlichkeit einer Erklärung annehmen wird, die keine Entscheidung i.S.v. Art. 249 Abs. 4 darstellt und vom Kläger vermeintlich als Zusage, Zusicherung oder Versprechen qualifiziert wird.

Daher ist es nicht angezeigt, der Auffassung von *Eberhard Grabitz* zur Existenz eines eigenen Rechtsinstituts der „Zusage“ zu folgen. Art. 249 EG beschränkt zwar die Organe nicht auf die dort genannten Handlungs-

[565] *H.-W. Rengeling / A. Middeke / M. Gellermann*, Rechtsschutz in der EU, 1. Aufl. 1994, Rdnr. 191; vgl. zum Ermessen *A. Bleckmann*, Europarecht, 6. Aufl. 1997, Rdnr. 861 ff.; *A. Bleckmann*, Ermessensfehler, 1997, S. 215 ff.

[566] Der *Gerichtshof* versteht unter dem gemeinschaftsrechtlichen Begriff des „Ermessens“ jeden den Organen und insbesondere der Kommission durch einschlägige Normen eröffneten Entscheidungs- bzw. Beurteilungs- oder Gestaltungsspielraum (*H.-W. Rengeling / A. Middeke / M. Gellermann*, Rechtsschutz in der EU, 1. Aufl. 1994, Rdnr. 191; *J. Schwarze*, Europäisches Verwaltungsrecht Bd. I, 1988, S. 281; *U. Everling*, WuW 1989, S. 877, 880 ff.; *H.-U. Erichsen / R. Weiß*, Jura 1990, S. 528, 533; *M. Pagenkopf*, NVwZ 1993, S. 216, 220; *E. Pache*, DVBl. 1998, S. 380, 384), dementsprechend jede Form normativ belassener Spielräume, eine Differenzierung zwischen Tatbestands- und Rechtfolgenseite findet gerade nicht statt. Umfassend: *S. Kadelbach*, Allgemeines Verwaltungsrecht unter europäischem Einfluß, 1999, S. 443.

formen[567], anhand der vorgenannten Rechtsprechung lassen sich jedoch keine eindeutigen Belege für seine Rechtsauffassung ausmachen.

Martin Nettesheim hat die Ausführungen von *Eberhard Grabitz* zur Zusage in Überarbeitung der Kommentierung zu Art. 249 EG auch nur teilweise übernommen. Er übernimmt zwar grundsätzlich die Ausführungen zu Definition und Voraussetzungen der Zusage. Er hält die Zusage aber gerade nicht für ein „sonstiges Rechtsinstitut“ sondern führt lediglich aus, dass eine Zusage eines Organes eine Entscheidung i.S.v. Art. 249 EG darstellen kann[568]. Letzteres ist sicherlich richtig.

Problematisch sind seine Überlegungen allerdings in dem Punkt, dass nach seiner Meinung eine Zusage nur dann wie eine Entscheidung zu behandeln ist, wenn sie rechtmäßig ist und deshalb Bindungswirkung erzeugt[569]. Hier hat er die Ausführungen von *Eberhard Grabitz* logisch inkonsequent übernommen[570].

Martin Nettesheim ist zwar insofern zuzustimmen, dass eine Zusage eines Organes eine reguläre Entscheidung i.S.v. Art. 249 Abs. 4 EG sein kann. Auf eine solche Zusage in Form einer Entscheidung müssen allerdings die üblichen Charakteristika einer Entscheidung zutreffen. Obwohl *Martin Nettesheim* eine Zusage als eine bestimmte Form der Entscheidung darstellt, stellt er andere Voraussetzungen auf als für eine übliche Entscheidung. Er will eine Zusage nur dann wie eine Entscheidung behandeln, wenn sie rechtmäßig ist und deshalb Bindungswirkung erzeugt. Auf die Rechtmäßigkeit kommt es für die Verbindlichkeit einer Entscheidung aber gerade nicht an. Die Entscheidung verliert ihre Verbindlichkeit grundsätzlich erst dann, wenn sie gerichtlich für nichtig erklärt wird[571].

Eine Zusage eines Organes kann zwar eine Entscheidung nach Art. 249 Abs. 4 EG darstellen. Eine solche Entscheidung unterliegt jedoch den regulären Voraussetzungen einer Entscheidung.

[567] *G. Schmidt*, in: Groeben / Schwarze, 6. Aufl. 2004, Art. 249 Rdnr. 14; für eine Zusammenstellung der Kategorien „sonstige Rechtsakte“ sei auf *H. P. Ipsen*, Europäisches Gemeinschaftsrecht, 1972, S. 467 ff., verwiesen.

[568] *M. Nettesheim*, in: Grabitz / Hilf, EUV / EGV, 23. EL Januar 2004, Art. 249 EG Rdnr. 200.

[569] *M. Nettesheim*, in: Grabitz / Hilf, EUV / EGV, 23. EL Januar 2004, Art. 249 EG Rdnr. 200.

[570] Zur Erinnerung: *E. Grabitz* stufte die Zusage als eine „sonstige Rechtshandlung“ ein, die keine Entscheidung i.S.v. Art. 249 Abs. 4 EG darstellt und auch nicht wie eine solche zu behandeln sei, sondern lediglich unter Umständen rechtliche Wirkung wie eine Entscheidung entfalten kann, soweit sie rechtmäßig ist (*E. Grabitz*, in: Grabitz / Hilf, EUV / EGV, 14. EL Oktober 1999, Art. 189 EGV Rdnr. 66).

[571] Vgl. hierzu Art. 230 EG und Art. 231 S. 1 EG – Der Sonderfall, dass eine Entscheidung von vornherein nichtig ist, braucht hier nicht betrachtet zu werden.

(3) „Zusage" i.S.v. Eberhard Grabitz und die Verpflichtung zur Vertraulichkeit

Nebenbei bemerkt kann man, auch wenn man der Auffassung von *Eberhard Grabitz* folgt, nicht annehmen, dass es im Gemeinschaftsrecht eine „Vertraulichkeitszusage" für Informanten gibt. *Eberhard Grabitz* hat für die „Zusage" das Merkmal der „Selbstverpflichtung"[572] der Verwaltung zu einem Tun oder Unterlassen aufgestellt. Bei der Verpflichtung, einem Informanten Vertraulichkeit zu gewähren, handelt es sich gerade nicht um eine Selbstverpflichtung, sondern um eine Verpflichtung, die grundsätzlich von Gesetzes wegen eintritt. Die Identität des Informanten ist vorbehaltlich anderweitiger Offenbarungspflichten[573] im Rahmen des Art. 287 EG zu wahren. Der *EuGH* hat in der Rechtssache *Adams / Kommission* entschieden, dass die Identität eines Informanten unter das Berufsgeheimnis fällt[574]. Die Gewährung der Vertraulichkeit ist demnach die rechtliche Konsequenz aus der Amtsverschwiegenheitsverpflichtung der Verwaltung.

Eine so genannte „Vertraulichkeitszusage" könnte demzufolge lediglich – ohne eigene Verbindlichkeit zu erzeugen – Auskunft darüber geben, dass die *Kommission* aus Rechtsgründen gehalten ist, Vertraulichkeit zu gewähren.

c) Entscheidung, Vertraulichkeit zu gewähren

Es bleibt zu prüfen, inwieweit eine Entscheidung i.S.v. Art. 249 Abs. 4 EG im Zusammenhang mit der Gewährung von Vertraulichkeit ergeht bzw. ergehen kann. Soweit ersichtlich gibt es diesbezüglich zwei Urteile des *Gerichtshofes*, die im Rahmen von Kartellordnungswidrigkeitenverfahren ergingen.

(1) Rechtsprechung des EuGH zum kartellrechtlichen Verfahren

(a) Rechtssache AKZO Chemie / Kommission

In der Rechtssache *AKZO Chemie / Kommission*[575] wandten sich die Klägerinnen mit einer Nichtigkeitsklage gegen eine Entscheidung der

[572] *E. Grabitz*, in: Grabitz / Hilf, EUV / EGV, 14. EL Oktober 1999, Art. 189 EGV Rdnr. 66.

[573] Zu den Verteidigungsrechten Betroffener siehe unten, *Teil 2* – B.X., S. 128 ff.

[574] *EuGH*, 07.11.1985, Rs. 145/83, Adams / Kommission, Slg. 1985, 3539

[575] *EuGH*, 24.06.1986, Rs. 53/85, AKZO Chemie / Kommission, Slg. 1986, 1965 ff.,

Kommission, Unterlagen, die nach Ansicht der Klägerinnen vertraulich waren, an eine Beschwerdeführerin weiterzuleiten.

Letztere war eine Wettbewerberin, die gegen die Klägerinnen bei der *Kommission* Beschwerde wegen eines Verstoßes gegen Art. 82 EG eingelegt hatte. Auf diese Beschwerde hin nahm die *Kommission* eine Nachprüfung gemäß Art. 14 Abs. 3 der Verordnung Nr. 17 vor. Dabei gelangten die Kommissionsbeamten in den Besitz von Unterlagen der Klägerinnen. Die *Kommission* richtete eine Mitteilung der Beschwerdepunkte über einen Verstoß gegen Art. 82 EG an die Klägerinnen. Der Mitteilung waren mehrere Anlagen beigefügt. Die Beschwerdeführerin erhielt eine Abschrift der Mitteilung mit einer Liste der der Mitteilung beigefügten Anlagen. Die Beschwerdeführerin beantragte Einsichtnahme in die Anlagen, um ihr Recht auf Anhörung in dem Verwaltungsverfahren in vollem Umfang wahrnehmen zu können. Von diesem Antrag setzte die *Kommission* die Klägerinnen in Kenntnis und wies darauf hin, dass sie Unterlagen, die Geschäftsgeheimnisse enthalten, nicht preisgeben werde, sofern sie kein Beweismaterial für den Verstoß gegen Art. 82 EG darstellen. Daraufhin boten die Klägerinnen an, Zusammenfassungen der Anlagen zu erstellen. Zumindest bestanden sie darauf, die Anlagen nur nach Unkenntlichmachung einzelner vertraulicher Abschnitte weiterzuleiten. Zusätzlich überreichten sie eine Liste von Unterlagen, die nach ihrer Auffassung in jedem Fall als vertraulich zu gelten hätten. Anschließend übermittelte die *Kommission* der Beschwerdeführerin einzelne Anlagen; die von den Klägerinnen erstellte Liste wurde dabei in einzelnen Punkten nicht berücksichtigt.

Die Klägerinnen begehrten mit ihrer Klage u.a. die Aufhebung der Entscheidung über die Weiterleitung der vertraulichen Unterlagen.

Der *EuGH* prüfte zunächst, ob eine Maßnahme vorliegt, die Rechtswirkungen erzeugt, welche die Interessen der Klägerinnen durch einen Eingriff in deren Rechtsstellung beeinträchtigen[576]. Er stellte klar, dass es nicht lediglich um eine tatsächliche Handlung ginge:

„In dieser Hinsicht ist die Weiterleitung von Unterlagen an einen Beschwerdeführer zwar an sich eine tatsächliche Handlung. Allerdings wird mit dieser Maßnahme nur eine vorangegangene Entscheidung durchgeführt [...]."[577]

Zum einen habe die *Kommission* entschieden, dass die Weiterleitung an die Beschwerdeführerin notwendig war und zum anderen, dass die weitergeleiteten Unterlagen nicht von der gemeinschaftsrechtlichen Garantie der vertraulichen Behandlung erfasst wurden. Die Entscheidung dieser beiden Fragen habe Rechtswirkungen gegenüber den Klägerinnen erzeugt, da ihnen hierdurch ein Schutzinstrument des Gemeinschaftsrechts verweigert worden sei[578].

576 Vgl. zu dieser Voraussetzung *EuGH*, 11.11.1981, Rs. 60/81, IBM / Kommission, Slg. 1981, 2639 ff. Rdnr. 9.

577 *EuGH*, 24.06.1986, Rs. 53/85, AKZO Chemie / Kommission, Slg. 1986, 1965 ff. Rdnr. 17.

578 *EuGH*, 24.06.1986, Rs. 53/85, AKZO Chemie / Kommission, Slg. 1986, 1965 ff. Rdnr. 18.

Der *EuGH* erläuterte weiter,

dass es sich nicht um eine bloß vorbereitende Maßnahme handele, gegen deren Rechtswidrigkeit eine Klage gegen die das Verfahren abschließende Entscheidung hinreichenden Schutz bieten würde. Vielmehr sei mit dieser Entscheidung in die Rechtsstellung der Klägerinnen eingegriffen worden. Zwar habe die Weiterleitung der Unterlagen der Untersuchung der Angelegenheit gedient. Allerdings bestehe die beschwerende Maßnahme in der Entscheidung, dass die Unterlagen nicht durch das Berufsgeheimnis geschützt seien und somit weitergeleitet werden dürften. Diese Maßnahme sei abschließend und unabhängig von der Entscheidung, ob ein Verstoß gegen Art. 82 EG vorliegt[579].

Der *EuGH* ist demnach der Ansicht, dass eine Klage gegen die das Verfahren abschließende Entscheidung, ob ein Verstoß gegen Art. 82 EG vorliegt, keinen ausreichenden Rechtsschutz bieten würde. Zum einem schließe nicht jedes Verfahren mit einer Entscheidung ab, die einen Verstoß gegen Wettbewerbsvorschriften feststellt. Zum anderen könne eine gegen eine solche Entscheidung gerichtete Klage nicht den irreversiblen Auswirkungen vorbeugen, die eine rechtswidrige Weiterleitung bestimmter Unterlagen nach sich ziehen würde[580].

Im Rahmen der Begründetheit verwies der *EuGH* zunächst auf die Vorschrift des Art. 287 EG[581] und die speziellen Regelungen der Verordnung Nr. 17. Zwar ist die Verpflichtung zur Wahrung des Berufsgeheimnisses gegenüber denjenigen eingeschränkt, denen rechtliches Gehör zu gewähren ist[582]. Jedoch sieht der *EuGH* einen allgemeinen Grundsatz in der unbedingten Wahrung tatsächlicher Geschäftsgeheimnisse. Ansonsten können Unternehmen im Ergebnis dazu verleitet werden, bei der *Kommission* Beschwerde einzulegen, nur mit dem Ziel, Einsicht in die Geschäftsgeheimnisse der Wettbewerber zu erhalten[583]. Es sei Sache der *Kommission*, zu beurteilen, ob bestimmte Unterlagen tatsächliche Geschäftsgeheimnisse enthalten[584]. Demgemäß trifft die *Kommission* eine Entscheidung darüber, ob bestimmte Unterlagen bzw. Informationen von der Art sind, dass sie

[579] *EuGH*, 24.06.1986, Rs. 53/85, AKZO Chemie / Kommission, Slg. 1986, 1965 ff. Rdnr. 20.

[580] *EuGH*, 24.06.1986, Rs. 53/85, AKZO Chemie / Kommission, Slg. 1986, 1965 ff. Rdnr. 20.

[581] Art. 20 der Verordnung Nr. 17, ABl. Nr. P 013 vom 21.02.1962, S. 204–211, führt die Vorschrift des Art. 214 EGV (Art. 287 EG) im Wettbewerbsrecht durch (*EuGH*, 24.06.1986, Rs. 53/85, AKZO Chemie / Kommission, Slg. 1986, 1965 ff. Rdnr. 26).

[582] *EuGH*, 24.06.1986, Rs. 53/85, AKZO Chemie / Kommission, Slg. 1986, 1965 ff. Rdnr. 27.

[583] *EuGH*, 24.06.1986, Rs. 53/85, AKZO Chemie / Kommission, Slg. 1986, 1965 ff. Rdnr. 28.

[584] *EuGH*, 24.06.1986, Rs. 53/85, AKZO Chemie / Kommission, Slg. 1986, 1965 ff. 3. Leitsatz und Rdnr. 29.

von der gemeinschaftsrechtlichen Garantie der vertraulichen Behandlung erfasst werden.

Zum Verfahren bei einer solchen Entscheidung äußerte sich der *EuGH* dahingehend,

> dass das betroffene Unternehmen zunächst zu dieser Beurteilung gehört werden müsse. Anschließend erlasse die *Kommission* eine hinreichend begründete Entscheidung, die dem Unternehmen mitzuteilen sei[585]. Wegen der weit reichenden Konsequenzen einer solchen Entscheidung müsse das Unternehmen die Möglichkeit haben, vor dem Vollzug der Entscheidung den *Gerichtshof* zur Überprüfung der vorgenommenen Beurteilungen anzurufen.

(b) Rechtssache SEP / Kommission

In der Rechtssache *SEP / Kommission*[586] bestätigte der *EuGH* diese Rechtsprechung.

> Die Rechtsmittelführerin wandte sich hier gegen eine Entscheidung der *Kommission*, die ihr aufgab, bestimmte Unterlagen an die *Kommission* zu übermitteln. Letztere wollte u.a. anhand der angeforderten Unterlagen überprüfen, ob bestimmte Vereinbarungen mit Art. 81 EG vereinbar sind. Demgegenüber berief sich die Rechtsmittelführerin auf die Vertraulichkeit dieser Unterlagen. Auch wenn die *Kommission* an das Berufsgeheimnis gebunden sei, beziehe sich ihre Besorgnis insbesondere auf den niederländischen Staat, da Artikel 10 der Verordnung Nr. 17 vorsehe, dass die *Kommission* den zuständigen Behörden der Mitgliedstaaten unverzüglich eine Abschrift der wichtigsten Schriftstücke übermittele, die bei ihr eingereicht würden[587]. Diese Besorgnis gründete darauf, dass der wichtigste Gaslieferant der Rechtsmittelführerin ein öffentliches Unternehmen war und die Rechtsmittelführerin keinesfalls wollte, dass dieser Gaslieferant Kenntnis von einem bestimmten Vertrag mit einem anderen Unternehmen erhält.

Der *EuGH* führte hierzu aus,

> dass Art. 20 der Verordnung Nr. 17 den Mitgliedstaaten ebenfalls die Wahrung des Berufsgeheimnisses auferlege. Damit unterlägen die Mitgliedstaaten Beschränkungen hinsichtlich der Preisgabe und der Verwertung von Informationen, die ihnen gemäß Art. 10 Abs. 1 der Verordnung übermittelt werden, die der Rechtsmittelführerin ausreichende Sicherheit böten[588]. Dementsprechend führe die angefochtene Entscheidung, mit der die *Kommission* die Übersendung bestimmter Unterlagen verlangt, nicht zu der von der Rechtsmittelführerin behaupteten übermäßigen Gefährdung und verstoße daher nicht – wie von der Rechtsmittelführerin vorgetragen – gegen den Grundsatz der Verhältnismäßigkeit.

[585] *EuGH*, 24.06.1986, Rs. 53/85, AKZO Chemie / Kommission, Slg. 1986, 1965 ff. 3. Leitsatz und Rdnr. 29.

[586] *EuGH*, 19.05.1994, Rs. C-36/92 P, SEP / Kommission, Slg. 1994, I-1911 ff.

[587] *EuGH*, 19.05.1994, Rs. C-36/92 P, SEP / Kommission, Slg. 1994, I-1911 ff. Rdnr. 2.

[588] *EuGH*, 19.05.1994, Rs. C-36/92 P, SEP / Kommission, Slg. 1994, I-1911 ff. Rdnr. 24.

In Bestätigung der Rechtssache *AKZO Chemie / Kommission*[589] stellte der *EuGH* fest,

„[...] daß es Sache der Kommission ist, zu beurteilen, ob ein bestimmtes Dokument Geschäftsgeheimnisse enthält. Nachdem sie dem Unternehmen Gelegenheit gegeben hat, seinen Standpunkt geltend zu machen, hat sie darüber eine hinreichend begründete Entscheidung zu erlassen, die dem Unternehmen mitzuteilen ist."[590]

(c) Bewertung

Soweit ersichtlich, hat der *EuGH* sich bereits zu zwei Konstellationen geäußert, in denen eine Entscheidung der *Kommission* im Zusammenhang mit der Gewährung von Vertraulichkeit vorliegt.

Zum einen hatte ein Dritter (die Beschwerdeführerin) Akteneinsicht in bestimmte Unterlagen beantragt. Nach Anhörung des Unternehmens, dessen Geschäftsgeheimnisse in Frage standen, übermittelte die *Kommission* der Beschwerdeführerin einzelne Unterlagen. Dabei hielt sie sich nicht genau an die „Vorgaben" des Unternehmens, welche Unterlagen in welcher Form übermittelt werden können. Das Unternehmen klagte wegen der Weiterleitung an die Beschwerdeführerin (*AKZO Chemie / Kommission*[591]).

Zum anderen stand eine beabsichtigte Weiterleitung von Unterlagen eines Unternehmens an einen Mitgliedstaat in Rede (*SEP / Kommission*[592]).

Aufschlussreich ist, dass die Entscheidung der *Kommission* in der Rechtssache *AKZO Chemie / Kommission* zwei Fragen umfasste; zum einen, ob die Weiterleitung der Unterlagen an die Beschwerdeführerin notwendig ist und zum anderen, ob die betreffenden Unterlagen unter die gemeinschaftliche Garantie der Vertraulichkeit fallen. Eine Entscheidung regelte hier zwei Fragen. Technisch wurde nicht entschieden, ob Vertraulichkeit zu gewähren ist. Sondern es wurde entschieden, ob Offenbarungspflichten bestehen und ob die Informationen unter das Berufsgeheimnis fallen. Ob Vertraulichkeit zu gewähren ist, stellt lediglich eine Konsequenz dieser Beurteilungen dar. Die Entscheidung lag in der Beurteilung der Rechtslage und in der Beurteilung, ob die Unterlagen einen vertraulichen Charakter haben. Sobald diese Beurteilung getroffen war, war die Weiterleitung der Unterlagen lediglich die Ausführung einer vorangegangenen Entscheidung.

Dies muss genauso gelten, wenn und soweit keine Weiterleitung erfolgt wäre. In diesem Fall wäre die Verweigerung einer Akteneinsicht nicht die

[589] *EuGH*, 24.06.1986, Rs. 53/85, AKZO Chemie / Kommission, Slg. 1986, 1965 ff.

[590] *EuGH*, 19.05.1994, Rs. C-36/92 P, SEP / Kommission, Slg. 1994, I-1911 ff. Rdnr. 38.

[591] *EuGH*, 24.06.1986, Rs. 53/85, AKZO Chemie / Kommission, Slg. 1986, 1965 ff.

[592] *EuGH*, 19.05.1994, Rs. C-36/92 P, SEP / Kommission, Slg. 1994, I-1911 ff.

eigentliche Entscheidung, sondern lediglich die Konsequenz der vorangegangenen Entscheidung gewesen. Diese vorangegangene Entscheidung hätte wiederum zwei Punkte enthalten. Zum einen, dass die Weiterleitung nicht geboten sei und / oder dass die Dokumente einen (absoluten) vertraulichen Charakter haben.

Auf diese Rechtsprechung beruft sich der *EuGH* in der Rechtssache *SEP / Kommission*[593] ausdrücklich. Er betonte, dass es allein Sache der *Kommission* sei, zu beurteilen, ob bestimmte Unterlagen Geschäftsgeheimnisse enthielten. Diese Beurteilung stelle eine Entscheidung dar, gegen die gerichtlich vorgegangen werden könne. In der Rechtssache *SEP / Kommission* stand diese spezielle Entscheidung aber noch aus. Die Entscheidung der *Kommission* hätte wiederum zwei Fragen umfasst. Zum einen, ob die Weiterleitung an einen Mitgliedstaat notwendig ist und zum anderen, ob die betreffenden Unterlagen Geschäftsgeheimnisse enthalten.

Die Rechtsprechung betrifft zwar Fälle, in denen es gerade nicht um das rechtliche Gehör eines von dem Verfahren Betroffenen geht. Ein Beschwerdeführer in einem Verfahren wegen eines Verstoßes nach Art. 82 EG hat nicht in dem gleichen Umfang ein Akteneinsichtsrecht wie derjenige, gegen den das Verfahren geführt wird. Auch sind die Informationsrechte eines betroffenen Mitgliedstaates nicht von der gleichen Relevanz wie die Verteidigungsrechte[594].

Das Grundmuster der Rechtsprechung *AKZO Chemie / Kommission* und *SEP / Kommission* ist jedoch eindeutig und identisch, unabhängig davon, an wen weiter geleitet werden soll. Es stellt sich jedes Mal die Frage, ob eine Weiterleitung geboten ist und ob die Unterlagen dem Schutz des Art. 287 EG unterstehen. Es ist eine inhaltliche Frage, wie wichtig die Weiterleitungsverpflichtung in einem konkreten Fall ist. Wenn Erwägungen des rechtlichen Gehörs hinzutreten, die eine Abwägung erfordern, ist die Frage nach der Notwendigkeit der Weiterleitung zwar inhaltlich wesentlich schwieriger zu beantworten, das Grundmuster der Entscheidung bleibt jedoch gleich.

[593] *EuGH*, 19.05.1994, Rs. C-36/92 P, SEP / Kommission, Slg. 1994, I-1911 ff.

[594] In der Rechtssache *SEP / Kommission* stand die Übermittlungsverpflichtung des Art. 10 Abs. 1 Verordnung Nr. 17 in Rede. Art. 10 Abs. 1 lautet wie folgt: „Die Kommission übermittelt den zuständigen Behörden der Mitgliedstaaten unverzüglich eine Abschrift der Anträge und Anmeldungen sowie der wichtigsten Schriftstücke, die zur Feststellung von Verstößen gegen Artikel 85 oder 86 des Vertrages, zur Erteilung eines Negativattests oder zur Abgabe einer Erklärung nach Artikel 85 Absatz (3) bei ihr eingereicht werden."

(2) Übertragbarkeit der Rechtsprechung zum Kartellordnungswidrigkeitenrecht auf das OLAF-Untersuchungsverfahren

Bevor erörtert wird, inwieweit diese Rechtsprechung auf die Tätigkeit von *OLAF* übertragen werden kann, sind das kartellrechtliche Verfahren, in dessen Rahmen diese Urteile ergangen sind, und das OLAF-Untersuchungsverfahren kurz zu vergleichen. Das Kartellordnungswidrigkeitenrecht der Europäischen Gemeinschaften gilt als supranationales europäisches Strafrecht im weiteren Sinne[595]. Das OLAF-Untersuchungsverfahren kann trotz seines administrativen Charakters mittelbar zu einem mitgliedstaatlichen, strafprozessualen Verfahren führen. Insofern ist die Gemeinschaftsgrundrechtssensibilität vergleichbar. Im Gegensatz zum Kartellordnungswidrigkeitenrecht schließt das OLAF-Untersuchungsverfahren jedoch nicht mit einer Entscheidung ab. *OLAF* ist nicht befugt, aufgrund seiner Untersuchungsergebnisse eine sanktionsbewehrte Entscheidung zu treffen. *OLAF* kann nur Folgemaßnahmen empfehlen. Im Gegensatz zum Kartellverfahren haben die OLAF-Untersuchungen somit keine direkten Konsequenzen. *OLAF* legt den Mitgliedstaaten lediglich einen Bericht vor. Allein die nationalen Stellen entscheiden, inwieweit weitere Maßnahmen nach nationalem Recht zu treffen sind[596]. Auch die Untersuchungsberichte stellen keine Entscheidung i.S.d. Art. 249 EG dar[597]. Die Tatsache, dass die Untersuchungsberichte gemäß Art. 9 Abs. 2 S. 2 Verordnung (EG) Nr. 1073/1999 und Art. 8 Abs. 3 S. 3 Verordnung (EURATOM, EG) Nr. 2185/96 zulässige Beweismittel in nationalen Verwaltungs- und Gerichtsverfahren sind, lässt nicht darauf schließen, dass es sich um eine Entscheidung handelt. Die allgemeinen Voraussetzungen für eine Entscheidung sind nicht erfüllt. Die Berichte als solche begründen keine Rechtswirkung. Es ist das Sekundärrecht, welches diesen Berichten die Rechtswirkung als zulässiges Beweismittel zukommen lässt.

[595] *W. Weiß*, Die Verteidigungsrechte im EG-Kartellverfahren, 1996, S. 224 ff., 297 vgl. auch das Geleitwort von *U. Sieber*; *M. Wagemann*, Rechtfertigungs- und Entschuldigungsgründe im Bußgeldrecht der Europäischen Gemeinschaften, 1992, S. 15 ff. und S. 180; *K. Tiedemann*, NJW 1993, S. 23, 27 ff.

[596] Vgl. *L. L. Laudati*, in: Studies in Honour of Claus-Dieter Ehlermann, 2002, S. 244; die Mitgliedstaaten sind bei dieser Entscheidung allerdings nicht völlig frei, sondern haben die finanziellen Interessen der Gemeinschaft in angemessener Weise zu berücksichtigen, schließlich sind sie zur Bekämpfung von Betrügereien zu Lasten der Gemeinschaft verpflichtet, siehe hierzu unten, *Teil 2* – C.I.3., S. 214 ff.

[597] So aber *U. Schrömbges*, Kontrollen im Marktordnungsrecht, in: Kontrollen – ATLAS – Risikoanalyse, 2000, S. 157.

Unter Berücksichtigung dieser Unterschiede ist im Wege einer Einzelfallbetrachtung zu überprüfen, ob die in Rede stehende Rechtsprechung Ausdruck allgemeiner Grundsätze des Verwaltungsverfahrens ist, oder ob es sich um Besonderheiten des Wettbewerbsrechts handelt.

Rechtsprechung, die auf allgemeinen Grundsätzen des Verwaltungsverfahrensrechts beruht, ist grundsätzlich übertragbar[598]. Auch sind Kodifizierungen häufig Ausdruck der allgemeinen Grundsätze.

(3) Übertragbarkeit der Rechtsprechung AKZO Chemie / Kommission und SEP / Kommission

Die oben ausgeführte Rechtsprechung in den Rechtssachen *AKZO Chemie / Kommission* und *SEP / Kommission* ist für die Zwecke dieser Untersuchung übertragbar. Der angesprochene Unterschied zum Kartellrecht, dass die OLAF-Untersuchung nicht mit einer Entscheidung abgeschlossen wird, spielt hier gerade keine Rolle. Die Entscheidung, ob es geboten ist, eine Information weiterzuleiten und ob sie unter das Berufsgeheimnis fällt, ist keine Entscheidung, die ein Untersuchungsverfahren abschließt. Diese Entscheidung wird selbstständig im Laufe der Untersuchungen getroffen. Auch im Kartellrecht ist diese Entscheidung unabhängig von der Entscheidung, die dort das Untersuchungsverfahren abschließt.

d) Rechtsgrundlage für eine Entscheidung

Der EuGH hat sich zwar nicht ausdrücklich dazu geäußert, die Rechtsgrundlage für eine solche Entscheidung kann sich jedoch nur aus der Verpflichtung ergeben, das Berufsgeheimnis zu wahren. Wenn diese Verpflichtung besteht, muss der Verpflichtete auch das nötige Mittel zur Wahrung dieser Verpflichtung haben. Das ist die Entscheidung als Instrument zur Regelung von Einzelfällen. Eine Entscheidung gewährt den besten Schutz, da sie in allen ihren Teilen für den Adressaten verbindlich ist[599].

e) Zwischenergebnis

Zur Rechtsnatur der Gewährung von Vertraulichkeit ist als Ergebnis festzuhalten, dass nach der einschlägigen Rechtsprechung Vertraulichkeit nicht als solche in Form einer Entscheidung gewährt wird. Vielmehr ergeht eine Entscheidung, die jeweils zwei Punkte enthält: Ob die Weiterleitung von Informationen an die Person geboten ist, die die Weiterleitung begehrt

[598] Siehe hierzu oben, *Teil 2* – B.IV., S. 61 ff.

[599] Siehe Art. 249 Abs. 4 EG.

und ob die Informationen unter das Berufsgeheimnis fallen. Zu beiden Punkten ist eine Beurteilung zu treffen. Vertraulichkeit ist somit eigentlich nur die Konsequenz einer solchen Entscheidung.

3. Verschiedene Konstellationen, in denen eine Entscheidung ergehen kann

Es wurden bereits Konstellationen dargestellt, in denen die Angaben von Informanten relevant werden können[600].

Auch gibt es mehrere Situationen, in denen die Entscheidung, ob es notwendig ist, eine Information weiterzuleiten und in welchem Umfang eine Information unter das Berufsgeheimnis fällt, relevant wird. Im Einklang mit der Rechtsprechung *AKZO Chemie / Kommission*[601] und *SEP / Kommission*[602] ist der grundsätzliche Inhalt einer solchen Entscheidung jedoch stets vergleichbar. Die Entscheidung umfasst stets die Beurteilung der Rechtslage, ob eine Weiterleitung geboten ist sowie ob und wie weit die Anonymität des Informanten durch das Berufsgeheimnis geschützt wird. Dabei sind auf der einen Seite die Belange des Informanten – wie eine tatsächliche Gefährdung an Leib und Leben – zu berücksichtigen. Auf der anderen Seite sind diese Belange mit den Verteidigungsrechten abzuwägen, die eventuell und insbesondere erst durch mittelbare Folgen – wie ein nationales Strafverfahren – beeinträchtigt werden können.

a) Anfrage eines von einer Untersuchung Betroffenen

Die Anfrage eines von einer Untersuchung Betroffenen, ob ihm bestimmte Informationen übermittelt werden können, führt im Einklang mit der oben ausgewerteten Rechtsprechung zu einer Entscheidung von *OLAF*, die zwei Beurteilungen beinhaltet: Zum einen die Beurteilung der Rechtslage, ob eine Weiterleitung geboten ist und zum anderen die Beurteilung, ob und wie weit die Anonymität des Informanten durch das Berufsgeheimnis geschützt wird. Dabei dürfte es besonders schwierig sein, die Belange des Informanten gegenüber den Verteidigungsrechten abzuwägen.

Ob diese Anfrage während des OLAF-Untersuchungsverfahrens, nach dessen Abschluss oder während eines nationalen Ermittlungsverfahrens respektive Strafverfahrens gestellt wird, spielt nur eine Rolle dafür, wie virulent eine Beeinträchtigung von Verteidigungsrechten wäre.

[600] Siehe oben, *Teil 2* – B.VI., S. 70 ff.
[601] *EuGH*, 24.06.1986, Rs. 53/85, AKZO Chemie / Kommission, Slg. 1986, 1965 ff.
[602] *EuGH*, 19.05.1994, Rs. C-36/92 P, SEP / Kommission, Slg. 1994, I-1911 ff.

b) Anfrage des Informanten

Die Konstellation, dass ein Informant direkt anfragt und um Vertraulichkeit bittet, ist von der ausgewerteten Rechtsprechung nicht gedeckt. Es muss jedoch möglich sein, dass der Betroffene eine formelle Anfrage stellt, ihm Vertraulichkeit zu gewähren. Es kann keinen Unterschied machen, ob ein Dritter Auskunft begehrt und damit eine Entscheidung darüber generiert, ob eine Auskunft möglich ist und ob die Informationen unter das Berufsgeheimnis fallen oder ob der Betroffene selbst *OLAF* auffordert, sich verbindlich dazu zu äußern, inwieweit seine Identität verdeckt gehalten werden kann.

Bezeichnenderweise sehen z.B. spezielle Sekundärrechtsakte wie die „Trade Barriers Regulation“[603] ein Verfahren auch für einen Informanten vor, um zu beantragen, dass bestimmte Informationen unter den Schutz des Berufsgeheimnisses gestellt werden[604].

Eine Entscheidung nach Anfrage eines Informanten muss wiederum grundsätzlich den folgenden Inhalt haben: Zum einen, ob in Zukunft eine Weiterleitung geboten sein könnte, zum anderen, ob die Personalien des Informanten unter das Berufsgeheimnis fallen. Je früher eine solche Anfrage ergeht, desto schwieriger dürfte es sein, diese Beurteilungen für die Zukunft zu treffen. Dementsprechend bietet es sich an, diese Entscheidung explizit von einem bestimmten Sachverhalt abhängig zu machen.

c) Anfrage einer nationalen Stelle nach Übermittlung eines „bereinigten“ Abschlussberichtes

Die einfachste Möglichkeit für *OLAF*, den Vertraulichkeitsschutz auch im Hinblick auf das mitgliedstaatliche Verfahren zu wahren, wäre es, den Mitgliedstaaten die Identität des Informanten nicht mitzuteilen. Dies würde bedeuten, dass den Mitgliedstaaten unvollständige Informationen übermittelt würden und der Abschlussbericht hinsichtlich der vertraulichen Informationen „bereinigt“ würde.

Sofern eine mitgliedstaatliche Behörde dennoch bestimmte Informationen erhalten möchte, dürfte sie *OLAF* um deren Übermittlung ersuchen. Bevor eine solche Anfrage erörtert wird, ist zu klären, ob *OLAF* den mitgliedstaatlichen Behörden bestimmte Informationen überhaupt vorenthalten darf.

[603] Die hier nur beispielhaft genannt werden soll.

[604] Siehe hierzu oben, *Teil 2* – B.VIII.2., S. 92 f.

(1) Möglichkeit, den Abschlussbericht zu „bereinigen"

Ob in dem OLAF-Abschlussbericht beabsichtigt bestimmte Informationen ausgelassen werden können, erscheint zunächst zweifelhaft. Die Vorschriften über den Abschlussbericht regeln, dass diesem alle zweckmäßigen Unterlagen beizufügen sind[605]. Zusätzlich zu den Vorschriften über den Abschlussbericht sind bei externen Untersuchungen gemäß Art. 8 Abs. 2 S. 1 Verordnung (EURATOM, EG) Nr. 2185/96 den zuständigen Behörden des betroffenen Mitgliedstaates alle Fakten im Zusammenhang mit einer Unregelmäßigkeit und jeder entsprechende Verdacht mitzuteilen. Für den Bereich der internen Untersuchungen gibt es eine ähnliche zusätzliche Mitteilungspflicht. Gemäß Art. 10 Abs. 2 der Verordnung (EG) Nr. 1073/1999 übermittelt der Direktor des Amtes den Justizbehörden des betreffenden Mitgliedstaates die bei internen Untersuchungen von *OLAF* eingeholten Informationen über gegebenenfalls strafrechtlich zu ahndende Handlungen.

Dementsprechend liegt der Schluss nahe, dass vollständige Unterlagen und sämtliche Fakten übermittelt werden müssen und somit die Angaben über die Identität eines Informanten nicht ausgespart werden dürfen.

Für den Rahmen der internen Untersuchungen ist festzustellen, dass die Vorschrift des Art. 10 Abs. 2 der Verordnung (EG) Nr. 1073/1999 jedoch nur unbeschadet der Art. 8, 9 und 11 dieser Verordnung gilt. Diese Artikel enthalten die Vorschriften über Vertraulichkeit und Datenschutz[606], über die Untersuchungsberichte und die Folgemaßnahmen[607] sowie über den Überwachungsausschuss[608]. Daraus folgt, dass auch die Übermittlungspflicht an die nationalen Stellen unter dem Vorbehalt der Vertraulichkeit steht. Dementsprechend dürfen diese Informationen insbesondere nur Personen mitgeteilt werden, die in den Organen der Europäischen Gemeinschaften oder in den Mitgliedstaaten aufgrund ihres Amtes davon Kenntnis erhalten dürfen[609]. Ferner dürfen diese Informationen zu keinem anderen Zweck als der Bekämpfung von Betrug, Korruption und sonstigen rechtswidrigen Handlungen verwendet werden[610]. Die zuständigen mitgliedstaatlichen Behörden sind zwar ebenfalls an den Grundsatz des Berufsgeheimnisses gebunden. Aber nicht jeder, der an das Berufsgeheimnis gebunden

[605] Für die externen Untersuchungen: Art. 9 Abs. 3 Verordnung (EG) Nr. 1073/1999 i.V.m. Art. 8 Abs. 3 S. 2 Verordnung (EURATOM, EG) Nr. 2185/96 und für die internen Untersuchungen Art. 9 Abs. 4 Verordnung (EG) Nr. 1073/1999.

[606] Art. 8 Verordnung (EG) Nr. 1073/1999.

[607] Art. 9 Verordnung (EG) Nr. 1073/1999.

[608] Art. 11 der Verordnung (EG) Nr. 1073/1999.

[609] Art. 8 Abs. 2 S. 2 Verordnung (EG) Nr. 1073/1999.

[610] Art. 8 Abs. 2 S. 2 Verordnung (EG) Nr. 1073/1999.

ist, hat auch in einem konkreten Fall stets das Recht, eine bestimmte Information zu erhalten[611]. Es kommt wiederum auf eine Beurteilung im Einzelfall an.

Unabhängig von dieser Kodifizierung stellt jedoch die Wahrung des Berufsgeheimnisses einen allgemeinen Grundsatz dar[612].

Die Übermittlungspflichten im Rahmen der internen Untersuchungen unterstehen somit grundsätzlich den Anforderungen des Berufsgeheimnisses. Damit kann ein Abschlussbericht über interne Untersuchungen grundsätzlich „bereinigt" werden, so dass sensible Angaben über einen Informanten fehlen können.

Im Bereich der externen Untersuchungen werden die Übermittlungspflichten nicht explizit dem Vorrang des Berufsgeheimnisses unterstellt. Die explizite Erwähnung des Berufsgeheimnisses gilt lediglich für die im Rahmen der Kontrollen und Überprüfungen vor Ort erlangten Erkenntnisse. Insofern ist direkt auf den allgemeinen Grundsatz des Berufsgeheimnisses zurückzugreifen. Sämtliche Übermittlungspflichten gelten nur vorbehaltlich des Grundsatzes des Berufsgeheimnisses.

Dieses Ergebnis lässt sich auch mit der Rechtsprechung untermauern. In der Rechtssache *SEP / Kommission*[613] legte der *EuGH* die vergleichbare Übermittlungsverpflichtung des Art. 10 Abs. 1 Verordnung Nr. 17[614] unter Berücksichtigung des in Art. 287 EG zum Ausdruck kommenden Grundsatzes des Schutzes vertraulicher Informationen aus[615]:

> „In Fällen wie dem vorliegenden, in denen sich ein Unternehmen vor der Kommission ausdrücklich auf die Vertraulichkeit eines bestimmten Schriftstücks gegenüber den zuständigen nationalen Behörden berufen hat, weil es Berufsgeheimnisse enthalte, und in denen diese Berufung nicht ganz irrelevant ist, kann der genannte allgemeine Grundsatz des Schutzes von Geschäftsgeheimnissen die Verpflichtung der Kommission aus Arti-

[611] Siehe hierzu oben, *Teil 2* – B.VII.4., S. 87 f.

[612] Wie bereits ausgeführt, siehe oben, *Teil 2* – B.VII.3.b), S. 82 ff.

[613] *EuGH*, 19.05.1994, Rs. C-36/92 P, SEP / Kommission, Slg. 1994, I-1911 ff.; näher zu diesem Urteil siehe oben, *Teil 2* – B.IX.2.c)(1)(b), S. 116 ff.

[614] Art. 10 Abs. 1 Verordnung Nr. 17: „Die Kommission übermittelt den zuständigen Behörden der Mitgliedstaaten unverzüglich eine Abschrift der Anträge und Anmeldungen sowie der wichtigsten Schriftstücke, die zur Feststellung von Verstößen gegen Artikel 85 oder 86 des Vertrages, zur Erteilung eines Negativattests oder zur Abgabe einer Erklärung nach Artikel 85 Absatz (3) bei ihr eingereicht werden."

[615] Genauer: Unter Berücksichtigung des allgemeinen Grundsatzes des Rechtes der Unternehmen auf Schutz ihrer Geschäftsgeheimnisse, der in Art. 287 EG sowie in verschiedenen Bestimmungen der Verordnung Nr. 17 wie den Art. 19 Abs, 3, 20 Abs. 2 und 21 Abs. 2 zum Ausdruck kommt (*EuGH*, 19.05.1994, Rs. C-36/92 P, SEP / Kommission, Slg. 1994, I-1911 ff. Rdnr. 36).

kel 10 Absatz 1, das fragliche Schriftstück den zuständigen nationalen Behörden zu übermitteln, einschränken."[616]

Demgemäß unterstehen sämtliche Übermittlungspflichten – ob im Rahmen interner oder externer Untersuchungen – dem allgemeinen Grundsatz des Berufsgeheimnisses. Somit ist es aus Gründen der Wahrung des Berufsgeheimnisses möglich, Informationen dem Abschlussbericht vorzuenthalten.

(2) Anfrage auf Übermittlung der fehlenden Angaben / Unterlagen

Wenn nationale Stellen nach Erhalt eines solchen bereinigten Berichtes *OLAF* ersuchen, die fehlenden Angaben zu übermitteln, generiert dies im Einklang mit der ausgewerteten Rechtsprechung wieder eine zweigeteilte Entscheidung. Diese Entscheidung umfasst zum einen die Beurteilung der Rechtslage, ob eine Weiterleitung geboten ist, und zum anderen die Beurteilung, ob und wie weit die Anonymität des Informanten durch das Berufsgeheimnis geschützt wird.

d) Übermittlung des kompletten Berichtes mit Vertraulichkeitsvermerk

Es muss auch die Möglichkeit bestehen, einen kompletten Abschlussbericht an die mitgliedstaatlichen Behörden zu übersenden, der den Vermerk enthält, dass die Angaben über die Identität des Informanten vertraulich zu behandeln sind[617]. Ob eine Entscheidung vorliegt, dürfte eine Frage der Auslegung des Einzelfalles sein. Die Äußerung müsste dazu bestimmt und geeignet sein, Rechtswirkungen zu erzeugen[618]. Statt einer Entscheidung könnte es sich auch um eine unverbindliche Darlegung der Rechtsauffassung des *OLAF* handeln.

Es kommt darauf an, ob die Auslegung – im Einklang mit der ausgewerteten Rechtsprechung – ergibt, dass hinter dem Vermerk eine Entscheidung steht, die zwei Punkte enthält: Zum einen, ob die Übermittlung an die Mitgliedstaaten geboten ist und zum anderen, ob die Information über die Identität des Informanten unter das Berufsgeheimnis fällt. Zu beiden

[616] *EuGH*, 19.05.1994, Rs. C-36/92 P, SEP / Kommission, Slg. 1994, I-1911 ff. Rdnr. 37.

[617] Berechtigterweise fragt sich zwar, ob dies praktikabel ist. Hier soll jedoch nur der rechtliche Rahmen betrachtet werden.

[618] Vgl. *EuGH*, 27.03.1980, Rs. 133/79, Sucrimex / Kommission, Slg. 1980, 1299 ff., 1. Leitsatz.

Punkten wäre eine Beurteilung durch *OLAF* getroffen worden. Die Beurteilung hätte hier zunächst ergeben, dass zwar in Anbetracht der Übermittlungspflichten grundsätzlich eine Weiterleitung der Information geboten ist und dass die Information unter das Berufsgeheimnis fällt. Die Beurteilung hätte aber auch ergeben, dass eine Einschränkung geboten ist. Bei der Übermittlung sind sämtliche absehbaren Folgen zu berücksichtigen. Eine absehbare Folge einer Informationsübermittlung ist stets die Verwendung der Information im nationalen Strafverfahren. Eine unbeschränkte Verwendung der Informationen über den Informanten im nationalen Strafverfahren wäre hier gerade nicht angebracht. Dementsprechend wäre die Übermittlung nur mit der Einschränkung geboten, dass die Information von den nationalen Strafverfolgungsbehörden allein intern verwertet werden darf. Die nationalen Strafverfolgungsbehörden erhalten die Information über die Identität des Informanten demnach mit der Auflage, diese Information strikt vertraulich zu behandeln.

Sofern die Auslegung jedoch ergibt, dass keine rechtsverbindlichen Beurteilungen des *OLAF* gewollt waren, hätte *OLAF* lediglich unverbindlich seine Rechtsauffassung dargelegt bzw. einen Hinweis auf die Rechtslage erteilt. Schließlich gilt die Verpflichtung zur Wahrung des Berufsgeheimnisses ohnehin für die Mitgliedstaaten, die wegen der einschlägigen Sekundärrechtsakte Informationen erhalten[619]. Sämtliche Informationen, die die Mitgliedstaaten durch Übermittlung von *OLAF* erhalten, unterstehen generell dem Berufsgeheimnis. Wie weit diese Verpflichtung grundsätzlich reicht, hängt zunächst von der Art der Information ab. Wie dargelegt, fällt die Identität des Informanten zunächst stets unter das Berufsgeheimnis[620]. Ein Vermerk könnte somit auch nur ein Hinweis z.B. auf die einschlägige Rechtsprechung im Fall *Adams / Kommission*[621] sein. Es stellt sich allerdings die Frage, inwieweit *OLAF* sich verbindlichen Beurteilungen überhaupt entziehen darf. Immerhin ist es für die eigene Verpflichtung von *OLAF* zur Wahrung des Berufsgeheimnisses unerheblich, ob andere ebenso verpflichtet sind. Auch dürfte sich das Berufsgeheimnis am besten wahren lassen, wenn *OLAF* gegenüber anderen die Einhaltung der Verpflichtung durch eine verbindliche Handlung – ergo eine Entscheidung – sicherstellt. Es dürfte jedenfalls darauf ankommen, wie virulent eine Gefährdung des Informanten ist und wie gut die für die Beurteilungen abzuwägenden Einzelfragen und Entwicklungen abzuschätzen sind. Ob *OLAF* sich verbindlichen Beurteilungen nicht hätte entziehen dürfen, spielt hingegen für das eigentliche Auslegungsergebnis nur eine eingeschränkte

[619] Siehe hierzu später, *Teil 2* – C.III.1., S. 232 ff.
[620] Siehe oben, *Teil 2* – B.VII.2.d), S. 79 ff.
[621] *EuGH*, 07.11.1985, Rs. 145/83, Adams / Kommission, Slg. 1985, S. 3539.

Rolle. Man wird lediglich davon ausgehen müssen, dass *OLAF* in Zweifelsfällen rechtsverbindliche Beurteilungen treffen wollte.

Jedenfalls kann nach entsprechender Auslegung ein Vertraulichkeitsvermerk Ausdruck einer Entscheidung sein, die zwei Punkte enthält. Zum einen die Beurteilung, dass die Übermittlung der Information an die mitgliedstaatliche Behörde nur unter der Auflage der internen Verwendung der Information geboten ist und zum anderen, dass die Information unter das Berufsgeheimnis fällt.

Einfacher wäre es indessen, von vornherein den Vertraulichkeitsvermerk im Sinne der ausgewerteten Rechtsprechung zu formulieren und die betreffenden Beurteilungen explizit aufzunehmen: Etwa, dass die Übermittlung an die mitgliedstaatliche Behörde nur unter der Auflage der strikten internen Verwendung der Information geboten sei und dass die Information unter das Berufsgeheimnis fiele.

Jedenfalls ist diese Konstellation letztendlich die Antizipation der vorhergehenden. Es geht schließlich beide Male um die Übermittlung an mitgliedstaatliche Behörden. Dementsprechend bedarf diese Konstellation, so die Auslegung tatsächlich ergibt, dass es sich um eine Entscheidung handelt, im Folgenden keiner zusätzlichen Erörterung. Die Ausführungen zu einer Entscheidung nach Anfrage einer nationalen Stelle gelten nachfolgend für diese Konstellation entsprechend.

e) Zwischenergebnis

In sämtlichen Konstellationen liegt bzw. kann nach entsprechender Auslegung eine Entscheidung vorliegen, die stets dasselbe Grundmuster enthält. Sie umfasst zwei Punkte. Zum einen die Beurteilung, ob und in welchem Umfang eine Weiterleitung geboten ist und zum anderen, ob und wie weit die Anonymität des Informanten durch das Berufsgeheimnis geschützt wird.

4. Ergebnis

Als Ergebnis zu Abschnitt IX ist festzuhalten, dass der Informant die Verwertung seiner Angaben von der Gewährung von Vertraulichkeit abhängig machen kann.

Es gibt keine dem deutschen Recht vergleichbare Vertraulichkeitszusage. Die eigentliche Verpflichtung tritt schon von Gesetzes wegen ein.

Nach der einschlägigen Rechtsprechung kann Vertraulichkeit als solche auch nicht in Form einer Entscheidung gewährt werden. Vielmehr ergeht eine Entscheidung, die jeweils zwei Punkte enthält: ob die Weiterleitung von Informationen geboten ist und ob die Informationen unter das Berufsgeheimnis fallen. Zu beiden Punkten ist eine Beurteilung zu treffen. Vertraulichkeit ist lediglich die Konsequenz einer solchen Entscheidung.

Es gibt verschiedene Konstellationen, in denen eine Entscheidung ergehen kann. Diese kann somit verschiedene Facetten umfassen. Ihr sachliches Substrat bleibt jedoch gleich.

X. Beachtung der Verteidigungsrechte des Betroffenen

1. Allgemeines

Bei der Beurteilung der Frage, ob eine Weiterleitung geboten ist und ob bestimmte Angaben der vertraulichen Behandlung unterstehen, müssen beeinträchtigte Verteidigungsrechte in entscheidendem Maße berücksichtigt werden. Wie bereits ausgeführt, gelten die allgemeinen Grundsätze des Verwaltungsverfahrens auch für *OLAF*[622]. Verteidigungsrechte sind ein wichtiger Bestandteil dieser allgemeinen Grundsätze. Demnach muss *OLAF* auch die Verteidigungsrechte beachten, soweit sie beeinträchtigt werden können. Aufgrund der mittelbaren Verknüpfung mit einem eventuell folgenden nationalen Strafverfahren drängt sich die Feststellung förmlich auf, dass die Tätigkeit von *OLAF* Verteidigungsrechte beeinträchtigen kann. Häufig wird auch generell darauf hingewiesen, dass *OLAF* die Verteidigungsrechte zu beachten hat[623]. Warum die Tätigkeit von *OLAF konkret* ein Anwendungsfall für die Beachtung von Verteidigungsrechten sein muss, ist jedoch nicht ohne weiteres zu beantworten. Genauso wenig ist es offensichtlich, bei welchen *konkreten* Maßnahmen Verteidigungsrechte im Einzelfall beeinträchtigt werden.

Auch die für die Tätigkeit von *OLAF* relevanten Rechtsakte äußern sich nicht detailliert zu den Verteidigungsrechten.

Für interne Untersuchungen sieht Art. 4 Abs. 6 lit. b der Verordnung (EG) Nr. 1073/99 ausdrücklich vor, dass die von den Organen zu erlassenden Umsetzungsbeschlüsse Vorschriften über die Wahrung der Rechte der von einer internen Untersuchung betroffenen Person zu enthalten haben. Erwägungsgrund Nr. 10 der Verordnung (EG) Nr. 1073/99 fordert für interne Untersuchungen ausdrücklich, dass

[622] Siehe hierzu oben, *Teil 2* – B.IV., S. 61 ff.

[623] Vgl. etwa *G. Dannecker* für die Verordnung (EURATOM, EG) Nr. 2185/ 96 in ZStW 1999, S. 256, 292.

„die Menschenrechte und die Grundfreiheiten in vollem Umfang gewahrt bleiben; dies gilt insbesondere für den Billigkeitsgrundsatz, das Recht der Beteiligten, zu den sie betreffenden Sachverhalten Stellung zu nehmen, und den Grundsatz, daß sich die Schlußfolgerungen aus einer Untersuchung nur auf beweiskräftige Tatsachen gründen dürfen."

Der Standardbeschluss für die internen Untersuchungen sieht infolgedessen vor, dass die betroffene Person – soweit keine schutzwürdigeren Geheimhaltungsinteressen gegeben sind – über die Art der Vorwürfe unterrichtet sowie zu den Vorwürfen angehört werden muss. Ferner muss sie über die Einstellung einer Untersuchung informiert werden[624].

Für den Bereich der externen Untersuchungen verweist Erwägungsgrund Nr. 12 der Verordnung (EURATOM, EG) Nr. 2185/ 96 darauf, dass die Kontrollen und Überprüfungen vor Ort unter Wahrung der Grundrechte der betreffenden Personen[625] durchzuführen sind.

Wie sich zeigt, wird *OLAF* auf die Einhaltung des geltenden Rechtes verpflichtet, zu dem auch die allgemeinen Rechtsgrundsätze gehören. Die entsprechenden Aufforderungen in den Erwägungsgründen betreffen somit eigentlich eine Selbstverständlichkeit. Jedoch enthalten die maßgeblichen Rechtsakte keine näheren inhaltlichen Aussagen zu den Verteidigungsrechten[626].

Für inhaltliche Aussagen ist daher direkt auf die allgemeinen Rechtsgrundsätze zurückzugreifen.

Dementsprechend wird im Folgenden zunächst die Bedeutung und die Ermittlung der allgemeinen Rechtsgrundsätze kurz dargestellt[627]. In Anbetracht künftiger Entwicklungen schließen sich Überlegungen zur Charta der Grundrechte an[628]. Anschließend wird auf den Grundsatz des rechtlichen Gehörs[629] und dessen Teilaspekte[630] im Detail eingegangen. Die jeweilige Verankerung in der Charta der Grundrechte wird in diesem Rah-

[624] Art. 4 und 5 des Standardbeschlusses, enthalten in: Interinstitutionelle Vereinbarung vom 25. Mai 1999 zwischen dem Europäischen Parlament, dem Rat der Europäischen Union und der Kommission der Europäischen Gemeinschaften über die internen Untersuchungen des Europäischen Amtes für Betrugsbekämpfung (OLAF), ABl. Nr. L 136 vom 31.05.1999, S. 15–19; vgl. *S. Gleß*, EuZW 1999, S. 618, 620.

[625] Hingewiesen werden soll hier auf *R. Esser*, der die Personen, deren Rechte durch eine externe OLAF-Kontrolle betroffen sind, als „Beschuldigte" bezeichnen will (*R. Esser*, Auf dem Weg zu einem europäischen Strafverfahrensrecht, 2002, S. 37). Mangels des strafrechtlichen Charkters der OLAF-Untersuchungen wird diese Bezeichnung hier jedoch nicht gewählt.

[626] Dies wird allerdings bemängelt: siehe *D. Thym*, EuR 2000, S. 990, 997.

[627] *Teil 2* – B.X.1.a), S. 130 ff.

[628] *Teil 2* – B.X.1.b), S. 136 ff.

[629] *Teil 2* – B.X.2., S. 139 ff.

[630] *Teil 2* – B.X.3., S. 152 ff.

men ebenfalls kurz angesprochen[631]. Der Abschnitt schließt mit Ausführungen zur Relevanz des Grundsatzes des rechtlichen Gehörs für die Tätigkeit des *OLAF* im Allgemeinen[632] und speziell auf den Gegenstand der Arbeit bezogen: Die inhaltliche Berücksichtigung der Verteidigungsrechte bei einer Entscheidung, die im Zusammenhang mit der Vertraulichkeit für einen Informanten ergeht[633].

a) Bedeutung und Ermittlung der allgemeinen Rechtsgrundsätze des Gemeinschaftsrechts

Wie auch bei den für das OLAF-Untersuchungsverfahren relevanten Rechtsakten deutlich wurde, ist die Rechtsordnung der Europäischen Gemeinschaft insbesondere in weiten Bereichen des Verfassungs- und Verwaltungsrechtes lückenhaft, jedenfalls in dem Sinne, dass es an kodifiziertem Recht fehlt[634]. Daraus kann jedoch nicht folgen, dass insoweit ein rechtsfreier Raum existieren würde. Die Gerichte setzen oder schaffen kein Recht, sie erkennen es[635]. Die Rechtsgrundsätze gelten nicht deswegen, weil ein Gericht sie formuliert und konkretisiert hat[636]. Es ist insofern auch nicht ungewöhnlich, dass nicht das gesamte geltende Recht der Gemeinschaft schriftlich fixiert ist. Keine Rechtsordnung – weder das Völkerrecht noch die Rechtsordnungen der Mitgliedstaaten – kann eine solche vollständige Fixierung erreichen[637].

Die Gemeinschaftsrechtsordnung geht von der Existenz ungeschriebener allgemeiner Rechtsgrundsätze aus. So verweist Art. 288 Abs. 2 EG für den Bereich der außervertraglichen Haftung der Gemeinschaft ausdrücklich auf die allgemeinen Rechtsgrundsätze, die den Rechtsordnungen der Mitgliedstaaten gemeinsam sind[638]. Gemäß Art. 220 EG wahrt der *Gerichtshof* ferner das Recht bei der Auslegung und Anwendung der Ge-

[631] Zur Verankerung des rechtlichen Gehörs in der Charta der Grundrechte siehe *Teil 2* - B.X.2.c), S. 150; zum Recht auf Akteneinsicht *Teil 2* – B.X.3.a)(2), S. 156 f.; zum Recht, Zeugen zu benennen und vernehmen zu lassen *Teil 2* – B.X.3.b)(2), S. 160.

[632] *Teil 2* – B.X.4.a), S. 161 ff.

[633] *Teil 2* – B.X.4.b), S. 169 f.

[634] Vgl. *P. Szczekalla*, Allgemeine Rechtsgrundsätze, in: Rengeling, Handbuch zum europäischen und deutschen Umweltrecht (EUDUR), 2 Aufl. 2003, Bd. I, § 11 Rdnr. 1 und 33 f.

[635] *H.-W. Rengeling*, Rechtsgrundsätze beim Verwaltungsvollzug des Europäischen Gemeinschaftsrechts, 1977, S. 100 ff.

[636] *H.-W. Rengeling*, Quellen des Verwaltungsrechts, in: Schweitzer, Europäisches Verwaltungsrecht, 1991, S. 44.

[637] *P. Szczekalla*, Allgemeine Rechtsgrundsätze, in: Rengeling, Handbuch zum europäischen und deutschen Umweltrecht (EUDUR), 2 Aufl. 2003, Bd. I, § 11 Rdnr. 1.

[638] Vgl. hierzu *Manfred Zuleeg*, DÖV 1992, S. 937, 940.

meinschaftsverträge. „Recht“ ist hier umfassend zu verstehen, als dies nicht nur das geschriebene Primär- und Sekundärrecht, sondern auch das ungeschriebene Recht in Gestalt der allgemeinen Rechtsgrundsätze betrifft[639]. Für den Rahmen des EU-Vertrages gibt Art. 6 Abs. 2 EU die übliche Formel des *EuGH* wieder, dass die Grundrechte allgemeine Rechtsgrundsätze des Gemeinschaftsrechts sind, die sich insbesondere aus der EMRK und den gemeinsamen Verfassungsüberlieferungen der Mitgliedstaaten ergeben. Die Existenz allgemeiner Rechtsgrundsätze im Gemeinschaftsrecht dürfte von niemandem in Zweifel gezogen werden.

Die allgemeinen Rechtsgrundsätze haben verschiedene Funktionen. Darunter ist ihre Rolle zur Ausfüllung der Lücken im Gemeinschaftsrecht hervorzuheben. Dies gilt nicht nur für den Bereich der Grundrechte, sondern insbesondere auch für den Rahmen des allgemeinen Verwaltungsrechts[640]. So behandelt die Grundsatzentscheidung zu den allgemeinen Rechtsgrundsätzen (*Algera u.a. / Gemeinsame Versammlung*)[641] eine Frage des allgemeinen Verwaltungsrechts: das Problem des Widerrufs begünstigender und subjektive Rechte verleihender Verwaltungsakte. Der *EuGH* stellte zunächst heraus, dass es sich dabei um ein in der Rechtsprechung und der Lehre der – damalig – sechs Mitgliedstaaten der Gemeinschaft wohlvertrautes Problem handele. Der Vertrag enthalte hierfür jedoch keine Regelung. Der *EuGH* sah sich somit verpflichtet, von sich aus eine Lösung zu finden. Ansonsten würde er sich dem Vorwurf der Rechtsverweigerung aussetzen[642]. Diese Frage sei daher

> „unter Berücksichtigung der in Gesetzgebung, Lehre und Rechtsprechung der Mitgliedstaaten anerkannten Regeln zu entscheiden“[643].

Auch kommt den allgemeinen Rechtsgrundsätzen eine wichtige Funktion als Maßstab bei der Auslegung des Gemeinschaftsrechts zu[644]. Maß-

[639] Vgl. *M. A. Dauses*, Empfiehlt es sich, das System des Rechtsschutzes und der Gerichtsbarkeit in der Europäischen Gemeinschaft, insbesondere die Aufgaben der Gemeinschaftsgerichte und der nationalen Gerichte, weiterzuentwickeln?, in: Verhandlungen des sechzigsten deutschen Juristentages, Bd. I 1994, S. D 24 ff.; *D. Edward*, Secondary Community Law, Treaty Law and General Principles of Law, in: Eichenhofer / Zuleeg, Die Rechtsprechung des Europäischen Gerichtshofs zum Arbeits- und Sozialrecht im Streit, 1995, S. 45 und 50.

[640] *H.-W. Rengeling*, Quellen des Verwaltungsrechts, in: Schweitzer, Europäisches Verwaltungsrecht, 1991, S. 42.

[641] *EuGH*, 12.07.1957, verb. Rs. 7/56 und 3/57 bis 7/57, Algera u.a. / Gemeinsame Versammlung, Slg. 1957, S. 81.

[642] *EuGH*, 12.07.1957, verb. Rs. 7/56 und 3/57 bis 7/57, Algera u.a. / Gemeinsame Versammlung, Slg. 1957, S. 81, 118.

[643] *EuGH*, 12.07.1957, verb. Rs. 7/56 und 3/57 bis 7/57, Algera u.a. / Gemeinsame Versammlung, Slg. 1957, S. 81, 118.

stäbe setzen namentlich die Grundrechte auch für das sekundäre Gemeinschaftsrecht[645].

Unter den Begriff der allgemeinen Rechtsgrundsätze fallen zu einem großen Teil Rechtsgrundsätze, die denjenigen Rechtsgrundsätzen vergleichbar sind, die in Deutschland aus dem grundgesetzlich verankerten Rechtsstaatsprinzip abgeleitet werden[646]. Besondere Bedeutung kommt auch den Grundrechten zu, die ebenfalls Bestandteil der allgemeinen Rechtsgrundsätze sind[647]. Die Gemeinschaftsgrundrechte stellen zwar nur einen Unterfall der allgemeinen Rechtsgrundsätze dar[648]. Allerdings können viele der Grundsätze, die im Gemeinschaftsrecht als rechtsstaatliche, allgemeine Grundsätze anzusehen sind, auch als Ausfluss von Grundrechten verstanden werden[649]. So etwa die allgemeinen Grundsätze des Verwaltungs- und Verfahrensrechts, wie der Gleichheitsgrundsatz, die Grundsätze der Verhältnismäßigkeit, des Vertrauensschutzes, des rechtlichen Gehörs und des Verbots der Doppelbestrafung[650]. Bei der

[644] *H.-W. Rengeling*, Quellen des Verwaltungsrechts, in: Schweitzer, Europäisches Verwaltungsrecht, 1991, S. 42.

[645] *H.-W. Rengeling*, Quellen des Verwaltungsrechts, in: Schweitzer, Europäisches Verwaltungsrecht, 1991, S. 42 f.

[646] Vgl. *H.-W. Rengeling*, Quellen des Verwaltungsrechts, in: Schweitzer, Europäisches Verwaltungsrecht, 1991, S. 41.

[647] Die gemeinschaftliche Grundrechtsordnung ist immer noch im Wesentlichen prätorisch (Begriff von *I. Pernice*, Eine Grundrechte-Charta für die Europäische Union, Rdnr. 6 und an anderen Stellen). Sie hat sich erst auf Grundlage einer ständigen Rechtsprechung des *EuGH* herausgebildet. Bezeichnend ist, dass die Entwicklung relativ spät einsetzte. Dies erklärt sich teilweise daraus, dass erst mit Klärung der Vorrangfrage des Gemeinschaftsrechts grundrechtliche Fragestellungen wirklich brisant wurden, da dieser Vorrang die Kraft der neuen Rechtsordnung voraussetzt, einen Grundrechtsschutz zu gewährleisten, der dem von den nationalen Verfassungen gewährten Schutz gleichwertig ist. (Siehe auch die Analyse der anfänglichen Zurückhaltung des *EuGH* bei *J. H. H. Weiler*, Protection of Fundamental Human Rights within the Legal Order of the European Communities, in: Bernhardt / Jolowicz, International enforcement of human rights, 1987, S. 113 ff.)

[648] *C. O. Lenz*, EuGRZ 1993, S. 585, 586.

[649] *P. Szczekalla*, Allgemeine Rechtsgrundsätze, in: Rengeling, Handbuch zum europäischen und deutschen Umweltrecht (EUDUR), 2. Aufl. 2003, Bd. I, § 11 Rdnr. 3; Vgl. hierzu auch: *T. Jürgensen / I. Schlünder*, AöR 121 (1996), S. 200, 205 ff.

[650] *M. A. Dauses*, Empfiehlt es sich, das System des Rechtsschutzes und der Gerichtsbarkeit in der Europäischen Gemeinschaft, insbesondere die Aufgaben der Gemeinschaftsgerichte und der nationalen Gerichte, weiterzuentwickeln?, in: Verhandlungen des sechzigsten deutschen Juristentages, Bd. I 1994, S. D 27; *M. Zuleeg*, NJW 1994, S. 545, 547.

Behandlung von Grundrechten unterscheidet z.B. *Peter Szczekalla* zwischen materiellen und verfahrensrechtlichen Garantien[651].

Als Beginn der Rechtsprechung zu den Grundrechten kann die Entscheidung in der Rechtssache *Stauder*[652] angesehen werden.

Grundrechten und ihrer Einordnung als allgemeine Rechtsgrundsätze[653] des Gemeinschaftsrechts kommt seither eine zentrale Stellung[654] in der Rechtsprechung des *EuGH* zu: Die Grundrechte sind integraler Bestandteil der allgemeinen Grundsätze des Gemeinschaftsrechts, der *Gerichtshof* wahrt diese allgemeinen Rechtsgrundsätze.

Bei der Ermittlung der allgemeinen Rechtsgrundsätze geht er von den gemeinsamen Verfassungsüberlieferungen der Mitgliedstaaten aus[655]. Auch die internationalen Verträge über den Schutz der Menschenrechte, an deren Abschluss die Mitgliedstaaten beteiligt waren oder denen sie beigetreten sind, können Hinweise geben, die im Rahmen des Gemeinschaftsrechts zu berücksichtigen sind[656]. Als Erkenntnisquelle dient dem *EuGH*

[651] *P. Szczekalla*, Grundrechte, in: Rengeling, Handbuch zum europäischen und deutschen Umweltrecht (EUDUR), 2. Aufl. 2003, Bd. I, § 12 Rdnr. 27, 48 ff., 53 ff.

[652] *EuGH*, 12.11.1969, Rs. 29/69, Stauder, Slg. 1969, 419. Wie nicht selten bei grundsätzlichen Entscheidungen im Gemeinschaftsrecht mutet der Sachverhalt etwas skurril an: Erich Stauder, Empfänger von Kriegsopferfürsorge, sah es als Verletzung seiner Menschenwürde und des Gleichheitsgrundsatzes an, bei der Registrierung auf dem Sozialamt der Stadt Ulm zum Kauf von „Weihnachtsbutter" seinen Namen angeben zu müssen. Auf Vorlage des VG Stuttgart, befand der *EuGH* zwar, dass schon eine Auslegung der fraglichen Entscheidung der *Kommission* ergebe, dass eine Nennung des Namens nicht erforderlich sei, stellte aber sodann fest: „Bei dieser Auslegung enthält die streitige Vorschrift nichts, was die in den allgemeinen Grundsätzen der Gemeinschaftsrechtsordnung, deren Wahrung der Gerichtshof zu sichern hat, enthaltenen Grundrechte der Person in Frage stellen könnte."

[653] *EuGH*, 14.05.1974, Rs. 4/73, Nold / Kommission, Slg. 1974, 491, 507; *EuGH*, 26.06.1980, Rs. 136/79, National Panasonic / Kommission, Slg. 1980, 2033 ff. Rdnr. 18.

[654] *K. Möller*, Sicherheiten im Recht der Europäischen Gemeinschaft, 1990, S. 221 ff.

[655] *EuGH*, Rs. 4/73, Nold / Kommission, Slg. 1974, 491 ff. Rdnr. 13; siehe auch *EuGH*, 12.11.1969, Stauder, Rs. 29/69, Slg. 1969, 419, 425; *A. Bleckmann*, Europarecht, 6. Aufl. 1997, Rdnr. 572 ff.; vgl. auch Art. 6 Abs. 2 EU für den Rahmen der Europäischen Union. Zur Rechtsvergleichung siehe *A. Bleckmann*, ZVglRWiss 75 (1976), S. 106, 116 ff.; *E. Schmidt-Aßmann*, Zur Europäisiserung des allgemeinen Verwaltungsrechts, in: FS für Lerche, 1993, S. 513, 518; *F. Jacobs*, The Uses of Comparative Law in the Law of the European Communities, in: FS für Kiralfy, 1990, S. 99, 104; Schlußanträge von Generalanwalt *D. Ruiz-Jarabo Colomer* v. 28.01.1999 zu *EuGH*, 14.09.1999, Rs. C-310/97 P, Kommission / Assi Domaen Kraft Products u.a., Slg. 1999, I-5363 ff. Rdnr. 65 ff. und *P. Craig / G. de Búrca*, EU Law, 3. Aufl. 2002, S. 323 ff.

[656] *EuGH*, Rs. 4/73, Nold / Kommission, Slg. 1974, 491 ff. Rdnr. 13; siehe auch *EuGH*, 12.11.1969, Stauder, Rs. 29/69, Slg. 1969, 419, 425; *A. Bleckmann*, Europarecht,

insbesondere die am 4. November 1950 in Rom unterzeichnete Europäische Konvention zum Schutze der Menschenrechte und Grundfreiheiten, die sämtliche Mitgliedstaaten des Europarates gezeichnet und ratifiziert haben bzw. der sie beigetreten sind. Die EMRK ist Ausdruck der gemeinsamen Verfassungsüberlieferungen der Mitgliedstaaten[657], ihr kommt mithin besondere Bedeutung zu[658].

Der *Gerichtshof* hat das Eigentum[659], die Berufsfreiheit[660], die Vereinigungsfreiheit[661], die Religionsfreiheit[662], den Grundsatz des rechtlichen Gehörs[663] und andere Grundrechte[664] als Teil der Gemeinschaftsrechtsord-

6. Aufl. 1997, Rdnr. 572 ff.; vgl. auch Art. 6 Abs. 2 EU für den Rahmen der Europäischen Union.

[657] Erstmals *EuGH*, 28.10.1975, Rs. 36/75, Rutili, Slg. 1975, 1219 ff. Rdnr. 32.

[658] Vgl. *EuGH*, vom 21.09.1989, Rs. 46/87 und 227/88, Hoechst / Kommission, Slg. 1989, 2859 ff. Rdnr. 13; *EuGH*, 06.03.2001, C-274/99 P, Connolly / Kommission, Slg. 2001, I-1611 ff. Rdnr. 37; *EuGH*, 22.10.2002, Rs. C-94/00, Roquette Frères, Slg. 2002, I-9011 ff. Rdnr. 25: mit der Bemerkung, dass sich die Grundrechte insbesondere aus der EMRK ergeben.

[659] *EuGH*, 13.12.1979, Rs. 44/79, Hauer, Slg. 1979, 3727, 5. Leitsatz; *EuGH*, 18.03.1980, Rs. 154, 205, 206, 227-228, 263 und 264/78, 31, 39, 83 und 85/79, Ferrieria Valsabbia u.a. / Kommission, Slg. 1980, 907 ff. Rdnr. 89. (Schutz des Erworbenen, nicht des Erwerbs); *EuGH*, 11.07.1989, Rs. 265/87, Hermann Schräder Kraftfutter, Slg. 1989, 2237 ff. Rdnr. 13 ff.; *EuGH*, 24.03.1994, Rs. C-2/92, Bostock, Slg. 1994, I-955; *EuGH*, 05.10.1994, Rs. C-280/93, Deutschland / Rat (Bananen), Slg. 1994, I-4973; *EuGH*, 17.07.1997, Rs. C-248/95 und C-249/95, SAM Schiffahrt und Stapf, Slg. 1997, I-4475 ff. Rdnr. 72 f.

[660] *EuGH*, 08.10.1986, Rs. 234/85, Keller, Slg. 1986, 2897; *EuGH*, 11.07.1989, Rs. 265/87, Hermann Schräder Kraftfutter, Slg. 1989, 2237 ff. Rdnr. 13 ff.; *EuGH*, 16.12.1992, Rs. C-132/91, Katsikas und Schroll, Slg. 1992, I-6577 ff. Rdnr. 32; *EuGH*, 24.03.1994, Rs. C-2/92, Bostock, Slg. 1994, I-955; *EuGH*, 05.10.1994, Rs. C-280/93, Deutschland / Rat (Bananen), Slg. 1994, I-4973; *EuGH*, 15.12.1995, Rs. C-415/93, Bosman, Slg. 1995, I-4921; *EuGH*, 30.11.1995, Rs. C-55/94, Gebhard, Slg. 1995, I-4165.

[661] *EuGH*, 08.10.1974, Rs. 175/73, Gewerkschaftsbund Europäischer Öffentlicher Dienst u.a. / Rat, Slg. 1974, 917.

[662] *EuGH*, 27.10.1976, Rs. 130/75, Prais / Rat, Slg. 1976, 1589.

[663] *EuGH*, 13.02.1979, Rs. 85/76, Hoffmann-La Roche / Kommission, Slg. 1979, 461 ff. Rdnr. 9 (Grundsatz des rechtlichen Gehörs); *EuGH*, 18.10.1989, Rs. 374/87, Orkem / Kommission, Slg. 1989, 3283 (Grundsatz des rechtlichen Gehörs im Ermittlungsverfahren).

[664] *EuGH*, 19.10.1977, verb. Rs. 117/76 und 16/77, Ruckdeschel u.a. und Diamalt (Quellmehl), Slg. 1977, 1753 und *EuGH*, 26.02.1992, Rs. C-357/89, Raulin, Slg. 1992, I-1027 (allgemeiner Gleichheitsgrundsatz); *EuGH*, 13.02.1985, Rs. 293/83, Gravier, Slg. 1985, 593 (Gleichbehandlung); *EuGH*, 21.09.1989, Rs. 46/87 und 227/88, Hoechst / Kommission, Slg. 1989, 2859 ff. Rdnr. 17 ff. (Unverletzlichkeit der Wohnung); *EuGH*, 13.12.1989, Rs. 100/88, Oyowe und Traore / Kommission, Slg. 1989, 4285 ff. Rdnr. 16 und *EuGH*, 28.10.1992, Rs. C-219/91, Ter Voort, Slg. 1992, I-5485 ff. Rdnr. 35 ff. (Meinungsäußerungsfreiheit); *EuGH*, 03.12.1992, Rs. C-97/91, Oleificio Borelli, Slg. 1992,

nung etabliert und wichtige rechtsstaatliche Grundsätze, insbesondere das Übermaßverbot respektive den Grundsatz der Verhältnismäßigkeit zwischen Gemeinwohlzielen und Einschränkung individueller Rechte[665], anerkannt.

Weder Herleitung noch Grenzen des Grundrechtsschutzes sind jedoch vollständig geklärt[666]. Eine eigentliche Debatte über den materiellen Gehalt der einzelnen Grundrechte hat indes – abgesehen von dem immer wieder aufgeführten Urteil in der Rechtssache *Hoechst /Kommission*[667] – nicht wirklich stattgefunden[668].

I-6313 ff. Rdnr. 15 (Rechtsschutzgarantie); *EuG*, 19.02.1998, Rs. T-42/96, Eyckeler & Malt / Kommission („Hilton Beef"), Slg. 1998, II-401 sowie *EuG*, 05.03.1997, Rs. T-105/95, World Wide Fund for Nature / Kommission, Slg 1997, II-313 (Verfahrensgrundrechte); *EuGH*, 09.10.2001, Rs. C-377/98, Niederlande / Parlament und Rat (Biopatentrichtlinie), Slg. 2001, I-7079 (Menschenwürde und das Grundrecht auf Unversehrtheit der Person). Umfassend zuletzt: *EuGH*, 22.10.2002, Rs. C-94/00, Roquette Frères, Slg. 2002, I-9011.

665 *EuGH*, 13.07.1989, Rs. 5/88, Wachauf, Slg. 1989, 2609 ff. Rdnr. 18 ff.: erste wirkliche Schrankenprüfung; *EuGH*, 08.04.1992, Rs. C-62/90, Kommission / Deutschland, Slg. 1992, I-2575 ff. Rdnr. 23 ff; *EuGH*, 05.10.1994, Rs. C-280/93, Deutschland / Rat (Bananen), Slg. 1994, I-4973; Vgl. auch *EuGH*, 15.06.1978, Rs. 149/77, Defrenne III, Slg. 1978, 1381 und *EuGH*, 30.09.1987, Rs. 12/86, Demirel, Slg. 1987, 3719.

666 Beschränkte der *EuGH* anfänglich (*EuGH*, 11.07.1985, Rs. 64/84, Cinéthèque, Slg. 1985, 2605) den Grundrechtsschutz allein auf die Hoheitsgewalt der EG, erstreckte er ihn wenig später zunächst auf den Fall der Durchführung einer gemeinsamen Marktorganisation (*EuGH*, 13.07.1989, Rs. 5/88, Wachauf, Slg. 1989, 2609 ff. Rdnr. 18 ff), sodann generell auf nationale Regelungen, die in den Anwendungsbereich des Gemeinschaftsrechts fallen (*EuGH*, 18.06.1991, Rs. C-260/89, Elliniki Radiophonia Tiléorassi, Slg. 1991, I-2925: „Dem vorlegenden Gericht ist daher zu antworten, daß die Beschränkungen der Befugnis der Mitgliedstaaten, aus Gründen der öffentlichen Ordnung, Sicherheit oder Gesundheit die in Art. 66 in Verbindung mit Art. 56 genannten Regelungen anzuwenden, unter Beachtung des allgemeinen Grundsatzes der in Art. 10 der Europäischen Menschenrechtskonvention verbürgten Meinungsfreiheit zu beurteilen ist"). Vgl. auch *T. Jürgensen / I. Schlünder*, AöR 121 (1996), S. 200 ff.

667 Der *EuGH* hatte in seinem Urteil vom 21.09.1989, Rs. 46/87 und 227/88, Hoechst / Kommission, Slg. 1989, 2859 ff. Rdnr. 17 ff., die Räumlichkeiten von Unternehmen nicht dem Schutzbereich des Grundrechts der Unverletzlichkeit der Wohnung zugeordnet, allerdings angemerkt, eine Rechtsprechung aus Straßburg existiere dazu noch nicht. Nach Erlass der Entscheidung des *EGMR* vom 16.12.1992 in der Rechtssache Niemitz / Deutschland (*EGMR*, 16.12.1992, Nr. 72/1991/324/396, Niemitz / Deutschland, Series A-251-B, deutscher Text: NJW 1993, S. 718 ff.) war davon auszugehen, dass sich der *EuGH* dessen Auffassung zu Art. 8 EMRK zu Eigen machen würde. In der Entscheidung *EGMR*, 16. 4. 2002, Nr. 37971/97, Stés Colas SA u.a. / Frankreich, einsehbar unter: http://hudoc.echr.coe.int, hat der *EGMR* nunmehr festgestellt, dass auch Geschäftsräume juristischer Personen vom Schutzbereich des Art. 8 EMRK erfasst werden. Der Begriff „domicile" sei einer weiten Auslegung

b) Die Charta der Grundrechte der Europäischen Union

Neue Impulse erhielt die Grundrechtsdiskussion durch die Charta der Grundrechte der Europäischen Union, die am 08.12.2000 vom *Europäischen Rat* in Nizza proklamiert wurde. Nach dem Willen der EU-Mitgliedstaaten sollte der Charta als solcher keine rechtliche Verbindlichkeit zukommen[669]. Die Charta ist nicht Bestandteil des Unionsvertrages, sie wurde auf dem Gipfel von Nizza auch nicht neben die anderen in Art. 6 Abs. 2 EU genannten Grundrechtsquellen aufgenommen.

(1) Tragweite und Rechtsqualität der Charta

Es entwickelte sich eine kontroverse Diskussion um die Charta[670]:

Einerseits gab es Stimmen, die von einem demokratiewidrigen „Oktroi"[671], von einer „Formel-Kompromiss-Gala"[672] und von „leeren Versprechungen"[673] redeten. Es wurde auch die Befürchtung geäußert, die Europäische Gemeinschaft könne mittels der Charta der Grundrechte weitere Kompetenzen „ansaugen"[674].

zugänglich. Trotz dieser Entscheidung hat sich der *EuGH* in seinem Urteil vom 22.10.2002, Rs. C-94/00, Roquette Frères, Slg. 2002, I-9011 nicht zu einer generellen Einbeziehung von Geschäftsräumen in den Schutzbereich des Grundrechts auf Unverletzlichkeit der Wohnung entschließen können. Vielmehr hat er die in der Hoechst-Entscheidung aufgestellten Grundsätze auch unter Berücksichtigung der neuen Straßburger Rechtsprechung für ausreichend befunden und diese lediglich näher konkretisiert, vgl. *M. Hilf / S. Hörmann*, NJW 2003, S. 1, 5.

668 *B. Wegener*, Rechte des Einzelnen, 1998, S. 66 Fn. 67 mit Verweis auf *J. Coppel / A. O'Neill*, CMLRev. 29 (1992), S. 669 ff. Kritisch zur Prüfungsdichte durch den *EuGH*: *M. Nettesheim*, EuZW 1995, S. 106 ff.

669 Eine Veröffentlichung erfolgte deswegen im Amtsblatt C (Mitteilungen).

670 Vgl. hierzu *C. Calliess*, EuZW 2001, S. 261, 261 f.

671 So *K. A. Schachtschneider*, FAZ vom 05.09.2000, S. 9.

672 *P. Tettinger*, „Mehr als eine fleißige Sammlung zum Schutz von Eurokraten?", FAZ vom 26. 8. 2000, S. 6; vgl. auch *P. Tettinger*, NJW 2001, 1010, 1015 mit dennoch positivem Fazit: Die Charta stelle als „ethisch fundiertes Leitbild für die Konturierung eines ‚Europäischen Gesellschaftsmodells' eine insgesamt verlässliche Ausgangsbasis" dar.

673 *I. Pernice*, SZ vom 05.04.2000, S. 10 („Die EU ringt um die Grundrechte"). Vgl. auch schon dessen Warnungen in: DVBl. 2000, S. 847 ff.; ähnlich *P. Hort*, FAZ vom 08.12.2000, S. 3 („Ein Dekorationsstück im Schaufenster: Die EU proklamiert die Grundrechte-Charta"); *S. Trechsel*, NZZ vom 13.01.2001, S. 61 („Nur ein Recht der Menschenrechte für Europa: ‚Pomp and Circumstances' – oder die EU-Grundrechtscharta als Imagepflege / Die Charta als Aushängeschild").

674 So der frühere deutsche Richter am *EuGH G. Hirsch*, in der FAZ vom 06.06.2000, S. 4 („Eine europäische Grundrechtscharta birgt Gefahren"). Ähnlich *C. Koenig*, EuZW 2000, S. 417, der fragt, ob die Charta der Grundrechte der EU einen

Andererseits wurde auch vor der Gefahr des Auseinanderdriftens der Rechtsprechung zu den Grundrechten gewarnt, die sowohl in der Europäischen Menschenrechtskonvention wie in der neuen Charta der Grundrechte der EU verbürgt sind[675]. Und in der Tat hat es Fälle divergierender Urteile gegeben, wobei allerdings der *EuGH* jeweils entschieden hatte, bevor der *EGMR* Grundrechte aus der EMRK abweichend und großzügiger interpretierte[676].

Einige hielten letztendlich an dem – überzeugenden – Standpunkt fest, dass eine Charta der Grundrechte der EU eigentlich nicht erforderlich sei, weil der durch den *EuGH* gewährleistete Grundrechtsschutz hinreichend und – angesichts seiner Ungebundenheit an einen verbindlichen Katalog – auch flexibler und zukunftsoffener sei[677].

Die Charta der Grundrechte wird und sollte hingegen keine vollkommen neue Ordnung schaffen[678]. Einen effektiven Grundrechtsschutz stellt bereits die Rechtsprechung des *Gerichtshofes* sicher, der seine prätorische Aufgabe auf der Basis der allgemeinen Rechtsgrundsätze und – für den Anwendungsbereich des EU – des Art. 6 Abs. 2 EU erfüllt[679]. Hauptkritikpunkt an der Rechtsprechung war nicht ein Defizit bei der Anerkennung von Grundrechten[680], sondern eine mangelnde dogmatische Tiefe in der Begründung der Entscheidungen[681]. Auch die Grundrechtscharta hat zur Dogmatik nichts beigetragen. Dies war auch nicht ihre Aufgabe, denn Anwendung und Auslegung im Einzelfall, d. h. auch die Abwägung von

neuen supranationalen Kompetenztitel darstellt; sowie *J. F. Lindner*, DÖV 2000, S. 543 ff.

675 Vgl. hierzu die Angaben bei *C. Calliess*, EuZW 2001, S. 261, 261.

676 *C. Calliess*, EuZW 2001, S. 261, 261, eingehender *N. Philippi*, ZEuS 2000, S. 97 ff.

677 So z.B. *M. Zuleeg*, EuGRZ 2000, S. 511 ff., der sich aber trotzdem positiv über den zusätzlichen Nutzen einer Charta der Grundrechte äußerte.

678 *I. Pernice*, Eine Grundrechte-Charta für die Europäische Union, Rdnr. 6.

679 Vgl. *I. Pernice*, Eine Grundrechte-Charta für die Europäische Union, Rdnr. 6: *BVerfG*, 22.10.1986, 2 BvR 197/83, Solange II, BVerfGE 73, 339, 378 ff. und 387 f.; eine ähnliche grundsätzliche Akzeptanz der Corte Costituzionale Italiens stellt *L. Violini*, EuR Beih. 1/1999, S. 117, 120 f. fest. Zur Ausweitung des effektiven Schutzes der Grundrechte nach Amsterdam: *U. Wölcker*, EuR Beih. 1/1999, S. 99 ff.

680 Durch das Fehlen eines hierfür spezifisch ausgestalteten Rechtsbehelfs befasst sich der *EuGH* relativ selten ausdrücklich mit Grundrechten, vgl. *B. de Witte*, in: Alston, The EU and Human Rights, Oxford, 1999, S. 859, 883 m.w.N.

681 *P. M. Huber*, EuZW 1997, S. 517, 521, *M. Nettesheim*, EuZW 1995, S. 106, 107 f.

individuellem Grundrechtsinteresse und Gemeinwohl wird letztlich stets Aufgabe insbesondere von Gesetzgebung und Rechtsprechung bleiben[682].

(2) Europäischer Konvent

Wegen des ungewissen Schicksals des Vertrages über eine Verfassung für Europa bleibt abzuwarten, inwieweit die Diskussion um Tragweite und Rechtsqualität der Charta[683] in Zukunft nur noch von historischer Bedeutung sein wird. Die Regierungskonferenz hat sich zwar am 18. Juni 2004 darauf geeinigt, die Vorschläge des Europäischen Konvents in ihrem Kernbereich umzusetzen, die Charta ist in Teil II des Vertrages über eine Verfassung für Europa enthalten. Die Entwicklung des Ratifikationsprozesses ist jedoch ungewiss. (Der Vertrag tritt am 1. November 2006 in Kraft, sofern alle Ratifikationsurkunden hinterlegt worden sind, oder andernfalls am ersten Tag des zweiten Monats, der auf die Hinterlegung der letzten Ratifikationsurkunde folgt (Art. IV-8 Abs. 2 Verfassungsvertrag))[684].

Vorerst wird die Charta damit auch für die Mitgliedstaaten ohne wirkliche Bedeutung bleiben, solange sie nur eine feierliche Erklärung dar-

[682] *I. Pernice*, Eine Grundrechte-Charta für die Europäische Union, Rdnr. 6. Auch die allgemeine Formulierung der Schranken in Art. 52 Abs. 1 GRC („Jede Einschränkung der Ausübung der in dieser Charta anerkannten Rechte und Freiheiten muß gesetzlich vorgesehen sein und den Wesensgehalt dieser Rechte und Freiheiten achten. Unter Wahrung des Grundsatzes der Verhältnismäßigkeit dürfen Einschränkungen nur vorgenommen werden, wenn sie notwendig sind und den von der Union anerkannten dem Gemeinwohl dienenden Zielsetzungen oder den Erfordernissen des Schutzes der Rechte und Freiheiten anderer tatsächlich entsprechen.") entspricht dem Stand der Rechtsprechung und lehnt sich in der Formulierung an die ständige Rechtsprechung des *EuGH* an (*EuGH*, 13.04.2000, Rs. C-292/97, Karlsson u.a., Slg. 2000, I-2737 ff. Rdnr. 45: *„Nach gefestigter Rechtsprechung kann jedoch die Ausübung dieser Rechte, insbesondere im Rahmen einer gemeinsamen Marktorganisation, Beschränkungen unterworfen werden, sofern diese tatsächlich dem Gemeinwohl dienenden Zielen der Gemeinschaft entsprechen und nicht einen im Hinblick auf den verfolgten Zweck unverhältnismäßigen, nicht tragbaren Eingriff darstellen, der diese Rechte in ihrem Wesensgehalt antastet*").

[683] Vgl. *S. Alber / U. Widmaier*, EuGRZ 2000, S. 497, 510.

[684] Der Verfassungsvertrag ist in einer vorläufig konsolidierten Fassung unter http:// ue.eu.int/ igcpdf/ de/ 04/ cg00/ cg00086.de04.pdf einsehbar. Zu den Bestrebungen die Charta in das Primärrecht aufzunehmen vgl. auch den Schlussbericht des Vorsitzenden der Gruppe II – „Einbeziehung der Charta / Beitritt zur EMRK" an die Mitglieder des Konvents (Dok. CONV 354/02), einsehbar unter: http://register. consilium.eu.int/ pdf/ de/ 02/ cv00/ 00354d2.pdf.

stellt[685], obwohl sie zumindest vom *EuG* zunehmend als zusätzliche Erkenntnisquelle herangezogen wird[686].

2. Grundsatz des rechtlichen Gehörs

Ein besonders wichtiger Aspekt der Verteidigungsrechte des Betroffenen ist der Grundsatz des rechtlichen Gehörs. Die Einräumung des rechtlichen Gehörs ist in jedem Verfahren, das eine Belastung eines Einzelnen zum Gegenstand hat, wesentlicher Grundsatz[687]. Das „Akteneinsichtsrecht" und „das Recht, Zeugen zu benennen und vernehmen zu lassen" stellen Teilaspekte des rechtlichen Gehörs dar[688].

Zunächst zu den Anwendungsfällen und den Ausprägungen des rechtlichen Gehörs im Einzelnen:

a) Anwendungsfälle des Anspruches auf Gewährung rechtlichen Gehörs

(1) Gerichtliches Verfahren

Der *EuGH* führte schon früh aus, dass es gegen elementare Rechtsgrundsätze verstoßen würde, eine gerichtliche Entscheidung auf Tatsachen und Urkunden zu stützen, von denen die Parteien keine Kenntnis nehmen und zu denen sie keine Stellungnahme abgeben konnten[689].

[685] *T. Stein*, „Gut gemeint..." – Bemerkungen zur Charta der Grundrechte der Europäischen Union, in: FS für Steinberger, 2002, S. 1425 ff.

[686] Vgl. *EuG*, 30.01.2002, Rs. T-54/99, max.mobil Telekommunikation Service / Kommission, Slg. 2002, II-313 ff. Rdnr. 48: „*Auf die sorgfältige und unparteiische Behandlung einer Beschwerde besteht ein Anspruch im Rahmen des Rechts auf eine geordnete Verwaltung, das zu den allgemeinen Grundsätzen des Rechtsstaats gehört, die den Verfassungstraditionen der Mitgliedstaaten gemeinsam sind. Art. 41 Abs. 1 der am 7. Dezember 2000 in Nizza proklamierten Charta der Grundrechte der Europäischen Union bekräftigt das* [...]."

[687] Einen Überblick über die Normierung des Anspruches auf rechtliches Gehör in den Verfassungen der Mitgliedstaaten liefert *P. Grzybek*, Prozessuale Grundrechte im Europäischen Gemeinschaftsrecht, 1993, S. 95 ff.

[688] Siehe hierzu unten, *Teil 2* – B.X.3.a), S. 152 ff. (Akteneinsicht) sowie *Teil 2* – B.X.3.b), S. 158 ff. (Recht, Zeugen zu benennen und vernehmen zu lassen).

[689] *EuGH*, 22.03.1961, verb. Rs. 42/59 und 49/59, Société nouvelle des usines de Pontlieue (S.N.U.P.A.T.) / Hohe Behörde, Slg. 1961, 111, 169.

(2) Sanktionsbewehrtes Verwaltungsverfahren

In der Entscheidung *Hoffmann-LaRoche / Kommission*[690] äußerte der *EuGH* sich erstmals ausdrücklich[691] hinsichtlich eines Verwaltungsverfahrens, das zu Sanktionen führen kann, dahingehend, dass die Gewährung rechtlichen Gehörs einen fundamentalen Grundsatz des Gemeinschaftsrechts darstellt, der auch in Verwaltungsverfahren beachtet werden muss[692]:

> „Somit folgt aus den genannten Bestimmungen[693] sowie aus dem ihnen zugrunde liegenden allgemeinen Grundsatz, daß die Gewährung des rechtlichen Gehörs es erfordert, dem betroffenen Unternehmen im Laufe des Verwaltungsverfahrens Gelegenheit zu geben, zum Vorliegen und zur Erheblichkeit der behaupteten Tatsachen und Umstände sowie zu den von der Kommission für ihre Behauptung [...] herangezogenen Unterlagen Stellung zu nehmen."[694]

(3) Verwaltungsrechtliches Verfahren, das allgemein zu einer beschwerenden Maßnahme führen kann

Der Grundsatz des rechtlichen Gehörs ist auch in verwaltungsrechtlichen Verfahren, die allgemein zu einer beschwerenden Maßnahme führen

[690] *EuGH,* 13.02.1979. Rs. 85/76, Hoffmann-La Roche / Kommission, Slg. 1979, 461, so genannter „Vitamin-Fall".

[691] In der Rechtssache *Consten und Grundig / Kommission* formulierte der *EuGH* dies noch wie folgt: „*Im Verwaltungsverfahren vor der Kommission nach Artikel 85 EWG-Vertrag müssen die Beteiligten über den Sachverhalt unterrichtet werden, aus dem sich die von der Kommission in Betracht gezogenen Beschwerdepunkte ergeben. Dagegen ist es nicht erforderlich, ihnen sämtliche Unterlagen zu übermitteln*" (*EuGH*, 13.07.1966, verb. Rs. 56/64 und 58/64, Consten und Grundig / Kommission, Slg. 1966, 322, 385); In der Rechtssache *Transocean Marine Paint* stellte der *EuGH* fest, dass eine bestimmte Verordnung einen Anwendungsfall des allgemeinen Grundsatzes darstelle und dass die Adressaten von Entscheidungen der öffentlichen Behörden Gelegenheit erhalten müssten, ihren Standpunkt gebührend darzulegen, wenn ihre Interessen durch die Entscheidung spürbar berührt würden. (*EuGH*, 23.10.1974, Rs. 17/74 Transocean Marine Paint / Kommission, Slg. 1974, 1063 ff. Rdnr.15). Für den Bereich des Beamtenrechts vgl.: *EuGH*, 04.07.1963, Rs. 32/62, Alvis / Rat, Slg. 1963, 109, 123 f.

[692] *EuGH,* 13.02.1979. Rs. 85/76, Hoffmann-La Roche / Kommission, Slg. 1979, 461 ff. Rdnr. 9.

[693] Gemeint sind Art. 19 der Verordnung Nr. 17 und Art. 4 der Verordnung 99/63, siehe: *EuGH,* 13.02.1979. Rs. 85/76, Hoffmann-La Roche / Kommission, Slg. 1979, 461 ff. Rdnr. 9.

[694] *EuGH,* 13.02.1979. Rs. 85/76, Hoffmann-La Roche / Kommission, Slg. 1979, 461 ff. Rdnr. 11.

können, zu beachten[695]. Es ist nicht erforderlich, dass das Verfahren sanktionsbewehrt ist, es kann sich auch um eine sonstige beschwerende Maßnahme handeln.

In der Rechtssache *Belgien / Kommission* (*Rs. 234/84*)[696] wandte sich die Klägerin gegen eine Entscheidung der *Kommission*, mit der diese feststellte, dass die von einer öffentlich-rechtlichen Gesellschaft einem Unternehmen gewährte Beihilfe mit Art. 92 EWGV unvereinbar sei. Der *Gerichtshof* stellte Folgendes fest:

> Die Gewährung des rechtlichen Gehörs sei in einem Verfahren, das zu einer den Betroffenen beschwerenden Maßnahme führen kann, ein fundamentaler Grundsatz des Gemeinschaftsrechts. Das rechtliche Gehör sei selbst dann sicherzustellen, wenn es keine einschlägigen Verfahrensregeln gebe[697]. Dieser Grundsatz gebiete es, dem betroffenen Mitgliedstaat Gelegenheit zu geben, zu den Äußerungen Stellung zu nehmen, die beteiligte Dritte abgegeben haben und auf die die *Kommission* ihre Entscheidung stützen will[698].

(4) Verwaltungsrechtliches Verfahren, das zur Versagung einer Vergünstigung führen kann

Dieser Grundsatz gilt aber auch in Verfahren, die zur Versagung von Vergünstigungen, wie etwa einer Zollbefreiung, führen können[699].

In der Rechtssache *Technische Universität München* hatte sich diese gegen von den deutschen Behörden festgesetzte Zölle für Mikroskope aus japanischer Herstellung gewehrt. Eine Zollbefreiung setzte voraus[700], dass in der Gemeinschaft keine „Geräte von gleichem wissenschaftlichen Wert" hergestellt werden. Der *EuGH* hob die Entscheidung der beigezogenen

[695] Vgl. *P. Szczekalla*, Allgemeine Rechtsgrundsätze, in: Rengeling, Handbuch zum europäischen und deutschen Umweltrecht (EUDUR), 2. Aufl. 2003, Bd. I, § 11 Rdnr. 6.

[696] *EuGH*, 10.07.1986, Rs. 234/84, Belgien / Kommission, Slg. 1986, 2263.

[697] *EuGH*, 10.07.1986, Rs. 234/84, Belgien / Kommission, Slg. 1986, 2263 ff. Rdnr. 27.

[698] *EuGH*, 10.07.1986, Rs. 234/84, Belgien / Kommission, Slg. 1986, 2263 ff. Rdnr. 27 ff. Siehe auch *EuGH*, 11.11.1987, Rs. 259/85, Frankreich / Kommission, Slg. 1987, 4393 und *EuGH*, 14.02.1990, Rs. 301/87, Frankreich / Kommission, Slg. 1990, I-307.

[699] Vgl. *P. Szczekalla*, Allgemeine Rechtsgrundsätze, in: Rengeling, Handbuch zum europäischen und deutschen Umweltrecht (EUDUR), 2. Aufl. 2003, Bd. I, § 11 Rdnr. 6 mit Verweis auf *EuGH*, 21.11.1991, Rs. C-269/90, Technische Universität München, Slg. 1991, I-5469.

[700] Vgl. Art. 3 Abs. 1 der damals geltenden Verordnung (EWG) 1798/75, ABl. Nr. L 193 vom 25.07.1975, S. 39–39.

Kommission[701] auf, welche sich auf das Votum einer Sachverständigengruppe gestützt hatte[702]. Er argumentierte dabei im Wesentlichen wie folgt:

> Wenn einem Gemeinschaftsorgan ein Beurteilungsspielraum zustehe, komme den verfahrensrechtlichen Garantien des Verwaltungsverfahrens besondere Bedeutung zu[703]. Diese Garantien umfassten insbesondere die Pflicht des zuständigen Organes, alle relevanten Aspekte des Einzelfalles sorgfältig und unvoreingenommen zu untersuchen sowie das Recht des Betroffenen auf rechtliches Gehör und die Pflicht, die Entscheidung angemessen zu begründen[704].

(5) Voruntersuchungsverfahren

Der Anspruch auf rechtliches Gehör kann auch in einem Voruntersuchungsverfahren, das einem sanktionsbewehrten Verwaltungsverfahren vorausgeht, zu beachten sein.

In der Rechtssache *Hoechst / Kommission*[705] hatte die *Kommission* eine Entscheidung erlassen, durch die gemäß Art. 14 der Verordnung Nr. 17 eine Nachprüfung bei der Hoechst AG angeordnet wurde. Die Klägerin erhob Nichtigkeitsklage gegen diese Entscheidung und gegen die nachfolgenden Zwangsgeldfestlegungen.

Bezüglich der Frage des rechtlichen Gehörs argumentierte der *EuGH*,

> dass der Anspruch auf rechtliches Gehör nicht nur in den Verwaltungsverfahren selbst, die zu Sanktionen führen können, beachtet werden müsse[706]. Vielmehr müsse auch verhindert werden, dass dieser Anspruch in nicht wieder gutzumachender Weise in Voruntersuchungsverfahren beeinträchtigt werde. Letztere könnten von entscheidender Bedeutung für die Erbringung von Beweisen für eine rechtswidrige Verhaltensweise eines Unternehmens sein und geeignet sein, deren Haftung zu begründen[707].

[701] Vgl. Art. 7 Abs. 2 der damals geltenden Verordnung (EWG), 2784/79, ABl. Nr. L 318 vom 13.12.1979, S. 32–32.

[702] Er überprüfte dabei deren Zusammensetzung, das Verfahren sowie die Begründung.

[703] *EuGH*, 21.11.1991, Rs. C-269/90, Technische Universität München, Slg. 1991, I-5469 ff. Rdnr. 14.

[704] *EuGH*, 21.11.1991, Rs. C-269/90, Technische Universität München, Slg. 1991, I-5469 ff. Rdnr. 14. Vgl. hierzu auch *S. Kadelbach*, Allgemeines Verwaltungsrecht unter europäischem Einfluß, 1999, S. 446: Die Ausübung normativer Spielräume wird durch Reichweite und Ziel der Ermächtigungsnorm, die Pflicht zur gewissenhaften Ermittlung des Sachverhaltes, Verfahrensvorschriften und allgemeine Grundsätze des Gemeinschaftsrechts begrenzt.

[705] *EuGH*, 21.09.1989, Rs. 46/87 und 227/88, Hoechst / Kommission, Slg. 1989, 2859.

[706] *EuGH*, 21.09.1989, Rs. 46/87 und 227/88, Hoechst / Kommission, Slg. 1989, 2859 ff. Rdnr. 15.

[707] *EuGH*, 21.09.1989, Rs. 46/87 und 227/88, Hoechst / Kommission, Slg. 1989, 2859 ff. Rdnr. 15.

In der Rechtssache *Orkem / Kommission*[708] generalisierte der *EuGH* diese Feststellungen aus dem Urteil in der Rechtssache *Hoechst / Kommission* und zog folgendes Fazit:

„Wenngleich sich somit bestimmte Verteidigungsrechte nur auf streitige Verfahren im Anschluß an eine Mitteilung der Beschwerdepunkte beziehen, so sind doch andere schon im Stadium der Voruntersuchung zu beachten."[709]

So auch das *EuG* in der Rechtssache *Société Générale / Kommission*:

„Die Wahrung der Verteidigungsrechte, die der Gerichtshof als tragenden Grundsatz der Rechtsordnung der Gemeinschaft angesehen hat, verlangt jedoch, daß bestimmte dieser Rechte schon im Stadium der Voruntersuchung beachtet werden."[710]

(6) Untersuchungsverfahren, das nur mittelbar zu einer beschwerenden Maßnahme führen kann

Der Grundsatz des rechtlichen Gehörs ist indessen nicht auf verwaltungsrechtliche Verfahren, die direkt zu Auswirkungen führen können und auf Voruntersuchungen zu solchen Verfahren beschränkt. Auch in Untersuchungsverfahren, die nur mittelbar zu einer Maßnahme führen, kann der Grundsatz des rechtlichen Gehörs Anwendung finden.

In der Rechtssache *Al-Jubail Fertilizer u.a. / Rat*[711] entschied der *EuGH*,

dass die Wahrung der Verteidigungsrechte als Grundsatz mit fundamentalem Charakter nicht nur in Verwaltungsverfahren gewährleistet sein müsse, die zu Sanktionen führen könnten, sondern auch in Untersuchungsverfahren wie denjenigen, die dem Erlass von Antidumpingverordnungen vorausgingen.[712] Zwar gälten diese Antidumpingverordnungen unmittelbar, sie könnten jedoch die betroffenen Unternehmen individuell berühren und nachteilige Auswirkungen auf diese haben.[713]

Die damalige Verordnung (EWG) Nr. 2176/84 des Rates vom 23. Juli 1984 über den Schutz gegen gedumpte oder subventionierte Einfuhren aus nicht zur Europäischen Wirtschaftsgemeinschaft gehörenden Ländern[714]

[708] *EuGH*, 18.10.1989, Rs. 374/87, Orkem / Kommission Slg. 1989, 3283 ff.

[709] *EuGH*, 18.10.1989, Rs. 374/87, Orkem / Kommission Slg. 1989, 3283 ff. Rdnr. 33.

[710] *EuG*, 08.03.1995, Rs. T-34/93, Société Générale / Kommission, Slg. 1995, II-545 ff. Rdnr. 73.

[711] *EuGH*, 27.06.1991, Rs. C-49/88, Al-Jubail Fertilizer u.a. / Rat, Slg. 1991, I-3187 ff.

[712] *EuGH*, 27.06.1991, Rs. C-49/88, Al-Jubail Fertilizer u.a. / Rat, Slg. 1991, I-3187 ff. Leitsätze.

[713] *EuGH*, 27.06.1991, Rs. C-49/88, Al-Jubail Fertilizer u.a. / Rat, Slg. 1991, I-3187 ff. Leitsätze.

[714] ABl. Nr. L 201 vom 30.07.1984, S. 1.

unterschied strikt zwischen dem Untersuchungsverfahren und dem Verwaltungsverfahren. Das Untersuchungsverfahren selbst führte nicht zu einer Sanktion, sondern ging lediglich dem Erlass einer Antidumpingverordnung voraus.

Der *EuGH* stellt somit in diesem Urteil nicht nur auf unmittelbare Folgen wie die Verhängung einer Sanktion, sondern auch auf künftige, mittelbar eintretende Nachteile ab.

(7) Entscheidung, deren wirtschaftliche Folgen Einzelne unmittelbar und individuell betreffen

Dritten kann jedoch auch dann rechtliches Gehör zu gewähren sein, wenn die wirtschaftlichen Folgen einer Entscheidung sie unmittelbar und individuell betreffen.

In der Rechtssache *Niederlande und Koninklijke PTT Nederland u.a. / Kommission*[715] wandten sich die Kläger gegen eine Entscheidung der *Kommission*, die beinhaltete, dass bestimmte Vorschriften des Niederländischen Postgesetzes gegen wettbewerbsrechtliche Vorschriften verstießen. Der *EuGH* äußerte sich zum Recht auf Anhörung wie folgt:

> In Verfahren, in denen die *Kommission* das Verhalten der Mitgliedstaaten gegenüber den öffentlichen Unternehmen überwache, erfordere der Grundsatz des rechtlichen Gehörs, dass nicht nur der betreffende Mitgliedstaat eine genaue und vollständige Darstellung der Beschwerdepunkte, die ihm zur Last gelegt werden, erhalte und dass ihm Gelegenheit gegeben werde, zu den Äußerungen beteiligter Dritter Stellung zu nehmen[716]. Auch „ein Unternehmen, das durch die streitige staatliche Maßnahme unmittelbar begünstigt wird und in ihr namentlich bezeichnet ist, hat einen Anspruch darauf, vor Erlaß der Entscheidung gehört zu werden, wenn es in dieser ausdrücklich genannt ist und von ihren wirtschaftlichen Folgen unmittelbar getroffen wird.“[717]

Im Unterschied zur vorhergehenden Rechtsprechung geht es hierbei also neben dem Recht des betroffenen Mitgliedstaates zusätzlich auch um das Recht des Dritten auf Anhörung.

Demgegenüber stand in den Rechtssachen *Belgien / Kommission* (*Rs.* 234/84)[718], *Frankreich / Kommission* (*Rs.* 259/85)[719] und *Frankreich /*

[715] *EuGH*, 12.02.1992, verb. Rs. C-48/90 und C-66/90 Niederlande und Koninklijke PTT Nederland u.a. / Kommission, Slg. 1992, I-565.

[716] *EuGH*, 12.02.1992, verb. Rs. C-48/90 und C-66/90 Niederlande und Koninklijke PTT Nederland u.a. / Kommission, Slg. 1992, I-565 ff. Rdnr. 50 ff, Leitsätze.

[717] *EuGH*, 12.02.1992, verb. Rs. C-48/90 und C-66/90 Niederlande und Koninklijke PTT Nederland u.a. / Kommission, Slg. 1992, I-565 ff. Leitsätze.

[718] *EuGH*, 10.07.1986, Rs. 234/84, Belgien / Kommission, Slg. 1986, 2263.

[719] *EuGH*, 11.11.1987, Rs. 259/85, Frankreich / Kommission, Slg. 1987, 4393.

Kommission (*Rs.* 301/87)[720] ausschließlich das Recht der Mitgliedstaaten auf Anhörung in Frage.

(8) Grenzen

Eine natürliche Grenze für die Gewährung rechtlichen Gehörs stellt die Unmöglichkeit ihrer Gewährung dar.

Unmöglichkeit in diesem Sinne liegt namentlich laut *Ulrich M. Gassner* dann vor, wenn die Gewährung objektiv unmöglich oder praktisch undurchführbar ist, weil der Betroffene den Zugang von Mitteilungen vorsätzlich vereitelt oder er tatsächlich nicht erreicht werden kann[721]. Vereitelt der Adressat den Zugang von Mitteilungen, begibt er sich selbst seines Rechtes auf Gewährung rechtlichen Gehörs. Allein die Möglichkeit, sich zu äußern, genügt den Anforderungen an die Gewährung rechtlichen Gehörs.

b) Inhalt und Ausprägungen des Anspruches auf rechtliches Gehör

(1) Zeitpunkt und Mitteilung

Für die Frage, wann rechtliches Gehör zu gewähren ist, kommt es auf die Kenntnis des Betroffenen an. Erst wenn der Betroffene von einem gegen ihn laufenden Verfahren und den hierin untersuchten Vorwürfen weiß, kann er sich dazu substantiiert äußern. Im Wettbewerbsrecht z.B. ist es üblich, dass der Betroffene über die Einleitung des Verfahrens erst mit der Mitteilung der Beschwerdepunkte förmlich unterrichtet wird[722].

(2) Das Erfordernis einer leistungsfähigen Verwaltung als Begrenzung des rechtlichen Gehörs

Die Effektivität des Verfahrens spielt für die Grenzen des rechtlichen Gehörs eine wichtige Rolle. Nach Generalanwalt *Jean-Pierre Warner* muss der Anspruch auf rechtliches Gehör zweifellos dem allgemeinen Vorbehalt

720 *EuGH*, 14.02.1990, Rs. 301/87, Frankreich / Kommission, Slg. 1990, I-307.

721 *U. M. Gassner*, DVBl. 1995, S. 16, 19.

722 Vgl. *U. M. Gassner*, DVBl. 1995, S. 16, 18. Der *Gerichtshof* beanstandet dies nicht (vgl. *EuGH*, 14.07.1972, Rs. 57/69, ACNA / Kommission, Slg. 1972, 933 ff. Rdnr. 12/14).

unterliegen, dass er mit den Erfordernissen einer leistungsfähigen Verwaltung vereinbar sein muss[723].

(a) Zweckvereitelung

Zweckvereitelung wäre ein solches Erfordernis. Für diese Konstellation liefert die Rechtssache *National Panasonic / Kommission* ein anschauliches Beispiel. Die *Kommission* hatte ein Nachprüfungsverfahren nach Art. 14 der Verordnung Nr. 17 bei einem Tochterunternehmen der Klägerin durchgeführt. Das betroffene Tochterunternehmen wurde vorher nicht gehört. Erst unmittelbar vor Beginn der Durchsuchung wurde diesem die förmliche Entscheidung übergeben. Generalanwalt *Jean-Pierre Warner* sah dies als nicht problematisch an. Wenn der Zweck der Entscheidung sonst vereitelt würde, sei eine Ausnahme vom Prinzip des rechtlichen Gehörs gerechtfertigt[724]. Der *EuGH* folgte GA Warner allerdings nur im Ergebnis. Die Begründung des *EuGH* lautete vielmehr dahingehend, dass die Nachprüfung ein unselbstständiges Zwischenverfahren sei, das nur der Sicherung von Beweisen diene[725]. In der Rechtssache *Hoechst / Kommission*[726] sah der *EuGH* die Frage des „Zwischenverfahrens" allerdings – wie oben dargelegt – bereits anders: es müsse verhindert werden, dass der Anspruch auf rechtliches Gehör in nicht wieder gutzumachender Weise in Voruntersuchungsverfahren beeinträchtigt werde[727]. Allerdings ging es hier nicht um eine Anhörung vor Erlass der Nachprüfungsentscheidung, sondern – u.a. – um die Anhörung vor Festsetzung eines Zwangsgeldes gegen ein Unternehmen, das die Duldung einer Nachprüfung im Rahmen der Verordnung Nr. 17 verweigerte. Der *EuGH* sprach dem Unternehmen kein solches Anhörungsrecht zu – u.a. mit folgender Begründung:

[723] *GA J.-P. Warner*, zu *EuGH*, 29.03.1979, Rs. 113/77, NTN Toyo Bearing / Rat, Slg. 1979, 1185, 1211 ff. (1262) mit Verweis auf Punkt 18 der Erläuterungen im Anhang der Resolution Nr. 77 (31) des Europarates (Resolution on the Protection of the Individual in relation to the Acts of Administrative Authorities).

[724] *GA J.-P. Warner*, zu *EuGH*, 26.06.1980, Rs. 136/79, National Panasonic / Kommission, Slg. 1980, 2033, 2061 ff. (2068 f.).

[725] *EuGH*, 26.06.1980, Rs. 136/79, National Panasonic / Kommission, Slg. 1980, 2033 ff. Rdnr. 21

[726] *EuGH*, 21.09.1989, verb. Rs. 46/87 und 227/88, Hoechst / Kommission, Slg. 1989, 2859 ff.

[727] Voruntersuchungsverfahren können von entscheidender Bedeutung für die Erbringung von Beweisen für eine rechtswidrige Verhaltensweise eines Unternehmens sein und geeignet sein, deren Haftung zu begründen. (*EuGH*, 21.09.1989, Rs. 46/87 und 227/88, Hoechst / Kommission, Slg. 1989, 2859 ff. Rdnr. 15. Siehe zu diesem Urteil auch oben, *Teil 2* – B.X.2.a)(5), S. 142. Vgl. im Übrigen *EuGH*, 18.10.1989, Rs. 374/87, Orkem / Kommission Slg. 1989, 3283 ff. Rdnr. 33).

„Würde man im übrigen verlangen, daß die genannten Anhörungen vor Erlaß einer Entscheidung zur Festsetzung eines Zwangsgelds gegen ein Unternehmen erfolgen, das die Duldung einer Nachprüfung verweigert hat, so würde dies dazu führen, daß der Erlaß dieser Entscheidung hinausgezögert und damit die Wirksamkeit der Nachprüfungsentscheidung in Frage gestellt würde.“ [728]

Diesem Argumentationsansatz liegt der Gedanke der Effizienz des Verwaltungsverfahrens zu Grunde. Durch Hinauszögern der Entscheidung würde der Zweck der Maßnahme – wenn auch nicht zwingend vereitelt – so doch jedenfalls wesentlich beeinträchtigt.

(b) Gefahr im Verzug

Grundsätzlich ist es auch denkbar, dass der Gewährung rechtlichen Gehörs die Konstellation einer Gefahr im Verzuge entgegenstehen kann.

In den mitgliedstaatlichen Rechtsordnungen wird das rechtliche Gehör zwar häufig für den Fall ausgeschlossen, dass Maßnahmen zur Abwendung einer konkreten Gefahr sofort getroffen werden müssen[729]. Wegen Gefahr im Verzug kann im Gemeinschaftsrecht rechtliches Gehör indessen wohl nur in Ausnahmefällen beschränkt werden[730]. *Jürgen Schwarze* nennt als Beispiel eine einstweilige Dienstenthebung im Beamtenrecht, die wegen des Verdachts von Unterschlagungen notwendig ist[731]. Die Beschränkung auf Ausnahmefälle ergibt sich zum einen aus den durch das Gemeinschaftsrecht geregelten Materien. Zum anderen folgt sie daraus, dass indirekter Vollzug des Gemeinschaftsrechts den gesetzlichen Regelfall darstellt. In der Regel vollziehen die Mitgliedstaaten das Gemeinschaftsrecht.

[728] *EuGH*, 21.09.1989, verb. Rs. 46/87 und 227/88, Hoechst / Kommission, Slg. 1989, 2859 ff. Rdnr. 57.

[729] *J. Schwarze*, Europäisches Verwaltungsrecht Bd. II, 1988, S. 1283.

[730] *U. M. Gassner*, DVBl. 1995, S. 16, 19; *J. Schwarze*, Europäisches Verwaltungsrecht Bd. II, 1988, S. 1283.

[731] *J. Schwarze*, Europäisches Verwaltungsrecht Bd. II, 1988, S. 1283 f. Mit Verweis auf die Möglichkeit des Art. 88 Beamtenstatut. Im Gegensatz zu Art. 87 Beamtenstatut können vorläufige Maßnahmen nach Art. 88 sofort, d.h. ohne Anhörung getroffen werden. Beamtenstatut: Verordnung Nr. 31 (EWG) und Nr. 11 (EAG) des Rates vom 18.12.1961 über das Statut der Beamten und über die Beschäftigungsbedingungen für die sonstigen Bediensteten der Europäischen Wirtschaftsgemeinschaft und der Europäischen Atomgemeinschaft, ABl. Nr. B 45 vom 14.06.1962, S. 1385–1386, nunmehr Verordnung (EWG, Euratom, EGKS) Nr. 259/68 des Rates vom 29.02.1968 zur Festlegung des Statuts der Beamten der Europäischen Gemeinschaften und der Beschäftigungsbedingungen für die sonstigen Bediensteten dieser Gemeinschaften sowie zur Einführung von Sondermaßnahmen, die vorübergehend auf die Beamten der Kommission anwendbar sind, ABl. Nr. L 56 vom 04.03.1968, S. 1–7 in der aktuellen Fassung.

(3) Umfang

Von der Frage, ob überhaupt rechtliches Gehör gewährt wird, ist die Frage zu unterscheiden, in welchem Umfang dies geschieht. Der konkrete Umfang der Anhörungspflicht hängt von verschiedenen Faktoren ab. Generelle Aussagen können hierzu kaum gemacht werden. Es kommt insbesondere auf die Rechtsnatur der Maßnahme an. Eine zentrale Rolle spielen aber auch bereichsspezifische Determinanten, die Intensität des Eingriffs sowie die Größe des eingeräumten Ermessensspielraumes[732].

Wie bereits angesprochen, ist rechtliches Gehör selbst dann sicherzustellen, wenn es keine einschlägigen Verfahrensregeln gibt[733]. Für einzelne Bereiche existieren jedoch recht umfangreiche Verfahrensvorschriften[734].

Der Umfang des rechtliches Gehörs zeigt sich typischerweise in der Frage, in welchem Ausmaß Akteneinsicht gewährt wird. Darauf wird weiter unten eingegangen werden[735].

(4) Konsequenzen bei Missachtung

Die Frage, wann, in welchem Umfang und unter der Abwägung mit welchen anderen entgegenstehenden Prinzipien rechtliches Gehör im Einzelfall konkret zu gewähren ist, stellt mithin die Gretchenfrage dar. Einfacher zu beantworten ist die Frage nach den Folgen bei Missachtung.

[732] *U. M. Gassner*, DVBl. 1995, S. 16, 18.

[733] *EuGH* 10.07.1986, Rs. 234/84, Belgien / Kommission, Slg. 1986, 2263 ff. Rdnr. 27. Vgl. auch *U. M. Gassner*, DVBl. 1995, S. 16, 18; *K. Lenaerts / J. Vanhamme*, CMLRev 34 (1997), S. 531, 534; *G. Gornig / C. Trüe*, JZ 2000, S. 395, 405.

[734] So z.B. Art. 19 Verordnung Nr. 17, ABl. Nr. P 13 vom 21.02.1962, S. 204–211, konkretisiert durch die Verordnung (EG) 2842/98 vom 22. Dezember 1998 über die Anhörung in bestimmten Verfahren nach Artikel 85 und 86 EG-Vertrag, ABl. Nr. L 354 vom 30.12.1998, S. 18–21. Ab dem 1. Mai 2004 gilt die Verordnung (EG) Nr. 1/2003, dort ist die Anhörung in Art. 27 normiert (Verordnung (EG) Nr. 1/2003 des Rates vom 16. Dezember 2002 zur Durchführung der in den Artikeln 81 und 82 des Vertrags niedergelegten Wettbewerbsregeln, ABl. Nr. L 1 vom 04.01.2003, S. 1–25). Art. 27 Verordnung (EG) Nr. 1/2003 weist ausdrücklich darauf hin, dass die Kommission ihre Entscheidung nur auf die Beschwerdepunkte stützt, zu denen sich die Parteien äußern konnten.

Art. 18 Verordnung (EWG) Nr. 4064/89 (ABl. Nr. L 395 vom 30.12.1989, S. 1–12 in der Fassung der aktuellen Änderungen) regelt die Anhörung im Fusionskontrollverfahren. Die Durchführungsverordnung Verordnung (EG) Nr. 447/98 (ABl. Nr. L 61 vom 02.03.1998, S. 1–28) enthält u.a. weitere Bestimmungen zur Anhörung.

Vgl. auch Art. 11 Verordnung (EG) Nr. 2026/97 (Verordnung (EG) Nr. 2026/97 des Rates vom 6. Oktober 1997 über den Schutz gegen subventionierte Einfuhren aus nicht zur Europäischen Gemeinschaft gehörenden Ländern, ABl. Nr. L 288 vom 21.10.1997, S. 1–33).

[735] Zum Akteneinsichtsrecht siehe unten, *Teil 2* – B.X.3.a), S. 152 ff.

In der Rechtssache *Belgien / Kommission* (*Rs. 234/84*)[736] äußerte sich der *EuGH* zu den Konsequenzen bei Missachtung des Anspruches auf rechtliches Gehör wie folgt:

> Der Anspruch auf rechtliches Gehör gebiete es, dem betroffenen Mitgliedstaat Gelegenheit zu geben, zu den Äußerungen Stellung zu nehmen, die beteiligte Dritte abgegeben haben und auf die die *Kommission* ihre Entscheidung stützen will[737]. Soweit die Gelegenheit hierzu nicht bestand, könne die *Kommission* die Informationen, die sich aus diesen Äußerungen ergeben, für ihre Entscheidung nicht heranziehen[738]. Die Aufhebung der Entscheidung sei jedoch dann nicht gerechtfertigt, wenn die Entscheidung bei ordnungsgemäßer Anhörung nicht anders ausgefallen wäre[739].

In der diesem Verfahren vergleichbaren Rechtssache *Frankreich / Kommission* (*Rs. 259/85*)[740] verwies der *EuGH* auf die Ausführungen in der Rechtssache *Belgien / Kommission* (*Rs. 234/84*)[741] und bestätigte ausdrücklich:

> „Eine solche Verletzung des rechtlichen Gehörs führt jedoch nur dann zu einer Nichtigerklärung, wenn das Verfahren ohne diese Verletzung zu einem anderen Ergebnis hätte führen können."[742]

Diese Rechtsprechung wurde in der Rechtssache *Frankreich / Kommission* (*Rs. 301/87*)[743] erneut bestätigt[744].

Es kommt somit darauf an, ob dieser Verfahrensfehler für das Ergebnis der Entscheidung beachtlich war. Wenn die Entscheidung bei ordnungsgemäßer Anhörung im Ergebnis nicht anders ausgefallen wäre, ist der Verfahrensfehler unbeachtlich.

Daraus ergibt sich auch, dass dem rechtlichen Gehör in den Fällen, in denen dem Entscheidungsträger ein Beurteilungsspielraum zusteht, besondere Bedeutung zukommen muss.

Je größer ein Beurteilungsspielraum ist, desto wahrscheinlicher ist es, dass in einer Anhörung bisher unberücksichtigte Aspekte vorgetragen

---

736 *EuGH*, 10.07.1986, Rs. 234/84, Belgien / Kommission, Slg. 1986, 2263.

737 *EuGH*, 10.07.1986, Rs. 234/84, Belgien / Kommission, Slg. 1986, 2263 ff. Rdnr. 27 ff.

738 *EuGH*, 10.07.1986, Rs. 234/84, Belgien / Kommission, Slg. 1986, 2263 ff. Rdnr. 29.

739 *EuGH*, 10.07.1986, Rs. 234/84, Belgien / Kommission, Slg. 1986, 2263 ff. Rdnr. 30.

740 *EuGH*, 11.11.1987, Rs. 259/85, Frankreich / Kommission, Slg. 1987, 4393 ff.

741 *EuGH*, 10.07.1986, Rs. 234/84, Belgien / Kommission, Slg. 1986, 2263 ff.

742 *EuGH*, 11.11.1987, Rs. 259/85, Frankreich / Kommission, Slg. 1987, 4393 ff. Rdnr. 13.

743 *EuGH*, 14.02.1990, Rs. 301/87, Frankreich / Kommission, Slg. 1990, I-307.

744 *EuGH*, 14.02.1990, Rs. 301/87, Frankreich / Kommission, Slg. 1990, I-307 ff. Rdnr. 29 ff.

werden, die das Ergebnis der Beurteilung beeinflussen. Im Nachhinein lässt sich dies jedoch kaum nachvollziehen. Auch kontrolliert der *Gerichtshof* die Handlungen der Organe in den Bereichen, in denen ihnen Ermessen zusteht, inhaltlich nur sehr zurückhaltend[745]. Als Gegengewicht betont er die formalen Garantien[746]. Der *EuGH* prüft die zu Grunde gelegten Tatsachen und die Einhaltung der einschlägigen Verfahrensvorschriften umso intensiver, je weiter ein von ihm angenommener Ermessensspielraum reicht[747].

Die Rechtsprechung lässt sich demnach dahingehend zusammenfassen, dass die Verletzung des rechtlichen Gehörs durchaus zu der Nichtigerklärung einer angefochtenen Entscheidung führen kann. Voraussetzung dafür ist, dass die Entscheidung bei ordnungsgemäßer Gewährung des rechtlichen Gehörs anders ausgefallen wäre[748]. Je größer der dem Entscheidungsträger zustehende Beurteilungsspielraum ist, desto wahrscheinlicher ist dies.

c) Verankerung des Rechtes auf Gehör in der Charta der Grundrechte

In Anbetracht der voraussichtlichen Entwicklungen des Gemeinschaftsrechts soll kurz darauf eingegangen werden, wie sich der allgemeine Rechtsgrundsatz des Anspruches auf Gewährung rechtlichen Gehörs in der Charta der Grundrechte wiederfindet.

Der Anspruch auf rechtliches Gehör ist in der GRC in Art. 41 Abs. 2 1. Spr. verankert. Danach hat jede Person das Recht, gehört zu werden, bevor ihr gegenüber eine für sie nachteilige, individuelle Maßnahme getroffen wird. Art. 41 GRC verbürgt allgemein das Recht auf eine gute Verwal-

[745] *C. O. Lenz*, EuGRZ 1993, S. 585, 589 mit Verweis auf *EuGH*, 21.11.1991, Rs. C-269/90, Technische Universität München, Slg. 1991, I-5469 ff. Rdnr. 14; zur Ermessenskontrolle siehe auch unten, *Teil 2* – C.VI.1.b)(4)., S. 244 ff.

[746] *C. O. Lenz*, EuGRZ 1993, S. 585, 589 mit Verweis auf *EuGH*, 21.11.1991, Rs. C-269/90, Technische Universität München, Slg. 1991, I-5469 ff. Rdnr. 14: Wenn einem Gemeinschaftsorgan ein Beurteilungsspielraum zusteht, kommt den verfahrensrechtlichen Garantien des Verwaltungsverfahrens besondere Bedeutung zu. Diese Garantien umfassen insbesondere die Pflicht des zuständigen Organes, alle relevanten Aspekte des Einzelfalles sorgfältig und unvoreingenommen zu untersuchen, sowie das Recht des Betroffenen auf rechtliches Gehör und die Pflicht, die Entscheidung angemessen zu begründen.

[747] *E. Pache*, DVBl. 1998, S. 380, 385.

[748] Siehe hierzu: *EuGH*, 11.11.1987, Rs. 259/85, Frankreich / Kommission, Slg. 1987, 4393 ff. Rdnr. 13; *EuGH*, 14.02.1990, Rs. 301/87, Frankreich / Kommission, Slg. 1990, I-307 ff. Rdnr. 29 ff.; *EuGH*, 10.07.1986, Rs. 234/84, Belgien / Kommission, Slg. 1986, 2263 ff. Rdnr. 30.

tung[749] und umfasst die wesentlichen Grundsätze des europäischen Verwaltungsverfahrensrechts[750]. Nach *Peter J. Tettinger* versprüht Art. 41 GRC allerdings in besonderer Weise den „Charme der Unbekümmertheit“[751]. Art. 41 GRC geht über die Garantien des Art. 6 EMRK hinaus, die sich im Übrigen auch in Art. 47 und 48 GRC wiederfinden[752].

Hinzukommt, dass Art. 52 Abs. 3 GRC bestimmt, dass, soweit die Charta Rechte enthält, die den durch die EMRK garantierten Rechten entsprechen, sie die gleiche Bedeutung und Tragweite haben, wie sie ihnen in der EMRK verliehen wird. Diese Bestimmung steht einem weitergehenden Schutz durch die Charta nicht entgegen. Der gewährleistete Schutz soll nur nicht geringer sein.

Nach den Erläuterungen des Präsidiums des Konvents entspricht Art. 48 GRC Art. 6 Abs. 2 und 3 EMRK. Art. 47 Abs. 2 und 3 GRC soll Art. 6 Abs. 1 EMRK entsprechen, allerdings kommt die Beschränkung des Art. 6 Abs. 1 EMRK[753] auf Streitigkeiten in Bezug auf zivilrechtliche Ansprüche und Verpflichtungen oder strafrechtliche Anklagen hier nicht zum Tragen[754].

In Zukunft dürfte es somit noch spannender werden, wie der *EuGH* und der *EGMR* „kooperieren“ werden. Der *EuGH* betrachtet die *EMRK* (lediglich) als Rechtserkenntnisquelle[755]. Ansonsten ist die Frage nach dem Verhältnis der EMRK zum Gemeinschaftsrecht nicht unbedingt einfach zu beantworten. Die Feststellung mancher Autoren, dass sich die Gemeinschaft

[749] Zum Recht auf eine gute Verwaltung vgl. *M. Lais*, Das Recht auf eine gute Verwaltung unter besonderer Berücksichtigung der Rechtsprechung des Europäischen Gerichtshofs, ZEuS 2002, S. 447 ff.

[750] Allgemein zu den Grundsätzen des Verwaltungsverfahrensrechts vgl. etwa: *G. Haibach*, Die Rechtsprechung des *EuGH* zu den Grundsätzen des Verwaltungsverfahrensrechts, NVwZ 1998, S. 456 ff.; *G. Gornig / C. Trüe*, Die Rechtsprechung des *EuGH* und des *EuG* zum Europäischen Verwaltungsrecht – Teil 1, 2, 3, JZ 2000, S. 395 ff., 446 ff., 501 ff.; *T. Schilling*, Bestand und allgemeine Lehren der bürgerschützenden allgemeinen Rechtsgrundsätze des Gemeinschaftsrechts, EuGRZ 2000, S. 3 ff.

[751] *P. J. Tettinger*, NJW 2001, S. 1010, 1014.

[752] Vgl. *P. J. Tettinger*, NJW 2001, S. 1010, 1014.

[753] Zur EMRK siehe auch unten, *Teil 2* – B.XI.6., S. 182 ff.

[754] Eine Auflistung der Artikel der GRC, denen dieselbe Bedeutung und Tragweite wie den entsprechenden Artikeln der EMRK zukommt und eine Auflistung der Artikel, die zwar dieselbe Bedeutung haben, deren Tragweite aber umfassender sein soll, findet sich in den Erläuterungen des Konventspräsidiums zum vollständigen Wortlaut der Charta (*Rat der Europäischen Union*, Charta der Grundrechte der Europäischen Union, Text der Erläuterungen zum vollständigen Wortlaut der Charta, Dezember 2000, Luxemburg 2001, einsehbar unter: http://db.consilium.eu.int\df\default.asp?lang=de; siehe auch NJW 2000 Beilage zu Heft 49).

[755] Besonders treffend herausgearbeitet hat dies *W. Weiß* (*W. Weiß*, Die Verteidigungsrechte im EG-Kartellverfahren, 1996, S. 23 ff.).

an die EMRK zu halten habe, war in dieser einfachen Form sicherlich nie richtig[756] und in Zukunft dürfte das Verhältnis noch komplizierter werden.

3. Teilaspekte des Anspruches auf Gewährung rechtlichen Gehörs

Nach diesen grundsätzlichen Ausführungen zum Anspruch auf rechtliches Gehör sollen nun dessen Teilaspekte näher betrachtet werden.

a) Recht auf Akteneinsicht

(1) Rechtsprechung des Gerichtshofes

Das Gemeinschaftsrecht behandelt das Akteneinsichtsrecht als einen Teilaspekt des Anspruches auf rechtliches Gehör. Es ist insofern ein notwendiges Korrelat, als dem Anspruch auf rechtliches Gehör zwingend eine Möglichkeit des Betroffenen entsprechen muss, sich im Vorfeld ausreichend zu informieren[757]. Der Betroffene kann seinen Anspruch auf rechtliches Gehör nur dann sinnvoll ausüben, wenn er weiß, auf welche Tatsa-

[756] Die Kritik richtet sich hier gegen eine „saloppe" Feststellung dieser Art. Selbstverständlich kann man dies und wird dies auch mit entsprechend guter Begründung vertreten. Eine umfassende Auseinandersetzung mit diesen Begründungsansätzen liefert *W. Weiß*, Die Verteidigungsrechte im EG-Kartellverfahren, 1996, S. 77 ff. Ergänzend sei hierzu noch angemerkt, dass auch Art. 6 Abs. 2 EU nur begrenzt als Begründung herangezogen werden kann. Er gilt eigentlich nur für den Rahmen des EU-Vertrages und gibt die übliche Formel des *EuGH* wieder, dass die Grundrechte allgemeine Rechtsgrundsätze des Gemeinschaftsrechts sind, die sich insbesondere aus der EMRK und den gemeinsamen Verfassungsüberlieferungen der Mitgliedstaaten ergeben. (A. A.: *C. Vedder*, der ausführt, dass Art. 6 Abs. 2 EU die Union verpflichte – handelnd in allen drei Säulen, also sowohl die EG als auch die EU im engeren Sinn binde (*C. Vedder*, Grundrechtsschutz in der Europäischen Union, in: Recht in Europa, 2003, S. 315, 317; zum Verhältnis von Unionsrecht und Gemeinschaftsrecht vgl. auch *C. Vedder*, EuR Beih. 1/1999, S. 7 ff.) Aus diesen unterschiedlichen dogmatischen Ansätzen ergeben sich jedoch keine praktischen Konsequenzen. Die Verpflichtung, die Art. 6 EU gegebenenfalls auch für die EG statuiert, kann jedenfalls nicht weiter gehen, als die in der Rechtsprechung des *EuGH* schon zuvor anerkannte Verpflichtung.

[757] Vgl. *J. Gundel*, Verfahrensgrundrechte, in: Europäische Grundrechte und Grundfreiheiten, 2003, § 18 Rdnr. 7; *J. Sedemund*, in: Schwarze, Europäisches Verwaltungsrecht im Werden, 1. Aufl. 1982, S. 48 f.

chen und Beweise die Behörde ihre Entscheidung stützen will. Er muss die zu seinen Lasten verwendeten Unterlagen kennen[758].

Das Akteneinsichtsrecht wird teilweise auch unter dem Gesichtspunkt eines allgemeinen Partizipationsrechts im Verwaltungsverfahren oder als ein allgemeines Informations- und Kontrollrecht behandelt[759]. Damit ist jedoch eigentlich das so genannte Recht auf Zugang zu Dokumenten gemeint[760]. Es handelt sich hierbei um eigenständige Informationsansprüche, die von dem letztendlich aus dem Anspruch auf ein faires Verfahren abzuleitenden Akteneinsichtsrecht strikt zu unterscheiden sind[761].

Da das Akteneinsichtsrecht als notwendiges Korrelat ein Teilaspekt des rechtlichen Gehörs ist, sind diese beiden Punkte auch in der Rechtsprechung des *Gerichtshofes* untrennbar miteinander verbunden. Die meisten Aussagen des *Gerichtshofes* zum rechtlichen Gehör betreffen das Akteneinsichtsrecht als Ausprägung des rechtlichen Gehörs. Sobald rechtliches Gehör zu gewähren ist, besteht ein Anspruch auf Akteneinsicht. Insofern

[758] *J. Gundel*, Verfahrensgrundrechte, in: Europäische Grundrechte und Grundfreiheiten, 2003, § 18 Rdnr. 7

[759] Vgl. etwa *J.-P. Hix*, Das Recht auf Akteneinsicht im europäischen Wirtschaftsverwaltungsrecht, 1992, S. 34 ff.

[760] Siehe hierzu unten, *Teil 2* – B.XIII.3., S. 206 ff. Zur Ergänzung sei darauf hingewiesen, dass für den Bereich des Kartellverwaltungsverfahrens teilweise auch zwischen dem Akteneinsichtsrecht des Hauptbetroffenen und dem Akteneinsichtsrecht des Drittbeteiligten bzw. Drittbetroffenen unterschieden wird (Etwa *G. Marcus*, Die Stellung der Betroffenen im EG-Kartellverfahren, 1993, S. 6 ff. und 20 ff. vgl. auch *W. Weiß*, Die Verteidigungsrechte im EG-Kartellverfahren, 1996, S. 210 ff.) Drittbeteiligte bzw. Drittbetroffene sind diejenigen Personen, die von einer in Aussicht gestellten Kommissionsentscheidung zwar betroffen werden, aber nicht zu den Adressaten gehören (vgl. *A. Gleiss / M. Hirsch*, EWG-Kartellrecht, 3. Aufl. 1978, Art. 19 VO Nr. 17 Rdnr. 74; *J. Kevekordes*, DB 1989, S. 2521, 2521). Im Kartellverwaltungsverfahren ist gemäß Art. 19 Abs. 2 der Verordnung Nr. 17, auch ein Anhörungsverfahren für Dritte vorgesehen (künftig Art. 27 Abs. 3 der Verordnung (EG) Nr. 1/2003 (Verordnung (EG) Nr. 1/2003 des Rates vom 16. Dezember 2002 zur Durchführung der in den Artikeln 81 und 82 des Vertrags niedergelegten Wettbewerbsregeln, ABl. Nr. L 1 vom 04.01.2003, S. 1–25). Auch scheint teilweise zu wenig differenziert zu werden, ob die Kommission lediglich zur Förderung des Verfahrens in der Praxis dafür sorgt, dass die Beschwerdeführer über die Stellungnahmen der Unternehmen, gegen die sich das Verfahren richtet, unterrichtet werden oder ob es sich um ein originäres Akteneinsichtsrecht handelt. Die Grenzen der Gewährung von Akteneinsicht und die Frage, wann ein originäres eigenes Recht des Beschwerdeführers auf Akteneinsicht vorliegt, scheinen nicht immer sauber voneinander getrennt zu werden. Vgl. deswegen zur Frage der Akteneinsicht des Beschwerdeführers nur *W. Weiß*, Die Verteidigungsrechte im EG-Kartellverfahren, 1996, S. 210 ff.

[761] *J. Gundel*, Verfahrensgrundrechte, in: Europäische Grundrechte und Grundfreiheiten, 2003, § 18 Rdnr. 16.

kann auf die oben aufgestellte Rechtsprechungsübersicht verwiesen werden[762].

Das Akteneinsichtsrecht wurde zunächst nicht als ein Recht des Betroffenen betrachtet, in sämtliche das Verfahren betreffende Akten Einsicht zu erlangen. Ein Recht auf volle Akteneinsicht existiert insoweit nicht. Das war insofern nicht unproblematisch, als die Behörde in der Regel nur die belastenden Unterlagen zur Begründung ihrer Entscheidung verwendet[763]. Die Akten können indessen durchaus entlastendes Beweismaterial enthalten. Gerade wenn die Behörde das entlastende Material nicht berücksichtigt hat, hatte der Betroffene ein umso höheres Interesse, dass ihm dieses Material zur Verfügung gestellt wird[764].

Zunächst sah die entsprechende Praxis der *Kommission* im Wettbewerbsrecht wie folgt aus: Die Schriftstücke, auf die sich die Beschwerdepunkte stützen, wurden in Kopie als Anlage beigefügt oder die *Kommission* stellte eine entsprechende Akte zusammen, in die auf Antrag Einsicht genommen werden konnte[765].

Der *Gerichtshof* billigte dies auch zunächst. Er forderte insbesondere keine vollständige Akteneinsicht. Er gewährte ein Akteneinsichtsrecht insoweit, wie die Einsicht in die Unterlagen für die Verteidigung notwendig ist. Dazu sollten im Kartellverfahren alle wesentlichen Ermittlungsergebnisse gehören, auf die sich die Feststellungen der *Kommission* in den Beschwerdepunkten stützen[766]. Er stellte damit darauf ab, ob die zur Einsicht zur Verfügung gestellten Unterlagen die Entscheidung trugen[767]. Die Unterlagen, die von der Einsichtnahme ausgeschlossen waren, konnten nicht verwertet werden. In der Rechtssache *Hoffmann-LaRoche / Kommission*[768] stellte der *Gerichtshof* hierzu fest, dass, soweit keine Akteneinsicht gewährt wurde, die Unterlagen auch nicht zu Lasten des betroffenen Unternehmens verwertet werden dürften[769].

[762] Siehe oben, *Teil 2* – B.X.2.a), S. 139 ff.

[763] *J. Sedemund*, in: Schwarze, Europäisches Verwaltungsrecht im Werden, 1. Aufl. 1982, S. 49.

[764] Vgl. *J. Sedemund*, in: Schwarze, Europäisches Verwaltungsrecht im Werden, 1. Aufl. 1982, S. 49.

[765] *K. L. Ritter*, in: Immenga / Mestmäcker, EG-Wettbewerbsrecht, 1. Auflage 1997-2001, VO 17 Art. 19 Rdnr. 13.

[766] *A. Weber*, Das Verwaltungsverfahren, in: Schweitzer, Europäisches Verwaltungsrecht, 1991, S. 80 mit Verweis auf *EuGH*, 15.07.1970, Rs. 44/69, Buchler / Kommission, Slg. 1970, 733 ff. Rdnr. 9.

[767] *K. L. Ritter*, in: Immenga / Mestmäcker, EG-Wettbewerbsrecht, 1. Auflage 1997-2001, VO 17 Art. 19 Rdnr. 14.

[768] *EuGH*, 13.02.1979, Rs. 85/76, Hoffmann-LaRoche / Kommission, Slg. 1979, 461.

[769] *EuGH*, 13.02.1979, Rs. 85/76, Hoffmann-LaRoche / Kommission, Slg. 1979, 461 ff. Rdnr. 14.

Nachdem der *Gerichtshof* seine Rechtsprechung in Wettbewerbsachen änderte, stellte die *Kommission* ihre Praxis um. Sie fasste die in der Rechtsprechung herausgearbeiteten Grundsätze zur Handhabung des Akteneinsichtsrechts in einer Mitteilung zusammen[770]. Es wird nicht länger danach unterschieden, welchen Beweiswert die Aktenteile für den Betroffenen haben.

Aus dieser Mitteilung ergibt sich auch der übliche Ablauf des Anhörungsverfahrens: Den Betroffenen, also den Empfängern einer Mitteilung von Beschwerdepunkten, wird im Anschluss an die Mitteilung der Beschwerdepunkte Einsicht in die „Ermittlungsakte" garantiert. Der Inhalt der „Ermittlungsakte" wird in einem Verzeichnis aufgelistet und nach einsehbaren und nicht einsehbaren Schriftstücken eingestuft[771]. Die *Kommission* richtet sich hierbei nach der aktuellen Rechtsprechung; zu diesem Verzeichnis gehören alle Unterlagen, unabhängig davon, welchen Beweiswert ihnen die *Kommission* zumisst, ob sie also belastender oder entlastender Natur sind oder irrelevant erscheinen.

Es kommt dabei auf den Beweiswert für die Verteidigung an[772]. Die *Kommission* darf nicht selbst entscheiden, welche Schriftstücke sie für entlastend hält[773].

Grundsätzlich ist Einsicht in alle zu der Ermittlungsakte der Generaldirektion Wettbewerb gehörenden Unterlagen zu gewähren. Hiervon ausgenommen sind lediglich die in der Rechtssache *Hercules Chemicals / Kommission*[774] genannten Dokumente: Geschäftsgeheimnisse anderer Unternehmer, interne Schriftstücke der *Kommission* und andere vertrauliche Informationen[775]. Im Verfahren nach den Art. 81 und Art. 82 EG gibt es zusätz-

[770] Mitteilung der Kommission über interne Verfahrensvorschriften für die Behandlung von Anträgen auf Akteneinsicht in Fällen einer Anwendung der Artikel 85 und 86 EG-Vertrag, der Artikel 65 und 66 EGKS-Vertrag und der Verordnung (EWG) Nr. 4064/89 des Rates, ABl. Nr. C 23 vom 23.01.1997, S. 3–9.

[771] *K. L. Ritter*, in: Immenga / Mestmäcker, EG-Wettbewerbsrecht, 1. Auflage 1997-2001, VO 17 Art. 19 Rdnr. 16.

[772] *EuG*, 29.06.1995, Rs. T-30/91, Solvay / Kommission, Slg. 1995, II-1775 ff. Rdnr. 81; vgl. auch *EuG*, 17.12.1991, Rs. T-7/89, Hercules Chemicals / Kommission, Slg. 1991, II-1711 ff. Rdnr. 54.

[773] *EuG*, 29.06.1995, Rs. T-36/91, ICI / Kommission, Slg. 1995, II-1847 ff. Rdnr. 93 und 111.

[774] *EuG*, 17.12.1991, Rs. T-7/89, Hercules Chemicals / Kommission, Slg. 1991, II-1711 ff. Rdnr. 54.

[775] Mitteilung der Kommission über interne Verfahrensvorschriften für die Behandlung von Anträgen auf Akteneinsicht in Fällen einer Anwendung der Artikel 85 und 86 EG-Vertrag, der Artikel 65 und 66 EGKS-Vertrag und der Verordnung (EWG) Nr. 4064/89 des Rates, ABl. Nr. C 23 vom 23.01.1997, S. 3. Entsprechend lauten nunmehr Art. 27 Abs. 2 S. 2 und 3 Verordnung (EG) Nr. 1/2003 wie folgt: Die Parteien haben

lich zu den eigentlichen Ermittlungsakten noch eine Sammlung interner, nicht einsehbarer Schriftstücke über anhängige Fälle[776]. Die internen Schriftstücke sind kein Bestandteil der Ermittlungsakten. Als interne Schriftstücke gelten etwa dienstliche Ermittlungsaufträge und Anweisungen zur Bearbeitung, Anhörungen der übrigen Kommissionsdienststellen, Schriftverkehr mit anderen Behörden, Entwürfe und sonstige Arbeitspapiere sowie Verträge über die Gewährung technischer Unterstützung[777]. Die Sonderregelung bezüglich dieser Art von Aktenstücken ist dadurch gerechtfertigt, dass sie unter keinen Umständen für die Verteidigung des zur Akteneinsicht Berechtigten relevant sein können[778]. Daraus folgt auch, dass relevante Unterlagen keine „internen Schriftstücke“ sein können[779].

Kernproblem der Gewährung von Akteneinsicht ist es somit, die gegenläufigen Verpflichtungen aus den Verteidigungsrechten der Betroffenen einerseits und aus der Wahrung des Berufsgeheimnisses andererseits in Einklang zu bringen[780].

(2) Charta der Grundrechte

Ergänzend soll nun wiederum ein Blick auf die Charta der Grundrechte geworfen werden. Auf den ersten Blick ist nicht eindeutig, an welchem Punkt das Akteneinsichtsrecht in der Charta der Grundrechte kodifiziert ist.

Recht auf Einsicht in die Akten der Kommission, vorbehaltlich des berechtigten Interesses von Unternehmen an der Wahrung ihrer Geschäftsgeheimnisse. Von der Akteneinsicht ausgenommen sind vertrauliche Informationen sowie interne Schriftstücke der Kommission und der Wettbewerbsbehörden der Mitgliedstaaten. (Verordnung (EG) Nr. 1/2003 des Rates vom 16. Dezember 2002 zur Durchführung der in den Artikeln 81 und 82 des Vertrags niedergelegten Wettbewerbsregeln, ABl. Nr. L 1 vom 04.01.2003, S. 1–25).

[776] Mitteilung der Kommission über interne Verfahrensvorschriften für die Behandlung von Anträgen auf Akteneinsicht in Fällen einer Anwendung der Artikel 85 und 86 EG-Vertrag, der Artikel 65 und 66 EGKS-Vertrag und der Verordnung (EWG) Nr. 4064/89 des Rates, ABl. Nr. C 23 vom 23.01.1997, S. 7.

[777] Mitteilung der Kommission über interne Verfahrensvorschriften für die Behandlung von Anträgen auf Akteneinsicht in Fällen einer Anwendung der Artikel 85 und 86 EG-Vertrag, der Artikel 65 und 66 EGKS-Vertrag und der Verordnung (EWG) Nr. 4064/89 des Rates, ABl. Nr. C 23 vom 23.01.1997, S. 7; kritisch zu der Sammlung interner, nicht einsehbarer Schriftstücke *M. Levitt*, ECLRev 18 (1997), 187, 189 f. *A. Creus Carreras / B. Uriarte Valiente*, W. Comp. 21 (1998), S. 5, 9; vgl. auch *Å. Erlandsson*, LIEI 25 (1998), 139, 179.

[778] *G.-K. de Bronett*, WuW 1997, S. 383, 389.

[779] *G.-K. de Bronett*, WuW 1997, S. 383, 389.

[780] Siehe dazu unten, *Teil 2* – B.XI., S. 170 ff.

Teilweise wird Art. 41 Abs. 2 2. Spr. GRC genannt[781]. Dort heißt es, jede Person habe das Recht auf Zugang zu den sie betreffenden Akten unter Wahrung des legitimen Interesses der Vertraulichkeit und des Berufs- und Geschäftsgeheimnisses.

Diese Einordnung ist nicht zwingend. Das klassische Akteneinsichtsrecht könnte auch weiterhin als Korrelat des rechtlichen Gehörs in Art. 41 Abs. 2 1. Spr. GRC verankert sein.

Es könnte sich bei Art. 41 Abs. 2 2. Spr. GRC um ein spezielles Recht auf Zugang zu Dokumenten handeln. Im Zusammenspiel mit Art. 42 GRC würde nunmehr zwischen Zugang zu Dokumenten des Europäischen Parlamentes, des Rates und der *Kommission* im Allgemeinen (Art. 42 GRC) und Zugang zu den eine Person direkt betreffenden Dokumenten (Art. 41 Abs. 2 2. Spr. GRC) im Speziellen unterschieden werden.

Dafür spricht, dass Art. 41 Abs. 2 2. Spr. GRC von den Voraussetzungen erheblich weiter gefasst ist als das sich aus den allgemeinen Rechtsgrundsätzen ergebende klassische „Akteneinsichtsrecht". Als Korrelat des Anspruches auf rechtliches Gehör ergeben sich die Voraussetzungen des eigentlichen Akteneinsichtsrechts notwendigerweise derivativ aus den Voraussetzungen des Anspruches auf rechtliches Gehör. Art. 41 Abs. 2 2. Spr. GRC ist aber weiter gefasst als Art. 41 Abs. 2 1. Spr. GRC. *Peter Szczekalla* etwa nennt das in Art. 41 Abs. 2 2. Spr. GRC kodifizierte Recht „Zugang zu Akten" und führt Art. 42 GRC als Kodifizierung des „Zugangs zu Dokumenten" als allgemeine Vorschrift an[782].

Demnach könnte man auch im Rahmen der Charta der Grundrechte das Akteneinsichtsrecht als Teilaspekt des rechtlichen Gehörs unter Art. 41 Abs. 2 1. Spr. GRC behandeln.

Dagegen spricht allerdings die spezielle Bezugnahme auf „Akten" in Art. 41 Abs. 2 2. Spr. GRC. Es liegt durchaus nahe, dass mit Art. 41 Abs. 2 2. Spr. GRC das klassische Akteneinsichtsrecht zumindest auch gemeint ist. Soweit Art. 41 Abs. 2 2. Spr. GRC weitere Voraussetzungen als das rechtliche Gehör aufstellt, kann damit allerdings nicht mehr das „klassische" Akteneinsichtsrecht gemeint sein.

Im Übrigen dürfte das Akteneinsichtsrecht zusätzlich auch innerhalb der justitiellen Rechte des Art. 47 und Art. 48 GRC anzusiedeln sein. Nach den Erläuterungen des Präsidiums des Konvents entspricht Art. 48 GRC Art. 6 Abs. 2 und 3 EMRK. Art. 47 Abs. 2 und 3 GRC soll Art. 6 Abs. 1 EMRK entsprechen – mit Ausnahme der Beschränkung auf zivilrechtliche

[781] *M. Lais*, ZEuS 2002, S. 447, 466.

[782] *P. Szczekalla*, Allgemeine Rechtsgrundsätze, in: Rengeling, Handbuch zum europäischen und deutschen Umweltrecht (EUDUR), 2. Aufl. 2003, Bd. I, § 11 Rdnr. 64 und Fn. 249.

Streitigkeiten und strafrechtliche Anklagen[783]. Im Rahmen der EMRK ist das Akteneinsichtsrecht durch Art. 6 Abs. 3 lit. b EMRK verbürgt[784].

Letztendlich kommt es für diese Arbeit allerdings nicht darauf an, wo genau das Akteneinsichtsrecht in der GRC zu verankern ist. Jedenfalls wird man nicht davon ausgehen können, dass das klassische Akteneinsichtsrecht inhaltlich nunmehr im Rahmen der GRC andere Voraussetzungen haben soll, als sich dies aus den allgemeinen Rechtsgrundsätzen ergibt.

b) Das Recht, Zeugen zu benennen und vernehmen zu lassen

(1) Rechtsprechung des Gerichtshofes

Einen weiteren Aspekt des rechtlichen Gehörs stellt die Möglichkeit dar, seine Sache in möglichst effektiver Art und Weise vortragen zu können. Dazu gehört es auch, Zeugen zu benennen und vernehmen lassen zu können. Dementsprechend enthält für Kartellordnungswidrigkeitenverfahren Art. 4 Abs. 2 S. 2 Verordnung (EG) Nr. 2842/98[785] das Recht, der *Kommission* die Anhörung von Personen vorzuschlagen, die den Vortrag des Betroffenen bestätigen können. Soweit ersichtlich, hat der *EuGH* bislang zu dem Problem einer Verpflichtung der *Kommission* zur Zeugenvernehmung aus Art. 4 Abs. 2 S. 2 Verordnung (EG) Nr. 2842/98 respektive zu dem gleich lautenden damaligen Art. 3 Abs. 3 Verordnung Nr. 99/63[786] nicht Stellung genommen[787]. Bei den entsprechenden Entscheidungen lagen entweder die Voraussetzungen des damaligen Art. 3 Abs. 3 Verordnung Nr. 99/63 nicht vor oder es ging um die Zuziehung in einer mündlichen Anhörung nach Art. 7 Abs. 1, Art. 8 f. Verordnung Nr. 99/63. Der *EuGH* scheint letztere Frage auch eher unter dem Aspekt der vollständigen Aufklärung des Sachverhaltes zu behandeln[788].

[783] *Rat der Europäischen Union*, Charta der Grundrechte der Europäischen Union, Text der Erläuterungen zum vollständigen Wortlaut der Charta, Dezember 2000, Luxemburg 2001, einsehbar unter: http://db.consilium.eu.int\df\default.asp?lang=de; siehe auch NJW 2000 Beilage zu Heft 49.

[784] Siehe hierzu auch unten, *Teil 2* – B.XI.6.c)(1), S. 187 ff.

[785] Verordnung (EG) Nr. 2842/98 der Kommission vom 22. Dezember 1998 über die Anhörung in bestimmten Verfahren nach Artikel 85 und 86 EG-Vertrag, ABl. Nr. L 354 vom 30.12.1998, S. 18–21.

[786] Verordnung Nr. 99/63/EWG der Kommission vom 25. Juli 1963 über die Anhörung nach Artikel 19 Absätze (1) und (2) der Verordnung Nr. 17 des Rates, ABl. Nr. P 127 vom 20.08.1963, S. 2268–2270.

[787] *W. Weiß*, Die Verteidigungsrechte im EG-Kartellverfahren, 1996, S. 322.

[788] *W. Weiß*, Die Verteidigungsrechte im EG-Kartellverfahren, 1996, S. 321.

Auch in der Durchführungsverordnung zur Fusionskontrolle gibt es eine entsprechende Vorschrift. Art. 13 Abs. 4 S. 3 Verordnung (EG) Nr. 447/98[789] ist insofern gleich lautend wie Art. 4 Abs. 2 S. 2 a.E. Verordnung (EG) Nr. 2842/98. Soweit ersichtlich, gibt es hierzu jedoch keine Rechtsprechung.

Das allerdings nur begrenzt vergleichbare Beamtenrecht sieht vor, dass sich der Beamte vor dem Disziplinarrat schriftlich oder mündlich äußern kann sowie das Recht hat, Zeugen zu benennen und sich des Beistandes eines von ihm gewählten Verteidigers zu bedienen[790]. Die Rechtsprechung zu diesem Punkt kann man dahingehend deuten, dass einem entsprechenden Antrag grundsätzlich stattzugeben ist, wenn die Tatsachen, über die der Zeuge gehört werden soll, und die die Vernehmung rechtfertigenden Gründe klar angegeben werden[791]. Allerdings ist eine Ablehnung aus bestimmten Gründen möglich. Der Inhalt solcher Gründe geht aus der Rechtsprechung nicht eindeutig hervor[792]. Es ist lediglich naheliegend, dass eine Ablehnung möglich sein muss, wenn etwa die Zeugen über völlig irrelevante Tatsachen aussagen sollen oder die zu beweisenden Tatsachen bereits bewiesen sind[793].

Was das Verfahren vor dem *EuGH* selbst betrifft, enthält die VerfO EuGH folgende Bestimmungen, die Zeugen betreffen: Gemäß Art. 47 § 1 VerfO EuGH lädt der *Gerichtshof* die Zeugen auch auf Antrag der Parteien. Die Partei hat in ihrem Antrag die Tatsachen zu bezeichnen, über die die Vernehmung stattfinden soll, und die Gründe anzugeben, die die Vernehmung rechtfertigen. Wurde die Vernehmung eines Zeugen von einer Partei beantragt, kann der *Gerichtshof* die Ladung des Zeugen davon abhängig machen, dass die Partei bei der Kasse des *Gerichtshofes* einen

[789] Verordnung (EG) Nr. 447/98 der Kommission vom 1. März 1998 über die Anmeldungen, über die Fristen sowie über die Anhörung nach der Verordnung (EWG) Nr. 4064/89 des Rates über die Kontrolle von Unternehmenszusammenschlüssen ABl. Nr. L 61 vom 02.03.1998, S. 1–28.

[790] Art. 4 Abs. 2 Anhang IX zum Beamtenstatut; Verordnung Nr. 31 (EWG) und Nr. 11 (EAG) des Rates vom 18.12.1961 über das Statut der Beamten und über die Beschäftigungsbedingungen für die sonstigen Bediensteten der Europäischen Wirtschaftsgemeinschaft und der Europäischen Atomgemeinschaft, ABl. Nr. B 45 vom 14.06.1962, S. 1385–1386, nunmehr Verordnung (EWG, Euratom, EGKS) Nr. 259/68 des Rates vom 29.02.1968 zur Festlegung des Statuts der Beamten der Europäischen Gemeinschaften und der Beschäftigungsbedingungen für die sonstigen Bediensteten dieser Gemeinschaften sowie zur Einführung von Sondermaßnahmen, die vorübergehend auf die Beamten der Kommission anwendbar sind, ABl. Nr. L 56 vom 04.03.1968, S. 1–7 in der aktuellen Fassung.

[791] *W. Weiß*, Die Verteidigungsrechte im EG-Kartellverfahren, 1996, S. 323.

[792] *W. Weiß*, Die Verteidigungsrechte im EG-Kartellverfahren, 1996, S. 323.

[793] Vgl. *W. Weiß*, Die Verteidigungsrechte im EG-Kartellverfahren, 1996, S. 323.

Vorschuss zur Deckung der voraussichtlichen Kosten hinterlegt (Art. 47 § 3 VerfO EuGH). Vorschriften zu Ablehnung eines Vernehmungsantrages sind nicht enthalten. Die VerfO EuG lautet entsprechend[794]. Vor dem *Gerichtshof* finden Zeugenaussagen allerdings eher selten statt. Der *EuGH* versucht meistens, den Sachverhalt außer Streit zu stellen. Zeugenaussagen werden in der Regel eigentlich nur bei Schadensersatzfällen relevant. Im Wettbewerbsrecht etwa trägt die *Kommission* die Beweislast für den Wettbewerbsverstoß der betroffenen Unternehmen[795]. Und bei Vorabentscheidungsverfahren folgt bereits aus ihrer Natur, dass die Sachverhaltsermittlung ausschließlich bei den nationalen Gerichten liegt.

Mit Blick auf die verschiedenen Rechtsgebiete lässt sich zusammenfassend feststellen, dass eindeutige Aussagen der Rechtsprechung zu dem Recht, Zeugen zu benennen und vernehmen zu lassen, fehlen.

Im Wege der üblichen Herleitung[796] mittels der gemeinsamen Verfassungsüberlieferungen der Mitgliedstaaten und unter Berücksichtigung der internationalen Verträge über den Schutz der Menschenrechte, bei denen die Mitgliedstaaten Vertragsparteien sind[797], kann man aber davon ausgehen, dass dieses Recht ebenfalls einen allgemeinen Rechtsgrundsatz darstellt[798]. Schließlich ist dieses Recht ein zwingender Bestandteil des rechtlichen Gehörs.

(2) Charta der Grundrechte

Auch die Charta der Grundrechte enthält keine ausdrücklichen Aussagen zum Recht, Zeugen zu benennen und vernehmen zu lassen. Als Teilaspekt des rechtlichen Gehörs wird man dieses Recht bei Art. 41 Abs. 2 1.

[794] Siehe Art. 68 § 1 und 3 VerfO EuG.

[795] Vgl. etwa *V. Emmerich*, in: Immenga / Mestmäcker, EG-Wettbewerbsrecht, 1. Aufl. 1997–2001, Art. 85 EGV Rdnr. 124. Siehe auch die Neuregelung: Gemäß Art. 2 Verordnung (EG) Nr. 1/2003 obliegt in allen einzelstaatlichen und gemeinschaftlichen Verfahren zur Anwendung der Art. 81 und 82 EG die Beweislast für eine Zuwiderhandlung gegen Art. 81 Abs. 1 oder Art. 82 EG der Partei oder der Behörde, die diesen Vorwurf erhebt. Die Beweislast dafür, dass die Voraussetzungen des Art. 81 Abs. 3 EG vorliegen, obliegt den Unternehmen oder Unternehmensvereinigungen, die sich auf diese Bestimmung berufen. (Verordnung (EG) Nr. 1/2003 des Rates vom 16. Dezember 2002 zur Durchführung der in den Artikeln 81 und 82 des Vertrags niedergelegten Wettbewerbsregeln, ABl. Nr. L 1 vom 04.01.2003, S. 1–25).

[796] Siehe hierzu oben, *Teil 2* – B.X.1.a), S. 130 ff.

[797] *EuGH*, Rs. 4/73, Nold / Kommission, Slg. 1974, 491 ff. Rdnr. 13; siehe auch *EuGH*, 12.11.1969, Stauder, Rs. 29/69, Slg. 1969, 419, 425; *A. Bleckmann*, Europarecht, 6. Aufl. 1997, Rdnr. 572 ff.; Vgl. auch Art. 6 Abs. 2 EU für den Rahmen der Europäischen Union.

[798] Vgl. *W. Weiß*, Die Verteidigungsrechte im EG-Kartellverfahren, 1996, S. 327 ff.

Spr. GRC und zusätzlich bei den justiziellen Rechten in Art. 47 Abs. 2 S. 1 GRC und Art. 48 GRC als Ausdruck des fairen Verfahrens[799] ansiedeln müssen. Nach den Erläuterungen des Präsidiums des Konvents entspricht Art. 48 GRC Art. 6 Abs. 2 und 3 EMRK[800]. Im Rahmen der EMRK ist das Recht, Zeugen zu benennen und vernehmen zu lassen durch Art. 6 Abs. 3 lit. d EMRK verbürgt[801].

4. Rechtliches Gehör und die Tätigkeit des OLAF

Nachdem nunmehr Grundsätzliches zum Anspruch auf Gewährung rechtlichen Gehörs als allgemeiner Rechtsgrundsatz – auch unter Berücksichtigung der Charta der Grundrechte – gesagt wurde, sollen diese allgemeinen Überlegungen auf die Tätigkeit von *OLAF* übertragen werden.

a) OLAF-Untersuchungsverfahren als Anwendungsfall des rechtlichen Gehörs

Eine Übertragung der genannten Anwendungsfälle auf das OLAF-Untersuchungsverfahren erscheint zunächst schwierig. Aus dem OLAF-Untersuchungsverfahren resultieren gerade keine direkten nachteiligen Sanktionen für die Personen, gegen die die Untersuchung geführt wird. Das OLAF-Untersuchungsverfahren schließt gerade nicht mit einer Entscheidung. Die OLAF-Untersuchungen haben keine direkten Konsequenzen. *OLAF* ist nicht befugt, aufgrund seiner Untersuchungsergebnisse eine sanktionsbewehrte Entscheidung zu treffen. *OLAF* kann nur entsprechende Folgemaßnahmen empfehlen.

Man muss jedoch bedenken, dass das OLAF-Untersuchungsverfahren zumindest mittelbar zu strafrechtlichen Sanktionen führen kann, die nach nationalem Recht verhängt werden. Wie mittlerweile auch in Art. 280 Abs. 2 EG niedergelegt, sind die Mitgliedstaaten verpflichtet, die gleichen Maßnahmen zu ergreifen, die sie auch zur Bekämpfung von Betrügereien ergreifen, die sich gegen ihre eigenen finanziellen Interessen richten. Wie der *Gerichtshof* im „Griechischen Maisskandal"-Fall betonte, ist bei

[799] Vgl. hierzu *E. Pache*, NJW 2001, S. 1342, 1344.

[800] *Rat der Europäischen Union*, Charta der Grundrechte der Europäischen Union, Text der Erläuterungen zum vollständigen Wortlaut der Charta, Dezember 2000, Luxemburg 2001, einsehbar unter: http://db.consilium.eu.int\df\default.asp?lang=de; siehe auch NJW 2000 Beilage zu Heft 49.

[801] Siehe hierzu unten, *Teil 2* – B.XI.6.c)(2), S. 191 ff.

Verstößen gegen das Gemeinschaftsrecht nach analogen[802] verfahrensrechtlichen Regeln vorzugehen wie bei nach der Art und Schwere gleichartigen Verstößen gegen nationales Recht[803]. Die nationalen Stellen sind verpflichtet, gegen Gemeinschaftsrechtsverstöße mit derselben Sorgfalt vorzugehen, die sie bei Verstößen gegen nationale Rechtsvorschriften walten ließen[804]. Wenn ein OLAF-Untersuchungsbericht somit genügend Anhaltspunkte für einen Verstoß gegen Gemeinschaftsrecht zu Lasten der finanziellen Interessen der Europäischen Gemeinschaft liefert, sind die nationalen Behörden in dem gleichen Maße zur Verfolgung verpflichtet, wie sich dies bei Anhaltspunkten für einen Verstoß gegen nationales Recht nach nationalem Recht ergeben würde. Die Intensität der Anhaltspunkte, die eine Verfolgung erfordert, ist bei einem Verstoß gegen Gemeinschaftsrecht genau so hoch wie bei einem Verstoß gegen nationales Recht.

In Deutschland beispielsweise wären die Verdachtsstufen nach deutschem Recht relevant. Das sind Anfangsverdacht, hinreichender Tatverdacht und dringender Tatverdacht[805]. Ein Anfangsverdacht beinhaltet die Möglichkeit der Tatbegehung und begründet die Pflicht zur Einleitung eines Ermittlungsverfahrens[806]. Ein Anfangsverdacht[807] hinsichtlich eines Betruges zu Lasten der finanziellen Interessen der Gemeinschaft muss somit die gleichen Konsequenzen haben wie ein Anfangsverdacht für einen Betrug zu Lasten des Bundes oder zu Lasten jeder anderen Person. Soweit also der OLAF-Untersuchungsbericht oder sonstige von *OLAF* an die deutschen Strafverfolgungsbehörden übermittelte Informationen Anhaltspunkte

[802] In der deutschen Übersetzung des Urteils steht lediglich „ähnlich". Richtigerweise muss es „analog" heißen. Sowohl die französische als auch die griechische Fassung benutzten den Begriff „analog" („[...] dans des conditions, de fond et de procédure, qui soient analogues"; „ανάλογες"). Verbindlich ist die griechische Fassung, da Griechisch Verfahrenssprache war. Die „Originalfassung" ist allerdings die französische. Siehe hierzu Fn. 371, S. 74.

[803] *EuGH*, 21.09.1989, Rs. 68/88, Kommission / Griechenland, Slg. 1989, 2965 ff. Rdnr. 24.

[804] *EuGH*, 21.09.1989, Rs. 68/88, Kommission / Griechenland, Slg. 1989, 2965 ff. Rdnr. 25.

[805] Zu den Verdachtsformen siehe etwa *W. Beulke*, Strafprozeßrecht, 6. Aufl. 2002, Rdnr. 114 f.

[806] § 152 Abs. 2 StPO, es besteht allerdings ein gewisser Beurteilungsspielraum, ob zureichende tatsächliche Anhaltspunkte vorliegen (*BGH*, 21.04.1988, III ZR 255/86, NStZ 1988, S. 510 ff.; *LG Düsseldorf*, 30.04.2003, 2b O 182/02, NJW 2003, S. 2536, 2536; eingehend hierzu *U. Eisenberg / S. Conen*, NJW 1998, S. 2241 ff.). Ein solcher Beurteilungsspielraum muss grundsätzlich auch für Anhaltspunkte hinsichtlich eines Betruges zu Lasten der finanziellen Interessen der Europäischen Gemeinschaft gelten.

[807] Nach den Kriterien des deutschen Rechtes.

im Sinne eines Anfangsverdachts enthalten, besteht für die deutschen Behörden in dem gleichen Maße wie bei einem rein nationalen Sachverhalt die Pflicht zur Einleitung eines Ermittlungsverfahrens.

Für die nächsten Verdachtsstufen gilt Entsprechendes[808]. Diese dürften auch relevanter sein, denn die Tatsachenermittlung in einem OLAF-Untersuchungsbericht dürfte im Regelfall über das „Verdachtsstadium", das im deutschen Recht als Anfangsverdacht klassifiziert wird, hinausgehen.

Die Untersuchungstätigkeit von *OLAF* kann die gemeinschaftsrechtliche Verpflichtung der Mitgliedstaaten begründen, Strafverfolgungsmaßnahmen anzustrengen. Die Verpflichtung entsteht dann und in dem Maße, wie *OLAF* den nationalen Behörden Anhaltspunkte für Betrügereien zu Lasten der finanziellen Interessen der Europäischen Gemeinschaft zur Kenntnis bringt. Dementsprechend kann und muss die Tätigkeit von *OLAF* im Einzelfall *mittelbar* zu Strafverfolgungsmaßnahmen führen. Die Verpflichtung zur Strafverfolgung kann sogar im Einzelfall stärker sein als bei einem rein nationalen Sachverhalt. Es ist zu bedenken, dass die Mitgliedstaaten nicht nur nach analogen Vorschriften vorgehen müssen, sondern zusätzlich jedenfalls wirksame Maßnahmen treffen müssen. Durch diese Wirksamkeitsmaxime dürften Opportunitätserwägungen, die sonst in einigen Mitgliedstaaten angestellt würden, gemeinschaftsrechtlich eingeschränkt sein[809].

Es fragt sich, ob deswegen das OLAF-Untersuchungsverfahren als Voruntersuchungsverfahren angesehen werden muss.

Das Voruntersuchungsverfahren ist ein anerkannter Anwendungsfall der Verteidigungsrechte. Der Anspruch auf rechtliches Gehör ist nicht nur in dem Verwaltungsverfahren selbst zu beachten, das zu Sanktionen führen kann[810]. Vielmehr darf dieser Anspruch nicht in irreversibler Weise in Voruntersuchungsverfahren beeinträchtigt werden. Voruntersuchungsverfahren können von entscheidender Bedeutung für die Erbringung von Beweisen sein und können letztendlich die Beweise erbringen, die den Rechtsverstoß nachweisen[811]. Die Wahrung der Verteidigungsrechte verlangt, dass be-

[808] Die nächste Verdachtsstufe nach deutschem Strafprozessrecht stellt der hinreichende Tatverdacht dar. Der hinreichende Tatverdacht umfasst die Wahrscheinlichkeit, dass der Beschuldigte eine strafbare Handlung begangen hat und verurteilt werden wird. Bei hinreichendem Tatverdacht besteht eine Pflicht zur Anklageerhebung (§ 170 Abs. 1 StPO).

[809] Siehe hierzu unten, *Teil 2* – C.II.3., S. 231 f.

[810] *EuGH*, 21.09.1989, Rs. 46/87 und 227/88, Hoechst / Kommission, Slg. 1989, 2859 ff. Rdnr. 15.

[811] Vgl. *EuGH*, 21.09.1989, Rs. 46/87 und 227/88, Hoechst / Kommission, Slg. 1989, 2859 ff. Rdnr. 15.

stimmte dieser Rechte schon im Stadium der Voruntersuchung beachtet werden[812].

OLAF selbst kann zwar keine Sanktionen verhängen, aber die Strafverfolgung in den Mitgliedstaaten ist bei genügend tatsächlichen Anhaltspunkten eine notwendige Folge. Sie tritt hingegen nur mittelbar ein. Unklar ist, ob diese mittelbare Verknüpfung ausreicht, um die OLAF-Untersuchungen als eigentliches Voruntersuchungsverfahren zu qualifizieren.

Dafür spricht, dass die von *OLAF* zusammengetragenen Beweise – bei ausreichender Stichhaltigkeit – die nationalen Strafverfolgungsbehörden zum Einschreiten zwingen. Die faktischen Ergebnisse der Tätigkeit des *OLAF* können die Verpflichtung der Mitgliedstaaten begründen. *OLAF* sorgt dafür, dass die Voraussetzung für die Verpflichtung der Mitgliedstaaten, Strafverfolgungsmaßnahmen einzuleiten, vorliegt, indem es die Fakten zusammenträgt, die die Voraussetzung für die Verpflichtung im Einzelfall begründen.

Zusätzlich zu dem bloßen Umstand, dass Fakten zur Kenntnis gebracht werden, sind die OLAF-Untersuchungsberichte zulässige Beweismittel in nationalen Verwaltungs- und Gerichtsverfahren, siehe Art. 9 Abs. 2 S. 2 Verordnung (EG) Nr. 1073/1999 und Art. 8 Abs. 3 S. 3 Verordnung (EURATOM, EG) Nr. 2185/96. Die nationalen Behörden können (und müssen) in ihren Ermittlungen im weiten Umfang auf die Ergebnisse von *OLAF* zurückgreifen. Die Kontrollen und Überprüfungen vor Ort, die *OLAF* zur Beweisgewinnung durchführt, sind durchaus den Nachprüfungen im Kartellordnungswidrigkeitenrecht vergleichbar. Für den Betroffenen macht es keinen Unterschied, wer die Sanktionen verhängt. Es kommt hier auf die möglichen Beeinträchtigungen der Verteidigungsrechte in dem Stadium an, in dem Beweise gesammelt werden.

Zwei Punkte sprechen somit dafür, das OLAF-Untersuchungsverfahren als Voruntersuchungsverfahren anzusehen: Zum einen, dass die Ergebnisse der Tätigkeit des *OLAF* die Verpflichtung für die Mitgliedstaaten begründen kann, Strafverfolgungsmaßnahmen einzuleiten; zum anderen, dass *OLAF* Beweise zusammenstellt, die in nationalen Verwaltungs- und Gerichtsverfahren zulässige Beweismittel sind.

Selbst wenn man diese mittelbare Verknüpfung wegen des Fehlens einer direkten rechtlichen Verknüpfung nicht als ausreichend betrachten sollte, um das OLAF-Untersuchungsverfahren als Voruntersuchungsverfahren im Sinne der oben genannten Rechtsprechung aufzufassen, ergibt dies vom Ergebnis her keinen Unterschied.

[812] *EuG*, 08.03.1995, Rs. T-34/93, Société Générale / Kommission, Slg. 1995, II-545 ff. Rdnr. 73 ; vgl. auch *EuGH*, 18.10.1989, Rs. 374/87, Orkem / Kommission Slg. 1989, 3283 ff. Rdnr. 33.

Jedenfalls ist die mittelbare Verknüpfung zu den beschwerenden Maßnahmen ausreichend, um den Anwendungsbereich der Verteidigungsrechte zu eröffnen. Der *EuGH* hat in einer anderen Konstellation, bei der ein Untersuchungsverfahren ebenfalls nur mittelbar zu einer beschwerenden Maßnahme führte, die Beachtung der Verteidigungsrechte gefordert. Die Wahrung der Verteidigungsrechte als Grundsatz mit fundamentalem Charakter ist nach dieser Rechtsprechung nicht nur in Verwaltungsverfahren, die zu Sanktionen führen können, zu gewährleisten, sondern auch in Untersuchungsverfahren, wie denjenigen, die dem Erlass von Antidumpingverordnungen vorausgehen[813], da diese die betroffenen Unternehmen individuell berühren und nachteilige Auswirkungen auf diese haben können.[814] Dieser Konstellation liegt der Gedanke zu Grunde, dass eine mittelbare Verknüpfung zu beschwerenden Maßnahmen ausreichen muss, wenn im Vorfeld bereits Untersuchungen stattfinden, die für diese Maßnahmen erheblich sind.

Zumindest dieser Gedanke muss auf die Problematik des Verhältnisses des OLAF-Untersuchungsverfahrens zu den nationalen Strafverfahren übertragbar sein.

Auch wenn man der Argumentation zum Voruntersuchungsverfahren nicht folgen möchte, stellt das OLAF-Untersuchungsverfahren jedenfalls aufgrund der mittelbaren Verknüpfung zu beschwerenden Maßnahmen im nationalen Strafverfahren einen Anwendungsfall der Verteidigungsrechte dar[815].

(1) Konkrete Beeinträchtigungen durch die OLAF-Untersuchungstätigkeit

Nachdem geklärt wurde, dass die OLAF-Untersuchungstätigkeit ein Anwendungsfall der Verteidigungsrechte ist, muss genauer betrachtet werden, bei welcher Tätigkeit Verteidigungsrechte konkret beeinträchtigt werden können. Gemäß Art. 2 Verordnung (EG) Nr. 1073/1999 fallen unter den Begriff der "Untersuchungen" sämtliche Kontrollen, Überprüfungen und sonstige Maßnahmen, die die Bediensteten des Amtes in Ausübung ihrer Befugnisse gemäß den Art. 3 und 4[816] durchführen.

[813] *EuGH*, 27.06.1991, Rs. C-49/88, Al-Jubail Fertilizer u.a. / Rat, Slg. 1991, I-3187 ff. Leitsätze.

[814] *EuGH*, 27.06.1991, Rs. C-49/88, Al-Jubail Fertilizer u.a. / Rat, Slg. 1991, I-3187 ff. Leitsätze.

[815] Vgl. hierzu auch *S. Gleß / H. E. Zeitler*, ELJ, 2001, S. 219, 228 mit anderer Begründung.

[816] Verordnung (EG) Nr. 1073/1999.

Insofern soll zunächst ein Blick auf die Durchsuchungen[817] geworfen werden:

(a) Durchsuchungen

(i) Externe Untersuchungen

Dass die Verteidigungsrechte der Betroffenen im Rahmen einer Maßnahme nach der Verordnung Nr. 2185/96 generell zu wahren sind, muss man bejahen. Die Kontrollen und Überprüfungen vor Ort dienen schließlich der Beweisgewinnung. Der Untersuchungsbericht ist zulässiges Beweismittel in nationalen Verwaltungs- und Gerichtsverfahren, siehe Art. 8 Abs. 3 S. 3 Verordnung (EURATOM, EG) Nr. 2185/96.

In Übertragung der Rechtsprechung könnte man eine Kontrolle und Überprüfung vor Ort als Teil eines Voruntersuchungsverfahrens bezeichnen. Jedenfalls darf der Anspruch auf rechtliches Gehör nicht in irreversibler Weise in Voruntersuchungsverfahren beeinträchtigt werden, da diese von entscheidender Bedeutung für die Erbringung von Beweisen sein können[818]. Dies ist auch hier der Fall. Die Dokumente, die im Rahmen einer Kontrolle und Überprüfung vor Ort erlangt wurden, sind zulässige Beweise in mitgliedstaatlichen Gerichtsverfahren.

Das und die Einschränkung des rechtlichen Gehörs aus Gründen der Effektivität der Maßnahme soll hier nur kurz erwähnt werden, denn die spezifische Informantenproblematik wird im Rahmen einer Kontrolle und Überprüfung vor Ort nach der Verordnung (EURATOM, EG) Nr. 2185/96 nicht relevant.

Zwar können im Rahmen eines OLAF-Untersuchungsverfahrens die Angaben eines Informanten zu einer Kontrolle vor Ort gemäß der Verordnung (EURATOM, EG) Nr. 2185/96 führen. Die Angaben des Informanten dienen dabei jedoch lediglich als Hinweis, um uneingeschränkt verwertbare Beweise im Rahmen einer Kontrolle vor Ort zu erlangen. Dies dürften insbesondere Geschäftsunterlagen sein. Der Frage nach der Identität des Informanten kommt kein eigenständiger Wert mehr zu. Soweit *OLAF* nach einer ordnungsgemäß durchgeführten Kontrolle vor Ort Geschäftsunterlagen vorliegen, die uneingeschränkt in einem eventuellen späteren nationalen Strafverfahren verwertbar sind, ist die Frage irrelevant, wer den entscheidenden Hinweis für die Verwertung der Geschäftsunterlagen gab. Insofern tangiert die Frage nach der Identität des Informanten in dieser Konstellation die Verteidigungsrechte des Betroffenen nicht. Für die Ver-

[817] Zum besseren Verständnis soll hier der Begriff „Durchsuchung“ gewählt werden.

[818] Vgl. *EuGH*, 21.09.1989, Rs. 46/87 und 227/88, Hoechst / Kommission, Slg. 1989, 2859 ff. Rdnr. 15.

teidigungsrechte des Betroffenen ist lediglich die Frage entscheidend, ob die Kontrolle vor Ort ordnungsgemäß ablief.

Auch die Frage, ob die Angaben des Informanten objektiv betrachtet eine Kontrolle rechtfertigen, ist eine andere. Wenn die Angaben des Informanten so wenig stichhaltig wären, dass die Durchführung einer Kontrolle vor Ort aus objektiven Gründen nicht gerechtfertigt wäre und das tatsächliche Auffinden von Beweismaterial eher einem Zufall zuzuschreiben wäre, würde gegen die Anforderungen des Art. 5 UAbs. 1 Verordnung (EURATOM, EG) Nr. 2185/96 verstoßen. Gemäß Art. 5 UAbs. 1 Verordnung (EURATOM, EG) Nr. 2185/96 muss zur Durchführung einer Kontrolle die begründete Annahme bestehen, dass Unregelmäßigkeiten begangen worden sind. Auch weist der Erwägungsgrund Nr. 8 der Verordnung (EURATOM, EG) Nr. 2185/96 ausdrücklich darauf hin, dass die Kontrollen und Überprüfungen vor Ort nicht über das Maß hinausgehen dürfen, das notwendig ist, um eine ordnungsgemäße Anwendung des Gemeinschaftsrechts sicherzustellen.

(ii) Interne Untersuchungen

Im Bereich der internen Untersuchungen gilt Entsprechendes. In diesem Bereich können Durchsuchungen sowohl bei Wirtschaftsteilnehmern als auch innerhalb eines Gemeinschaftsorganes oder einer Gemeinschaftseinheit durchgeführt werden. Art. 4 Abs. 3 Verordnung (EG) Nr. 1073/1999 verweist für die Kontrollen bei Wirtschaftsteilnehmern auf die Verordnung (Euratom, EG) Nr. 2185/96. Für die Kontrollen innerhalb eines Gemeinschaftsorganes oder einer Gemeinschaftseinheit ist darauf hinzuweisen, dass der OLAF-Errichtungsbeschluss und die Verordnung (EG) Nr. 1073/1999 zusammen mit der Interinstitutionellen Vereinbarung und den entsprechenden Umsetzungsbeschlüssen ein in sich geschlossenes Ganzes bilden, dessen verschiedene Bestandteile voneinander getrennt rechtlich keinen Sinn ergeben würden[819]. Gemäß Art. 4 Abs. 1 S. 2 Verordnung (EG) Nr. 1073/1999 erfolgen die internen Untersuchungen unter Einhaltung der Vorschriften der Verträge und nach den Modalitäten, die in dieser Verordnung und in den von den einzelnen Organen, Einrichtungen sowie Ämtern und Agenturen zu erlassenden einschlägigen Beschlüssen vorgesehen sind. Es können auch hier Durchsuchungen durchgeführt werden. Unter den Begriff der "Untersuchungen" fallen sämtliche Kontrollen, Überprüfungen und sonstige Maßnahmen, die die Bediensteten des Amtes in Ausübung ihrer Befugnisse für interne Untersuchungen durchführen[820].

[819] *EuG*, 26.02.2002, Rs. T-17/00, Rothley u.a. / Parlament, Slg. 2002, II-579 ff. Rdnr. 51.

[820] Art. 2 Verordnung (EG) Nr. 1073/1999.

Die Ausführungen zu Durchsuchungen im Rahmen externer Untersuchungen gelten für die internen Untersuchungen entsprechend. Gemäß Art. 9 Abs. 2 S. 2 Verordnung (EG) Nr. 1073/1999 sind die Untersuchungsberichte zulässige Beweismittel in nationalen Verwaltungs- und Gerichtsverfahren.

(b) Sonstige Untersuchungstätigkeit

Soweit es bei rein internen Untersuchungsvorgängen bleibt, können Verteidigungsrechte nicht beeinträchtigt werden. Anders ist die Sachlage, wenn während der OLAF-Untersuchungen Vorentscheidungen getroffen werden, die Auswirkungen auf das nationale Strafverfahren zeitigen. Sobald das OLAF-Untersuchungsverfahren gestaltende Auswirkungen auf ein folgendes nationales Strafverfahren hat, müssen im konkreten Fall die Verteidigungsrechte gewahrt werden.

Solche gestaltenden Auswirkungen könnte insbesondere auch eine Entscheidung von *OLAF* haben, die beinhaltet, dass bestimmte Unterlagen nicht weiterzuleiten sind und dass diese Unterlagen unter das Berufsgeheimnis fallen. Schließlich ist eine Entscheidung in allen ihren Teilen für diejenigen verbindlich, die sie bezeichnet, Art. 249 UAbs. 4 EG. Eine solche von *OLAF* getroffene Entscheidung kann bewirken, dass Angaben über die Identität eines Informanten einem in einem nationalen Verfahren Beschuldigten nicht zur Verfügung stehen. Das stellt erhebliche Auswirkungen auf das nationale Strafverfahren dar.

In Anbetracht dieser Auswirkungen müssen bei einer solchen Entscheidung die Verteidigungsrechte inhaltlich berücksichtigt werden.

(2) Zwischenergebnis

Als Zwischenergebnis ist festzuhalten, dass, sobald das OLAF-Untersuchungsverfahren gestaltende Auswirkungen auf ein folgendes nationales Strafverfahren hat, im konkreten Fall die Verteidigungsrechte gewahrt werden müssen.

Eine solche gestaltende Auswirkung kann auch eine von *OLAF* getroffene Entscheidung haben, die bewirkt, dass Angaben über die Identität eines Informanten in einem nationalen Strafverfahren nicht zur freien Verfügung stehen.

b) Inhaltliche Berücksichtigung des rechtlichen Gehörs im Rahmen einer Entscheidung

Im nächsten Schritt wird nun der Aspekt der Verteidigungsrechte jeweils im Lichte der verschiedenen, weiter oben erläuterten Konstellationen, in denen eine Entscheidung ergehen kann[821], betrachtet. An dieser Stelle wird dabei allein die inhaltliche Berücksichtigung der Verteidigungsrechte behandelt. Die Verteidigungsrechte sind nämlich auf zwei Ebenen zu berücksichtigen; zum einen inhaltlich bei der Entscheidungsfindung, zum anderen gibt es Verteidigungsrechte gegen die Entscheidung als solche[822].

(1) Anfrage des Betroffenen

Die Anfrage des direkt von der OLAF-Untersuchung Betroffenen, gegen den nationale Strafverfolgungsmaßnahmen wahrscheinlich sind oder schon stattfinden, löst eine Entscheidung aus, bei der dessen Verteidigungsrechte zu beachten sind.

Es kommt dabei darauf an, in welchem Stadium die Anfrage ergeht; ob lediglich erst das OLAF-Untersuchungsverfahren durchgeführt wird oder ob schon die nationalen Strafverfolgungsbehörden tätig werden. Die Absehbarkeit bzw. die Stärke der Beeinträchtigung der Verteidigungsrechte hängt davon ab. Es dürfte unmöglich sein, zu einem frühen Zeitpunkt sämtliche Implikationen abzusehen. Bei jeweiliger Änderung der Sachlage müsste demgemäß nach erneuter Anfrage eine erneute Entscheidung ergehen.

(2) Anfrage des Informanten

Sofern die Anfrage eines Informanten eine Entscheidung auslöst, sind ebenfalls die Verteidigungsrechte einer Person, die möglicherweise Unregelmäßigkeiten begangen hat, zu berücksichtigen. Eine solche Anfrage des Informanten dürfte in der Regel eher zu einem sehr frühen Zeitpunkt erfolgen. Dementsprechend dürfte es auch besonders schwierig sein, sämtliche Implikationen zu berücksichtigen. Ein gangbarer Weg könnte sein, die Entscheidung nur für einen gewissen Zeitraum zu treffen und anschließend eine neue Entscheidung in Aussicht zu stellen.

[821] Siehe hierzu oben, *Teil 2* – B.IX.3., S. 121 ff.

[822] Zu den Verteidigungsrechten gegen die Entscheidung als solche siehe unten, *Teil 2* – B.XII., S. 199 ff.

(3) Anfrage nach Übermittlung eines „bereinigten" Abschlussberichtes

Wenn eine nationale Stelle eine Entscheidung durch eine Anfrage auslöst, nimmt sie mehrere Verpflichtungen wahr; sowohl ihre Verpflichtung zur Sachaufklärung als auch ihre Verpflichtung zur Wahrung der Verteidigungsrechte eines Betroffenen. Welche von diesen Verpflichtungen im Einzelfall überwiegt, hängt von dem jeweiligen nationalen Rechtssystem und von den Gegebenheiten des Einzelfalles ab. Es kommt wiederum entscheidend darauf an, in welchem Stadium sich das nationale Verfahren befindet. In dem Umfang, in dem die Anfrage der nationalen Stelle (objektiv) im Sinne der Verteidigungsrechte eines Betroffenen ergeht, sind diese Verteidigungsrechte inhaltlich zu berücksichtigen.

XI. Kollision zwischen Vertraulichkeitsschutz und Verteidigungsrechten

In den vorhergehenden Kapiteln wurde herausgearbeitet, dass sowohl eine grundsätzliche Verpflichtung besteht, die Identität eines Informanten unter bestimmten Umständen geheim zu halten[823], als auch, dass Verteidigungsrechte von Personen, die eventuell einen Betrug zu Lasten der finanziellen Interessen der Europäischen Gemeinschaften begangen haben, unter bestimmten Umständen bereits von *OLAF* zu wahren sind[824]. Vertraulichkeitsschutz und Verteidigungsrechte kollidieren insbesondere dann, wenn *OLAF* eine Entscheidung erlässt, die bewirkt, dass die Angaben über die Identität eines Informanten in einem nationalen Strafverfahren nicht zur freien Verfügung stehen.

Die entgegenstehenden Anforderungen von Vertraulichkeitsschutz und Verteidigungsrechten sind unter Berücksichtigung der jeweiligen Interessenlagen in Einklang zu bringen.

Im Folgenden soll untersucht werden, ob es Leitlinien für die Lösung dieses Konfliktes im Einzelfall gibt. Dafür wird zunächst die Rechtsprechung des *Gerichtshofes* ausgewertet[825]. Sodann wird die Methodik der Abwägung dargestellt[826] und auf die Informantenproblematik angewendet[827]. Dem schließen sich praktische Beispiele für die Lösung des Kon-

[823] Siehe hierzu oben, *Teil 2* – B.VII.4.a), S. 89 f.
[824] Siehe hierzu oben, *Teil 2* – B.X.4., S. 161 ff.
[825] Siehe hierzu unten, *Teil 2* – B.XI.1 und B.XI.2, S. 171 ff.
[826] Siehe hierzu unten, *Teil 2* – B.XI.2.b)(2), S. 175 ff.
[827] Siehe hierzu unten, *Teil 2* – B.XI.2.b)(3), S. 176.

fliktes in anderen Rechtsgebieten an[828]. Ebenso werden Harmonisierungsbemühungen auf Unionsebene kurz angesprochen[829]. Auch wird ein Blick auf die EMRK und die Rechtsprechung des *EGMR* geworfen[830]. Abschließend werden Leitlinien für die Handhabung einer solchen Kollision zwischen Vertraulichkeitsschutz und Verteidigungsrechten entworfen[831].

Zunächst zur Rechtsprechung des *Gerichtshofes*:

1. Rechtsprechung

In der Rechtssache *Hoffmann-LaRoche / Kommission* führte der *EuGH* aus, dass eine Verpflichtung, Kenntnisse nicht preiszugeben, die unter das Berufsgeheimnis fallen, mit dem Anspruch auf rechtliches Gehör in Einklang zu bringen sind[832]. Zu diesem Zeitpunkt wurde „in Einklang bringen" allerdings vom Ergebnis her noch so verstanden, dass der Schutz von unter das Berufsgeheimnis fallenden Dokumenten absolut ist. Die entgegenlaufenden Prinzipien des rechtlichen Gehörs und des Berufsgeheimnisses werden so in Einklang gebracht, dass das Berufsgeheimnis in der Regel überwiegt und so die Dokumente von der Akteneinsicht ausgeschlossen sind. Im Gegenzug dürfen sie dann jedoch nicht zu Lasten des Betroffenen verwendet werden[833]. Die Rechtsprechung zum Akteneinsichtsrecht hat sich jedoch insofern geändert[834].

Auch noch zu der Zeit, in der das Akteneinsichtsrecht eher restriktiv gehandhabt wurde, stellte der *EuGH* etwa in der Rechtssache *Timex / Rat und Kommission*[835] jedoch bereits fest, dass dem Akteneinsichtsrecht nicht sein wesentlicher Inhalt genommen werde könne.[836]

In dieser Rechtssache wandte sich die Klägerin gegen eine Verordnung, die auf der damals geltenden Verordnung über den Schutz gegen gedumpte oder subventionierte Ein-

[828] Siehe hierzu unten, *Teil 2* – B.XI.3., S. 177 ff. und B.XI.4., S. 180 ff.
[829] Siehe hierzu unten, *Teil 2* – B.XI.5., S. 181 ff.
[830] Siehe hierzu unten, *Teil 2* – B.XI.6., S. 182 ff.
[831] Siehe hierzu unten, *Teil 2* – B.XI.7., S. 198 ff.
[832] *EuGH,* 13.02.1979, Rs. 85/76, Hoffmann-LaRoche / Kommission, Slg. 1979, 461 ff. Rdnr. 13.
[833] Vgl. *EuGH,* 13.02.1979, Rs. 85/76, Hoffmann-LaRoche / Kommission, Slg. 1979, 461 ff. Rdnr. 14.
[834] Siehe hierzu oben, *Teil 2* – B.X.3.a)(1), S. 152 ff.
[835] *EuGH*, 20.03.1985, Rs. 264/82, Timex / Rat und Kommission, Slg. 1985, 849.
[836] *EuGH*, 20.03.1985, Rs. 264/82, Timex / Rat und Kommission, Slg. 1985, 849 Rdnr. 29.

fuhren aus nicht zur Europäischen Wirtschaftsgemeinschaft gehörenden Ländern[837] beruhte. Diese Verordnung bestimmte, unter welchen Voraussetzungen Antidumpingzölle oder Ausgleichszölle festgesetzt werden konnten und enthielt insbesondere Verfahrensregeln[838]. Die Verordnung Nr. 3017/79 gewährte u.a. ein Akteneinsichtsrecht, soweit es sich nicht um intern erstellte Dokumente handelte. Ferner mussten die Dokumente für die Vertretung der Interessen desjenigen, der Akteneinsicht begehrte, erheblich sein, keinen vertraulichen Charakter haben und von der *Kommission* bei der Untersuchung verwendet werden[839].

Der *EuGH* führte hierzu aus,

> dass die Organe zwar an das gemäß Art. 287 EG[840] zu wahrende Berufsgeheimnis gebunden seien. Diese Verpflichtung müsse jedoch so ausgelegt werden, dass dem sich aus der Verordnung Nr. 3017/79 ergebenden Akteneinsichtsrecht nicht sein wesentlicher Inhalt genommen werde[841].

Die *Kommission* hätte sich somit im vorliegenden Fall bemühen müssen, soweit dies mit dem Geschäftsgeheimnis vereinbar war, der Klägerin die der Wahrnehmung ihrer Interessen dienenden Angaben zu machen und dabei – gegebenenfalls von Amts wegen – die geeignete Form der Mitteilung zu wählen[842]. Das Recht auf Akteneinsicht hätte dadurch gewahrt werden können, dass den interessierten Parteien nicht vertrauliche Zusammenfassungen vorgelegt worden wären[843].

In der Rechtssache *Niederlande und Leeuwarder Papierwarenfabriek / Kommission*[844] / gehen die Ausführungen des *EuGH* ebenfalls in diese Richtung. Zur Frage der Kollision mit dem Schutz des Berufsgeheimnisses stellte er klar, dass dieser Schutz nicht so extensiv ausgelegt werden kann, dass dadurch das Erfordernis der Begründung des Rechtsaktes zu Lasten derjenigen ausgehöhlt wird, die einen Anspruch auf rechtliches Gehör haben[845].

837 Verordnung (EWG) Nr. 3017/79 des Rates vom 20. Dezember 1979 über den Schutz gegen gedumpte oder subventionierte Einfuhren aus nicht zur Europäischen Wirtschaftsgemeinschaft gehörenden Ländern Amtsblatt Nr. L 339 vom 31.12.1979, S. 1.

838 *EuGH*, 20.03.1985, Rs. 264/82, Timex / Rat und Kommission, Slg. 1985, 849 Rdnr. 5.

839 Art. 7 Abs. 4 Buchstabe A der Verordnung 3017/79.

840 Damals Art. 214 EWG.

841 *EuGH*, 20.03.1985, Rs. 264/82, Timex / Rat und Kommission, Slg. 1985, 849 Rdnr. 29.

842 *EuGH*, 20.03.1985, Rs. 264/82, Timex / Rat und Kommission, Slg. 1985, 849 Rdnr. 30.

843 Vgl. auch *J. Bast*, RIW 1992, S. 742, 746.

844 *EuGH*, 13.03.1985, verb. Rs. 296 und 318/82, Niederlande und Leeuwarder Papierwarenfabriek / Kommission, Slg. 1985, 809

845 *EuGH*, 13.03.1985, verb. Rs. 296 und 318/82, Niederlande und Leeuwarder Papierwarenfabriek / Kommission, Slg. 1985, 809 ff. Rdnr. 27.

2. Bewertung der Rechtsprechung

a) Kernaussagen

Die Kernaussagen umfassen die Formulierung „in Einklang bringen" und die Feststellung, dass dem Akteneinsichtsrecht nicht sein wesentlicher Charakter genommen werden darf. Damit erschöpfen sich die generellen Aussagen. Die Rechtsprechung fordert eine einzelfallabhängige Abwägung.

Dabei ist allerdings zu beachten, dass aus damaliger Sicht des *Gerichtshofes* eigentlich kein Nachteil für die Verteidigung vorlag, wenn bestimmte Informationen unter das Berufsgeheimnis fielen und nicht der Akteneinsicht unterlagen. Es bestand nur ein Akteneinsichtsrecht in „belastendes" Beweismaterial. Unter das Berufsgeheimnis fallende Informationen, die von der Akteneinsicht ausgenommen wurden, konnten nicht als belastendes Beweismaterial verwertet werden. Aus damaliger Sicht des *Gerichtshofes* war die Konsequenz somit lediglich der Ausschluss von *belastendem* Beweismaterial[846].

In der früheren Rechtsprechung hatte das Akteneinsichtsrecht damit im Regelfall keine besonders hohe Wertigkeit. Das Berufsgeheimnis schien in der Regel den Vortritt zu haben. Da jedoch das Recht auf Akteneinsicht nicht mehr so restriktiv gehandhabt wird[847], kann diese Akzentuierung nicht mehr gelten.

b) Folgerungen

(1) Die Rechtsprechung im Fall Stanley Adams vor dem Hintergrund der neueren Entwicklung der Rechtsprechung

Speziell auf die Problematik der Informanten bezogen, ergibt sich hieraus Folgendes: Der vom Ergebnis her absolute Schutz des Informanten, wie er im Fall *Stanley Adams* vom *EuGH* gefordert wurde, würde in diesem Umfang heute wohl nicht mehr Bestand haben, soweit Verteidigungsrechte betroffen sind.

Wie Informantenschutz und Verteidigungsrechte damals in Einklang gebracht wurden, zeigt sich in dem Verfahren, in dem das Unternehmen klagte, über das *Stanley Adams* Informationen geliefert hatte. Dieses ist die

[846] Siehe hierzu oben, *Teil 2* – B.X.3.a), S. 152 ff.

[847] Zur neueren Entwicklung in der Rechtsprechung zum Akteneinsichtsrecht hierzu oben, *Teil 2* – B.X.3.a), S. 152 ff.

soeben erwähnte Rechtssache *Hoffmann-LaRoche / Kommission*[848]. Unter das Berufsgeheimnis fielen in dieser Rechtssache u.a. die Angaben über die Identität des Informanten *Stanley Adams*.

Mittlerweile handhabt der *Gerichtshof* das Akteneinsichtsrecht jedoch umfassender. Es ist grundsätzlich Einsicht in alle zu der Ermittlungsakte der Generaldirektion Wettbewerb gehörenden Unterlagen zu gewähren. Hiervon ausgenommen sind lediglich die in der Rechtssache *Hercules Chemicals / Kommission*[849] genannten Dokumente: Geschäftsgeheimnisse anderer Unternehmen, interne Schriftstücke der *Kommission* und andere vertrauliche Informationen[850].

Der im Zweifelsfall bestehende Vorrang des Berufsgeheimnisses, der sich vom Ergebnis her dadurch ergab, dass das Akteneinsichtsrecht im Regelfall keine besonders hohe Wertigkeit hatte, zeichnet sich mittlerweile nicht mehr ab.

Die Abwägung der kollidierenden Prinzipien ist damit schwieriger geworden. Das zeigt sich auch beispielhaft daran, wie intensiv die *Kommission* im Verfahren nach den Art. 81 und 82 EG prüft, ob bestimmte Unterlagen tatsächlich von der Akteneinsicht ausgeschlossen werden müssen. Das wird später näher dargestellt werden[851].

Zunächst soll der technische Rahmen, d.h. die Methodik der Abwägung als solche, näher erläutert werden:

[848] *EuGH*, 13.02.1979, Rs. 85/76, Hoffmann-LaRoche / Kommission, Slg. 1979, 461 ff. Rdnr. 13.

[849] *EuG*, 17.12.1991, Rs. T-7/89, Hercules Chemicals / Kommission, Slg. 1991, II-1711 ff. Rdnr. 54.

[850] Mitteilung der Kommission über interne Verfahrensvorschriften für die Behandlung von Anträgen auf Akteneinsicht in Fällen einer Anwendung der Artikel 85 und 86 EG-Vertrag, der Artikel 65 und 66 EGKS-Vertrag und der Verordnung (EWG) Nr. 4064/89 des Rates, ABl. Nr. C 23 vom 23.01.1997, S. 3. Entsprechend lauten nunmehr Art. 27 Abs. 2 S. 2 und 3 Verordnung (EG) Nr. 1/2003 wie folgt: Die Parteien haben Recht auf Einsicht in die Akten der Kommission, vorbehaltlich des berechtigten Interesses von Unternehmen an der Wahrung ihrer Geschäftsgeheimnisse. Von der Akteneinsicht ausgenommen sind vertrauliche Informationen sowie interne Schriftstücke der Kommission und der Wettbewerbsbehörden der Mitgliedstaaten. (Verordnung (EG) Nr. 1/2003 des Rates vom 16. Dezember 2002 zur Durchführung der in den Artikeln 81 und 82 des Vertrags niedergelegten Wettbewerbsregeln, ABl. Nr. L 1 vom 04.01.2003, S. 1–25).

[851] Siehe hierzu unten, *Teil 2* – B.XI.3., S. 177 ff.

(2) Abwägung kollidierender Prinzipien

Es handelt sich hierbei um die grundlegende Frage, wie entgegenlaufende Prinzipien[852] im Gemeinschaftsrecht in Einklang gebracht werden können. Unabhängig von dem jeweiligen Inhalt der einzelnen Schutzgüter gibt es ein einheitliches Grundgerüst für eine Prinzipienabwägung. Entgegenlaufende schutzwürdige Interessen sind so in Einklang zu bringen, dass ihnen beiden im Einzelfall gerecht wird. Prinzipien kommt dabei ein anderes Kollisionsverhalten als Regeln[853] zu. Kollidieren zwei Prinzipien miteinander, so führt das nicht zur Ungültigkeit eines der beiden Prinzipien. Es tritt lediglich das in einem konkreten Fall für die jeweilige Anwendung geringere hinter dem gewichtigeren Prinzip zurück[854].

Bei der Abwägung von Prinzipien ist zunächst ihr jeweiliges Gewicht zu berücksichtigen[855]. Es würde sich zwar anbieten, zunächst von einem abstrakten Vergleich der betroffenen Prinzipien auszugehen[856]. Anhand der Rechtsprechung lässt sich jedoch nachweisen, dass der *EuGH* eine konkrete Methode der Prinzipiengewichtung gegenüber einer abstrakten Zu-

[852] Die erstmals bei *J. Esser* (Grundsatz und Norm in der richterlichen Fortbildung des Privatrechts, 4. Aufl. 1990, S. 69 ff.) entwickelte und aus der angloamerikanischen Debatte (*R. Dworkin*, Taking Rights Seriously, 1977) aufgegriffene Unterscheidung von Regeln – strikten Normen, die entweder erfüllt oder nicht erfüllt werden – und Prinzipien im Sinne von Optimierungsgeboten – die auf eine hohe oder intensive Verwirklichung drängen – ist von *R. Alexy* (Theorie der Grundrechte, 1985, S. 71 ff.) auf das Verfassungsrecht übertragen worden. Die Unterscheidung von Regeln und Prinzipien wird zunehmend verwendet, um das Gemeinschaftsrecht zu erklären (etwa: *S. Kadelbach*, Allgemeines Verwaltungsrecht unter europäischem Einfluß, 1999, S. 51 ff., 181; *W. Schroeder*, Das Gemeinschaftsrechtssystem, 2002, S. 276 ff.)

Allerdings ist es umstritten, was Prinzipien sind und wie man sie definiert (Für einen Überblick hierzu siehe *W. Schroeder*, Das Gemeinschaftsrechtssystem, 2002, S. 98 ff.) Auch werden die Begriffe „Grundsatz" und „Prinzip" in der Rechtsprechung in mehrdeutiger Weise verwendet. Als Grundsätze oder Prinzipien bezeichnete Normen des Gemeinschaftsrechts sind nicht stets Prinzipien im normtheoretischen Sinne (*W. Schroeder*, Das Gemeinschaftsrechtssystem, 2002, S. 265 f.).

[853] Neben „Regeln" und „Prinzipien" gibt es noch „Ziele". Der *EuGH* setzt diese in folgendes Verhältnis: Er interpretiert Regeln typischerweise unter Zuhilfenahmen von Prinzipien und vergewissert sich anschließend, ob das gefundene Ergebnis mit den bereits durch die Gemeinschaftsverfassung fixierten Zielnormen vereinbar ist (*W. Schroeder*, Das Gemeinschaftsrechtssystem, 2002, S. 291 mit Verweis auf die Methodik in *EuGH*, 09.11.1983, Rs. 199/82, San Giorgio, Slg. 1983, 3595, Rdnr. 12-15 sowie *EuGH*, 05.02.1963, Rs. 26/62, Van Gend en Loos, Slg. 1963, S. 1, 24 f.

[854] *W. Schroeder*, Das Gemeinschaftsrechtssystem, 2002, S. 264 ff.

[855] *W. Schroeder*, Das Gemeinschaftsrechtssystem, 2002, S. 279 ff.

[856] So *R. Dworkin*, Taking Rights Seriously, 1977, S. 26 f.

ordnung favorisiert[857]. Obwohl der *EuGH* gerne betont, dass bestimmte Prinzipien fundamentalen Charakter haben[858], wägt er diese für den konkreten Einzelfall mit kollidierenden Prinzipien nach dem Verhältnismäßigkeitsprinzip ab[859].

In der deutschen Verfassungslehre wird dies als praktische Konkordanz bezeichnet; mithin als Versuch, zwei unterschiedliche Rechtsgüter konkret einander zuzuordnen. Dabei wird beiden Rechtsgütern durch verhältnismäßige Belastung und gegenseitige Begrenzung zu optimaler Wirksamkeit verholfen[860].

Auch der *EuGH* folgt diesem Abwägungsmodell, indessen wird die Verhältnismäßigkeitsprüfung nicht mit der gleichen Konsequenz durchgeführt, wie dies beim *BVerfG* geschieht[861].

(3) Anwendung auf die vorliegende Problematik

Die Informantenproblematik ist durch folgende kollidierende Prinzipien gekennzeichnet: Der Schutz der Identität des Informanten wird durch das Prinzip der Funktionsfähigkeit der Gemeinschaftsorgane und – soweit tatsächlich eine Gefährdung für Leib und Leben des Informanten gegeben sein sollte – durch originäre Schutzinteressen des Informanten gefordert. Dem steht das Verteidigungsinteresse des von der Untersuchung Betroffenen entgegen. Die Funktionsfähigkeit ist als Strukturprinzip einzuordnen, während das rechtliche Gehör zu den fundamentalen Rechtsgrundsätzen rechtsstaatlicher Natur gehört[862].

[857] *W. Schroeder*, Das Gemeinschaftsrechtssystem, 2002, S. 280 f, am Beispiel der Grundfreiheiten. *W. Schroeder* verweist auf Alexy, der am Beispiel der Rechtsprechung des *BVerfG* demonstrierte, dass die Gewichtung eines Prinzips nicht abstrakt sondern nur im konkreten Einzelfall gegenüber einem kollidierenden Prinzip erfolgen kann (S. 279).

[858] *W. Schroeder*, Das Gemeinschaftsrechtssystem, 2002, S. 280 .

[859] *R. Streinz*, Bundesverfassungsgerichtlicher Grundrechtsschutz und Europäisches Gemeinschaftsrecht, 1989, S. 411 ff.; Siehe auch *J. Schwarze*, Europäisches Verwaltungsrecht Bd. II, 1988, S. 765 ff.

[860] *K. Hesse*, Grundzüge des Verfassungsrechts der Bundesrepublik Deutschland, 20. Aufl. 1999, Rdnr. 72 und 317 ff.

[861] Für den Bereich der Grundfreiheiten *W. Schroeder*, Das Gemeinschaftsrechtssystem, 2002, S. 279 ff. mit Verweis auf *W. Schroeder*, Sport und Europäische Integration, 1989, S. 197 ff. und *W. Schroeder*, JZ 1996, S. 254, 256. Zur praktischen Konkordanz im Gemeinschaftsrecht: Schlussanträge von Generalanwalt *F. Jacobs* v. 11.07.2002 zu *EuGH*, 12.06.2003, Rs. C-112/00, Schmidberger Internationale Transporte und Planzüge, n. n. a. Slg. Rdnr. 80 ff.

[862] Zur Unterscheidung zwischen Strukturprinzipien und fundamentalen Rechtsgrundsätzen rechtsstaatlicher Natur siehe *W. Schroeder*, Das Gemeinschaftsrechtssystem, 2002, S. 264 f.

Für diese kollidierenden Prinzipien wäre somit zunächst ihr im Einzelfall bestehendes Gewicht zu ermitteln. Etwa kommt es auf den Grad der Gefährdung des Informanten an, den Beweiswert, den die Angaben über die Identität des Informanten haben oder etwa die Bedeutung, die der einzelne Informant für die Untersuchungstätigkeit hat. Auch hat eine Person, die mutmaßlich einen Betrug zu Lasten der finanziellen Interessen der Gemeinschaft begangen hat, unterschiedliche Verteidigungsinteressen je nachdem, in welchem Stadium sich der Gesamtvorgang von OLAF-Untersuchungsverfahren und anschließendem nationalen Strafverfahren befindet.
Unter Berücksichtigung ihres im Einzelfall jeweils unterschiedlichen Gewichtes sind die kollidierenden Prinzipien sodann nach dem Verhältnismäßigkeitsprinzip abzuwägen.

3. Praxis und Verfahren der Kommission im Rahmen der Art. 81 und 82 EG

Ein Beispiel, wie diese Anforderungen der Abwägung in die Praxis umgesetzt werden können, bietet wiederum das Kartellrecht.
Die Verwaltungspraxis der *Kommission*, Berufsgeheimnis und Verteidigungsrechte im Rahmen der Art. 81 und 82 EG bestmöglich in Einklang zu bringen, ist in einer Mitteilung der *Kommission* niedergelegt[863].
Wenn Geschäftsgeheimnisse den Beweis einer Zuwiderhandlung liefern oder ein Unternehmen entlasten können, nimmt die *Kommission* eine Abwägung vor. Dabei sind das öffentliche Interesse an der Abstellung des Wettbewerbsverstoßes auf der einen und die Verteidigungsrechte auf der anderen Seite in Einklang zu bringen. Die *Kommission* berücksichtigt dabei:

α) die Stichhaltigkeit der Informationen über das Vorliegen einer Zuwiderhandlung;
β) ihre Beweiskraft;
γ) ihre Erforderlichkeit;
δ) ihre Sensibilität (in welchem Maße könnte die Offenlegung der Informationen den Interessen des Unternehmens schaden);
ε) die Schwere der Zuwiderhandlung.

[863] Mitteilung der Kommission über interne Verfahrensvorschriften für die Behandlung von Anträgen auf Akteneinsicht in Fällen einer Anwendung der Artikel 85 und 86 EG-Vertrag, der Artikel 65 und 66 EGKS-Vertrag und der Verordnung (EWG) Nr. 4064/89 des Rates, ABl. Nr. C 23 vom 23.01.1997, S. 3–9.

Bei jedem einzelnen Schriftstück wird gesondert entschieden, ob dem Erfordernis seiner Offenlegung trotz des dadurch möglicherweise entstehenden Schadens Vorrang einzuräumen ist[864].

Der gleiche Schutz kommt den Informationen zu, bei denen um vertrauliche Behandlung gebeten wurde. Hierzu gehören insbesondere Angaben, aus denen auf die Identität der Informanten geschlossen werden könnte, die gegenüber den Parteien anonym bleiben wollen. Hierzu zählen auch bestimmte Auskünfte von Unternehmen, die der *Kommission* mit der ausdrücklichen Bitte um vertrauliche Behandlung übermittelt wurden. Militärische Geheimnisse gehören ebenfalls zur Kategorie der vertraulichen Informationen[865].

Grundsätzlich können Schriftstücke trotz ihres vertraulichen Charakters offen gelegt werden, sofern die darin enthaltenen Informationen erforderlich sind, um die Behauptung einer Zuwiderhandlung zu beweisen, oder wenn es sich um Schriftstücke handelt, mit denen die Behauptung einer Zuwiderhandlung widerlegt oder bestritten wird[866].

Die hier vorzunehmende Abwägung entspricht derjenigen bei Geschäftsgeheimnissen[867].

Diese Abwägungsprozesse werden in folgendes Verfahren eingebettet: Zunächst fordert die *Kommission* die betroffenen Unternehmen regelmäßig dazu auf klarzustellen, welche Angaben sie als ein Geschäftsgeheimnis ansehen und bei welchen Schriftstücken es sich um vertrauliche Unterlagen handelt, deren Offenlegung dem Unternehmen einen Schaden verursachen würde. Diese Bewertung ist schriftlich zu begründen. Von den Schrift-

[864] Mitteilung der Kommission über interne Verfahrensvorschriften für die Behandlung von Anträgen auf Akteneinsicht in Fällen einer Anwendung der Artikel 85 und 86 EG-Vertrag, der Artikel 65 und 66 EGKS-Vertrag und der Verordnung (EWG) Nr. 4064/89 des Rates, ABl. Nr. C 23 vom 23.01.1997, S. 4.

[865] Mitteilung der Kommission über interne Verfahrensvorschriften für die Behandlung von Anträgen auf Akteneinsicht in Fällen einer Anwendung der Artikel 85 und 86 EG-Vertrag, der Artikel 65 und 66 EGKS-Vertrag und der Verordnung (EWG) Nr. 4064/89 des Rates, ABl. Nr. C 23 vom 23.01.1997, S. 4.

[866] Mitteilung der Kommission über interne Verfahrensvorschriften für die Behandlung von Anträgen auf Akteneinsicht in Fällen einer Anwendung der Artikel 85 und 86 EG-Vertrag, der Artikel 65 und 66 EGKS-Vertrag und der Verordnung (EWG) Nr. 4064/89 des Rates, ABl. Nr. C 23 vom 23.01.1997, S. 4 f.

[867] Mitteilung der Kommission über interne Verfahrensvorschriften für die Behandlung von Anträgen auf Akteneinsicht in Fällen einer Anwendung der Artikel 85 und 86 EG-Vertrag, der Artikel 65 und 66 EGKS-Vertrag und der Verordnung (EWG) Nr. 4064/89 des Rates, ABl. Nr. C 23 vom 23.01.1997, S. 4.

stücken, um deren vertrauliche Behandlung gebeten wurde, ist eine nicht vertrauliche Fassung einzusenden[868].

Bei einer solchen Bitte unterstellt die *Kommission* zunächst vorläufig die Vertraulichkeit der Schriftstücke, sofern das Begehren auf den ersten Anschein sachlich begründet ist. Die *Kommission* behält sich jedoch eine abschließende Beurteilung vor.

Ist die Behauptung, die betreffenden Schriftstücke seien vertraulich, offenkundig unbegründet oder missbräuchlich, so teilt die *Kommission* dem Unternehmen mit, inwieweit sie mit der geltend gemachten Vertraulichkeit nicht einverstanden ist. Die Frage wird bei der abschließenden Beurteilung der Einsehbarkeit der Unterlagen entschieden[869].

Ist es erforderlich, den übrigen betroffenen Unternehmen Einsicht in die Teile der Akte zu gewähren, die nach dem Willen eines Unternehmens vertraulich behandelt werden sollen und von denen keine nicht vertrauliche Version vorliegt, wird dieses Unternehmen zunächst erneut aufgefordert, eine nicht vertrauliche, hinreichend aussagefähige Version des Dokumentes einzusenden. Lehnt das Unternehmen weiterhin die Offenlegung der Informationen ab, wendet sich die zuständige Dienststelle an den Anhörungsbeauftragten[870]. Der Anhörungsbeauftragte ist derjenige, der dafür Sorge trägt, dass das Recht auf Anhörung in Wettbewerbsverfahren vor der *Kommission* nach Art. 81 und 82 des EG, Art. 65 und 66 EGKS und der Verordnung (EWG) Nr. 4064/89 wirksam ausgeübt werden kann[871].

Der Anhörungsbeauftragte verfährt wie folgt: Wird die Auffassung vertreten, dass die Informationen nicht geschützt sind und deshalb offen gelegt werden dürfen, wird dieser Standpunkt schriftlich in einer mit Gründen versehenen Entscheidung niedergelegt, die dem betroffenen Unterneh-

[868] Mitteilung der Kommission über interne Verfahrensvorschriften für die Behandlung von Anträgen auf Akteneinsicht in Fällen einer Anwendung der Artikel 85 und 86 EG-Vertrag, der Artikel 65 und 66 EGKS-Vertrag und der Verordnung (EWG) Nr. 4064/89 des Rates, ABl. Nr. C 23 vom 23.01.1997, S. 6.

[869] Mitteilung der Kommission über interne Verfahrensvorschriften für die Behandlung von Anträgen auf Akteneinsicht in Fällen einer Anwendung der Artikel 85 und 86 EG-Vertrag, der Artikel 65 und 66 EGKS-Vertrag und der Verordnung (EWG) Nr. 4064/89 des Rates, ABl. Nr. C 23 vom 23.01.1997, S. 6.

[870] Mitteilung der Kommission über interne Verfahrensvorschriften für die Behandlung von Anträgen auf Akteneinsicht in Fällen einer Anwendung der Artikel 85 und 86 EG-Vertrag, der Artikel 65 und 66 EGKS-Vertrag und der Verordnung (EWG) Nr. 4064/89 des Rates, ABl. Nr. C 23 vom 23.01.1997, S. 6.

[871] Art. 1 Beschluss 2001/462/EG, EGKS der Kommission vom 23. Mai 2001 über das Mandat von Anhörungsbeauftragten in bestimmten Wettbewerbsverfahren, ABl. Nr. L 162 vom 19.06.2001, S. 21–24.

men zugestellt wird[872]. Die Entscheidung nennt den Tag, ab dem die Informationen offen gelegt werden. Die Offenlegung darf frühestens eine Woche nach Mitteilung der Entscheidung erfolgen.

4. Kodifizierte Lösungen in anderen Bereichen – „Trade Barriers Regulation"

Im Folgenden soll ein kurzer Überblick über Lösungen des Konflikts in anderen Bereichen gegeben werden. Sekundärrecht kann zwar nicht selbst der Auslegung von Primärrecht dienen. Oft ist das Sekundärrecht jedoch Ausdruck einschlägiger Prinzipien. Bei der Schaffung von Sekundärrecht soll gerade möglichst das gesamte gemeinschaftliche Regelungsgefüge im Auge behalten werden, um ein kohärentes System zu schaffen[873]. Insofern kann ein Blick in sekundärrechtliche Regelungen das Gesamtbild ergänzen.

Wie bereits angesprochen[874] findet sich im Rahmen der „Trade Barriers Regulation"[875] eine explizite Regelung des Schutzes eines Informanten.

Soweit bestimmte Akten oder Aktenteile vertraulich sind, steht dies einem Antrag auf Akteneinsicht entgegen, Art. 8 Abs. 4 lit. a „Trade Barriers Regulation"[876]. Der Akteneinsicht unterliegen alle der *Kommission* zur Verfügung gestellten Unterlagen mit Ausnahme der für

[872] Art. 9 UAbs. 2 Beschluss 2001/462/EG, EGKS der Kommission vom 23. Mai 2001 über das Mandat von Anhörungsbeauftragten in bestimmten Wettbewerbsverfahren, ABl. Nr. L 162 vom 19.06.2001, S. 21–24.

[873] Dabei wird allerdings mehr auf das Primärrecht als Ganzes als auf andere Sekundärrechtsakte geschaut. Teilweise ergeben sich so zwischen einzelnen Sekundärrechtsakten erhebliche Unstimmigkeiten, unbeschadet der etwas weniger akzentuierten Bedeutung, die dem Wortlaut im Gemeinschaftsrecht zukommt. Das Gemeinschaftsrecht ist nicht so „wortgebunden" wie etwa das deutsche Recht. Es ist nicht ausgeschlossen, dass im Europarecht bisweilen unterschiedlichen Begrifflichkeiten – auch unbeschadet unterschiedlicher Übersetzungen – durchaus ein und dieselbe Bedeutung zukommen kann.

Ein anschauliches Beispiel für Unstimmigkeiten zwischen einzelnen Sekundärrechtsakten liefert *T. Lübbing* hinsichtlich der Aufhebung von Entscheidungen der Gemeinschaftsorgane: *T. Lübbing*, EuZW 2003, S. 233, 234 ff.

[874] Siehe hierzu oben, *Teil 2* – B.VIII.2., S. 92 f.

[875] Verordnung (EG) Nr. 3286/94 des Rates vom 22. Dezember 1994 zur Festlegung der Verfahren der Gemeinschaft im Bereich der gemeinsamen Handelspolitik zur Ausübung der Rechte der Gemeinschaft nach internationalen Handelsregeln, insbesondere den im Rahmen der Welthandelsorganisation vereinbarten Regeln, ABl. Nr. L 349 vom 31.12.1994, S. 71–78.

[876] Vgl. auch *H.-J. Prieß / C. Pitschas*, EWS 2000, S. 185, 189.

den Dienstgebrauch der *Kommission* und der Verwaltungen bestimmten Dokumente[877]. Dies gilt nur, soweit sie für die Vertretung der Interessen der in erster Linie betroffenen Parteien erheblich und nicht vertraulich i.S.v. Art. 9 „Trade Barriers Regulation" sind sowie von der *Kommission* bei ihrem Untersuchungsverfahren verwendet werden[878]. Gemäß Art. 9 Abs. 3 „Trade Barriers Regulation" gelten solche Informationen als vertraulich, deren Bekanntgabe sich wahrscheinlich in erheblichem Maße nachteilig auf den Auskunftsgeber oder die Informationsquelle auswirken würde. Unabhängig davon, ob diese gesetzliche Vermutung einschlägig ist oder das Geheimhaltungsbedürfnis in sonstiger Weise hinreichend dargelegt wird, hängt die Weitergabe jedoch vom Einverständnis des Informanten ab[879].

Sofern der Informant einer Bekanntgabe der betreffenden Informationen – auch in allgemeiner oder zusammengefasster Form – nicht zustimmt, dürfen die Informationen nicht weitergegeben werden. Selbst dann, wenn sich tatsächlich herausstellen sollte, dass ein Antrag auf vertrauliche Behandlung nicht gerechtfertigt ist, können die betreffenden Informationen bei fehlender Zustimmung des Informanten unberücksichtigt bleiben[880]. Dem Akteneinsichtsrecht unterliegen nur die von der *Kommission* bei der Untersuchung berücksichtigten Unterlagen.

Dies stellt insofern den Ausgleich zwischen dem Schutz des Berufsgeheimnisses und den Verteidigungsrechten dar. Die Informationen, die von der Akteneinsicht aus Geheimhaltungsgründen nicht umfasst waren, dürfen im Rahmen der Untersuchung nicht als Beweise berücksichtigt werden.

5. Harmonisierungsbemühungen auf Unionsebene

Ebenfalls gibt es auf Unionsebene im Bereich der Bekämpfung der internationalen organisierten Kriminalität Harmonisierungsbemühungen im Hinblick auf den Zeugenschutz. Die Entschließung des Rates vom 23. November 1995 über den Schutz von Zeugen im Rahmen der Bekämpfung der internationalen organisierten Kriminalität[881] ersucht die Mitgliedstaaten jedoch lediglich, die Umsetzung dieser Entschließung in die Praxis zu evaluieren (Ziff. C). Eine Entschließung ist ein völkerrechtliches Instrument der dritten Säule.

[877] Art. 8 Abs. 4 lit. a Trade Barriers Regulation.
[878] Art. 8 Abs. 4 lit. a Trade Barriers Regulation.
[879] *H.-J. Prieß / C. Pitschas*, EWS 2000, S. 185, 189.
[880] Art. 9 Abs. 4 Trade Barriers Regulation.
[881] 95/C 327/04, Amtsblatt Nr. C 327 vom 07.12.1995, S. 5.

Die Entschließung ist damit lediglich ein Evaluierungsauftrag, dennoch kann sie Erkenntnisse über ein gewisses gemeinsames Grundverständnis liefern. Hingegen enthält diese Entschließung vor allem Punkte zum tatsächlichen Schutz von Zeugen und deren Angehörigen, während und nach einem Prozess. Gemäß Ziff. A Nr. 6 der Entschließung sollten die zuständigen Behörden die Möglichkeit haben, von sich aus oder auf Antrag des Zeugen zu beschließen, dass die Anschrift und alle zur Identifizierung des Zeugen geeigneten Angaben nur ihnen selbst bekannt sein dürfen. Einige Delegationen präzisierten allerdings, dass nach ihrer Auslegung des Textes die Identität der Person selbst durch Ziff. A Nr. 6 nicht erfasst sei. Des Weiteren spricht die Entschließung die Möglichkeit einer audiovisuellen Übertragung der Aussagen unter Wahrung des Grundsatzes der persönlichen Anwesenheit an, wie er in der Rechtsprechung des *EGMR* definiert wurde, Ziff. A Nr. 8.

Der Erkenntnisgewinn aus dieser Entschließung ist somit relativ gering.

6. Lösung des Konfliktes im Rahmen der EMRK

Anders verhält es sich jedoch mit der EMRK. Anhaltspunkte für Bewertungskriterien, die im Rahmen des genannten Konfliktes zu berücksichtigen sind, können auch aus der EMRK gezogen werden. Die EMRK ist im besonderen Maße Ausdruck der gemeinsamen Verfassungsüberlieferungen der Mitgliedstaaten[882].

a) Der Charakter der OLAF-Untersuchungen aus Sicht der EMRK

Aus Sicht des Gemeinschaftsrechts kommt es zwar nicht darauf an, welchen Charakter die EMRK den OLAF-Untersuchungen zuschreibt. Aus Sicht des Gemeinschaftsrechts hat das OLAF-Untersuchungsverfahren einen verwaltungsrechtlichen Charakter[883]. Aufgrund der nicht unproblematischen „Kooperation“ von *EuGH* und *EGMR* ist die Sicht der EMRK jedoch von Interesse und soll vorab kurz erläutert werden.

[882] Vgl. *EuGH*, 28.10.1975, Rs. 36/75, Rutili, Slg. 1975, 1219 ff. Rdnr. 32; *EuGH*, 21.09.1989, Rs. 46/87 und 227/88, Hoechst / Kommission, Slg. 1989, 2859 ff. Rdnr. 13; *EuGH*, 06.03.2001, C-274/99 P, Connolly / Kommission, Slg. 2001, I-1611 ff. Rdnr. 37; *EuGH*, 22.10.2002, Rs. C-94/00, Roquette Frères, Slg. 2002, I-9011 ff. Rdnr. 25: mit der Bemerkung, dass sich die Grundrechte insbesondere aus der EMRK ergeben.

[883] Siehe hierzu oben, *Teil 2* – B.II., S. 55 ff.

Aus Sicht der EMRK kommt es nämlich darauf an, ob das OLAF-Untersuchungsverfahren nach den Kriterien der EMRK letztlich doch einen strafrechtlichen Charakter hat. Schließlich wird die Informantenproblematik im Rahmen der EMRK in Art. 6 EMRK relevant. Obwohl Art. 6 Abs. 1 i.V.m. Abs. 3 EMRK ausdrücklich auf die strafrechtliche Anklage abstellt, gelten die Garantien des Art. 6 EMRK nicht nur für das gerichtliche Strafverfahren im eigentlichen Sinn. Auch legt der *EGMR* den Begriff des Strafrechts i.S.v. Art. 6 EMRK eigenständig im Sinn eines Strafrechts im weiteren Sinne aus. Letzteres umfasst auch Verwaltungsstrafrecht und die Handlungen, die nach deutschem Verständnis als Ordnungswidrigkeiten eingeordnet werden[884]. Es muss sich jedoch zumindest um Strafrecht in diesem weiteren Sinne handeln.

Der *EGMR* nimmt eine autonome Einordnung nach den von ihm entwickelten Kriterien der Art der Zuwiderhandlung und der Art und Schwere der Sanktion vor[885]. Die Zuwiderhandlung muss jedoch nicht durch eine bestimmte Schwere des Verstoßes charakterisiert sein. Auch spielt die Schwere der Sanktion selbst keine Rolle mehr, sofern der Handlung bereits ein eindeutig krimineller Charakter zuzuschreiben ist[886]. Die von der *Europäischen Kommission* wegen Verstößen gegen die Art. 81 f EG verhängten Bußgelder fallen beispielsweise unter den Begriff des Strafrechts i.S.v. Art. 6 EMRK[887]. Die Garantien des Art. 6 Abs. 1 EMRK gelten ab dem Zeitpunkt, zu dem die offizielle amtliche Mitteilung der zuständigen Behörde an den Betroffenen ergeht, dass ihm eine Tat angelastet werde[888]. Die fundamentalen Grundsätze des Strafverfahrens gelten aber auch bereits in einer Untersuchung, die vor der offiziellen Einleitung eines Strafverfahrens stattfindet[889].

[884] *W. Weiß*, NJW 1999, S. 2236, 2236 mit Verweis auf *EGMR*, 21.02.1984, Nr. 8544/79, Ötztürk / Deutschland, Series A-73. Siehe auch die Anmerkungen zur Rechtssache *Ötztürk* bei *R. A. Lawson / H. G. Schermers*, Leading Cases of the European Court of Human Rights, 1997, A-73 S. 152 n. 1 ff.

[885] *W. Weiß*, NJW 1999, S. 2236, 2236. So genannter „Engel-Test" siehe hierzu *R. A. Lawson / H. G. Schermers*, Leading Cases of the European Court of Human Rights, 1997, A-73 S. 152 n. 4 sowie *EGMR*, 08.06.1976, Nr. 5100/71, 5101/71, 5102/71, 5354/72, 5370/72, Engel u.a. / Niederlande, Series A-22.

[886] *R. A. Lawson / H. G. Schermers*, Leading Cases of the European Court of Human Rights, 1997, A-73 S. 152 n. 6.

[887] *W. Weiß*, Die Verteidigungsrechte im EG-Kartellverfahren, 1996, S. 297 mit Verweis auf *EKMR*, 09.02.1990, Nr. 13258/87, M. & Co. / Deutschland, Yearbook of the European Convention on Human Rights (YECHR) 1990, 46, 52.

[888] IntKommEMRK (*T. Vogler*), 5. Lieferung Januar 2002, Art. 6 Rdnr. 204.

[889] *EGMR*, 25.02.1993, Funke / France, Publications ECHR, Series A-256-A, in: Leading Cases of the European Court of Human Rights, S. 500 ff.

Schwierigkeiten bereitet allerdings insofern die Einordnung eines OLAF-Untersuchungsverfahrens. Die Tatsache, dass es sich nach gemeinschaftsrechtlichem Verständnis um ein Verwaltungsverfahren handelt[890], würde zwar nicht die Einschätzung hindern, dass es sich trotzdem im Verständnisrahmen der EMRK um Strafrecht im weiteren Sinne handelt. Das EG-Kartellordnungswidrigkeitenrecht, in dessen Rahmen unstreitig ein Verwaltungsverfahren stattfindet, wird schließlich auch – zumindest im Rahmen der EMRK – als Strafrecht im weiteren Sinne qualifiziert.

Hingegen ist das OLAF-Untersuchungsverfahren gerade nicht sanktionsbewehrt wie das Kartellordnungswidrigkeitenverfahren. *OLAF* kann keine Geldbußen verhängen. *OLAF* kann aufgrund seiner Erkenntnisse keinerlei Sanktionen darstellende Maßnahmen treffen oder anordnen, auch nicht mittels einer direkten Vorgabe an nationale Behörden. Die Tätigkeit von *OLAF* ist auf reine Ermittlungsbefugnisse beschränkt. Die unterschiedlichen Sanktionsmaßnahmen, die in den verschiedenen Marktordnungen vorgesehen sind[891], werden gerade nicht von *OLAF* getroffen.

Dennoch haben die von *OLAF* untersuchten Zuwiderhandlungen einen offensichtlich strafrechtlich relevanten Charakter. Die von *OLAF* durchgeführten Untersuchungsverfahren dienen der Tatsachenaufklärung und der Beweisfindung im Hinblick auf anschließende nationale Strafverfahren.

Das OLAF-Untersuchungsverfahren und ein nachgeschaltetes nationales Strafverfahren sind mittelbar miteinander verknüpft. Dabei haben die nationalen Strafverfahren selbst eindeutig den Charakter eines Strafverfahrens im engeren Sinne, während das OLAF-Untersuchungsverfahren nach gemeinschaftsrechtlichem Verständnis ein Verwaltungsverfahren ist.

Es handelt sich hier also um eine Kombination eines eventuell vorgeschalteten oder parallel laufenden gemeinschaftsrechtlichen Verwaltungsverfahrens mit einem klassischen, nationalen Strafverfahren.

Die mittelbare Verknüpfung sieht so aus, dass die Untersuchungstätigkeit von *OLAF* die gemeinschaftsrechtliche Verpflichtung der Mitgliedstaaten begründen kann, Strafverfolgungsmaßnahmen anzustrengen. Diese Verpflichtung entsteht dann und in dem Maße, wie *OLAF* den nationalen Behörden Anhaltspunkte für Betrügereien zu Lasten der finanziellen Inter-

890 Zur Rechtsnatur des OLAF-Untersuchungsverfahrens siehe oben, *Teil 2* – B.II., S. 55 ff.

891 Für einen grundsätzlichen Überblick zu den Sanktionen siehe: *H.-M. Wolffgang*, Betrugsbekämpfung im Marktordnungsrecht, in: Ehlers / Wolffgang, Rechtsfragen der Europäischen Marktordnungen, 1998, S. 217 ff. Vgl. auch *M. Böse*, Strafen und Sanktionen im Europäischen Gemeinschaftsrecht, 1996, S. 253 ff.; *E. Pache*, Der Schutz der finanziellen Interessen der Europäischen Gemeinschaften, 1994, S. 269 ff; *A. Heitzer*, Punitive Sanktionen im Europäischen Gemeinschaftsrecht, 1997; *J. Lukanow*, AgrarR, 1994, S. 256 ff.

essen der Europäischen Gemeinschaft zur Kenntnis bringt. Dementsprechend kann und muss die Tätigkeit von *OLAF* im Einzelfall *mittelbar* zu Strafverfolgungsmaßnahmen führen.

Ob diese Kombination aus Sicht der EMRK nun als Gesamtkomplex bewertet würde oder als einzelne Abschnitte mit unterschiedlichem oder nicht unterschiedlichem Charakter, ist eine interessante Frage, die hier allerdings nur angesprochen bleiben soll.

Im Sinne der EMRK würde es sich zumindest um Strafrecht im weiteren Sinne handeln, so dass der Anwendungsbereich des Art. 6 EMRK in sachlicher Hinsicht eröffnet wäre, sofern die Handlungen der Gemeinschaft unter das Regime der EMRK fielen[892].

b) Zwischenbilanz

Die besondere Eigenart des OLAF-Verfahrens und seine mittelbare Verknüpfung zu einem nationalen Strafverfahren würde im Sinne der EMRK in einer Gesamtbetrachtung zumindest als Strafrecht im weiteren Sinne qualifiziert werden, so dass der Anwendungsbereich des Art. 6 EMRK in sachlicher Hinsicht eröffnet wäre.

Aus gemeinschaftsrechtlicher Sicht kommt es jedoch auf diese Klassifizierung nicht an. Bei der Herleitung der allgemeinen Rechtsgrundsätze spielt es keine Rolle, ob die EMRK bestimmte Garantien nur für strafrechtliche oder zivilrechtliche Verfahren aufstellt. Bestimmte Prinzipien der EMRK für strafrechtliche oder zivilrechtliche Verfahren, gehören zu den allgemeinen Grundsätzen des gemeinschaftsrechtlichen *Verwaltungs*verfahrens. Der *EuGH* behilft sich auch nicht damit, dass er bestimmte Bereiche des Verwaltungsrechts zum Strafrecht im weiteren Sinne erklärt.

Da die Prinzipien der EMRK als besonderer Ausdruck der gemeinsamen Verfassungsüberlieferungen der Mitgliedstaaten allgemeine Rechtsgrundsätze des Gemeinschaftsrecht darstellen, soll die Rechtsprechung des *EGMR* im Folgenden als Modelllösung für den aufgezeigten Konflikt zwischen Vertraulichkeitsschutz und Verteidigungsrechten herangezogen werden.

[892] Zur Klarstellung: Vertragsparteien der EMRK sind nur die Mitgliedstaaten. Im Übrigen ist das Verhältnis der EMRK zum Gemeinschaftsrecht allerdings nicht unumstritten. Dieser Problemkreis soll hier jedoch außen vor gelassen werden.

c) Das Recht auf ein faires Verfahren nach der europäischen Konvention für Menschenrechte

Dafür soll zunächst ein Blick auf die Rechtsprechung des *EGMR* zum Recht auf ein faires Verfahren geworfen werden.

Art. 6 Abs. 1 EMRK gewährleistet ein „fair hearing", das Recht auf ein faires Verfahren, d.h. den Anspruch, seine Sache dem Gericht in angemessener Weise und unter nicht wesentlich ungünstigeren Bedingungen als der Prozessgegner vortragen zu können[893]. Insbesondere genügt es nicht, wenn ein formell fair eingerichtetes Verfahren zur Verfügung steht, der Einzelne muss seine Rechte auch wahrnehmen können[894].

Der Grundsatz des „fair hearing" enthält einige „Verfeinerungen", von denen der Anspruch auf rechtliches Gehör und der Grundsatz der Waffengleichheit[895] für die vorliegende Problematik relevant sind[896]. In diesem Zusammenhang normiert Art. 6 Abs. 3 EMRK für den Strafprozess auch gewisse Mindestgarantien. So garantiert Art. 6 Abs. 3 lit. d EMRK das Recht, Fragen an Belastungszeugen zu stellen oder stellen zu lassen und die Ladung und Vernehmung der Entlastungszeugen unter denselben Bedingungen wie die der Belastungszeugen zu erwirken. Art. 6 Abs. 3 lit. b EMRK verbürgt, dass jeder Angeklagte über ausreichend Zeit und Gelegenheit zur Vorbereitung seiner Verteidigung verfügt.

Abstrakt ist es allerdings schwerlich möglich, die inhaltlichen Anforderungen an ein „fair hearing" zu bestimmen. Dies kann nur vor dem Hintergrund eines Verfahrens als Ganzem geschehen[897]. Im Gegensatz etwa zum deutschen *BGH* nimmt der *EGMR* eine Gesamtbetrachtung vor[898].

[893] IntKommEMRK (*H. Miehsler / T. Vogler*), 5. Lieferung Januar 2002, Art. 6 Rdnr. 342.

[894] IntKommEMRK (*H. Miehsler / T. Vogler*), 5. Lieferung Januar 2002, Art. 6 Rdnr. 342.

[895] Zur Waffengleichheit *F. G. Jacobs / R. C. A. White*, The European Convention on Human Rights, 2. ed. 1996, S. 124.

[896] Im Übrigen ist es umstritten, inwieweit dem Grundsatz des „fair hearing" neben speziellen Gewährleistungen wie dem rechtlichen Gehör der Charakter einer eigenständigen Verfahrensmaxime zukommt. (Vgl. IntKommEMRK (*H. Miehsler / T. Vogler*), 5. Lieferung Januar 2002, Art. 6 Rdnr. 343).

[897] *F. G. Jacobs / R. C. A. White*, The European Convention on Human Rights, 2. ed. 1996, S. 124.

[898] Siehe hierzu *A. Nack*, der den Unterschied in der rechtlichen Vorgehensweise anhand eines Bildes verdeutlicht: Der *EGMR* würde nicht mit einem Flugzeug fliegen, das veraltet und schlecht gewartet ist, dessen Systeme schon öfter ausgefallen sind und dessen Pilot zu alt ist. Der *BGH* jedoch würde damit fliegen, wenn auch nicht unbesorgt, solange jede der Komponenten – sei es auch gerade noch mit Ach und Krach – die vorge-

Auch für die Frage, ab wann die Grundsätze eines fairen Verfahrens zu berücksichtigen sind, kommt es auf den Einzelfall an. Ab dem Zeitpunkt, zu dem die offizielle amtliche Mitteilung der zuständigen Behörde an den Betroffenen ergeht, dass ihm eine Tat angelastet werde, gelten die Garantien des Art. 6 Abs. 1 EMRK[899]. Aber auch bereits in einer Untersuchung, die vor der offiziellen Einleitung eines Strafverfahrens stattfindet, gelten die fundamentalen Grundsätze des Strafverfahrens[900].

Entscheidend wird es jeweils darauf ankommen, durch welche Handlungen Verteidigungsrechte beeinträchtigt werden können. Ab der Möglichkeit einer Beeinträchtigung muss den Verteidigungsrechten Rechnung getragen werden. Das wird immer dann der Fall sein, wenn in irgendeiner Art und Weise Weichen für die Hauptverhandlung gestellt werden. Letztlich gebietet genau dies die Waffengleichheit. Von Anfang an muss sichergestellt werden, dass die „Waffen“, mit denen gestritten wird, möglichst wenig einseitig beeinflussbar sind.

(1) Recht auf Vorbereitung der Verteidigung gemäß Art. 6 Abs. 3 lit. b EMRK

Um eine Verteidigung angemessen vorbereiten zu können, ist die Kenntnis der wesentlichen Teile der Verfahrensakte essenziell. Wenn indessen ein Informant in dem Strafverfahren eine Rolle spielt, dürften im Regelfall Anhaltspunkte oder gar sämtliche Daten über den Informanten in den Verfahrensakten enthalten sein. Dementsprechend ist das grundsätzliche Recht des Angeklagten, Einsicht in die Verfahrensakten zu nehmen, mit dem Geheimhaltungsbedürfnis in Einklang zu bringen.

Das Recht, Zugang zu den für die Vorbereitung der Verteidigung nötigen Dokumenten zu erhalten, wird im Rahmen des Art. 6 Abs. 3 lit. b EMRK verbürgt[901]. Die wichtigsten Urteile des *EGMR* zum Akteneinsichtsrecht sind allerdings nicht im Zusammenhang mit dem Recht auf Verteidigung ergangen, sondern in Konkretisierung der Anforderungen an das „habeas corpus“-Verfahren nach Art. 5 Abs. 4 EMRK[902]. Dies liegt in der Natur der Sache. Es kommt kaum vor, dass der Verteidigung im Hinblick auf das Hauptverfahren Einsicht in die Akten verwehrt wird. Pro-

schriebenen technischen Mindestanforderungen erfüllt. (*A. Nack*, Gewährleistung der Rechtskultur durch das Revisionsrecht, in: FS für Rieß, 2002, S. 372).

899 IntKommEMRK (*T. Vogler*), 5. Lieferung Januar 2002, Art. 6 Rdnr. 204.

900 *EGMR*, 25.02.1993, Nr. 10828/84, Funke / Frankreich, Series A-256-A; vgl. auch *H. C. Schaefer*, Das Fairnessgebot für den Staatsanwalt, in: FS für Rieß, 2002, S. 491.

901 Vgl. *W. Peukert*, in: Frowein / Peukert EMRK, 2. Aufl. 1996, Art. 6 Rdnr. 185.

902 *S. Trechsel*, Akteneinsicht, in: FS für Druey, 2002, S. 994.

bleme ergeben sich nur dann, wenn die Akten schützenswerte Geheimnisse enthalten.

Dieses Recht auf Zugang zu den für die Vorbereitung der Verteidigung nötigen Dokumenten entspricht terminologisch dem gemeinschaftsrechtlichen Akteneinsichtsrecht. Nicht zu verwechseln ist dies mit dem gemeinschaftsrechtlichen Recht auf Zugang zu Dokumenten[903].

Spätestens nach Eröffnung der Anklageschrift ist der Zugang zu den für die Vorbereitung nötigen Dokumenten zu gewähren[904]. Auch insoweit wird es wieder auf den Einzelfall ankommen. Befindet sich etwa eine Person in Untersuchungshaft, sind auch im Rahmen der Haftprüfung die Garantien eines fairen und kontradiktorischen Verfahrens, insbesondere der Grundsatz der Waffengleichheit, zu gewährleisten. Dieser wird verletzt, wenn der Verteidigung der Zugang zu denjenigen Dokumenten verweigert wird, die wesentlich sind, um die Rechtmäßigkeit der Haft angreifen zu können.[905]

Diesbezüglich ergingen in jüngerer Zeit in drei Fällen Entscheidungen gegen Deutschland[906]. In allen drei Verfahren war die im Rahmen des Haftprüfungsverfahrens beantragte Akteneinsicht der Verteidigung von der Staatsanwaltschaft entweder vollständig oder teilweise unter Hinweis auf eine Gefährdung des Untersuchungszwecks (§ 147 Abs. 2 StPO) verweigert worden[907]. Der *EGMR* führte hierzu aus, es sei unerlässlich, der Verteidigung die einem Haftbefehl zu Grunde liegenden Beweismittel zugänglich zu machen und zwar ungeachtet davon, ob der Verteidiger in der Lage sei, konkrete Hinweise auf die Bedeutung der Beweismittel zu geben[908]. Eine Zusammenfassung durch die Staatsanwaltschaft sei nicht

903 Zum gemeinschaftsrechtlichen Recht auf Zugang zu Dokumenten siehe unten, *Teil 2* – B.XIII.3., S. 206 ff.

904 *EKMR*, 22.03.1972, Nr. 4622/70, X / Österreich, Collection of Decisions 40, 15 (18).

905 *EGMR*, 13.02.2001, Nr. 24479/94, Lietzow / Deutschland, Reports of Judgements and Decisions 2001-I, Ziff. 44; *EGMR*, 13.02.2001, Nr. 25116/94, Schöps / Deutschland, Reports of Judgements and Decisions 2001-I, Ziff. 44; *EGMR*, 13.02.2001, Nr. 23541/94, Garcia Alva / Deutschland, Ziff. 39, einsehbar unter: http://hudoc.echr.coe.int.

906 *EGMR*, 13.02.2001, Nr. 24479/94, Lietzow / Deutschland, Reports of Judgements and Decisions 2001-I; *EGMR*, 13.02.2001, Nr. 25116/94, Schöps / Deutschland, Reports of Judgements and Decisions 2001-I; *EGMR*, 13.02.2001, Nr. 23541/94, Garcia Alva / Deutschland, einsehbar unter: http://hudoc.echr.coe.int, siehe auch die Anmerkung zu diesen Urteilen von *E. Kempf*, StV 2001, S. 206 f. sowie die deutsche Übersetzung der Urteile in StV 2001, S. 201 ff.

907 Siehe hierzu *K. Ambos*, NStZ 2003, S. 14, 14 f.

908 *EGMR*, 13.02.2001, Nr. 24479/94, Lietzow / Deutschland, Reports of Judgements and Decisions 2001-I, Ziff. 46; *EGMR*, 13.02.2001, Nr. 23541/94, Garcia Alva / Deutschland, Ziff. 41.

ausreichend[909]. Anderenfalls könne der Verteidiger die die Verhaftung begründenden Tatsachen nicht wirksam angreifen[910]. Die Notwendigkeit effektiver polizeilicher Ermittlungen, einschließlich der Geheimhaltung bestimmter Informationen, sei zwar anzuerkennen. Dieser legitime Zweck könne jedoch nicht dazu führen, dass Rechte der Verteidigung substanziell beschnitten würden[911].

Die Überlegungen, die hier für das Haftprüfungsverfahren angestellt wurden, stellen allgemein geltende Anforderungen für das Akteneinsichtsrecht in einem fairen und kontradiktorischen Verfahren dar. Insoweit können diese Ausführungen grundsätzlich auch auf das Strafverfahren übertragen werden.

Weiter ist anerkannt, dass Sicherheitsrisiken, verwaltungstechnische Schwierigkeiten[912] oder Geheimhaltungspflichten[913] der Akteneinsicht entgegenstehen können[914]. Es genügt allerdings auch, wenn nur der Verteidiger und nicht der Angeklagte persönlich die Gerichtsakten einsehen kann[915].

Der nationale Richter ist derjenige, der entscheidet, welche Teile der Gerichtsakte für die Vorbereitung der Verteidigung notwendig und daher zur Einsicht freizugeben sind[916]. Dabei sind objektive Kriterien anzusetzen. Prinzipiell sind alle Dokumente, die sich auf die Begehung und die Umstände der Tat oder auf subjektive Tatbestandselemente beziehen, für

[909] *EGMR*, 13.02.2001, Nr. 25116/94, Schöps / Deutschland, Reports of Judgements and Decisions 2001-I, Ziff. 50.

[910] *EGMR*, 13.02.2001, Nr. 24479/94, Lietzow / Deutschland, Reports of Judgements and Decisions 2001-I, Ziff. 46; *EGMR*, 13.02.2001, Nr. 23541/94, Garcia Alva / Deutschland, Ziff. 41.

[911] *EGMR*, 13.02.2001, Nr. 24479/94, Lietzow / Deutschland, Reports of Judgements and Decisions 2001-I, Ziff. 47; *EGMR*, 13.02.2001, Nr. 23541/94, Garcia Alva / Deutschland, Ziff. 42.

[912] Vgl. *EKMR*, 19.12.1960, Nr. 524/59, Ofner / Österreich, Yearbook of the European Convention on Human Rights (YECHR) 1960, 322, 350.

[913] Vgl. *EKMR*, 12.07.1977, Nr. 7412/76, Haase / Deutschland, Decisions and Reports 11, 78, 91 f.

[914] *W. Peukert*, in: Frowein / Peukert EMRK, 2. Aufl. 1996, Art. 6 Rdnr. 185.

[915] *EGMR*, 19.12.1989, Nr. 9783/82, Kamasinski / Österreich, Series A-168, Ziff. 88. Dieser Rechtsprechung des *EGMR* tritt *S. Trechsel* entschieden entgegen. Die Akteneinsicht müsse immer beiden gewährt werden. Die Akteneinsicht des Beschuldigten sei deswegen notwendig, weil der Verteidiger in der Regel die wirklichen Tatsachen nicht kenne. Nur der Beschuldigte könne die Beweismittel richtig einordnen. Im Übrigen würde das Vertrauensverhältnis erheblich gestört, wenn der Verteidiger gegenüber seinem Mandanten zur Diskretion verpflichtet würde. (*S. Trechsel*, Akteneinsicht, in: FS für Druey, 2002, S. 996 f. und S. 1004 f.).

[916] *W. Peukert*, in: Frowein / Peukert EMRK, 2. Aufl. 1996, Art. 6 Rdnr. 185.

die Vorbereitung der Verteidigung notwendig und daher der Verteidigung zugänglich zu machen[917].

Im Einzelfall lassen sich diese Kriterien jedoch nicht immer in unproblematischer Art und Weise anwenden.

Im Übrigen steht im Vorfeld die Frage, was überhaupt Gegenstand der Akten sein muss. Es ist regelmäßig die Untersuchungsbehörde, die Akten anlegt. Allein vom Umfang her wird und soll die Untersuchungsbehörde nicht sämtliches Material zu den Akten geben[918]. Dem Fall *Edwards*[919] kann man zwar hierzu den Grundsatz entnehmen, dass alle wesentlichen Informationen, die im Laufe des Verfahrens erhoben wurden, in die Akten gehören und zur Kenntnis der Verteidigung und des Tatrichters gebracht werden müssen[920]. Die Einschätzung, ob etwas „wesentlich" oder „unwesentlich" ist, dürfte im Einzelfall allerdings nicht immer leicht fallen. Unwesentlich dürften etwa Dokumente sein, die sich auf ergebnislose Ermittlungstätigkeiten beziehen. Andererseits kann die Verteidigung gerade an solchen „Misserfolgen" ein besonderes Interesse haben[921]. Dementsprechend müsste die Untersuchungsbehörde im Zweifelsfall das betreffende Dokument mit in die Akte aufnehmen.

Generell zeigt sich der *EGMR* restriktiv, was die Vorenthaltung von Beweismitteln – seien sie belastend oder entlastend – durch die Ermittlungsbehörden angeht[922]. So ist nach seiner Auffassung der Strafrichter der Tatsacheninstanz und nicht die Strafverfolgungsbehörde dazu berufen, über die Vorenthaltung aus Gründen des Gemeinwohls zu entscheiden, wie dies der *EGMR* im Fall *Rowe und Davis* ausführte[923].

Man kann aus der Rechtsprechung des *EGMR* insoweit den Schluss ziehen, dass all diejenigen Informationen grundsätzlich nicht vorenthalten werden dürfen, die den Beschuldigten entlasten oder seine Schuld in Frage stellen[924].

917 *W. Peukert*, in: Frowein / Peukert EMRK, 2. Aufl. 1996, Art. 6 Rdnr. 185

918 *S. Trechsel*, Akteneinsicht, in: FS für Druey, 2002, S. 998 f.

919 *EGMR*, 16.12.1992, Nr. 13071/87, Edwards / Vereinigtes Königreich, Series A-247-B.

920 *S. Trechsel*, Akteneinsicht, in: FS für Druey, 2002, S. 999.

921 *S. Trechsel*, Akteneinsicht, in: FS für Druey, 2002, S. 1000.

922 *K. Ambos*, NStZ 2003, S. 14, 14.

923 *EGMR*, 16.02.2000, Nr. 28901/95, Rowe und Davis / Vereinigtes Königreich, Reports of Judgements and Decisions 2000-II, Ziff. 63, 66.

924 *U. Sommer*, StraFo 2002, S. 53, 53: Das gilt auch dann, wenn durch die Sperrerklärung vorenthaltene Beweismittel zwar nicht für die Beweisführung verwertet wurden, aber ihnen ein maßgeblich entlastender Charakter zukommt.

Die Entscheidung darüber obliegt alleine dem Richter der Tatsacheninstanz[925]. Für das deutsche Strafverfahren ist in diesem Zusammenhang darauf hinzuweisen, dass die Sperrerklärung nach § 96 S. 1 StPO analog zumindest nach dem Wortlaut des § 96 S. 1 StPO auf Gründe des Gemeinwohls abstellt. Mittels der Sperrerklärung wird ein Informant zum unerreichbaren Beweismittel. Die Entscheidung über die „Sperrung" ist hier aber gerade dem Richter der Tatsacheninstanz entzogen. Die Sperrerklärung ergeht durch die oberste Dienstbehörde[926]. Insofern stellt sich schon die Frage, inwieweit diese Vorgehensweise mit der Konvention im Einklang steht.

(2) Das Recht, Zeugen zu benennen und vernehmen zu lassen gemäß Art. 6 Abs. 3 lit. d EMRK

Die Problematik, einen Informanten anonym zu behandeln und trotzdem seine Angaben in einem Strafverfahren verwenden zu können, zeigt sich bei Art. 6 Abs. 3 lit. d EMRK. Art. 6 Abs. 3 lit. d EMRK umfasst das Recht, Fragen an Belastungszeugen zu stellen oder stellen zu lassen und die Ladung und Vernehmung der Entlastungszeugen unter denselben Bedingungen wie die der Belastungszeugen zu erwirken. Für die Problematik der Informanten ist dabei im Wesentlichen nur die Alternative des Fragerechts an Belastungszeugen relevant. Es dürfte eher Zufall sein, dass ein Angeklagter die Ladung genau der Person begehrt, die anonym gehalten werden soll.

Belastungszeuge ist nach autonomer Interpretation des *EGMR* eine Person, deren Aussage tatsächlich zur Kenntnis des nationalen Gerichts gelangt ist und von diesem berücksichtigt wurde[927].

Für das Verständnis des Art. 6 Abs. 3 lit. d EMRK ist im Übrigen daran zu erinnern, dass der *EGMR* in seiner Rechtsprechung von einem kontradiktorischen, auf dem Grundsatz der Waffengleichheit beruhenden Konzept des Verfahrens ausgeht[928]. Art. 6 Abs. 3 lit. d EMRK ist eine beson-

[925] *K. Ambos*, NStZ 2003, S. 14, 14.

[926] Zur Sperrerklärung nach § 96 S. 1 StPO siehe oben, *Teil 1* – A.V., S. 18 ff.

[927] *EGMR*, 20.11.1989, Nr. 11454/85, Kostovski / Niederlande, Series A-166, Ziff. 40; *EGMR*, 06.05.1985, Nr. 8658/79, Bönisch / Österreich, Series A-92, Ziff. 31 f.; *EGMR*, 27.09.1990 Windisch / Österreich, Nr. 12489/86 Series A-186, Ziff. 23; vgl. auch *EGMR*, 24.11.1986, Nr. 9120/80, Unterpertinger / Österreich, Serie A-110, Ziff. 31 f.

[928] Zum kontradiktorischen Charakter: *K. Krauß*, V-Leute im Strafprozeß und die Europäische Menschenrechtskonvention, 1999, S. 88 ff., 103, 108, 121; *U. Sommer*, StraFo 2000, S. 150, 150 f.; *T. Weigend*, StV 2001, S. 63, 64; *W. Beulke*, Konfrontation und Strafprozessreform, in: FS für Rieß, 2002, S. 15 ff.

dere Ausprägung des Grundsatzes der Waffengleichheit[929]. Das Fragerecht des Art. 6 Abs. 3 lit. d EMRK ist eine Konsequenz dieser die Waffengleichheit betonenden, kontradiktorischen Verfahrensstruktur, für die grundsätzlich nur „tested evidence" als zuverlässig gelten kann[930].

Nach ständiger Rechtsprechung[931] des *EGMR* erfordert dementsprechend ein effektives Recht auf Verteidigung, dass der Angeklagte Gelegenheit haben muss, die Glaubwürdigkeit eines Belastungszeugen anzuzweifeln und ihm Fragen zu stellen. Dies muss zu irgendeinem Zeitpunkt im Laufe des Verfahrens geschehen[932]. Insofern handelt es sich allerdings nicht um ein höchstpersönliches Beschuldigtenrecht, sondern um ein Recht der Verteidigung insgesamt. Es genügt, wenn der Verteidiger für den Beschuldigten die Möglichkeit hatte, obgleich eine Befragung in Gegenwart des Angeklagten zu bevorzugen ist[933].

Im Fall *P. S.* wurde diese Rechtsprechung erneut bestätigt und die Bundesrepublik Deutschland wegen eines Verstoßes gegen Art. 6 Abs. 3 lit. d EMRK verurteilt[934]. Im Falle legitimen Zeugenschutzes erfordere die zur Feststellung der Fairness des Verfahrens notwendige Gesamtbetrachtung[935] eine Abwägung mit den Verteidigungsinteressen[936]. Legitime Interessen

[929] IntKommEMRK (*T. Vogler*), 5. Lieferung Januar 2002, Art. 6 Rdnr. 548; *EGMR*, 08.06.1976, Nr. 5100/71, 5101/71, 5102/71, 5354/72, 5370/72, Engel u.a. / Niederlande, Series A-22, Ziff. 91; *H. Guradze*, EMRK, 1968, Art. 6 Rdnr. 35.

[930] *W. Beulke*, Konfrontation und Strafprozessreform, in: FS für Rieß, 2002, S. 15 ff. und insbesondere S. 21: „Austesten" des Beweismittels. „[...] *all the evidence must normally be produced at a public hearing, in the presence of the accused, with a view to adversarial argument.*"(*EGMR*, 23.04.1997, Nr. 21363/93, 21364/93, 21427/93, 22056/93, Van Mechelen u.a. / Niederlande, Reports 1997-III, Ziff. 51).

[931] *EGMR*, 23.04.1997, Nr. 21363/93, 21364/93, 21427/93, 22056/93, Van Mechelen u.a. / Niederlande, Reports 1997-III, Ziff. 51; *EGMR*, 15.06.1992, Nr. 12433/86, Lüdi / Schweiz, Series A-238, Ziff. 49. Zum Fall Lüdi / Schweiz vgl. *C. De Valkeneer*, RTDH 1993, S. 313 ff. Ausführlich zur Rechtsprechung *W. Beulke*, Konfrontation und Strafprozessreform, in: FS für Rieß, 2002, S. 9 ff.; *W. Wohlers*, Art. 6 Abs. 3 lit. d) EMRK als Grenze der Einführung des Wissens anonym bleibender Zeugen, in: FS für Trechsel, 2002, S. 813, 815 ff.

[932] *EGMR*, 23.04.1997, Nr. 21363/93, 21364/93, 21427/93, 22056/93, Van Mechelen u.a. / Niederlande, Reports 1997-III, Ziff. 51; *EGMR*, 15.06.1992, Nr. 12433/86, Lüdi / Schweiz, Series A-238, Ziff. 49.

[933] *W. Beulke*, Konfrontation und Strafprozessreform, in: FS für Rieß, 2002, S. 7 mit Verweis auf *EGMR*, 26.03.1996, Nr. 20524/92, Doorson / Niederlande, Reports 1996-II, Ziff. 74.

[934] *EGMR*, 20.12.2001, Nr. 33900/96, P. S. / Deutschland, Ziff. 21, einsehbar unter: http://hudoc.echr.coe.int, deutsch in StV 2002, S. 289 f.

[935] Vgl. *EGMR*, 20.12.2001, Nr. 33900/96, P. S. / Deutschland, Ziff. 19.

[936] *EGMR*, 20.12.2001, Nr. 33900/96, P. S. / Deutschland, Ziff. 22; vgl. *K. Ambos*, NStZ 2003, S. 14, 16.

des Zeugen seien Leben, Freiheit und Sicherheit der Person, aber auch generelle Interessen, die unter den Schutz des Art. 8 EMRK fallen[937]. Durch eine Einschränkung der Verteidigungsrechte entstehende Schwierigkeiten seien im Laufe des Verfahrens auszugleichen[938]. Art. 6 EMRK sei jedenfalls dann verletzt, wenn eine Verurteilung allein oder in einem wesentlichen Teil auf Aussagen eines Zeugen gründe, den der Angeklagte zu keinem Zeitpunkt des Verfahrens selbst befragen oder befragen lassen konnte[939].

(a) Prüfung auf zwei Ebenen

Systematisch betrachtet lässt sich in der Spruchpraxis des *EGMR* eine Prüfung auf zwei Ebenen ausmachen:

Art. 6 Abs. 3 lit. d EMRK fordert auf der ersten Ebene, dass dem Beschuldigten oder seinem Verteidiger mindestens einmal die effektive Gelegenheit gewährt werden muss, einen Zeugen direkt zu befragen[940]. Erfolgt dies nicht, ist auf einer zweiten Ebene zu entscheiden, ob das Recht auf ein faires Verfahren im Rahmen einer Gesamtbetrachtung verletzt wurde[941].

Demnach ist nicht jeder Eingriff in die Verteidigungsrechte konventionswidrig.

(b) Kriterien für die Verwertung anonymer Aussagen

Für die auf der zweiten Ebene vorzunehmende Gesamtbetrachtung lassen sich des Weiteren drei Kriterien für die Verwertung anonymer Aussagen entnehmen:

Die Verwertung anonymer Aussagen ist ausnahmsweise zulässig, wenn: erstens überwiegend legitime Interessen die Geheimhaltung des Zeugen erfordern; zweitens die durch die Anonymität bedingten Behinderungen der Verteidigung im weiteren Verfahren ausgeglichen werden; und schließlich die Verurteilung nicht ausschließlich oder maßgeblich auf der Aussage der anonymen Beweisperson beruht[942].

[937] *EGMR*, 20.12.2001, Nr. 33900/96, P. S. / Deutschland, Ziff. 22; *EGMR*, 26.03.1996, Nr. 20524/92, Doorson / Niederlande, Reports 1996-II, Ziff. 70.

[938] *EGMR*, 20.12.2001, Nr. 33900/96, P. S. / Deutschland, Ziff. 23.

[939] *EGMR*, 20.12.2001, Nr. 33900/96, P. S. / Deutschland, Ziff. 24

[940] *K. Krauß*, V-Leute im Strafprozeß und die Europäische Menschenrechtskonvention, 1999, S. 142, 103 ff., 108 ff., 120; *W. Beulke*, Konfrontation und Strafprozessreform, in: FS für Rieß, 2002, S. 14, 21; *J. Pauly*, StV 2002, 290, 291 f.

[941] *K. Ambos*, NStZ 2003, S. 14, 17; Siehe die Analyse der Spruchpraxis bei: *K. Krauß*, V-Leute im Strafprozeß und die Europäische Menschenrechtskonvention, 1999, S. 141 ff.; für drei Prüfungsschritte *J. Pauly*, StV 2002, S. 290, 291.

[942] *K. Krauß*, V-Leute im Strafprozeß und die Europäische Menschenrechtskonvention, 1999, S. 105.

Da diese Kriterien in eine Gesamtbetrachtung einzustellen sind, lassen sie sich schwerlich exakt voneinander trennen. Auch sind sie nicht statisch. Kann einem Kriterium nicht genügend Gewicht beigemessen werden, steigen die Anforderungen an die anderen Kriterien. Dies gilt auch umgekehrt.

(c) Zum Erfordernis der Geheimhaltung des Zeugen

Bei dem ersten Erfordernis kommt es entscheidend darauf an, inwieweit die Anonymisierung des Zeugen objektiv notwendig war. So bemerkt *Kai Ambos*, dass in der Sache *Visser*[943] die mangelnde Begründung der Notwendigkeit einer Anonymisierung des maßgeblichen Zeugen dazu führen musste, dass sich die Abwägung zwischen Recht auf Verteidigung und Zeugenschutz verschob[944]. Sie verschob sich zugunsten der Verteidigung, so dass jede noch so geringe Einschränkung des Rechtes auf Verteidigung zu einer Konventionsverletzung führen musste[945]. In dieser Rechtssache führte der *EGMR* aus, dass es bei der Interessenabwägung zwischen Zeugenschutz und dem Recht auf Verteidigung auf die Bedeutung der Zeugenaussage und der Gefahr für den Zeugen ankomme. Die „*Ernsthaftigkeit und Fundiertheit*" der Gründe für die Zeugenanonymität seien hier jedoch nicht angemessen geprüft worden. Auch beruhe die Verurteilung in einem entscheidenden Ausmaß auf der anonymen Zeugenaussage[946].

(d) Zum Ausgleich der durch die Anonymität bedingten Behinderungen der Verteidigung im weiteren Verfahren

In Bezug auf das zweite Kriterium ist anzumerken, dass ausnahmsweise auch die schriftliche Formulierung von Fragen ausreichend zu sein scheint, wenn eine unmittelbare Konfrontation aus Zeugenschutzgründen nicht in Betracht kommt[947]. Dies war etwa in der Sache *S. N.* der Fall[948]. Dort

943 *EGMR*, 14.02.2002, Nr. 26668/95, Visser / Niederlande, einsehbar unter: http://hudoc.echr.coe.int.

944 Hinsichtlich der Interessen der Zeugen führte der *EGMR* in dem Fall *Doorson* aus: „[…] *their life, liberty or security of person may be at stake, as may interests coming generally within the ambit of Article 8 (Art. 8) of the Convention.* […] *principles of fair trial also require that in appropriate cases the interests of the defence are balanced against those of witnesses or victims called upon to testify.*" (*EGMR*, 26.03.1996, Nr. 20524/92, Doorson / Niederlande, Reports 1996-II, Ziff. 70).

945 *K. Ambos*, NStZ 2003, S. 14, 16 f.

946 *EGMR*, 14.02.2002, Nr. 26668/95, Visser / Niederlande, Ziff. 45 ff., einsehbar unter: http://hudoc.echr.coe.int. Zu dieser Interessenabwägung auch *W. Beulke*, Konfrontation und Strafprozessreform, in: FS für Rieß, 2002, S. 25 ff.

947 *K. Ambos*, NStZ 2003, S. 14, 17; *R. Schlothauer*, StV 2001, S. 127, 128.

948 *EGMR*, 02.07.2002, Nr. 34209/96, S. N. / Schweden, einsehbar unter: http://hudoc.echr.coe.int).

wurde, wie der *EGMR* feststellte, ein angemessener Ausgleich gefunden, da der Verteidiger bei der zweiten, von ihm beantragten, polizeilichen Vernehmung des einzigen Belastungszeugen auf eine Teilnahme und die Videoaufzeichnung der Vernehmung verzichtet habe[949]. Außerdem habe der Verteidiger von ihm schriftlich formulierte Fragen durch den vernehmenden Polizeibeamten stellen lassen[950]. Schließlich seien die polizeilichen Vernehmungen per Video- und Audiotechnik in die Hauptverhandlung eingeführt worden[951]. Insgesamt habe das Gericht deshalb in der Beweiswürdigung ausreichende Vorsicht walten lassen[952]. Allerdings gab es eine „dissenting opinion“ dahingehend, dass die innerstaatlichen Behörden mehr hätten tun müssen, um die Beschränkung der Verteidigungsrechte auszugleichen. Sie hätten etwa ein Glaubwürdigkeitsgutachten einholen müssen[953].

Bei einer mittelbaren Befragungsmöglichkeit ist allerdings stets zu bedenken, dass in dieser Art und Weise eine effektive Vernehmung erheblich erschwert wird. Schließlich ist auch die Beobachtung der spontanen Reaktion der Beweisperson entscheidend. Kann ihre Reaktion bei einer mittelbaren Befragung nur in sehr eingeschränktem Maße oder sogar gar nicht beobachtet werden, so steht dies wiederum den Anforderungen der Konvention entgegen[954]. Entsprechendes muss für die Tarnung des Zeugen, z.B. mittels eines Stimmverzerrers, durch Verhinderung des Sichtkontakts oder Veränderung des Aussehens gelten[955].

(e) Zur nicht ausschließlichen oder maßgeblichen Verwendung der Aussage

Bereits die *EKMR* hielt die Verwendung anonymer Aussagen in einer Reihe von Fällen deshalb für unbedenklich, weil sie nur als Indiz berücksichtigt wurden, die Verurteilung aber letztlich durch andere Beweise getragen war[956].

[949] *EGMR*, 02.07.2002, Nr. 34209/96, S. N. / Schweden, Ziff. 49.
[950] *EGMR*, 02.07.2002, Nr. 34209/96, S. N. / Schweden, Ziff. 50.
[951] *EGMR*, 02.07.2002, Nr. 34209/96, S. N. / Schweden, Ziff. 52.
[952] *EGMR*, 02.07.2002, Nr. 34209/96, S. N. / Schweden, Ziff. 53.
[953] *EGMR*, 02.07.2002, Nr. 34209/96, S. N. / Schweden, dissenting opinion der Richter *R. Türmen* und *R. Maruste*.
[954] *K. Krauß*, V-Leute im Strafprozeß und die Europäische Menschenrechtskonvention, 1999, S. 109; vgl. *EGMR*, 23.04.1997, Nr. 21363/93, 21364/93, 21427/93, 22056/93, Van Mechelen u.a. / Niederlande, Reports 1997-III, Ziff. 59, 62.
[955] *K. Krauß*, V-Leute im Strafprozeß und die Europäische Menschenrechtskonvention, 1999, S. 109.
[956] *W. Peukert*, in: Frowein / Peukert EMRK, 2. Aufl. 1996, Art. 6 Rdnr. 105.

Es ist grundsätzlich mit besonderer Vorsicht vorzugehen. Die Verurteilung muss sich auf eine Gesamtwürdigung sich ergänzender und bestätigender Beweismittel stützen[957]. Auf welchem Punkt der Skala zwischen „Indiz", „nicht maßgeblicher Verwendung" und „maßgeblicher Verwendung" sich die Berücksichtigung einer anonymen Aussage letztendlich ansiedelt, ist allerdings eine Frage des Einzelfalles.

d) Bewertung

(1) Zum Akteneinsichtsrecht

Eine Bewertung der Rechtsprechung des *EGMR* wird dadurch erschwert, dass er sich generell eher zurückhaltend zeigt, allgemeine Äußerungen zu treffen[958]. Sicherlich ist es seine Aufgabe i.S.d. Art. 19 EMRK, nur über einzelne Beschwerden zu entscheiden, aber diese Zurückhaltung dient nicht immer der Rechtssicherheit. So ist etwa das Recht auf Akteneinsicht in der Straßburger Rechtsprechung noch nicht abschließend geklärt und bis ins Detail ausgearbeitet[959]. Allerdings kann insofern auch berechtigterweise gefragt werden, inwieweit das möglich sein soll, wenn entgegenlaufende Interessen des Geheimschutzes – etwa bei einem Informanten – eine Abwägung im Rahmen einer Gesamtbetrachtung erfordern. Eine Abwägung ist schwerlich einer abschließenden Klärung zugänglich.

Die Konsequenz der Vorenthaltung von Aktenteilen ist jedenfalls klar: Eine Verurteilung kann nicht auf Aktenteile gestützt werden, die der Verteidigung vorenthalten wurden und zu denen sie sich nicht äußern konnte[960]. Dies entspricht der Rechtsprechung des *EuGH*. Der *EuGH* führte schon früh aus, dass es gegen elementare Rechtsgrundsätze verstieße, eine gerichtliche Entscheidung auf Tatsachen und Urkunden zu stützen, von denen die Parteien keine Kenntnis nehmen und zu denen sie keine Stellung abgeben konnten[961].

Sofern die dem Angeklagten vorenthaltenen Aktenteile diesen entlasten oder seine Schuld in Frage stellen, wird die Abwägung mit dem Geheimschutz problematisch. Nach der Rechtsprechung des *EGMR* dürfen grundsätzlich all diejenigen Informationen nicht vorenthalten werden, die

[957] IntKommEMRK (*T. Vogler*), 5. Lieferung Januar 2002, Art. 6 Rdnr. 566.

[958] Für das Akteneinsichtsrecht *S. Trechsel*, Akteneinsicht, in: FS für Druey, 2002, S. 1008.

[959] *S. Trechsel*, Akteneinsicht, in: FS für Druey, 2002, S. 1008.

[960] *S. Trechsel*, Akteneinsicht, in: FS für Druey, 2002, S. 1008.

[961] *EuGH*, 22.03.1961, verb. Rs. 42/59 und 49/59, Société nouvelle des usines de Pontlieue (S.N.U.P.A.T.) / Hohe Behörde, Slg. 1961, 111, 169.

den Beschuldigten entlasten oder seine Schuld in Frage stellen[962]. Dem entspricht die neuere Rechtsprechung des *EuGH* zum Kartellordnungswidrigkeitenverfahren[963].

(2) Zum Recht, Zeugen zu benennen und vernehmen zu lassen

Die Vorgehensweise des *EGMR*, eine Gesamtbetrachtung vorzunehmen, wird besonders deutlich beim Recht, Zeugen zu benennen und vernehmen zu lassen. Wie ausgeführt wird die Spruchpraxis des *EGMR* gerne als eine Prüfung auf mehreren Ebenen gedeutet. Letztlich ist dies Ausdruck der Gesamtbetrachtung. Diese ist einfacher durchzuführen, wenn man sich ihr Schritt für Schritt nähert. Insofern sollten die einzelnen Prüfungsschritte eher als Hilfsmittel denn als starre Vorgaben begriffen werden.

e) Abweichungen vom EMRK-Standard in den einzelnen Mitgliedstaaten

Die Abweichungen vom dargestellten EMRK-Standard werden in den einzelnen Mitgliedstaaten notwendigerweise immer geringer, sind doch die Mitgliedstaaten als Vertragsparteien der EMRK an diese gebunden.

Sowohl Informanten als auch V-Männer werden im Prozess nicht anders als nach den allgemeinen Regeln behandelt, die für Zeugen gelten. In sämtlichen Mitgliedstaaten ist dies zumindest die herrschende Auffassung[964].

[962] Vgl. *U. Sommer*, StraFo 2002, S. 53, 53.

[963] Siehe hierzu oben, *Teil 2* – B.X.3.a)(1), S. 152 ff.

[964] Eine detaillierte Darstellung der Problematik der Informanten bzw. der Vertrauensleute in den einzelnen Mitgliedstaaten bieten die jeweiligen Landesberichte in: *P. Hünerfeld (Hrsg.)*, Zeugenschutz durch Verkürzung oder Vorenthaltung von Angaben zur Person des Zeugen, Freiburg i. Br. 1992; in: *W. Perron (Hrsg.)*, Die Beweisaufnahme im Strafverfahrensrecht des Auslands, Freiburg i. Br. 1995 und in: *W. Gropp / B. Huber (Hrsg.)*, Rechtliche Initiativen gegen organisierte Kriminalität, Freiburg i. Br. 2001.

Aus dogmatischen Gründen wäre eine ausführliche Beschäftigung mit den Abweichungen vom EMRK Standard in den einzelnen Mitgliedstaaten zwar wünschenswert. Dies würde indessen den Rahmen dieser Untersuchung sprengen. Wegen seiner erheblichen Verschiedenartigkeit soll jedoch zumindest das traditionelle französische Verständnis beispielhaft angesprochen werden. Auch wurde Frankreich in diesem Zusammenhang häufiger vor der *EKMR* und dem *EGMR* verklagt (Beispielsweise *EGMR*, 20.09.1993, Nr. 14647/89, Saïdi / Frankreich, Series A-261-C). In der französischen Praxis kommt den Informanten traditionell eine fundamentale Bedeutung zu. Erstaunlicherweise korreliert damit jedoch keine angemessene rechtliche Regelung, die gestaltende Kraft des Rechtes scheint die Figur des Informanten nicht zu benötigen. „*Effektivität, das erste Kennzeichen des französischen Rechts, legitimiert sich selbst, soweit nicht ausdrückliche gesetzliche Bestimmungen entgegenstehen.* (*F. L. Lorenz*, Landesbericht Frankreich, in:

7. Leitlinien für die Handhabung einer Kollision zwischen Vertraulichkeitsschutz und Verteidigungsrechten

Abschließend soll nun versucht werden, Leitlinien für die Handhabung einer Kollision zwischen Vertraulichkeitsschutz und Verteidigungsrechten aufzustellen.

Wie herausgearbeitet wurde, ist bei der Kollision zwischen Vertraulichkeitsschutz und Verteidigungsrechten zunächst das im Einzelfall bestehende Gewicht der kollidierenden Prinzipien zu ermitteln. Unter Berücksichtigung dieser konkreten Wertung sind die kollidierenden Prinzipien sodann nach dem Verhältnismäßigkeitsprinzip abzuwägen.

Zwar wird es dabei immer auf den konkreten Einzelfall ankommen, aus einer wertenden Betrachtung der gesammelten Erkenntnisquellen ergeben sich hierfür jedoch gewisse Leitlinien.

Es handelt sich dabei um folgende Prinzipien: Der Schutz der Identität des Informanten wird durch das Prinzip der Funktionsfähigkeit der Gemeinschaftsorgane und gegebenenfalls durch originäre Schutzinteressen des Informanten gefordert. Dem steht kollidierend das Verteidigungsinteresse des von der Untersuchung Betroffenen gegenüber.

Zeugenschutz durch Verkürzung oder Vorenthaltung von Angaben zur Person des Zeugen, S. 73 f.) Nach traditionellem französischem Verständnis ist die Verwendung von anonymen Zeugen im Strafverfahren in einem sehr weitreichenden Maß möglich. Auch stellt die Verwertung von Protokollen früherer Zeugenvernehmungen im französischen Strafverfahren keine Ausnahme dar (*H. Barth*, Landesbericht Frankreich, in: Perron, Die Beweisaufnahme im Strafverfahrensrecht des Auslands, 1995, S. 89, 108). Ausgangspunkt für die Geheimhaltung ist das explizit formulierte originäre Recht des Ermittlungsbeamten, die Identität seines Informanten nicht preiszugeben. Die Möglichkeiten des Zeugenschutzes hängen dementsprechend strikt von den Voraussetzungen ab, unter welchen der Ermittlungsbeamte zur Geheimhaltung befugt ist (*F. L. Lorenz*, Landesbericht Frankreich, in: *Hünerfeld*, Zeugenschutz durch Verkürzung oder Vorenthaltung von Angaben zur Person des Zeugen, 1992, S. 71). Der Individualschutz des Informanten wird lediglich durch das originäre Recht des Ermittlungsbeamten zur Geheimhaltung, das letztendlich im staatlichen Strafverfolgungsinteresse wurzelt, vermittelt. Die rechtlichen Regelungen dieses Problembereiches sind trotz der enormen praktischen Bedeutung recht spärlich. Das französische Verständnis speist sich vornehmlich aus einer kontinuierlichen Fortsetzung der historischen Verhältnisse. (*F. L. Lorenz*, Landesbericht Frankreich, in: *Hünerfeld*, Zeugenschutz durch Verkürzung oder Vorenthaltung von Angaben zur Person des Zeugen, 1992, S. 71 ff. Auf S. 73 zitiert *F. L. Lorenz den Innenminister Roger Frey, der 1960 in der Nationalversammlung erklärte: „Ohne die Mitwirkung der Informanten gäbe es keine Polizei und a fortiori keine Justiz, die zur Anwendung der Strafgesetze in der Lage wäre."* Auf S. 74 zitiert *F. L. Lorenz Casamayor* mit folgendem Ausspruch: *„Ob man will oder nicht, der Informant ist derzeit der bedeutendste Helfer der Justiz (auxiliaire de la justice), weit bedeutender als die Männer in Robe. Er stellt die Basis des Strafprozesses dar."* (*L. Casamayor*, Le bras séculier, 1960, S. 184)).

Bei einer konkreten Gewichtung dieser Prinzipien dürfte es auf folgende Aspekte ankommen:

α) die Stichhaltigkeit der Hinweise, die der Informant liefert;
β) ihre Beweiskraft;
γ) ihre Erforderlichkeit für eine Beweisführung im Rahmen eines nationalen Strafprozesses und wie weit es zusätzliche, andere Beweise gibt;
δ) ob der Informant respektive seine Angehörigen tatsächlich bei Offenlegung seiner Identität an Leib und Leben gefährdet wäre; wenn ja, in welchem Umfang;
ε) die Schwere der Zuwiderhandlung;
ζ) die Höhe des Schadens für die finanziellen Interessen der Gemeinschaft;
η) ob und in welchem Umfang es sich um organisierte Kriminalität handelt;
θ) die absehbaren Konsequenzen für ein nationales Strafverfahren;
ι) die absehbaren Konsequenzen für die Verteidigungsrechte von Betroffenen;
κ) absehbare Möglichkeiten der betroffenen nationalen Rechtsordnungen, die Anonymität eines Zeugen zu wahren und unter Umständen die in diesem Rahmen bestehenden Möglichkeiten, die durch die Anonymität bedingten Behinderungen der Verteidigung anderweitig auszugleichen.

XII. Verteidigungsrechte gegenüber einer Entscheidung als solcher

Wie bereits angesprochen, sind die Verteidigungsrechte indes auf zwei Ebenen zu berücksichtigen. Zum einen spielen sie eine besonders große Rolle für den Inhalt einer Entscheidung. Der Inhalt einer Entscheidung, die die Vertraulichkeit eines Informanten betrifft, umfasst grundsätzlich die Frage, ob eine Information weiterzuleiten ist und ob eine bestimmte Information unter das Berufsgeheimnis fällt. In diesem Rahmen sind die Verteidigungsrechte inhaltlich zu berücksichtigen.

Zum anderen gibt es Verteidigungsrechte gegenüber der Entscheidung selbst. Letztere sind Gegenstand dieses Kapitels.

Rechtliches Gehör gegen eine Entscheidung wird von vorneherein nicht unbegrenzt gewährt. Wie der *EuGH* in der Rechtssache *Consten und Grundig / Kommission*[965] ausführte, besteht keine gemeinschaftsrechtliche Verpflichtung der *Kommission*, jeden Dritten, der von einer Entscheidung der *Kommission* in irgendeiner Weise tatsächlich betroffen sein kann, von Amts wegen anzuhören, selbst wenn dies nach Ansicht des *EuGH* „allgemein wünschenswert" wäre[966].

Bei der Untersuchung der Verteidigungsrechte im einzelnen ist wiederum zwischen den verschiedenen Konstellationen zu differenzieren:

1. Nach Anfrage eines von einer Untersuchung Betroffenen

Die Anfrage eines von einer Untersuchung Betroffenen, ob ihm bestimmte Informationen übermittelt werden können, führt zu einer Entscheidung von *OLAF*, die zwei Beurteilungen beinhaltet: Zum einen die Beurteilung der Rechtslage, ob eine Weiterleitung geboten ist und zum anderen die Beurteilung, ob und inwieweit die Anonymität des Informanten durch das Berufsgeheimnis geschützt wird.

Dass neben der inhaltlichen Berücksichtigung der Verteidigungsrechte auch Verteidigungsrechte gegen die Entscheidung berücksichtigt werden müssen, liegt auf der Hand. Auf jeden Fall sind dies die Verteidigungsrechte des von der Untersuchung Betroffenen.

Aber auch die Verteidigungsrechte des Informanten selbst, um dessen Anonymität es letztlich geht, sind zu beachten. Der Informant ist vor einer solchen Entscheidung zu hören.

Zum Verfahren bei einer Entscheidung, ob es geboten ist, Informationen weiterzuleiten und ob Informationen unter das Berufsgeheimnis fallen, äußerte sich der *EuGH* dahingehend,

> dass das betroffene Unternehmen zunächst zu dieser Beurteilung gehört werden müsse. Anschließend erlasse die *Kommission* eine hinreichend begründete Entscheidung, die dem Unternehmen mitzuteilen sei[967]. Wegen der weitreichenden Konsequenzen einer solchen Entscheidung müsse das Unternehmen die Möglichkeit haben, vor dem Vollzug der Entscheidung, den *Gerichtshof* zur Überprüfung der vorgenommenen Beurteilungen anzurufen.

[965] *EuGH*, 13.07.1966, verb. Rs. 56/64 und 58/64, Consten und Grundig / Kommission, Slg. 1966, 322.

[966] *EuGH*, 13.07.1966, verb. Rs. 56/64 und 58/64, Consten und Grundig / Kommission, Slg. 1966, 322, 395.

[967] *EuGH*, 24.06.1986, Rs. 53/85, AKZO Chemie / Kommission, Slg. 1986, 1965 ff. 3. Leitsatz und Rdnr. 29.

Diese Überlegungen sind auf den Informanten übertragbar. Fällt doch die Identität des Informanten genauso wie die Geschäftsgeheimnisse eines Unternehmens unter das Prinzip der Wahrung des Berufsgeheimnisses.

2. Nach Anfrage des Informanten

Vergleichbares gilt für die Konstellation, dass ein Informant selbst anfragt und um Vertraulichkeit bittet. Eine Entscheidung nach Anfrage eines Informanten hat grundsätzlich den folgenden Inhalt: Zum einen, ob in Zukunft eine Weiterleitung geboten sein könnte, zum anderen, ob die Personalien des Informanten unter das Berufsgeheimnis fallen.

Diese Konstellation ist das Spiegelbild der obigen.

Bei dem anfragenden Informanten sind hier direkt die Verteidigungsrechte gegen die Entscheidung zu berücksichtigen.

Für die Person „gegen" die *OLAF* eine Untersuchung führt, kommt es darauf an, ob er nicht nur tatsächlich von der Entscheidung betroffen ist. Wie bereits erörtert, muss die mittelbare Verknüpfung zu dem nationalen Strafverfahren ausreichen, um die grundsätzliche Anwendung des Grundsatzes des rechtlichen Gehörs auszulösen. Eine Entscheidung von *OLAF*, dass bestimmte Unterlagen nicht weiterzuleiten sind und dass diese Unterlagen unter das Berufsgeheimnis fallen, kann zwar für einen im nationalen Strafverfahren Beschuldigten nur mittelbare Wirkung haben. Dabei ist diese mittelbare Auswirkung nicht bloß eine tatsächliche. Die mittelbare Auswirkung ist von vornherein absehbar, sofern sich die Untersuchung auf OLAF-Ebene schon „gegen" die später im nationalen Verfahren beschuldigten Personen richtete.

Das sind genau die Erwägungen, die auch für eine inhaltliche Berücksichtigung der Verteidigungsrechte im Rahmen der Entscheidung angestellt werden. Die inhaltliche Berücksichtigung der Verteidigungsrechte und die Verteidigungsrechte gegen die Entscheidung als solche laufen somit zwangsläufig parallel.

Dementsprechend ist vor Erlass einer solchen Entscheidung unter diesen Umständen auch ein von einer OLAF-Untersuchung Betroffener zu hören. Je nachdem kann Letzteres jedoch aus Zweckvereitelungsgründen[968] eingeschränkt sein.

[968] Zu einer Einschränkung des rechtlichen Gehörs aus Zweckvereitelungsgründen siehe oben, *Teil 2* – B.X.2.b)(2)(a), S. 146.

3. Nach Anfrage einer nationalen Stelle

Die Anfrage einer nationalen Stelle, bestimmte Informationen zu übermitteln, löst wiederum eine zweigeteilte Entscheidung aus: ob und in welcher Form eine Weiterleitung geboten ist und ob und wie weit die Anonymität des Informanten durch das Berufsgeheimnis geschützt wird.

Bei einer solchen Anfrage sind zwar eigene Verteidigungsrechte der nationalen Stelle inhaltlich nicht zu berücksichtigen. Als Anfragende hat sie jedoch eigene Verteidigungsrechte gegen die Entscheidung, dementsprechend muss sie vorher gehört werden.

Was die Verteidigungsrechte der Informanten und der von einer OLAF-Untersuchung Betroffenen angeht, gilt oben Gesagtes entsprechend. Der Informant, um dessen Anonymität es geht, ist in jedem Fall betroffen. Die Verteidigungsrechte der Person, die mutmaßlich Betrügereien zu Lasten der Gemeinschaft begangen hat, sind in dem Maße gegen die Entscheidung zu berücksichtigen, als sie auch inhaltlich Gegenstand der Entscheidung sind. Bei ersterem kann es wiederum aus Zweckvereitelungsgründen[969] zu Einschränkungen kommen.

XIII. Weitere für die Vertraulichkeit relevante Aspekte

Der Gewährung von Vertraulichkeit stehen noch weitere Aspekte gegensätzlich gegenüber, die einer kurzen Erläuterung bedürfen.

Zum einen sind dies formale Vorschriften für Gemeinschaftsrechtsakte; die Begründungspflicht[970] sowie die Bekanntgabe- und Veröffentlichungspflicht[971].

Zum anderen bedarf es noch einer kurzen Erläuterung zum Recht auf Zugang zu Dokumenten[972].

1. Begründungspflicht nach Art. 253 EG

Gemäß Art. 253 EG sind alle Rechtsakte mit Gründen zu versehen. Dies gilt dementsprechend auch für eine Entscheidung, die beinhaltet, ob eine bestimmte Information weiterzuleiten ist und ob die Personalien eines In-

[969] Zu einer Einschränkung des rechtlichen Gehörs aus Zweckvereitelungsgründen siehe oben, *Teil 2* – B.X.2.b)(2)(a), S. 146.

[970] Siehe *Teil 2* – B.XIII.1., S. 202 ff.

[971] Siehe *Teil 2* – B.XIII.2., S. 205 f.

[972] Siehe *Teil 2* – B.XIII.3., S. 206 ff.

formanten unter das Berufsgeheimnis fallen. Diese Verpflichtung stellt eine wesentliche Formvorschrift dar, eine Entscheidung kann allein wegen mangelnder Begründung gemäß Art. 231 EG für nichtig erklärt werden.

a) Allgemeines

Die Begründungspflicht stellt eine verfahrensrechtliche Garantie und auch ein Recht der Verteidigung dar. Nur wenn eine Entscheidung ordnungsgemäß begründet ist, kann der Betroffene seine Verteidigungsrechte gegen die Entscheidung im vollen Umfang wahrnehmen. Eine ordnungsgemäße Begründung ist Voraussetzung dafür, dass der Anspruch auf rechtliches Gehör effizient genutzt werden kann[973].

Zur Ausgestaltung der Begründung äußerte sich der *EuGH* in der Rechtssache *Niederlande und Leeuwarder Papierwarenfabriek / Kommission* wie folgt[974]:

> Die Begründung einer beschwerenden Entscheidung müsse dem *Gerichtshof* die Rechtmäßigkeitskontrolle ermöglichen. Sie müsse die Angaben enthalten, die der Betroffene für die Beurteilung der Frage benötige, ob die Entscheidung rechtmäßig sei. In welchem Umfang ein Rechtsakt zu begründen sei, richte sich allerdings nach den Umständen des Einzelfalles. Insbesondere sei dabei der Inhalt des Rechtsaktes, die Art der angeführten Gründe und das Interesse, das die Adressaten oder andere durch den Rechtsakt unmittelbar und individuell betroffenen Personen an den Erläuterungen haben könnten, zu beachten[975]. Die von der Entscheidung Betroffenen müssten in der Lage sein, sich zu den behaupteten Tatsachen und deren Erheblichkeit sachgerecht zu äußern[976].

Allerdings muss die *Kommission* – wie der *EuGH* bereits in der Rechtssache *Michelin / Kommission* klarstellte – nicht auf alle in einem Verwaltungsverfahren gemachten Sach- und Rechtsausführungen eingehen[977].

Im Zusammenhang mit der Begründungspflicht weist der damalige Generalanwalt *Carl Otto Lenz* darauf hin, dass der *Gerichtshof* die Handlungen der Organe in den Bereichen, in denen ihnen Ermessen zusteht, nur sehr zurückhaltend einer inhaltlichen Kontrolle unterzieht und im Gegenzug dazu die formalen Garantien betont[978]. Die Begründungspflicht zählt

[973] *C. O. Lenz*, EuGRZ 1993, S. 585, 589.

[974] *EuGH*, 13.03.1985, verb. Rs. 296 und 318/82, Niederlande und Leeuwarder Papierwarenfabriek / Kommission, Slg. 1985, 809 ff.

[975] *EuGH*, 13.03.1985, verb. Rs. 296 und 318/82, Niederlande und Leeuwarder Papierwarenfabriek / Kommission, Slg. 1985, 809 ff. Rdnr. 19.

[976] *EuGH*, 13.03.1985, verb. Rs. 296 und 318/82, Niederlande und Leeuwarder Papierwarenfabriek / Kommission, Slg. 1985, 809 ff. Rdnr. 21.

[977] *EuGH*, 09.11.1983, Rs. 322/81, Michelin / Kommission, Slg. 1983, 3461 ff. Rdnr. 14.

[978] *C. O. Lenz*, EuGRZ 1993, S. 585, 589 mit Verweis auf *EuGH*, 21.11.1991, Rs. C-269/90, Technische Universität München, Slg. 1991, I-5469 ff. Rdnr. 14: Wenn einem

zu den formalen Garantien. Der *EuGH* prüft die zu Grunde gelegten Tatsachen und die Einhaltung der einschlägigen Verfahrensvorschriften umso intensiver, je weiter ein von ihm angenommener Ermessensspielraum reicht[979]. Ob die der Ermessensausübung zu Grunde gelegten Tatsachen zutreffen, lässt sich für das Gericht letztlich nur anhand der Begründung des betreffenden Rechtsaktes nachvollziehen. Insofern kommt der Begründung eine mehrschichtige Funktion zu, sie ist wesentliche Verfahrensvorschrift und Mittel, um die zu Grunde gelegten Tatsachen einer Überprüfung zuführen zu können.

Die in unserem Fall relevanten Entscheidungen beinhalten sogar zwei Punkte, in denen eine Beurteilung zu erfolgen hat. Insofern ist hier die jeweilige Begründung von wesentlicher Bedeutung. Eine Begründung muss möglichst genau die zu Grunde gelegten Tatsachen widerspiegeln. Dies steht jedoch in gewissem Widerspruch zu den Anforderungen des Berufsgeheimnisses. Letzteres hat gerade zur Folge, dass bestimmte Tatsachen vertraulich behandelt werden sollen. Damit wären sie zunächst grundsätzlich in einer Begründung an Dritte auszulassen.

Infolgedessen müssen auch die Anforderungen an die Begründungspflicht mit den Anforderungen an den Schutz des Berufsgeheimnisses in Einklang gebracht werden.

b) Differenzierung zwischen verschiedenen Konstellationen

In Bezug auf die Fragestellung der Untersuchung kommt es wiederum auf die jeweilige Konstellation an, wie die Begründung einer konkreten Entscheidung auszugestalten ist.

Es kommt auf den Einzelfall an, wer der Betroffene ist, dessen Wahrnehmung seiner Verteidigungsrechte gegen die Entscheidung durch die Begründung der Entscheidung ermöglicht werden muss. Wenn etwa der Informant selbst um Vertraulichkeit bittet und dies wird ihm durch eine Entscheidung verweigert, dann dient die Begründung insofern allein den Bedürfnissen des Informanten.

Dementsprechend ist zwischen den verschiedenen Konstellationen zu unterscheiden.

Gemeinschaftsorgan ein Beurteilungsspielraum zusteht, kommt den verfahrensrechtlichen Garantien des Verwaltungsverfahrens besondere Bedeutung zu. Diese Garantien umfassen insbesondere die Pflicht des zuständigen Organes, alle relevanten Aspekte des Einzelfalles sorgfältig und unvoreingenommen zu untersuchen, sowie das Recht des Betroffenen auf rechtliches Gehör und die Pflicht, die Entscheidung angemessen zu begründen. Zur Ermessenskontrolle siehe auch unten, *Teil 2* – C.VI.1.b)(4)., S. 244 ff.

[979] *E. Pache*, DVBl. 1998, S. 380, 385.

(1) Nach Anfrage eines von einer Untersuchung Betroffenen

Eine Entscheidung, die nach Anfrage eines von einer OLAF-Untersuchung Betroffenen ergeht, kann nur in dem Umfang, in dem tatsächlich Informationen über den Informanten weitergegeben werden, diese Informationen auch in der Begründung aufnehmen. Das hindert aber nicht daran, dass die Geheimhaltungsgründe, soweit sie nicht Rückschlüsse auf die Identität des Informanten erlauben, möglichst umfangreich dargelegt werden. Die einzelnen Aspekte, die hierbei einer Wertung unterzogen wurden (etwa in Form der vorgeschlagenen Leitlinien[980]), sollten umfassend dargestellt werden. Da eine Einschränkung bei der Darstellungsmöglichkeit des konkreten Geheimhaltungsbedürfnisses besteht, sollte dies durch eine umso genauere Befassung mit den Aspekten, die die Verteidigungsrechte des Betroffenen zum Inhalt haben, ausgeglichen werden.

(2) Nach Anfrage des Informanten

Die spiegelbildliche Konstellation, dass eine Entscheidung nach Anfrage eines Informanten ergeht, generiert keine Geheimhaltungsprobleme. Die Begründung ergeht direkt gegenüber dem betroffenen Informanten.

(3) Nach Anfrage einer nationalen Stelle

Bei einer Entscheidung, die nach Anfrage einer nationalen Stelle ergeht, gilt das für die erste Konstellation Gesagte entsprechend, soweit nicht ausgeschlossen werden kann, dass ein von einer OLAF-Untersuchung Betroffener Kenntnis von der Begründung der Entscheidung erhält.

Kann dies – auch in tatsächlicher Hinsicht – ausgeschlossen werden, muss die Begründung gegenüber der nationalen Stelle umfangreicher ausfallen.

2. Bekanntgabe von Entscheidungen

Die Begründungspflicht steht auch im Zusammenhang mit der Bekanntgabe von Entscheidungen. Es ist hier zwischen Veröffentlichung und Bekanntgabe zu unterscheiden.

Eine Entscheidung, die nicht nach dem Verfahren des Art. 251 EG angenommen wurde, bedarf gemäß Art. 254 EG zu ihrem Inkrafttreten nicht der Veröffentlichung im Amtsblatt, sondern sie ist denjenigen

[980] Siehe hierzu oben, *Teil 2* – B.XI.7., S. 198 f.

bekanntzugeben, für die sie bestimmt ist. Durch diese Bekanntgabe wird die Entscheidung wirksam (Art. 254 Abs. 3 EG).

In Zusammenhang mit der Bekanntgabe kommt es dann auf den Umfang der erforderlichen Begründung an[981].

3. Zugang zu Dokumenten

Die Frage nach dem Recht auf Zugang zu Dokumenten steht nicht in direktem Zusammenhang mit einer Entscheidung, die die Vertraulichkeit eines Informanten bewirkt. Da jedoch in der generellen Praxis häufig versucht wird, mittels des Rechtes auf Zugang zu Dokumenten, Einsicht in Verfahrensunterlagen zu erlangen, bedarf dieser Punkt einer gewissen Klarstellung.

Zunächst zu dem Recht auf Zugang zu Dokumenten im Allgemeinen:

a) Konkretisierung durch die Verordnung (EG) Nr. 1049/2001 vom 30. Mai 2001

Seit dem 3. Dezember 2001 gilt die Verordnung (EG) Nr. 1049/2001 des Europäischen Parlaments und des Rates vom 30. Mai 2001 über den Zugang der Öffentlichkeit zu Dokumenten des Europäischen Parlaments, des Rates und der Kommission, ABl. Nr. L 145 vom 31.05.2001, S. 43 – 48[982]. Damit wurde dem Auftrag nach Art. 255 Abs. 2 EG genügt und das Recht auf Zugang zu Dokumenten konkretisiert. Diese durch den Vertrag von Amsterdam in das Primärrecht eingefügte Vorschrift entspricht dem in Art. 42 der Charta der Grundrechte der Europäischen Union verankerten Grundrecht auf Zugang zu Dokumenten[983]. Beide Vorschriften konkretisieren das Postulat des Art. 1 Abs. 2 EU, wonach *„die Entscheidungen möglichst offen und möglichst bürgernah getroffen werden"* und sind damit Ausdruck des Prinzips der Transparenz[984]. Dieses soll eine bessere Beteiligung der Bürger am gemeinschaftlichen Entscheidungsprozess ermöglichen und eine größere Legitimität, Effizienz und Verantwortung der Verwaltung gegenüber dem Bürger in einem demokratischen System gewährleisten[985]. Letztlich soll die tatsächliche und wirksame Kontrolle der Bür-

981 Zur Begründungspflicht siehe oben, *Teil 2* – B.XIII.1., S. 202 ff.

982 Vgl. Art. 19 Verordnung (EG) Nr. 1049/2001.

983 Zum Zugang zu Dokumenten vgl. bereits *EuG*, 05.03.1997, Rs. T-105/95, World Wide Fund for Nature / Kommission, Slg 1997, II-313.

984 *B. Wägenbaur*, EuZW 2001, S. 680, 680.

985 Vgl. 2. Erwägungsgrund der Verordnung (EG) Nr. 1049/2001.

ger über die Ausübung der den Gemeinschaftsorganen verliehenen Macht und damit sein Vertrauen in die Verwaltung gestärkt werden[986].

Die Verordnung sieht eine Reihe von Ausnahmen vor:

Gemäß Art. 4 Abs. 1 lit. a Verordnung (EG) Nr. 1049/2001 verweigern die Organe den Zugang zu einem Dokument, durch dessen Verbreitung der Schutz des öffentlichen Interesses im Hinblick auf die öffentliche Sicherheit, die Verteidigung und militärische Belange, die internationalen Beziehungen und / oder die Finanz-, Währungs- oder Wirtschaftspolitik der Gemeinschaft oder eines Mitgliedstaates beeinträchtigt würde. Entsprechendes gilt für eine Beeinträchtigung des Schutzes der Privatsphäre und der Integrität des Einzelnen, Art. 4 Abs. 1 lit. b Verordnung (EG) Nr. 1049/2001.

Weitere Verweigerungsgründe sind – vorbehaltlich eines überwiegenden öffentlichen Interesses an der Verbreitung – die Beeinträchtigung des Schutzes der geschäftlichen Interessen einer natürlichen oder juristischen Person, der Schutz von Gerichtsverfahren und der Rechtsberatung sowie der Schutz des Zwecks von Inspektions-, Untersuchungs- und Audittätigkeiten, Art. 4 Abs. 2 Verordnung (EG) Nr. 1049/2001.

Bezüglich Dokumente Dritter konsultiert das Organ diese, um zu beurteilen, ob eine der Ausnahmeregelungen der Abs. 1 oder 2 anwendbar ist, sofern es nicht bereits eindeutig ist, dass Zugang zu dem Dokument zu gewähren oder nicht zu gewähren ist, Art. 4 Abs. 4 Verordnung (EG) Nr. 1049/2001.

Ebenfalls gibt es Ausnahmen für Dokumente, die für den internen Gebrauch erstellt wurden, Art. 4 Abs. 3 Verordnung (EG) Nr. 1049/2001.

Wenn nur Teile des angeforderten Dokuments einer der Ausnahmen unterliegen, werden die übrigen Teile des Dokuments freigegeben, Art. 4 Abs. 6 Verordnung (EG) Nr. 1049/2001, dies führt z.B. dazu, dass Namen von Privatpersonen in der Regel geschwärzt werden, bevor ein Dokument herausgegeben wird.

b) Verhältnis des Rechtes auf Zugang zu Dokumenten zum Recht auf Akteneinsicht

Aus dem Zweck des Rechtes auf Zugang zu Dokumenten ergibt sich, dass das Recht auf Zugang zu Dokumenten kein Recht eines von einer Untersuchung Betroffenen ist, Einsicht in die ihn betreffenden Vorgänge zu nehmen. Dies verdeutlicht auch insbesondere die Liste der Ausnahmen der Verordnung (EG) Nr. 1049/2001.

[986] *B. Wägenbaur,* EuZW 2001, S. 680, 680.

Im Rahmen einer von *OLAF* durchgeführten Untersuchung greift jedenfalls der Ausnahmetatbestand des Schutzes von Untersuchungstätigkeiten, Art. 4 Abs. 2 Verordnung (EG) Nr. 1049/2001 – vorbehaltlich eines überwiegenden öffentlichen Interesses – bzw. der Ausnahmetatbestand des Schutzes der Privatsphäre und der Integrität des Einzelnen, Art. 4 Abs. 1 lit. b Verordnung (EG) Nr. 1049/2001.

Das Recht auf Zugang zu Dokumenten ist nicht mit dem Akteneinsichtsrecht zu verwechseln. Das Recht auf Zugang zu Dokumenten soll der Öffentlichkeit Einblick- und Kontrollmöglichkeiten der Verwaltungstätigkeit eröffnen. Es dient dem Allgemeininteresse an einer besseren Verwaltung. Demgegenüber steht das Akteneinsichtsrecht, als Wahrnehmung des berechtigten Interesses eines Einzelnen, Einblick in ihn betreffende Vorgänge und Untersuchungen zu erhalten, als ein aliud da.

XIV. Ergebnis

Dieser Abschnitt hat gezeigt, dass *OLAF* grundsätzlich verpflichtet ist, die Identität eines Informanten unter bestimmten Umständen geheim zu halten. Vertraulichkeit wird dabei jedoch nicht in Form einer Vertraulichkeitszusage erteilt, sondern ist in jedem Einzelfall die Konsequenz einer zweigeteilten Entscheidung. Diese kann in verschiedenen Konstellationen ergehen, das Grundmuster bleibt indessen gleich: Sie enthält stets die Beurteilung, ob es geboten ist, u.a. die Angaben über die Identität des Informanten weiterzuleiten und ob diese Angaben unter das Berufsgeheimnis fallen.

Des Weiteren wurde dargestellt, dass die Verteidigungsrechte von Personen, die von einer OLAF-Untersuchung betroffen sind, unter bestimmten Umständen bereits von *OLAF* zu wahren sind.

Die Kollision zwischen Vertraulichkeitsschutz und Verteidigungsrechten wird besonders virulent, wenn eine Entscheidung ergeht, die bewirkt, dass die Angaben über die Identität eines Informanten in einem nationalen Strafverfahren nicht zur freien Verfügung stehen.

Leitlinien für die hierbei erforderliche Abwägung wurden durch einen wertenden Vergleich mit anderen Rechtsgebieten des Gemeinschaftsrechts und mit der EMRK – als Ausdruck der gemeinsamen Verfassungsüberlieferungen der Mitgliedstaaten – gewonnen.

C. Mitgliedstaatliche Ebene

Nachdem die rechtlichen Gegebenheiten auf der gemeinschaftlichen Ebene analysiert wurden, sollen nun deren Auswirkungen auf die mitgliedstaatliche Ebene überprüft werden.

Die spezielle mittelbare Verknüpfung des OLAF-Untersuchungsverfahrens mit einem anschließenden nationalen Strafverfahren wurde bereits dargelegt. Im Folgenden soll nun diese mittelbare Verknüpfung unter dem Aspekt des Informantenschutzes und insbesondere unter dem Aspekt der Bindungswirkung einer Entscheidung, die den Informantenschutz betrifft, näher betrachtet werden.

Kernpunkt dieser Verknüpfung ist die Pflicht zur loyalen Zusammenarbeit[987]. Diese wird unter Berücksichtigung ihrer Auswirkungen in beide Richtungen, sowohl auf die mitgliedstaatliche[988] als auch auf die gemeinschaftliche Ebene[989], betrachtet. Die Verpflichtung der Mitgliedstaaten zur Bekämpfung von Betrügereien zu Lasten der finanziellen Interessen der Gemeinschaft wird dabei als Teilbereich der Pflicht zur loyalen Zusammenarbeit dargestellt[990]. Dem schließen sich Erwägungen zur Kooperation zwischen *OLAF* und den nationalen Ermittlungsbehörden an[991]. Die Bindungswirkung der nationalen Behörden an das Berufsgeheimnis wird ebenfalls erörtert[992], genauso wie die Anforderungen der gemeinschaftsrechtlichen Verfahrensgrundrechte an die Mitgliedstaaten[993]. Anschließend wird die Bindungswirkung einer Entscheidung überprüft, die beinhaltet, ob die Identität eines Informanten unter das Berufsgeheimnis fällt und ob die Weitergabe dieser Angaben geboten ist[994]. Auch der Rechtsschutz gegen eine solche Entscheidung wird angesprochen[995].

Zunächst zur Pflicht zur loyalen Zusammenarbeit im Allgemeinen:

[987] Siehe hierzu unten, *Teil 2* – C.I., S. 210 ff.
[988] Siehe hierzu unten, *Teil 2* – C.I.3., S. 214 ff.
[989] Siehe hierzu unten, *Teil 2* – C.I.4., S. 218 ff.
[990] Siehe hierzu unten, *Teil 2* – C.I.3.b), S. 217.
[991] Siehe hierzu unten, *Teil 2* – C.II., S. 227 ff.
[992] Siehe hierzu unten, *Teil 2* – C.III., S. 232 ff.
[993] Siehe hierzu unten, *Teil 2* – C.IV., S. 238 ff.
[994] Siehe hierzu unten, *Teil 2* – C.V., S. 240 ff.
[995] Siehe hierzu unten, *Teil 2* – C.VI., S. 242 ff.

I. Der Grundsatz der Pflicht zur loyalen Zusammenarbeit

Eine Pflicht zur loyalen Zusammenarbeit obliegt sowohl den Behörden der Mitgliedstaaten als auch den Organen der Gemeinschaft. Die Organe der Gemeinschaft und die Mitgliedstaaten sind einander zum Beistand verpflichtet. Sie treffen gegenseitige Pflichten der Loyalität und Solidarität zugunsten der Verwirklichung der gemeinschaftlichen Ziele[996].

Die dogmatische Einbettung dieses Grundsatzes sieht wie folgt aus:

1. Allgemeine Grundlagen

a) Deutschsprachiges Schrifttum

Der überwiegende Teil des deutschsprachigen Schrifttums bezeichnet diese Verpflichtung als „Gemeinschaftstreue“. Die „Gemeinschaftstreue“ wird als einer der Grundsätze angesehen, welche der Gemeinschaftsrechtsordnung immanent sind. Art. 10 EG sei insoweit eine Spezialausprägung dieses generelleren und spezifisch europarechtlichen Grundsatzes[997]. Zur Begründung wird mehr oder weniger akzentuiert ein wertender Vergleich mit dem Grundsatz der Bundestreue bemüht[998]. Auch das *BVerfG* benutzt den Begriff der „Gemeinschaftstreue“[999]. Teilweise werden auch die Be-

[996] Vgl. *A. Wille*, Die Pflicht der Organe der Europäischen Gemeinschaft zur loyalen Zusammenarbeit mit den Mitgliedstaaten, 2003, S. 15.

[997] *M. Zuleeg*, in: Groeben / Schwarze, 6. Aufl. 2003, Art. 10 EG Rdnr. 1 ff.; *M. Hilf*, ZaöRV 35 (1975), S. 51, 58 ff.; *W. Kahl*, in: Calliess / Ruffert, EUV / EGV, 2. Aufl. 2002, Art. 10 EG Rdnr. 6; *A. Bleckmann*, DVBl. 1976, S. 483, 486 f.; *W. Däubler*, NJW 1968, S. 325, 326; *U. Everling*, DVBl. 1983, S. 649, 651 und 653; *R. Geiger*, EUV / EGV, 3. Aufl. 2000, Art. 10 EG Rdnr. 5; *J. Wuermeling*, Kooperatives Gemeinschaftsrecht, 1988, S. 187 ff.

[998] Vgl. umfassend *R. Söllner*, Art. 5 EWG-Vertrag in der Rechtsprechung des Europäischen Gerichtshofes, 1985, S. 11 ff.; sowie vgl. auch *K. Zweigert*, RabelsZ 1964, S. 601, 620 ff.; *W. v. Simson*, EuR 1970, S. 185, 191; *D. Ehle*, RIW/AWD 1963, S. 157, 159; Sowie die Ausführungen bei *A. Wille*, Die Pflicht der Organe der Europäischen Gemeinschaft zur loyalen Zusammenarbeit mit den Mitgliedstaaten, 2003, S. 83 ff. Teilweise geschieht dies auch recht lapidar, siehe etwa: *W. v. Simson*, EuR 1970, S. 185, 191; *H. Lecheler*, EuArch. 1968, S. 403, 409 ff.

[999] *BVerfG*, 08.04.1987, 2 BvR 687/85, BVerfGE 75, 223, 237; aber *BVerfG*, 12.10.1993, 2 BvR 2134, 2159/92, BVerfGE 89, 155, 202: „Grundsatz der loyalen Zusammenarbeit“

griffe „Grundsatz der loyalen Zusammenarbeit“[1000] „allgemeine Treueklausel“[1001] „Loyalitätsklausel“ oder „Loyalitätspflicht“[1002] verwandt. Auch gibt es Stimmen, die dem Konzept als solchem widersprechen[1003].

b) Rechtsprechung

Der *EuGH* geht davon aus, dass die Verpflichtung zur loyalen Zusammenarbeit einen allgemeinen Rechtsgrundsatz darstellt.

Terminologisch sprach er zunächst von einer „Pflicht zur Solidarität“[1004]. In der Folge benutzte er den Begriff gegenseitiger „Pflichten zur (loyalen) Zusammenarbeit“[1005], „Grundsatz (Prinzip) loyaler Zusammenarbeit“[1006] oder „Pflichten zur loyalen Zusammenarbeit und Unterstützung“[1007] sowie „Grundsatz der Mitwirkungspflicht“[1008]. Am

[1000] *A. v. Bogdandy*, in: Grabitz / Hilf, EUV / EGV, 23. EL Januar 2004, Art. 10 EG Rdnr. 6; *E. Klein*, in: Handkomm. EUV / EGV, 7. Lieferung 1998, Art. 5 Rdnr. 3; ähnlich auch *C. O. Lenz*, in: Lenz / Borchardt, EUV / EGV, 3. Aufl. 2003, Art. 10 EGV Rdnr. 8.

[1001] *C. Tomuschat*, Das Francovich-Urteil des EuGH, in: FS für Everling, Band 2, 1995, S. 1585, 1588 und 1593.

[1002] *A. Lopian*, Übergangsrégime für Mitgliedstaaten der Europäischen Gemeinschaften, 1994, S. 238; *T. Oppermann*, Europarecht, 2. Aufl. 1999, Rdnr. 367; *C. Thun-Hohenstein / F. Cede / G. Hafner*, Europarecht, 4. Aufl. 2003, S. 142 ff.; vgl. auch *H. D. Jarass*, Grundfragen der innerstaatlichen Bedeutung des EG-Rechts, 1994, S. 6.

[1003] Vgl. *L.-J. Constantinesco*, Das Recht der europäischen Gemeinschaften, Band 1, 1977, S. 295; *K. Feige*, Der Gleichheitssatz im Recht der EWG, 1973, S. 89 ff.; *U. Scheuner*, Die Rechtsetzungsbefugnis internationaler Gemeinschaften, in: FS für Verdross, 1960, S. 229, 239 f.

[1004] *EuGH*, 10.12.1969, verb. Rs. 6/69 und 11/69, Kommission / Frankreich, Slg. 1969, 523 ff. Rdnr. 14/17; *EuGH*, 07.02.1973, Rs. 39/72, Kommission / Italien, Slg. 1973, 101 ff. Rdnr. 25.

[1005] *EuGH*, 10.02.1983, Rs. 230/81, Luxemburg / Parlament, Slg. 1983, 255 ff. Rdnr. 37 ff.; *EuGH*, 24.03.1988, Rs. 240/86, Kommission / Griechenland, Slg. 1988, 1835 ff. Rdnr. 23 ff.; *EuGH*, 22.09.1988, verb. Rs. 358/85 und 51/86, Frankreich / Parlament, Slg. 1988, 4821 ff. Rdnr. 34; *EuGH*, 10.07.1990, Rs. C-217/88, Kommission / Deutschland Slg. 1990, I-2879 ff. Rdnr. 33; *EuGH*, 23.02.1995, Rs. C-349/93, Kommission / Italien, Slg. 1995, I-343 ff. Rdnr. 13; *EuGH*, 04.04.1995, Rs. C-348/93, Kommission / Italien, Slg. 1995, I-673 ff. Rdnr. 17; *EuGH*, 16.07.1998, Rs.C-264/96, ICI, Slg. 1998, I-4695 ff. Rdnr. 31; *EuGH*, 27.06.2000, Rs. C-404/97, Kommission / Portugal, Slg. 2000, I-4897 ff. Rdnr. 40.

[1006] *EuGH*, 14.11.1989, Rs. 14/88, Italien / Kommission, Slg. 1989, 3677 ff. Rdnr. 20; *EuGH*, 05.10.1994, Rs. C-165/91, Van Munster, Slg. 1994, I-4661 ff. Rdnr. 32; *EuGH*, 22.10.1998, verb. Rs. C-36/97 und C-37/97, Kellinghusen und Ketelsen, Slg. 1998, I-6337 ff. Rdnr. 30.

[1007] *EuGH*, 15.01.1986, Rs. 44/84, Hurd, Slg. 1986, 29 ff. Rdnr. 38; *EuGH*, 05.04.1990, Rs. C-6/89, Kommission / Belgien, Slg. 1990, I-1595, 1. Leitsatz; *EuGH*, 19.02.1991, Rs. C-374/89, Kommission / Belgien, Slg. 1991, I-367 ff. Rdnr. 15.

gebräuchlichsten ist die Terminologie der „Pflichten zur loyalen Zusammenarbeit“[1009].

c) Bewertung

Es bietet sich an, der Terminologie des *EuGH* zu folgen. Der Begriff der Gemeinschaftstreue ist zu sehr von einem deutschen Verständnis einer Bundestreue geprägt.

Man könnte zwar auch mit einem weiten Föderalismusbegriff[1010] im Sinne von *Wolfgang Kahl*[1011] davon ausgehen, dass kein gegenwärtiger oder zukünftiger Bundesstaat i.S.d. deutschen Staatslehre vorausgesetzt würde. Schließlich gehe es bei allen Parallelen zur Bundestreue nicht um eine Transformation der EG in einen Bundesstaat, sondern um den Treueaspekt. Und stelle schließlich der Grundsatz der Bundestreue (bzw. Unionstreue im Anwendungsbereich des EU-Vertrages) als Grundsatz nur einen offenen, mehrschichtigen und konkretisierungsbedürftigen normativen Ausgangspunkt dar[1012]. Es bleiben jedoch Zweifel, ob der Begriff der „Gemeinschaftstreue“ nicht weniger treffend bleibt als der Begriff der „Pflicht zur loyalen Zusammenarbeit“.

Der Treueaspekt legt zunächst nahe, dass es sich primär um ein Verhinderungsverbot handelt[1013]. Die Pflicht zur loyalen Zusammenarbeit kann jedoch über ein bloßes Verhinderungsverbot hinausgehen. Sie legt sowohl den Gemeinschaftsorganen als auch den Mitgliedstaaten die Verpflichtung auf, in einem Verhältnis der Gegenseitigkeit loyal zusammenzuarbeiten[1014]. Die Mitgliedstaaten etwa werden verpflichtet, alle geeigneten Maßnahmen zu treffen, um die Geltung und die Wirksamkeit des Gemeinschaftsrechts

[1008] *EuGH*, 19.06.1990, Rs. C-213/89, Factortame u.a., Slg. 1990, I-2433 ff. Rdnr. 19.

[1009] So *W. Kahl*, in: Calliess / Ruffert, EUV / EGV, 2. Aufl. 2002, Art. 10 EG Rdnr. 6: Der *Gerichtshof* selbst hat den Terminus „Gemeinschaftstreue“ demgegenüber – soweit ersichtlich – bisher nicht verwendet. Allerdings findet sich bei *GA M. Darmon*, Schlussanträge zu *EuGH*, 20.09.1988, Rs. 190/87, Oberkreisdirektor des Kreises Borken u.a., Slg. 1988, 4689, 4705 ff. (4711) der Hinweis darauf, dass die Prinzipien von Treu und Glauben und die Widerspruchsfreiheit eine Manifestation der Verpflichtungen aus Art. 10 EG seien.

[1010] Zum weiten Föderalismusbegriff vgl. *M. Zuleeg*, NJW 2000, S. 2846 ff.; *I. Pernice*, in: HStR, Bd. VIII, 1995, § 191, Rdnr. 42.

[1011] *W. Kahl*, in: Calliess / Ruffert, EUV / EGV, 2. Aufl. 2002, Art. 10 EG Rdnr. 6.

[1012] *W. Kahl*, in: Calliess / Ruffert, EUV / EGV, 2. Aufl. 2002, Art. 10 EG Rdnr. 6.

[1013] Sprachlich signalisiert das Wort „Treue“ zunächst etwas eher Passives, ein Orientieren an bestehenden Verpflichtungen. „Treue“ ist eine gelungene Umschreibung für einen akzessorischen Rechtsgrundsatz. Während „Zusammenarbeit“ Aktivität von mehreren Seiten suggeriert, die über eine bloße Akzessorietät hinausgeht.

[1014] *EuGH*, 22.10.2002, Rs. C-94/00, Roquette Frères, Slg. 2002, I-9011 ff. Rdnr. 31.

zu gewährleisten[1015]. In vielen Fällen stellt sie sich zwar als Verhinderungsverbot dar, wie etwa in der Rechtssache *Inter-Environnement Wallonie*[1016], das bleibt jedoch ein Teilaspekt.

Im Übrigen steht der Pflicht zur loyalen Zusammenarbeit auch nicht das Prinzip der begrenzten Einzelermächtigung entgegen. Die Pflicht zur loyalen Zusammenarbeit wird sozusagen auf einer anderen Ebene relevant. Sie greift unterstützend in denjenigen Bereichen ein, in denen eine begrenzte Einzelermächtigung besteht und begründet im Rahmen dieser Unterstützungsfunktion eigene Verpflichtungen.

Bezüglich der Ausgestaltung besteht folgender Unterschied zur Bundestreue im Sinne der deutschen Staatslehre; die Bundestreue stellt nie für sich genommen den Ausgangspunkt für eine Verpflichtung dar, sondern wirkt immer im Zusammenhang mit einer bereits bestehenden Verpflichtung zu deren Ausgestaltung. Sie ist rein akzessorischer Natur, es muss bereits ein bestimmtes verfassungsrechtliches Verhältnis vorgegeben sein, durch das wechselseitige Rechte und Pflichten begründet werden[1017]. Die Bundestreue gestaltet lediglich bestehende Verpflichtungen aus und begründet sie nicht. Während die Pflicht zur loyalen Zusammenarbeit vor dem Hintergrund einer bestehenden (Einzel-) Ermächtigung einzelne Verpflichtungen begründet[1018].

Die Kritiker der „Gemeinschaftstreue" führen u.a. genau diesen Charakter der Bundestreue als Argument an: Die Gemeinschaftstreue könne keine

[1015] *EuGH*, Beschl. v. 13.07.1990, Rs. 2/88-Imm., Strafverfahren gegen Zwartveld u.a., Slg. 1990, I-3365 ff. Rdnr. 17 mit Verweis auf *EuGH*, 21.09.1989, Rs. 68/88, Kommission / Griechenland, Slg. 1989, 2965 ff. Rdnr. 23.

[1016] *EuGH*, 18.12.1997, Rs. C-129/96, Inter-Environnement Wallonie, Slg. 1997, I-7411 ff.

[1017] *BVerfG*, 11.07.1961, 2 BvG 2/58, 2 BvE 1/59, BVerfGE 13, 54, 75; sehr anschaulich *BVerfG*, 11.04.1967, 2 BvG 1/62, BVerfGE 21, 312, 326: „Daneben kommt ein Verstoß gegen den Verfassungsgrundsatz der Bundestreue nicht in Betracht. Die verfassungsrechtliche Pflicht zu bundesfreundlichem Verhalten – hier des Bundes gegenüber dem Land Hessen – käme erst und nur ins Spiel, wenn zwischen dem Bund und dem Land ein konkretes verfassungsrechtliches Verhältnis bestünde, aus dem sich ein *Recht* des Bundes ergäbe, von dem der Bund in Rücksicht auf die Pflicht zu bundestreuem Verhalten einen bestimmten Gebrauch *nicht* machen darf oder auf Grund dessen der Bund *in bestimmter Weise vorgehen muß* [...]. Im vorliegenden Fall liegen die Dinge aber anders: Hier fehlt es an einem Recht oder an einer Kompetenz [...]." (Hervorhebungen im Original). Siehe hierzu auch *M. Lück*, Die Gemeinschaftstreue als allgemeines Rechtsprinzip im Recht der Europäischen Gemeinschaft, 1992, S. 95 f.

[1018] Insofern wohl a.A. *M. Lück*, Die Gemeinschaftstreue als allgemeines Rechtsprinzip im Recht der Europäischen Gemeinschaft, 1992.

Rechtspflichten begründen, die nicht bereits in speziellen Vorschriften des Gemeinschaftsrechts positiviert seien[1019].

Der Begriff der „Pflicht zur loyalen Zusammenarbeit", wie ihn der *EuGH* benutzt, ist zu bevorzugen. Als Schlagwort hat der Begriff der „Gemeinschaftstreue" sicherlich seine Berechtigung, ist der reine Treueaspekt doch ein sehr wichtiger Bestandteil der Pflicht zur loyalen Zusammenarbeit. Die Terminologie des *EuGH* ist indessen umfassender und unmissverständlicher, zumal sie keine Ähnlichkeiten zum Begriff der Bundestreue aufweist.

2. Zwischenbilanz

Nach dieser dogmatischen Einordnung werden im Folgenden die für diese Arbeit relevanten Teilaspekte der Pflicht zur loyalen Zusammenarbeit behandelt. Zum einen sind dies die Verpflichtung der Mitgliedstaaten zur Betrugsbekämpfung und insbesondere die sich hieraus ergebenden verfahrensrechtlichen Vorgaben. Zum anderen ist die Verpflichtung der Gemeinschaftsorgane zur Zusammenarbeit mit den mitgliedstaatlichen Behörden zu erörtern.

3. Verpflichtung der Mitgliedstaaten zur Bekämpfung von Betrügereien zu Lasten der Gemeinschaft

Dass die Mitgliedstaaten verpflichtet sind, Betrügereien zu Lasten der finanziellen Interessen der Gemeinschaft in derselben Art und Weise wie Betrügereien zu Lasten ihrer eigenen Interessen – zumindest jedoch wirksam – zu bekämpfen, wurde bereits mehrmals angesprochen.

a) Griechischer Maisskandal

Das Grundsatzurteil, in dem diese Verpflichtung erstmals statuiert wurde, erging in der Rechtssache *Kommission / Griechenland* (*Griechischer Maisskandal*)[1020]. Dem Urteil liegt folgender Sachverhalt zu Grunde:

[1019] Siehe zu dieser Auffassung *H. P. Ipsen*, Europäisches Gemeinschaftsrecht, 1972, S. 217 f.; *H. P. Ipsen*, Der „Kulturbereich" im Zugriff der Europäischen Gemeinschaft, in: GS für Geck, 1989, S. 339, 352 ff.; *R. Streinz*, Europarecht, 5. Aufl. 2001, Rdnr. 143.

[1020] *EuGH*, 21.09.1989, Rs. 68/88, Kommission / Griechenland, Slg. 1989, 2965 ff. Rdnr. 23–25; siehe hierzu *H. Satzger*, in: Streinz, EUV / EGV, 1. Aufl. 2003, Rdnr. 4.

Jugoslawischer Mais wurde in griechischen Dosen von Griechenland nach Belgien exportiert. Die griechischen Behörden hatten offiziell erklärt, es handele sich um griechischen Mais, so dass keine Agrarabschöpfungen erhoben wurden. Nach Kenntniserlangung vom tatsächlichen Sachverhalt forderte die *Kommission* Griechenland vergeblich auf, die hinterzogenen Beträge einzuziehen und an die *Kommission* abzuführen sowie gegen die Verantwortlichen strafrechtlich respektive disziplinarrechtlich vorzugehen. Schließlich leitete die *Kommission* ein Vertragsverletzungsverfahren ein.

Der *EuGH* nahm den Fall zum Anlass, sich grundlegend zu den Verpflichtungen eines Mitgliedstaates bei der Verletzung von Gemeinschaftsrecht zu äußern[1021].

> Soweit die gemeinschaftsrechtlichen Regelungen keine besondere Vorschrift enthielten, die für den Fall eines Verstoßes gegen die Regelung eine Sanktion vorsehe oder insoweit auf die nationalen Rechts- und Verwaltungsvorschriften verweise, so gelte Art. 5 EWGV[1022]. Die Mitgliedstaaten seien danach verpflichtet, alle geeigneten Maßnahmen zu treffen, um die Geltung und die Wirksamkeit des Gemeinschaftsrechts zu gewährleisten[1023].
>
> Dabei müssten die Mitgliedstaaten, denen allerdings die Wahl der Sanktionen verbleibe, namentlich darauf achten, dass Verstöße gegen das Gemeinschaftsrecht nach analogen[1024] sachlichen und verfahrensrechtlichen Regeln geahndet werden wie nach Art und Schwere gleichartige Verstöße gegen nationales Recht, wobei die Sanktion jedenfalls wirksam, verhältnismäßig und abschreckend sein müsse.[1025]
>
> Ferner seien die nationalen Stellen verpflichtet, gegen Gemeinschaftsrechtsverstöße mit derselben Sorgfalt vorzugehen, die sie bei Verstößen gegen nationale Rechtsvorschriften walten ließen[1026].

Der vormalige Art. 209a EGV nahm die Grundsätze, die im Urteil in der Rechtssache *Kommission / Griechenland (Griechischer Maisskandal)*[1027]

[1021] Vgl. *H-J. Prieß / H. Spitzer*, EuZW 1994, S. 297, 298.

[1022] Nunmehr Art. 10 EG.

[1023] *EuGH*, 21.09.1989, Rs. 68/88, Kommission / Griechenland, Slg. 1989, 2965 ff. Rdnr. 23.

[1024] In der deutschen Übersetzung des Urteils steht lediglich „ähnlich". Sowohl die französische als auch die griechische Fassung benutzten den Begriff „analog" („...dans des conditions, de fond et de procédure, qui soient analogues" „ανάλογες"). Verbindlich ist die griechische Fassung, da Griechisch Verfahrenssprache war. Die „Original"fassung ist allerdings die französische. Siehe hierzu Fn. 371, S. 74.

[1025] *EuGH*, 21.09.1989, Rs. 68/88, Kommission / Griechenland, Slg. 1989, 2965 ff. Rdnr. 24.

[1026] *EuGH*, 21.09.1989, Rs. 68/88, Kommission / Griechenland, Slg. 1989, 2965 ff. Rdnr. 25.

[1027] *EuGH*, 21.09.1989, Rs. 68/88, Kommission / Griechenland, Slg. 1989, 2965.

aufgestellt worden waren, in den Vertrag auf[1028]. Art. 209a EGV – wie auch der jetzige, grundlegend geänderte Art. 280 EG[1029] – verpflichtete die Mitgliedstaaten, die gleichen Maßnahmen zu ergreifen, die sie auch zur Bekämpfung von Betrügereien ergreifen, die sich gegen ihre eigenen finanziellen Interessen richten[1030]. Das ergibt sich jedoch bereits genuin aus dem in Art. 10 EG niedergelegten Grundsatz. Dies stellt insofern nicht eine neue konstitutive, sondern eine deklaratorische und klarstellende Regelung dar[1031]. Das Effektivitätsgebot verpflichtet die Mitgliedstaaten zu einem effektiven Schutz der finanziellen Interessen der Gemeinschaft[1032]. Die grundsätzliche Verpflichtung zur Zusammenarbeit ergibt sich zwar bereits aus der Pflicht zur loyalen Zusammenarbeit. Die ausdrückliche Verpflichtung der Mitgliedstaaten zur engen und regelmäßigen Zusammenarbeit wurde demgegenüber neu in Art. 209a EGV aufgenommen[1033].

Tatsächlich wird dieser Verpflichtung nicht immer entsprochen. Der so genannte „Griechische Mais-Skandal“ offenbarte damals eindeutig den Hintergrund, der von vielen Seiten bereits vorher vermutet worden war. Die nationalen Verwaltungsstellen der Mitgliedstaaten sind nicht frei von der Versuchung, durch Tun oder Unterlassen, Betrügereien und Abgabenhinterziehungen zu Lasten der finanziellen Interessen der Europäischen Gemeinschaft zu unterstützen[1034]. Schließlich handelt es sich nicht um ihre eigenen Interessen. Lapidar ausgedrückt hängt die „Geldverteilung“ in Brüssel leider nicht davon ab, wie effektiv ein Land Betrügereien zu Lasten der finanziellen Interessen bekämpft. *Klaus Tiedemann* formulierte damals, dass der Interessenkonflikt Kriminalität erzeuge und ungleiche Bedingungen auch der Strafverfolgung schaffe. Dementsprechend zwinge die

[1028] Schlussanträge des Generalanwalts F. G. Jacobs vom 03.10.2002, Rs. C-11/00, Kommission / Europäische Zentralbank, n. n. a. Slg. Fn. 6.

[1029] Der vormalige Art. 209a EGV erfuhr durch den Vertrag von Amsterdam grundlegende Veränderungen, insbesondere die Gewährung einer ausdrücklichen Zuständigkeit der Gemeinschaft für die erforderlichen Maßnahmen zur Verhütung und Bekämpfung von Betrügereien.

[1030] Zu den Anforderungen an Sanktionen vgl. *EuGH*, 08.07.1999, Rs. C-186/98, Nunes und de Matos, Slg. 1999, I-4883.

[1031] *H.-J. Prieß / H. Spitzer*, EuZW 1994, S. 297, 298.

[1032] Vgl. *S. Magiera*, Der Schutz der finanziellen Interessen der Europäischen Union, in: FS für Friauf, 1996, S. 22 der mit dem Ausdruck „Wirksamkeitsgebot“ das Effektivitätsgebot meint.

[1033] *H.-J. Prieß / H. Spitzer*, EuZW 1994, S. 297, 298: *E. Mennens*, in: What Kind of Criminal Policy for Europe?, 1996, S. 127, 142 ff.

[1034] *K. Tiedemann*, EuZW 1990, S. 100, 100.

Beibehaltung des gemeinschaftlichen Finanzierungssystems langfristig zur Einführung von Sanktionsbefugnissen der EG[1035].

Die Verpflichtung, alle Maßnahmen zu ergreifen, um die Effektivität des Gemeinschaftsrechts sicherzustellen, beinhaltet gerade auch die strafrechtliche Ahndung. Strafrechtlich relevante Verstöße gegen das Gemeinschaftsrecht müssen materiellrechtlich und verfahrensmäßig ebenso geahndet werden wie entsprechende Verstöße gegen nationales Recht[1036]. Teilweise mussten in den Mitgliedstaaten noch entsprechende Gesetzesänderungen durchgeführt werden, sofern eine solche äquivalente Ahndung nach den nationalen Vorschriften noch nicht möglich war. Tatsächliche Probleme bleiben jedoch.

b) Die Verpflichtung zur Betrugsbekämpfung als Teilbereich der Verpflichtung zur loyalen Zusammenarbeit

Aus dem Gesagten ergibt sich, dass die Verpflichtung der Mitgliedstaaten zur Betrugsbekämpfung ein besonderer Teilbereich der Pflicht zur loyalen Zusammenarbeit ist. Denn Art. 10 EG ist gerade Ausdruck der Verpflichtung zur loyalen Zusammenarbeit[1037]. Art. 280 Abs. 2 EG ist jedoch spezieller, so dass Art. 10 EG in dem Umfang, wie die Pflicht in Art. 280 Abs. 2 EG geregelt ist, nicht anwendbar ist[1038].

[1035] *K. Tiedemann*, Reform des Sanktionswesens auf dem Gebiete des Agrarmarktes der Europäischen Wirtschaftsgemeinschaft, in: FS für Pfeiffer, 1988, S. 113 ff.; *K. Tiedemann*, EuZW 1990, S. 100, 100; vgl. auch *K. Tiedemann*, The level of protection afforded to the Community's financial interests, in: Legal protection of the financial interests of the Community, 1990, S. 131, 148.

[1036] *K. Tiedemann*, EuZW 1990, S. 100, 100; Umfassend *H. Satzger*, Die Europäisierung des Strafrechts, 2001, S. 330 ff.

[1037] *EuGH*, 10.02.1983, Rs. 230/81, Luxemburg / Parlament, Slg. 1983, 255 ff. Rdnr. 37 ff.

[1038] Vgl. *W. Kahl*, in: Calliess / Ruffert, EUV / EGV, 2. Aufl. 2002, Art. 10 EG Rdnr. 18 mit Verweis auf *EuGH*, 11.03.1992, verb. Rs. C-78/90 bis C-83/90, Compagnie Commerciale de l'Ouest u.a., Slg. 1992, I-1847 ff. Rdnr. 19; *EuGH*, 03.03.1994, verb. Rs. C-332/92, C-333/92 und C-335/92, Eurico Italia u.a., Slg. 1994, I-711 ff. Rdnr. 22; *EuGH*, 05.10.1994, Rs. C-323/93, Centre d'insémination de la Crespelle, Slg. 1994, I-5077 ff. Rdnr. 15; *EuGH*, 14.12.1995, Rs. C-387/93, Strafverfahren gegen Banchero, Slg. 1995, I-4663 ff. Rdnr. 17.

4. Die Pflicht der Gemeinschaftsorgane zur loyalen Zusammenarbeit mit den Mitgliedstaaten

Der Verpflichtung der Mitgliedstaaten zur loyalen Zusammenarbeit mit den Gemeinschaftsorganen steht die Verpflichtung der Gemeinschaftsorgane gegenüber, ihrerseits mit den Mitgliedstaaten loyal zusammenzuarbeiten.

Die für die Zusammenarbeit zwischen *OLAF* und den nationalen Behörden wichtigen Grundsätze spiegeln sich in folgender Rechtsprechung wider:

a) Rechtsprechung

(1) Rechtssache Strafverfahren gegen Zwartveld u.a.

(a) Beschlüsse des Gerichtshofes

In der Rechtssache *Strafverfahren gegen Zwartveld u.a.*[1039] behob der *EuGH* ein Defizit in der Verbindung zwischen der nationalen und der gemeinschaftlichen Rechtsschutzebene, indem er eine auf Art. 220 EG gestützte Ersatzzuständigkeit annahm.

In dieser Rechtssache richtete ein nationales Gericht ein „Rechtshilfeersuchen" an den *Gerichtshof*, um u.a. Zugang zu Beweismaterial von der *Kommission* zu erhalten. Dies geschah vor dem Hintergrund einer von dem nationalen Gericht durchgeführten vorgerichtlichen Untersuchung von u.a. Verstößen gegen die zur Durchführung der gemeinschaftsrechtlichen Fangquotenregelung erlassenen nationalen Bestimmungen. Die *Kommission* hatte sich geweigert, dem nationalen Gericht bestimmte Schriftstücke als Beweismaterial zu übermitteln, da diese Teil einer Akte seien, die sich auf bei der *Kommission* anhängige Rechtssachen beziehe.

Mit seinem Rechtshilfeersuchen begehrte das nationale Gericht die Übersendung von Berichten als Beweismaterial, die von Inspektoren der EWG erstellt worden waren, die in den Niederlanden Kontrollen auf dem Gebiet der Seefischerei durchgeführt hatten. Ebenfalls verlangte es die Übersendung der auf Grundlage dieser Berichte erstellten internen Schriftstücke. Ebenfalls begehrte es die Vernehmung der betreffenden Inspektoren, deren Identität ihm nicht bekannt war, als Zeugen.

Der *EuGH* führte wie folgt aus:

[1039] *EuGH*, Beschl. v. 13.07.1990, Rs. 2/88-Imm., Strafverfahren gegen Zwartveld u.a., Slg. 1990, I-3365 ff.

Die Europäische Wirtschaftsgemeinschaft[1040] stelle eine Rechtsgemeinschaft dar, in der gemäß Art. 5 EWG-Vertrag[1041] für das Verhältnis zwischen den Mitgliedstaaten und den Gemeinschaftsorganen der Grundsatz der loyalen Zusammenarbeit gelte. Durch diesen Grundsatz würden nicht nur die Mitgliedstaaten verpflichtet, alle geeigneten Maßnahmen zu treffen, um die Geltung und die Wirksamkeit des Gemeinschaftsrechts zu gewährleisten[1042]. Auch die Gemeinschaftsorgane würden zur Zusammenarbeit verpflichtet[1043].

Jedes Gemeinschaftsorgan sei verpflichtet, eine Strafverfolgungsmaßnahme eines nationalen Gerichts aktiv zu unterstützen, das zur Verfolgung von Verletzungen einer gemeinschaftsrechtlichen Regelung tätig werde, indem es diesem Unterlagen übermittele und seinen Beamten die Genehmigung erteile, als Zeugen in dem nationalen Verfahren auszusagen[1044].

Auch wenn es keinen hierfür ausdrücklich normierten Rechtsbehelf gebe, müsse der *Gerichtshof* nachprüfen können, ob diese Verpflichtung zur loyalen Zusammenarbeit beachtet worden sei, wenn er darum von einem nationalen Gericht mit einem Rechtsbehelf ersucht werde, der auf das von diesem Gericht verfolgte Ziel zugeschnitten sei[1045].

Unter Berufung auf das Protokoll über die Vorrechte und Befreiungen der Europäischen Gemeinschaften vom 8. April 1965 könne die Übersendung von Schriftstücken nur verweigert werden, soweit ansonsten die Funktionsfähigkeit und die Unabhängigkeit der Gemeinschaft beeinträchtigt wäre[1046]. Es müsse sich insofern um zwingende Gründe handeln, die sich aus der Notwendigkeit ergäben, Beeinträchtigungen der Funktionsfähigkeit und der Unabhängigkeit der Gemeinschaften zu verhindern[1047].

Dementsprechend verpflichtete der *Gerichtshof* die *Kommission*, ihm ein Verzeichnis der betreffenden Berichte vorzulegen und dem *Gerichtshof* hinsichtlich der Berichte, die die *Kommission* nicht an das nationale Gericht zu übermitteln beabsichtige, darzulegen, welche zwingenden Gründe

1040 Nunmehr Europäische Gemeinschaft.

1041 Nunmehr Art. 10 EG.

1042 *EuGH*, Beschl. v. 13.07.1990, Rs. 2/88-Imm., Strafverfahren gegen Zwartveld u.a., Slg. 1990, I-3365 ff. Rdnr. 17 mit Verweis auf *EuGH*, 21.09.1989, Rs. 68/88, Kommission / Griechenland, Slg. 1989, 2965 ff. Rdnr. 23.

1043 *EuGH*, Beschl. v. 13.07.1990, Rs. 2/88-Imm., Strafverfahren gegen Zwartveld u.a., Slg. 1990, I-3365 ff. Rdnr. 17 mit Verweis auf *EuGH*, 10.02.1983, Rs. 230/81, Luxemburg / Parlament, Slg. 1983, 255 ff. Rdnr. 37.

1044 *EuGH*, Beschl. v. 13.07.1990, Rs. 2/88-Imm., Strafverfahren gegen Zwartveld u.a., Slg. 1990, I-3365 ff. Rdnr. 22.

1045 *EuGH*, Beschl. v. 13.07.1990, Rs. 2/88-Imm., Strafverfahren gegen Zwartveld u.a., Slg. 1990, I-3365 ff. Rdnr. 23.

1046 *EuGH*, Beschl. v. 13.07.1990, Rs. 2/88-Imm., Strafverfahren gegen Zwartveld u.a., Slg. 1990, I-3365 ff. Rdnr. 24 f.

1047 *EuGH*, Beschl. v. 13.07.1990, Rs. 2/88-Imm., Strafverfahren gegen Zwartveld u.a., Slg. 1990, I-3365 ff. Rdnr. 24 f.

gegen die Übermittlung sprächen[1048]. Die übrigen Berichte waren unverzüglich an das nationale Gericht zu übermitteln[1049].

Hinsichtlich der Aussagegenehmigung für die Inspekteure gilt Entsprechendes. Der *EuGH* stellte fest,

> dass die *Kommission* den betreffenden Beamten eine Aussagegenehmigung zu erteilen habe, es sei denn, zwingende Gründe, die sich aus der Notwendigkeit ergäben, Beeinträchtigungen der Funktionsfähigkeit und der Unabhängigkeit der Gemeinschaften zu verhindern, sprächen dagegen[1050].

Hinsichtlich der Beamten, bei denen die *Kommission* eine Aussagegenehmigung verweigerte, verpflichtete der *Gerichtshof* die *Kommission*, ihm die hierfür zwingenden Gründe darzulegen[1051].

Im Folgebeschluss stellte der *Gerichtshof* fest, dass die von der *Kommission* mittlerweile erteilte Begründung, warum bestimmte Informationen nicht übermittelt werden könnten und warum bestimmten Kommissionsbediensteten keine Aussagegenehmigung erteilt werden könnte, unzureichend sei[1052]. Der *Gerichtshof* verpflichtete die Kommission, dem nationalen Gericht bestimmte Berichte zu übermitteln[1053]. Außerdem gab er der *Kommission* auf, ihren Beamten die Genehmigung zu erteilen, vor dem betreffenden nationalen Gericht über die Informationen als Zeugen auszusagen, die in den zu übermittelnden Berichten enthalten waren[1054]. Zusätzlich hatte die *Kommission* den *Gerichtshof* innerhalb eines Monates über die zur Durchführung dieses Beschlusses getroffenen Maßnahmen zu unterrichten[1055].

[1048] *EuGH*, Beschl. v. 13.07.1990, Rs. 2/88-Imm., Strafverfahren gegen Zwartveld u.a., Slg. 1990, I-3365 ff. Ziff. 2 des Beschlusses.

[1049] *EuGH*, Beschl. v. 13.07.1990, Rs. 2/88-Imm., Strafverfahren gegen Zwartveld u.a., Slg. 1990, I-3365 ff. Ziff. 3 des Beschlusses.

[1050] *EuGH*, Beschl. v. 13.07.1990, Rs. 2/88-Imm., Strafverfahren gegen Zwartveld u.a., Slg. 1990, I-3365 ff. Rdnr. 26.

[1051] *EuGH*, Beschl. v. 13.07.1990, Rs. 2/88-Imm., Strafverfahren gegen Zwartveld u.a., Slg. 1990, I-3365 Ziff. 5 des Beschlusses.

[1052] *EuGH*, Beschl. v. 06.12.1990, Rs. 2/88-Imm., Strafverfahren gegen Zwartveld u.a., Slg. 1990, I-4405 ff. Rdnr. 11.

[1053] *EuGH*, Beschl. v. 06.12.1990, Rs. 2/88-Imm., Strafverfahren gegen Zwartveld u.a., Slg. 1990, I-4405 ff. Ziff. 1 des Beschlusses.

[1054] *EuGH*, Beschl. v. 06.12.1990, Rs. 2/88-Imm., Strafverfahren gegen Zwartveld u.a., Slg. 1990, I-4405 ff. Ziff. 2 des Beschlusses.

[1055] *EuGH*, Beschl. v. 06.12.1990, Rs. 2/88-Imm., Strafverfahren gegen Zwartveld u.a., Slg. 1990, I-4405 ff. Ziff. 3 des Beschlusses.

(b) Bewertung

Die Rechtssache *Strafverfahren gegen Zwartveld u.a.* ist vor dem Hintergrund der früheren gesetzlichen Regelungen, als es den heutigen rechtlichen Rahmen zur Betrugsbekämpfung noch nicht gab, zu verstehen. Ein nationales Gericht wurde hier tätig, um Verletzungen einer gemeinschaftsrechtlichen Regelung strafrechtlich zu verfolgen.

Die Grundprinzipien sind jedoch gleich geblieben. Aus der Pflicht zur loyalen Zusammenarbeit ergibt sich bereits originär die Pflicht für jedes Gemeinschaftsorgan, eine solche Strafverfolgungsmaßnahme eines nationalen Gerichts aktiv zu unterstützen.

Sollte die *Kommission* diese Unterstützung versagen und sich weigern, bestimmte Unterlagen zu übermitteln, muss das nationale Gericht den *Gerichtshof* anrufen können. Das gilt unabhängig von der Frage, welche Form diese Weigerung hat, bzw. ob die Weigerung Konsequenz einer Entscheidung ist. Denn das übliche Rechtsmittel gegen eine Entscheidung, eine Nichtigkeitsklage nach Art. 230 Abs. 2 oder Abs. 4 EG, würde hier nicht weiterhelfen. Eine Nichtigerklärung der Entscheidung (Art. 231 EG) würde dem Begehren der nationalen Stelle nicht entsprechen.

(2) Rechtssache Roquette Frères

(a) Urteil des Gerichtshofes

Eine neuere Entscheidung zur Pflicht zur loyalen Zusammenarbeit erging in der Rechtssache *Roquette Frères*[1056].

In dieser Rechtssache legte die *Cour de Cassation* dem *EuGH* zwei Fragen zur Auslegung des Art. 14 Verordnung Nr. 17[1057] und des Urteils *Hoechst / Kommission*[1058] zur Vorabentscheidung vor. Diese Fragen stellten sich im Rahmen der Überprüfung eines Rechtsbehelfs, den die Roquette Frères SA gegen einen Durchsuchungs- und Beschlagnahmebeschluss zur Beschaffung von Beweisen für einen Verstoß gegen Art. 85 EGV[1059] eingelegt hatte.

Das vorlegende Gericht wollte wissen, ob ein nationales Gericht, das für die Genehmigung der Durchsuchung und Beschlagnahme zuständig ist, im Fall eines Unterstützungsersuchens der *Kommission* nach Art. 14 Abs. 6 der Verordnung Nr. 17 aus gemeinschaftsrechtlicher Sicht befugt ist,

[1056] *EuGH*, 22.10.2002, Rs. C-94/00, Roquette Frères, Slg. 2002, I-9011.

[1057] Verordnung Nr. 17 des Rates vom 06.02.1962, Erste Durchführungsverordnung zu den Artikeln 85 und 86 des Vertrages, ABl. Nr. 13 vom 21.02.1962, S. 204–211.

[1058] *EuGH*, 21.09.1989, verb. Rs. 46/87 und 227/88, Hoechst / Kommission, Slg. 1989, 2859.

[1059] nunmehr Art. 81 EG.

„- eine Durchsuchungsgenehmigung deshalb zu verweigern, weil die Informationen und Indizien, die in der Akte der Kommission enthalten sind und auf die diese ihren Verdacht stützt, ihm nicht vorgelegt wurden oder nicht zur Rechtfertigung der beantragten Maßnahme ausreichen“[1060];

„- oder, falls es diese Informationen und Indizien nicht verlangen kann, eine solche Genehmigung deshalb zu verweigern, weil die Informationen, die sich aus der Begründung der Nachprüfungsentscheidung der Kommission ergeben, nicht ausreichen, um ihm die konkrete Überprüfung der Begründetheit der beantragten Maßnahmen zu ermöglichen, zu der es jedoch nach nationalem Recht verpflichtet ist“[1061].

Der *EuGH* bestätigte, dass nach der Rechtsprechung des *Gerichtshofes* eine Pflicht zu loyaler Zusammenarbeit sowohl den Gerichten der Mitgliedstaaten[1062], als auch den Gemeinschaftsorganen[1063], die mit den Mitgliedstaaten in einem Verhältnis der Gegenseitigkeit loyal zusammenzuarbeiten haben, obliegt[1064]:

„Nach der Rechtsprechung des Gerichtshofes obliegt eine Pflicht zu loyaler Zusammenarbeit sowohl den Gerichten der Mitgliedstaaten, soweit sie im Rahmen ihrer Befugnisse handeln[1065], als auch den Gemeinschaftsorganen, die mit den Mitgliedstaaten in einem Verhältnis der Gegenseitigkeit loyal zusammenzuarbeiten haben[1066].

Insoweit ist hervorzuheben, dass einer solchen Zusammenarbeit in einem Fall, in dem wie vorliegend Gemeinschaftsbehörden und nationale Behörden durch koordinierte Ausübung ihrer jeweiligen Befugnisse zur Verwirklichung der Ziele des Vertrages beizutragen haben, besondere Bedeutung zukommt.“

Der *EuGH* äußerte sich u.a. zu folgenden, für die vorliegende Problematik relevanten Punkten:

[1060] *EuGH*, 22.10.2002, Rs. C-94/00, Roquette Frères, Slg. 2002, I-9011 ff. Rdnr. 33.

[1061] *EuGH*, 22.10.2002, Rs. C-94/00, Roquette Frères, Slg. 2002, I-9011 ff. Rdnr. 33.

[1062] *EuGH*, 10.04.1984, Rs. 14/83, von Colson und Kamann, Slg. 1984, 1891 ff. Rdnr. 26; *EuGH*, 08.10.1987, Rs. 80/86, Kolpinghuis Nijmegen, Slg. 1987, 3969 ff. Rdnr. 12.

[1063] *EuGH*, 10.02.1983, Rs. 230/81, Luxemburg / Parlament, Slg. 1983, 255 ff. Rdnr. 38; *EuGH*, Beschl. v. 13.07.1990, Rs. 2/88, Zwartveld u.a., Slg. 1990, I-3365 ff. Rdnr. 17.

[1064] *EuGH*, 22.10.2002, Rs. C-94/00, Roquette Frères, Slg. 2002, I-9011 ff. Rdnr. 31.

[1065] Verweis auf: *EuGH*, 10.04.1984, Rs. 14/83, Von Colson und Kamann, Slg. 1984, 1891 ff. Rdnr. 26; *EuGH*, 08.10.1987, Rs. 80/86, Kolpinghuis Nijmegen, Slg. 1987, 3969 ff. Rdnr. 12.

[1066] Verweis auf *EuGH*, 10.02.1983, Rs. 230/81, Luxemburg / Parlament, Slg. 1983, 255 ff. Rdnr. 38; *EuGH*, Beschl. v. 13.07.1990, Rs. 2/88 Imm., Zwartveld u.a., Slg. 1990, I-3365 ff. Rdnr. 17.

Damit die nationale Stelle im Rahmen ihrer Zuständigkeit ihre Kontrollaufgabe ausüben könne, habe die *Kommission* ihrerseits dafür zu sorgen, dass die nationale Stelle über alle hierfür erforderlichen Mittel verfüge[1067].

Erforderlich sei hierfür jedoch lediglich, dass die *Kommission* dem nationalen Gericht Erläuterungen gebe, in denen substantiiert dargelegt werde, dass sie in ihren Akten über ernsthafte Informationen und Hinweise verfüge, die den Verdacht von Verstößen gegen die Wettbewerbsregeln durch das betroffene Unternehmen begründen[1068].

Ein Recht, Akten oder Aktenteile tatsächlich zu erhalten, besteht jedoch nicht:

„Dagegen kann das nationale Gericht nicht die Übermittlung der in den Akten der Kommission enthaltenen Informationen und Indizien verlangen, auf denen ihr Verdacht beruht“[1069].

„In dieser Hinsicht ist nämlich die [...]Verpflichtung der Mitgliedstaaten zu berücksichtigen, die Wirksamkeit des Vorgehens der Kommission sicherzustellen“[1070].

Die Fähigkeit der *Kommission*, die Anonymität bestimmter Informationsquellen zu gewährleisten, hat für eine wirksame Vorbeugung und Bekämpfung verbotener wettbewerbswidriger Verhaltensweisen zentrale Bedeutung[1071]:

„Hierzu ist festzustellen, dass, wenn die Kommission gezwungen wäre, den verschiedenen nationalen Stellen, die für den Wettbewerb zuständig sind, sachliche Informationen und Indizien zu übermitteln, durch die die Identität ihrer Quellen offen gelegt würde oder auf sie geschlossen werden könnte, damit insbesondere wegen der dem Recht eines Mitgliedstaats eigenen Verfahrenserfordernisse die Gefahr für die Informanten steigen könnte, dass ihre Identität Dritten bekannt wird“[1072].

Des weiteren würde allein die physische Übermittlung verschiedener sachlicher Informationen und Indizien, die in der Akte der *Kommission* enthalten sind, weitere Risiken für die Wirksamkeit des Vorgehens der *Kommission* bergen[1073]. Insbesondere in dem Fall, dass gleichzeitig parallele Nachprüfungen bei mehreren Unternehmen in mehreren Mitgliedstaaten durchzuführen sind. Zwischenfälle und Verzögerungen wären dabei unausweichlich[1074]: In den Mitgliedstaaten wären unterschiedliche Verfahrensmodalitäten zu berücksichtigen. Im Übrigen dürften die nationalen

[1067] *EuGH*, 22.10.2002, Rs. C-94/00, Roquette Frères, Slg. 2002, I-9011 ff. Rdnr. 37 mit Verweis auf *EuGH*, 21.09.1989, verb. Rs. 46/87 und 227/88, Hoechst / Kommission, Slg. 1989, 2859 ff. Rdnr. 34 und 35.

[1068] *EuGH*, 22.10.2002, Rs. C-94/00, Roquette Frères, Slg. 2002, I-9011 ff. Rdnr. 61.

[1069] *EuGH*, 22.10.2002, Rs. C-94/00, Roquette Frères, Slg. 2002, I-9011 ff. Rdnr. 62.

[1070] *EuGH*, 22.10.2002, Rs. C-94/00, Roquette Frères, Slg. 2002, I-9011 ff. Rdnr. 63.

[1071] *EuGH*, 22.10.2002, Rs. C-94/00, Roquette Frères, Slg. 2002, I-9011 ff. Rdnr. 64.

[1072] *EuGH*, 22.10.2002, Rs. C-94/00, Roquette Frères, Slg. 2002, I-9011 ff. Rdnr. 65.

[1073] *EuGH*, 22.10.2002, Rs. C-94/00, Roquette Frères, Slg. 2002, I-9011 ff. Rdnr. 66.

[1074] *EuGH*, 22.10.2002, Rs. C-94/00, Roquette Frères, Slg. 2002, I-9011 ff. Rdnr. 66.

Stellen für die Durchsicht möglicherweise komplexer und umfangreicher Unterlagen eine gewisse Zeit benötigen.

Wenn ein nationales Gericht der Auffassung ist, dass die von der *Kommission* gelieferten Erläuterungen nicht den aufgezeigten Anforderungen entsprechen, darf es sich nicht damit begnügen, den gestellten Antrag zurückzuweisen[1075]. In einem solchen Fall müssen dieses Gericht und die *Kommission* gemäß der Pflicht zu loyaler Zusammenarbeit zusammenwirken, um die bei der Durchführung der Nachprüfungsentscheidung der *Kommission* aufgetretenen Schwierigkeiten zu überwinden[1076]. Dementsprechend hat das nationale Gericht unverzüglich die *Kommission* über die aufgetretenen Schwierigkeiten zu unterrichten und gegebenenfalls die fehlenden Informationen anzufordern[1077]. Dabei hat das Gericht insbesondere auf die gebotene Koordinierung, Eile und Vertraulichkeit zu achten[1078].

Die *Kommission* ihrerseits hat im Lichte der Pflicht zu loyaler Zusammenarbeit dafür Sorge zu tragen, dass die vom zuständigen nationalen Gericht etwa angeforderten ergänzenden Informationen unverzüglich übermittelt werden[1079]. Erst nachdem diese Klarstellungen vorliegen oder die Anfrage nicht sachdienlich beantwortet wurde, darf das Gericht die Gewährung der beantragten Unterstützung ablehnen[1080]. Dies jedoch nur unter der Bedingung, dass anhand der zur Verfügung gestellten Informationen die Folgerung, dass die beabsichtigten Zwangsmaßnahmen nicht willkürlich sind und dass sie, gemessen am Gegenstand der Nachprüfung, verhältnismäßig sind, ausgeschlossen sein muss[1081].

Die Informationen, die die *Kommission* dem zuständigen nationalen Gericht zu geben hat, können aus der Nachprüfungsentscheidung selbst, wie auch aus dem Unterstützungsgesuch oder auch aus einer – auch lediglich mündlichen – Antwort auf eine Frage des nationalen Gerichts hervorgehen[1082].

[1075] *EuGH*, 22.10.2002, Rs. C-94/00, Roquette Frères, Slg. 2002, I-9011 ff. Rdnr. 90.

[1076] *EuGH*, 22.10.2002, Rs. C-94/00, Roquette Frères, Slg. 2002, I-9011 ff. Rdnr. 91 mit Verweis auf *EuGH*, 15.01.1986, Rs. 52/84, Kommission / Belgien, Slg. 1986, 89 ff. Rdnr. 16; *EuGH*, 10.07.1990, Rs. 217/88, Kommission / Deutschland, Slg. 1990, I-2879 ff. Rdnr. 33.

[1077] *EuGH*, 22.10.2002, Rs. C-94/00, Roquette Frères, Slg. 2002, I-9011 ff. Rdnr. 92.

[1078] *EuGH*, 22.10.2002, Rs. C-94/00, Roquette Frères, Slg. 2002, I-9011 ff. Rdnr. 92.

[1079] *EuGH*, 22.10.2002, Rs. C-94/00, Roquette Frères, Slg. 2002, I-9011 ff. Rdnr. 93.

[1080] *EuGH*, 22.10.2002, Rs. C-94/00, Roquette Frères, Slg. 2002, I-9011 ff. Rdnr. 94.

[1081] *EuGH*, 22.10.2002, Rs. C-94/00, Roquette Frères, Slg. 2002, I-9011 ff. Rdnr. 94.

[1082] *EuGH*, 22.10.2002, Rs. C-94/00, Roquette Frères, Slg. 2002, I-9011 ff. Rdnr. 95-98.

(b) Bewertung

In der Entscheidung *Roquette Frères*[1083] hob der *Gerichtshof* hervor, dass einer loyalen Zusammenarbeit in einem Fall, in dem Gemeinschaftsbehörden und nationale Behörden durch koordinierte Ausübung ihrer jeweiligen Befugnisse zur Verwirklichung der Ziele des Vertrages beizutragen haben, besondere Bedeutung zukommt. Dabei ist jedoch stets auf die jeweiligen Befugnisse abzustellen.

Die Überprüfungsbefugnisse des mitgliedstaatlichen Gerichtes sind in dem dieser Entscheidung zu Grunde liegendem Rechtsrahmen sehr eingeschränkt. Das mitgliedstaatliche Gericht übt keine Kontrolle über die Nachprüfungsentscheidung als solche aus, sondern lediglich über eine vorsorgliche Zwangsmaßnahme hinsichtlich dieser Entscheidung. Dabei ist die Nachprüfungsentscheidung von dem betroffenen Unternehmen bereits ohnehin zu dulden. Für die Kontrolle der Zwangsmaßnahme ist es alleiniges Kriterium, dass die Interpretation, die Zwangsmaßnahme könnte willkürlich und unverhältnismäßig sein, ausgeschlossen sein muss. Es gilt dementsprechend der Grundsatz „*in dubio pro communitate*" in einem sehr weiten Umfang. In praktischer Hinsicht ist somit kein Fall denkbar, in dem die Begründung der Nachprüfungsentscheidung dergestalt mangelhaft sein könnte, dass nicht doch noch „*in dubio pro communitate*" der Schluss möglich ist, die Zwangsmaßnahme sei nicht willkürlich und gemessen am Zweck der Untersuchung verhältnismäßig.

Dementsprechend benötigen die nationalen Gerichte zur Erfüllung dieser Aufgabe auch nur sehr eingeschränkte Informationen. Die *Kommission* muss somit keine Angaben zu der Quelle ihrer Informationen machen. Es reicht aus, wenn die *Kommission* Anhaltspunkte für möglicherweise wettbewerbswidriges Verhalten nennt. Insbesondere kann das mitgliedstaatliche Gericht nicht die Vorlage der Akte oder Kopien der Akte verlangen[1084].

Die Erkenntnisse aus dieser Entscheidung für die Betrugsbekämpfung sind infolgedessen relativ beschränkt. Bei der Betrugsbekämpfung kommt den nationalen Gerichten gerade keine lediglich eingeschränkte Rolle zu,

[1083] *EuGH*, 22.10.2002, Rs. C-94/00, Roquette Frères, Slg. 2002, I-9011.

[1084] Vgl. hierzu *C. Feddersen*, EuZW 2003, S. 22, 23, der sich kritisch dazu äußert, dass der *EuGH* zwar einen Minimalstandard hinsichtlich der notwendigen Informationen aufstelle, die zumindest Angaben über den relevanten Markt, über die Art des wettbewerbsbeschränkenden Verhaltens sowie über die Schwere eines Tatbeitrages des betroffenen Unternehmens enthalten müssten. Dies seien zwar die zutreffenden Kriterien. Es blieben jedoch Zweifel, ob nicht die direkte Prüfung der vorhandenen Beweise den Richter eher in eine Entscheidungslage versetzen würde, als lediglich deren Schilderung aus zweiter Hand.

sondern vielmehr eine sehr umfassende; die Mitgliedstaaten sind ausschließlich für die tatsächliche strafrechtliche Verfolgung von Betrügereien zu Lasten der finanziellen Interessen der Gemeinschaft zuständig. Dementsprechend benötigen die nationalen Gerichte bei der Betrugsbekämpfung auch möglichst umfassende Informationen.

Ein Aspekt ist jedoch trotzdem für die vorliegende Arbeit interessant. Die Problematik der Geheimhaltung von Informanten wird explizit erwähnt. Die Fähigkeit, Informanten geheim zu halten, wird für die Wirksamkeit des Vorgehens der *Kommission* als entscheidend angesehen. Das ist insofern bemerkenswert, als kein Unterschied gemacht wird, ob diese Informanten mehrmals verwendet werden können, etwa weil die betroffenen Unternehmen sozusagen „Wiederholungstäter" sind oder ob die Informanten sich ausschließlich für den konkreten Fall zu Verfügung gestellt haben.

Wesentlich häufiger dürfte die Konstellation sein, dass sich Informanten einmalig an die *Kommission* wenden. Dementsprechend muss die Relevanz des Informantenschutzes für die Wirksamkeit des Vorgehens der *Kommission* sozusagen mit einer negativen Vorbildwirkung begründet werden. Potentielle Informanten werden davon abgeschreckt, sich an die *Kommission* zu wenden, wenn sie anhand vorhergehender Fälle damit rechnen müssten, dass die *Kommission* einen effektiven Schutz ihrer Identität nicht gewähren könnte. Oft ist es ein beschränkter Kreis von Personen, die Zugang zu bestimmten Informationen haben. Wenn die *Kommission* gezwungen wäre, Angaben zu machen, welcher Art ihre Informationen sind, wäre der Kreis der potentiellen Informanten je nach den Umständen des Einzelfalles sehr leicht zu bestimmen. Das berufliche Fortkommen einer Person, die wettbewerbswidrige Praktiken ihres Arbeitgebers offenbart, dürfte nicht nur in Bezug auf den betroffenen Arbeitgeber sondern auch hinsichtlich sämtlicher künftiger Arbeitgeber erheblich beeinträchtigt sein. Dementsprechend dürfte niemand Interesse haben, dies zu riskieren, wenn er nicht mit absoluter Geheimhaltung durch die *Kommission* rechnen könnte.

b) Übertragung auf die OLAF-Problematik

Die erste Rechtssache, *Strafverfahren gegen Zwartveld u.a.*[1085], lässt sich gut auf die Zusammenarbeit von *OLAF* und den nationalen Stellen übertragen, ging es dort doch auch um die Unterstützung mitgliedstaatli-

[1085] *EuGH*, Beschl. v. 13.07.1990, Rs. 2/88-Imm., Strafverfahren gegen Zwartveld u.a., Slg. 1990, I-3365 ff. und *EuGH*, Beschl. v. 06.12.1990, Rs. 2/88-Imm., Strafverfahren gegen Zwartveld u.a., Slg. 1990, I-4405 ff.

cher Maßnahmen zur strafrechtlichen Verfolgung von Verstößen gegen das Gemeinschaftsrecht.

Unbeschadet expliziter Vorschriften, welche Unterlagen *OLAF* an die nationalen Behörden übermittelt, ist letztendlich diese Zusammenarbeit durch die Pflicht zur loyalen Zusammenarbeit geprägt.

Das Urteil in der Rechtssache *Roquette Frères*[1086] ist demgegenüber wegen der unterschiedlichen Kompetenzverteilung nur bedingt vergleichbar. Die Vergleichbarkeit der Kontrolltätigkeit bei Unternehmen ist sicherlich gegeben. Doch es geht hier nicht um die mitgliedstaatlichen Befugnisse bei Kontrollen und Überprüfungen des *OLAF* bei Wirtschaftsteilnehmern. Schlüsse können jedoch trotzdem aus der Einordnung des Informantenschutzes gezogen werden. Dieser wird vom *Gerichtshof* eindeutig als Aspekt der Funktionsfähigkeit des Handelns der *Kommission* angesehen.

II. Kooperation zwischen OLAF und den nationalen Behörden

Nun zur Kooperation zwischen *OLAF* und den nationalen Behörden im Speziellen:

Die große Schwäche der Betrugsbekämpfung ist es, dass *OLAF* keinen weiteren direkten Einfluss auf die Ausgestaltung des Verfahrens in den Mitgliedstaaten hat.

Mit fortschreitender europäischer Integration wird man zwar wohl nicht mehr in dem gleichen Maße wie noch *Klaus Tiedemann* im Jahre 1990[1087] davon ausgehen müssen, dass die mitgliedstaatlichen Stellen nicht frei von der Versuchung sind, durch Tun oder Unterlassen, Betrügereien zu Lasten der finanziellen Interessen der Europäischen Gemeinschaft zu unterstützen[1088]; obwohl dies ohnehin eher für die Sachverhalte zutraf – und in wohl abnehmender Tendenz immer noch zutrifft – in denen einzelne Täter involviert sind. Einzelne Täter sind zwar für einen zahlenmäßig großen Anteil der Betrügereien verantwortlich, die wirtschaftlichen Auswirkungen dieser Fälle sind indessen relativ gering[1089]. Es scheinen einige wenige gut

[1086] *EuGH*, 22.10.2002, Rs. C-94/00, Roquette Frères, Slg. 2002, I-9011.

[1087] Anlässlich des so genannten „Griechischen Mais-Skandals".

[1088] *K. Tiedemann*, EuZW 1990, S. 100, 100.

[1089] *W. A. Tupman*, The search for supra-national solutions: Investigating fraud against the European Budget, in: Fraud on the European Budget, Hume Papers on Public Policy, Vol. 4 No. 3 1996, S. 43, 44.

organisierte[1090] Netzwerke für den größten Teil der finanziellen Schäden verantwortlich zu sein[1091]. Im Bereich der organisierten Kriminalität wird es wohl eher darauf ankommen, wie korruptionsanfällig die Beteiligten generell sind.

Aber auch bei nationalen Behörden, die gänzlich frei von einem Korruptionsverdacht sind und denen man auch keinen generellen Unwillen unterstellen kann, Betrügereien zu Lasten der finanziellen Interessen adäquat zu verfolgen, ergeben sich tatsächliche Probleme.

Die mit OLAF-Untersuchungsfällen konfrontierten nationalen Behörden legen häufig eine gewisse Unwilligkeit, um nicht zu sagen Renitenz, an den Tag. Das „Bermudadreieck“ sachlicher und örtlicher Zuständigkeitsvorschriften eröffnet ein breites Spektrum „kreativer“ Betätigungsmöglichkeiten.

Hintergrund ist, dass Angelegenheiten der Wirtschaftskriminalität ohnehin langwierig und kompliziert sind. Diese gestalten sich bereits aufwendiger, wenn ein grenzüberschreitender Bezug vorliegt. Die europarechtliche Dimension kompliziert die Sache meistens noch mehr. Wenn – wie in Deutschland – die Komplexität einer Angelegenheit für die Erledigungszahlen nicht angemessen berücksichtigt wird, laufen die Behörden bei komplexen Angelegenheiten Gefahr, ihre Pensen nicht zu schaffen.

1. Kontakt zu den nationalen Behörden

Der Kontakt zu den nationalen Behörden ist nicht so ausgestaltet, wie etwa beim Europolkonzept. Gemäß Art. 4 Abs. 1 Europol-Übereinkom-

[1090] Vgl. *Kommission*, Protecting the Community's Financial Interests: The Fight against Fraud Annual Report 1995, S. 47, einsehbar unter: http://europa.eu.int/comm/anti_fraud/reports/commission/95-99/rep_comm_95_en.pdf und *W. A. Tupman*, The search for supra-national solutions: Investigating fraud against the European Budget, in: Fraud on the European Budget, Hume Papers on Public Policy, Vol. 4 No. 3 1996, S. 43, 44. Vgl. auch *Mitteilung der Kommission*, Schutz der finanziellen Interessen der Gemeinschaften und Betrugsbekämpfung, Jahresbericht 2001, 06.08.2002, KOM (2002) 348 endgültig/3, S. 11, einsehbar unter: http://europa.eu.int/comm/anti_fraud/reports/com mission/2001/ rep_comm_2001_de.pdf.

[1091] Vgl. etwa die Statistik in: *Kommission*, Protecting the Community's Financial Interests: The Fight against Fraud Annual Report 1995, S. 49, einsehbar unter: http://europa.eu.int/comm/anti_fraud/reports/commission/95-99/rep_comm_95_en.pdf; Für eine genauere Aufschlüsselung unter Berücksichtigung der Entwicklungstrends vgl. *Mitteilung der Kommission*, Schutz der finanziellen Interessen der Gemeinschaften und Betrugsbekämpfung, Jahresbericht 2001, 06.08.2002, KOM (2002) 348 endgültig/3, S. 110 ff., einsehbar unter: http:// europa.eu.int/ comm/ anti_fraud/ reports/ commission/ 2001/ rep_comm_2001_de.pdf.

men[1092] errichtet oder bezeichnet jeder Mitgliedstaat eine nationale Stelle, die als ausschließliche Verbindungsstelle zwischen *Europol* und den zuständigen Behörden der Mitgliedstaaten fungiert[1093]. Darüber hinaus entsendet jede dieser nationalen Stellen mindestens einen Verbindungsbeamten zu *Europol*[1094]. Dementsprechend hat *Europol* neben seinen eigenen Bediensteten von den nationalen Behörden abgeordnete Verbindungsbeamte[1095].

Bei *OLAF* wurde das Europolkonzept nicht übernommen. Insbesondere gibt es keine Verbindungsbeamten, sondern viele Mitarbeiter kommen aus den nationalen Behörden und halten weiterhin den Kontakt. Es findet sozusagen häufig eine informelle Kommunikation statt.

Die Kontrollen und Überprüfungen vor Ort nach der Verordnung (EURATOM, EG) Nr. 2185/96 werden von *OLAF* in enger Zusammenarbeit mit den zuständigen Behörden des betreffenden Mitgliedstaates vorbereitet und durchgeführt, Art. 4 Abs. 1 S. 1 Verordnung (EURATOM, EG) Nr. 2185/96.

Auch gibt es ausdrücklich normierte Meldepflichten der Mitgliedstaaten; für den Bereich der internen Untersuchungen vgl. Art. 7 Abs. 2 UAbs. 1 Verordnung (EG) Nr. 1073/1999, der unter dem Vorbehalt steht, dass die innerstaatlichen Rechtsvorschriften dies gestatten. Art. 7 Abs. 3 Verordnung (EG) Nr. 1073/1999 sieht auch eine generelle Meldepflicht vor, soweit die innerstaatlichen Vorschriften dies zulassen.

In sektoriellen Regelungen gibt es im Übrigen Vorschriften, dass Mitgliedstaaten direkte Ansprechpartner mitzuteilen haben, vgl. etwa Art. 2 Abs. 1 Verordnung (EWG) Nr. 595/91[1096].

Darüber hinaus ist ein klassisches Mittel der Zusammenarbeit zwischen *OLAF* und den Mitgliedstaaten nach wie vor die gegenseitige Amtshilfe,

[1092] Übereinkommen aufgrund von Artikel K.3 des Vertrags über die Europäische Union über die Errichtung eines Europäischen Polizeiamts (Europol-Übereinkommen), ABl. Nr. C 316 vom 27.11.1995, S. 2–32. Zum Europol-Übereinkommen siehe *O. Tolmein*, StV 1999, S. 108 ff.

[1093] Art. 4 Abs. 2 S. 1 Europol-Übereinkommen.

[1094] Art. 5 Abs. 1 S. 1 Europol-Übereinkommen.

[1095] Zu Europol vgl. etwa *S. Gleß*, NStZ 2001, S. 623 ff.; *H. Freyer*, Kriminalistik 2003, S. 80 ff.; *J. F. Lindner*, BayVBl 2001, S. 193 ff. Nach den Angaben bei *S. Gleß* gibt es bei Europol ca. 200 Europol-Bedienstete und ca. 50 von den nationalen Stellen abgeordnete Verbindungsbeamte (*S. Gleß*, NStZ 2001, S. 623, 623).

[1096] Verordnung (EWG) Nr. 595/91 des Rates vom 4. März 1991 betreffend Unregelmäßigkeiten und die Wiedereinziehung zu Unrecht gezahlter Beträge im Rahmen der Finanzierung der gemeinsamen Agrarpolitik sowie die Einrichtung eines einschlägigen Informationssystems und zur Aufhebung der Verordnung (EWG) Nr. 283/72, ABl. Nr. L 67 vom 14.03.1991, S. 11–15.

die ein wichtiges Instrument bleiben wird[1097]. Die Verpflichtung zur Amtshilfe ergibt sich direkt aus der Pflicht zur loyalen Zusammenarbeit[1098]. Niederschlag hat dies im Zoll[1099]- und Agrarbereich in einer sekundärrechtlichen Normierung gefunden. Die Verordnung (EG) Nr. 515/97[1100] regelt Verfahrensvorschriften und stellt insbesondere den Rechtsrahmen dar, der das Speichern sensibler Daten über Unregelmäßigkeiten im Zoll- oder Agrarbereich in einer zentralen Datenbank ermöglicht[1101].

Das Gesamtbild der ausdrücklich normierten Melde- und Kooperationsverpflichtungen stellt sich allerdings recht unübersichtlich dar. Bei Unklarheiten muss jedoch berücksichtigt werden, dass diese Vorschriften letztendlich ihren originären Ursprung in der Pflicht zur loyalen Zusammenarbeit haben. Insofern würden sie eigentlich keiner ausdrücklichen Normierung bedürfen.

2. Verhältnis des OLAF-Untersuchungsverfahrens zum nationalen Ermittlungsverfahren

Das Verhältnis des OLAF-Untersuchungsverfahrens zum nationalen Ermittlungsverfahren gestaltet sich so, dass die Verfahren in der Regel hintereinander laufen[1102]. Wie bereits erörtert[1103], stehen das OLAF-Untersuchungsverfahren und das nationale Ermittlungsverfahren in dem Verhältnis einer mittelbaren Verknüpfung. Bei Verstößen gegen das Gemeinschaftsrecht müssen die Mitgliedstaaten nach vergleichbaren materiellrechtlichen und verfahrensrechtlichen Regeln vorgehen, wie bei nach der Art und Schwere gleichartigen Verstößen gegen nationales Recht[1104]. Die

[1097] Vgl. *D. R. Theato*, Freier Warenverkehr verlangt Zollkontrolle, in: Kontrollen – ATLAS – Risikoanalyse, 2000, S. 16.

[1098] Zur Pflicht zur loyalen Zusammenarbeit siehe oben, *Teil 2* – C.I., S. 210 ff.

[1099] Zur Tätigkeit der deutschen Zollfahnung vgl. *J. Rump*, Kontrollen im Marktordnungsrecht, in: Kontrollen – ATLAS – Risikoanalyse, 2000, S. 129 ff.

[1100] Verordnung (EG) Nr. 515/97 des Rates vom 13. März 1997 über die gegenseitige Amtshilfe zwischen Verwaltungsbehörden der Mitgliedstaaten und die Zusammenarbeit dieser Behörden mit der Kommission im Hinblick auf die ordnungsgemäße Anwendung der Zoll- und der Agrarregelung, ABl. Nr. L 82 vom 22.03.1997, S. 1–16.

[1101] *D. R. Theato*, Freier Warenverkehr verlangt Zollkontrolle, in: Kontrollen – ATLAS – Risikoanalyse, 2000, S. 17.

[1102] Vgl. aber auch die Mitteilungsvorschriften in Art. 10 Verordnung (EG) Nr. 1073/1999 und Art. 8 Abs. 2 Verordnung (EURATOM, EG) Nr. 2185/96.

[1103] Siehe oben, *Teil 2* – B.X.4.a), S. 161 ff.

[1104] *EuGH*, 21.09.1989, Rs. 68/88, Kommission / Griechenland, Slg. 1989, 2965 ff. Rdnr. 24; *H. Satzger*, in: Streinz, EUV / EGV, 1. Aufl. 2003, Rdnr. 10.

nationalen Stellen sind verpflichtet, gegen Gemeinschaftsrechtsverstöße mit derselben Sorgfalt vorzugehen, die sie bei Verstößen gegen nationale Rechtsvorschriften walten ließen[1105]. Wenn *OLAF* den nationalen Behörden Anhaltspunkte für einen Verstoß gegen Gemeinschaftsrecht zu Lasten der finanziellen Interessen der Europäischen Gemeinschaft liefert, sind die nationalen Behörden in dem gleichen Maße zur Verfolgung verpflichtet, wie sich dies bei Anhaltspunkten für einen Verstoß gegen nationales Recht nach nationalem Recht ergäbe.

Dies gilt unabhängig davon, ob *OLAF* diese Tatsachen den nationalen Behörden erst im Rahmen eines Abschlussberichtes zur Kenntnis bringt oder ob dies zu einem früheren Zeitpunkt geschieht. Nach Abschluss der Untersuchungen dürfte der Sachverhalt jedoch üblicherweise besser aufbereitet sein. Jedenfalls kommt es allein auf die Intensität der Anhaltspunkte an. Wann die nationalen Behörden kontaktiert werden, bestimmt sich letztendlich allein durch die Erfordernisse einer einzelnen Untersuchung[1106]. Der Mitgliedstaat muss bei solchen Anhaltspunkten analoge verfahrensrechtliche Maßnahmen treffen, wie bei einer vergleichbaren Intensität der Anhaltspunkte für einen Betrug zu Lasten des eigenen Staates. Wie bereits erörtert, wären etwa in Deutschland dafür die unterschiedlichen Verdachtsstufen Anfangsverdacht, hinreichender Tatverdacht und dringender Tatverdacht relevant[1107].

3. Opportunitätsprinzip

Nach analogen verfahrensrechtlichen Vorschriften heißt zunächst auch, dass die Verfolgungspflicht in dem Maße dem Opportunitätsprinzip untersteht, als dieses in den einzelnen Mitgliedstaaten gilt. Das Opportunitätsprinzip ist in den einzelnen Mitgliedstaaten der Gemeinschaft recht unterschiedlich ausgeprägt. Die Rechtstraditionen sind in diesem Bereich sehr unterschiedlich[1108].

Bei den Opportunitätserwägungen sind die Interessen der Gemeinschaft indes angemessen zu berücksichtigen.

[1105] *EuGH*, 21.09.1989, Rs. 68/88, Kommission / Griechenland, Slg. 1989, 2965 ff. Rdnr. 25; *H. Satzger*, in: Streinz, EUV / EGV, 1. Aufl. 2003, Rdnr. 10.

[1106] Vgl. auch die Mitteilungsvorschriften in Art. 10 Verordnung (EG) Nr. 1073/1999 und Art. 8 Abs. 2 Verordnung (EURATOM, EG) Nr. 2185/96.

[1107] Zu den Verdachtsformen siehe etwa *W. Beulke*, Strafprozeßrecht, 6. Aufl. 2002, Rdnr. 114 f.

[1108] Vgl. *F.-H. Brüner / H. Spitzer*, NStZ 2002, S. 393, 395.

Da jedoch nicht nur nach analogen Vorschriften sondern zusätzlich auch zumindest wirksam vorgegangen werden muss, kann dies in Mitgliedstaaten, in denen in üblicherweise in großem Umfang Opportunitätserwägungen angestellt werden, im Einzelfall zu Einschränkungen des Opportunitätsprinzip führen. Das ist dann der Fall, wenn die üblichen Opportunitätserwägungen nicht mehr zu einem zumindest wirksamen Vorgehen führen würden. Die Verpflichtung zur Strafverfolgung kann somit sogar im Einzelfall stärker sein, als bei einem rein nationalen Sachverhalt. Die Wirksamkeitsmaxime kann also im Einzelfall zu einer Einschränkung des in einem Mitgliedstaat geltenden Opportunitätsprinzips führen[1109].

III. Bindung der nationalen Behörden an das Berufsgeheimnis

Nachdem Allgemeines zur Zusammenarbeit zwischen *OLAF* und den nationalen Behörden gesagt wurde, soll nun explizit die Bindung der nationalen Behörden an das Berufsgeheimnis untersucht werden, wird doch die Identität des Informanten durch das Berufsgeheimnis geschützt.

1. Verpflichtung durch Sekundärrechtsakte

Normalerweise verpflichten Sekundärrechtsakte explizit auch die nationalen Behörden zur Wahrung des Berufsgeheimnisses. Das ist eine gängige Regelungstechnik[1110].

a) Externe Untersuchungen

Für den Bereich der externen Untersuchungen sind jedenfalls die Informationen, die im Rahmen von Kontrollen und Überprüfungen vor Ort eingeholt werden, auch in Bezug auf die Mitgliedstaaten ausdrücklich durch das Berufsgeheimnis geschützt.

Gemäß Art. 8 Abs. 1 UAbs. 3 der Verordnung (EURATOM, EG) Nr. 2185/96 unterliegen die durch die Kontrollen erhaltenen Informationen dem Berufsgeheimnis. Sie genießen den Schutz, der vergleichbaren Informationen nach dem nationalen Recht des Mitgliedstaates, der die Informationen erhalten hat, zukommt. Ebenfalls unterstehen sie dem Schutz, den

[1109] Vgl. ausführlich zu diesem Punkt *J. Jokisch*, Gemeinschaftsrecht und Strafverfahren, 2000, S. 149 ff. und insbesondere S. 153 ff.

[1110] Siehe oben, *Teil 2* – B.VII.3.c)(1), S. 85 f.

die entsprechenden das Berufsgeheimnis betreffenden Vorschriften auf Gemeinschaftsebene gewähren.

Wie bereits erörtert[1111], scheint jedoch eine Regelung für die Informationen, die *OLAF* außerhalb der reinen Kontrolltätigkeit erhalten hat, vergessen worden zu sein. Solche Informationen können aber trotzdem in dem Abschlussbericht enthalten sein. Für diese Informationen ist *OLAF* selbst direkt an Art. 287 EG gebunden. Für die Mitgliedstaaten kann dabei auch nichts anderes gelten, wenn sie in Anwendung des Gemeinschaftsrechts Informationen von *OLAF* erhalten. Die Übermittlung des Abschlussberichtes an die Mitgliedstaaten erfolgt in Anwendung von Art. 9 Abs. 3 Verordnung (EG) Nr. 1073/1999 i.V.m. Art. 8 Abs. 2 und 3 Verordnung (EURATOM, EG) Nr. 2185/96. Damit sind auch die Mitgliedstaaten bezüglich sämtlicher Informationen, die in einem Bericht nach Abschluss einer externen Untersuchung enthalten sind, an das Berufsgeheimnis gebunden[1112].

Dem entspricht auch, dass der Erwägungsgrund Nr. 15 der Verordnung (EG) Nr. 1073/1999 darauf hinweist, dass bei einem Austausch von Informationen zwischen *OLAF* und den Mitgliedstaaten die Vertraulichkeit der dem Berufsgeheimnis unterliegenden Informationen zu beachten und dafür zu sorgen ist, dass sie so geschützt werden, wie es bei Daten dieser Art auch sonst der Fall ist. Darüber hinaus wird man auch eine Bindung der Mitgliedstaaten durch die Pflicht zur loyalen Zusammenarbeit annehmen können.

b) Interne Untersuchungen

Für den Bereich der internen Untersuchungen gestaltet sich die Bindung an das Berufsgeheimnis wie folgt:

Laut Art. 8 Abs. 2 UAbs. 1 Verordnung (EG) Nr. 1073/1999 fallen Informationen, die im Rahmen interner Untersuchungen mitgeteilt oder eingeholt werden, unter das Berufsgeheimnis und genießen den Schutz, der durch die für die Organe der Europäischen Gemeinschaften geltenden einschlägigen Bestimmungen gewährleistet ist[1113]. Diese Informationen dürfen nur Personen in den Mitgliedstaaten mitgeteilt werden, die aufgrund ihres Amtes davon Kenntnis erhalten dürfen[1114]. Im Zusammenspiel mit dem Erwägungsgrund Nr. 15 der Verordnung (EG) Nr. 1073/1999 und

[1111] Siehe oben, *Teil 2* – B.VII.3.b), S. 82 ff.

[1112] Zur funktionalen Bindung der Mitgliedstaaten an das Berufsgeheimnis siehe oben, *Teil 2* – B.VII.3.c)(2), S. 86 f.

[1113] Art. 8 Abs. 2 UAbs. 1 Verordnung (EG) Nr. 1073/1999.

[1114] Art. 8 Abs. 2 UAbs. 2 Verordnung (EG) Nr. 1073/1999.

auch in Anbetracht der Pflicht zur loyalen Zusammenarbeit ergibt sich daraus, dass die Mitgliedstaaten an das Berufsgeheimnis gebunden sind.

2. Reichweite der Bindung

Diese Bindung an das Berufsgeheimnis untersteht darüber hinaus einem bestimmten Zweck.

Für den Bereich der externen Untersuchungen ist bestimmt, dass die im Rahmen der Kontrolltätigkeit erlangten Informationen zu keinem anderen Zweck als zur Gewährleistung eines wirksamen Schutzes der finanziellen Interessen der Gemeinschaften in allen Mitgliedstaaten verwendet werden dürfen[1115]. Diese Zweckbindung scheint allerdings nur für die Organe der Gemeinschaft zu gelten. Lediglich für den speziellen Fall, dass mitgliedstaatliche Beamte als Beobachter an einer Kontrolle in einem *anderen* Mitgliedstaat teilgenommen haben, ergibt sich eine Zweckbindung aus Art. 8 Abs. 1 UAbs.2 Verordnung (EURATOM, EG) Nr. 2185/96[1116].

Für den Bereich der internen Untersuchungen besteht hingegen auch für die Mitgliedstaaten eine generelle Zweckbindung aus Art. 8 Abs. 2 UAbs. 2 Verordnung (EG) Nr. 1073/1999. Demnach dürfen die Informationen zu keinem anderen Zweck als der Bekämpfung von Betrug, Korruption und sonstigen rechtswidrigen Handlungen verwendet werden[1117]. Eine Einschränkung, dass dies etwa nur für die Organe der Gemeinschaft gelten sollte, ist nicht ersichtlich. Allerdings besteht auch keine Beschränkung auf rechtswidrige Handlungen zu Lasten der finanziellen Interessen der Gemeinschaft. Eventuell betroffene finanzielle Interessen der Mitgliedstaaten sind nicht ausgeschlossen.

Im Übrigen ergibt sich aus der Natur des Berufsgeheimnisses, dass durch dieses geschützte Informationen lediglich zu einem *legitimen* Zweck verwendet werden dürfen. Ein solcher kann explizit bestimmt sein, so dass andere, an sich legitime Zwecke durch die explizite Bestimmung ausgeschlossen sein können. Soweit er nicht explizit bestimmt ist, ist jeder an sich legitime Zweck zulässig.

[1115] Art. 8 Abs. 1 UAbs.2 Verordnung (EURATOM, EG) Nr. 2185/96.

[1116] Dies ergibt sich im Umkehrschluss daraus, dass ein Mitgliedstaat, der in diesem Fall die von seinen Beamten in einem anderen Mitgliedstaat gesammelten Informationen zu anderen Zwecken verwenden will, den Mitgliedstaat, in dem diese Informationen gesammelt wurden, um Zustimmung ersuchen muss.

[1117] Art. 8 Abs. 2 UAbs. 2 Verordnung (EG) Nr. 1073/1999.

a) Rechtssache Asociación Española de Banca Privada u. a

Welche Konsequenzen eine solche explizite Zweckbindung hat, wird in der nachfolgenden Rechtsprechung veranschaulicht:

In einem Rechtsstreit zwischen einer für die Wettbewerbsaufsicht zuständigen Behörde einerseits und der Asociación Española de Banca Privada sowie verschiedenen anderen Banken andererseits legte das nationale Gericht dem *Gerichtshof* verschiedene Fragen zur Auslegung des Art. 287 EG[1118] und der Verordnung Nr. 17 zur Vorabentscheidung vor. Den Beklagten wurden Verstöße gegen nationale Wettbewerbsvorschriften vorgeworfen.

Das vorlegende Gericht wollte wissen, ob die nationalen Behörden zur Anwendung des Wettbewerbsrechts der Gemeinschaft oder des nationalen Wettbewerbsrechts unveröffentlichte Informationen verwerten dürfen, die ihnen von der *Kommission* übermittelt worden sind und in angeforderten Auskünften (Art. 11 der Verordnung Nr. 17) oder in Anträgen auf Erteilung eines Negativattests und Anmeldungen von Vereinbarungen, Beschlüssen und Verhaltensweisen (Art. 2, 4 und 5 der Verordnung Nr. 17) enthalten waren[1119].

Aus den Feststellungen des *EuGH* lassen sich folgende Aussagen gewinnen:

Die durch die Ermittlungstätigkeit der *Kommission* erlangten Kenntnisse dürfen gemäß Art. 20 der Verordnung Nr. 17 nur zu dem mit der jeweiligen Ermittlungstätigkeit verfolgten Zweck verwertet werden[1120].

Die Regelung über das Berufsgeheimnis verpflichtet die zuständigen Behörden der Mitgliedstaaten sowie ihre Beamten und sonstigen Bediensteten, Kenntnisse nicht preiszugeben, die sie bei Anwendung der Verordnung erlangt haben und die ihrem Wesen nach unter das Berufsgeheimnis fallen[1121]. Art. 20 Abs. 2 der Verordnung Nr. 17 führt Art. 287 EG[1122] durch[1123].

[1118] Damals Art. 214 EWGV.

[1119] *EuGH*, 16.07.1992, Rs. C-67/91, Asociación Española de Banca Privada u.a., Slg. 1992, I-4785 ff. Rdnr. 22 f.

[1120] *EuGH*, 16.07.1992, Rs. C-67/91, Asociación Española de Banca Privada u.a., Slg. 1992, I-4785 ff. Rdnr. 21.

[1121] *EuGH*, 16.07.1992, Rs. C-67/91, Asociación Española de Banca Privada u.a., Slg. 1992, I-4785 ff. Rdnr. 21.

[1122] Den damaligen 214 EWGV.

[1123] *EuGH*, 16.07.1992, Rs. C-67/91, Asociación Española de Banca Privada u.a., Slg. 1992, I-4785 ff. Rdnr. 21 mit Verweis auf *EuGH*, 24.06.1986, Rs. 53/85, AKZO Chemie / Kommission, Slg. 1986, 1965 ff. Rdnr. 26.

Die Übermittlung der Informationen gemäß Art. 10 Abs. 1 der Verordnung Nr. 17 an die Mitgliedstaaten bedeutet als solche nicht, dass diese sie unter Voraussetzungen verwerten dürften, die die Anwendung der Verordnung und die Grundrechte der betroffenen Unternehmen in Frage stellen würden[1124].

Dabei ist jedoch der bestimmte Zweck der Übermittlung nach Art. 10 Abs. 1 der Verordnung Nr. 17[1125] zu beachten. Hierzu führte der *EuGH* aus, dass die Übermittlung der gesammelten Informationen an die zuständigen Behörden der Mitgliedstaaten einem doppelten Zweck diene.

> „Zum einen sollen die Mitgliedstaaten von den gemeinschaftlichen Verfahren unterrichtet werden, die in ihrem Hoheitsgebiet ansässige Unternehmen betreffen, und zum anderen soll der Informationsstand der Kommission dadurch verbessert werden, daß es ihr ermöglicht wird, die Auskünfte der Unternehmen mit den eventuellen Angaben und Stellungnahmen des betreffenden Mitgliedstaats zu vergleichen"[1126].

[1124] *EuGH*, 16.07.1992, Rs. C-67/91, Asociación Española de Banca Privada u.a., Slg. 1992, I-4785 ff. Rdnr. 34.

[1125] Seit dem 1. Mai 2004 gilt die Verordnung (EG) Nr. 1/2003:

Artikel 12

Informationsaustausch

(1) Für die Zwecke der Anwendung der Artikel 81 und 82 des Vertrags sind die Kommission und die Wettbewerbsbehörden der Mitgliedstaaten befugt, einander tatsächliche oder rechtliche Umstände einschließlich vertraulicher Angaben mitzuteilen und diese Informationen als Beweismittel zu verwenden.

(2) Die ausgetauschten Informationen werden nur zum Zweck der Anwendung von Artikel 81 oder 82 des Vertrags sowie in Bezug auf den Untersuchungsgegenstand als Beweismittel verwendet, für den sie von der übermittelnden Behörde erhoben wurden. Wird das einzelstaatliche Wettbewerbsrecht jedoch im gleichen Fall und parallel zum gemeinschaftlichen Wettbewerbsrecht angewandt und führt es nicht zu anderen Ergebnissen, so können nach diesem Artikel ausgetauschte Informationen auch für die Anwendung des einzelstaatlichen Wettbewerbsrechts verwendet werden.

(3) Nach Absatz 1 ausgetauschte Informationen können nur als Beweismittel verwendet werden, um Sanktionen gegen natürliche Personen zu verhängen, wenn

- das Recht der übermittelnden Behörde ähnlich geartete Sanktionen in Bezug auf Verstöße gegen Artikel 81 oder 82 des Vertrags vorsieht oder, falls dies nicht der Fall ist, wenn

- die Informationen in einer Weise erhoben worden sind, die hinsichtlich der Wahrung der Verteidigungsrechte natürlicher Personen das gleiche Schutzniveau wie nach dem für die empfangende Behörde geltenden innerstaatlichen Recht gewährleistet. Jedoch dürfen in diesem Falle die ausgetauschten Informationen von der empfangenden Behörde nicht verwendet werden, um Haftstrafen zu verhängen.

[1126] *EuGH*, 16.07.1992, Rs. C-67/91, Asociación Española de Banca Privada u.a., Slg. 1992, I-4785 ff. Rdnr. 34.

Die Zweckbindung und die Bindung an das Berufsgeheimnis dient dem Schutz der Rechte der Unternehmen[1127]. Diese Bindung stellt insofern auch ein notwendiges Gegengewicht dar, als hinsichtlich der Auskunftsverpflichtung der Unternehmen nach Art. 11 der Verordnung Nr. 17 der *nemo tenetur* Grundsatz nicht gilt[1128].

Zu den Verpflichtungen für die Mitgliedstaaten, die sich aus der Bindung an das Berufsgeheimnis ergeben, äußerte sich der *EuGH* recht deutlich:

> „Das Berufsgeheimnis erfordert nicht nur den Erlaß von Vorschriften, die die Weitergabe von vertraulichen Informationen verbieten, sondern auch, daß es den Behörden, die diese Informationen rechtmäßig besitzen, unmöglich ist, sie, sofern dies nicht ausdrücklich vorgesehen ist, zu einem anderen Zweck als demjenigen zu verwerten, zu dem sie gesammelt worden sind"[1129].

b) Bewertung

Der *EuGH* stellte in dieser Rechtsprechung sozusagen ein Beweisverwertungsverbot auf. Dies gilt für alle Bereiche, die nicht von dem bestimmten Zweck erfasst sind.

Für eine Übertragung auf das Verhältnis von *OLAF* zu den Mitgliedstaaten sind zunächst die Unterschiede zwischen der Verordnung Nr. 17 und den für die Betrugsbekämpfung relevanten Rechtsakten zu beachten.

Die Übermittlung der OLAF-Abschlussberichte an die Mitgliedstaaten verfolgt ein anderes Ziel als die Übermittlung nach Art. 10 Abs. 1 der Verordnung Nr. 17. Im Rahmen der Betrugsbekämpfung findet gerade kein gemeinschaftliches Sanktionsverfahren statt. Die strafrechtliche Ahndung bleibt allein den Mitgliedstaaten überlassen.

Von Bedeutung ist aber trotzdem die Aussage, dass eine Übermittlung an die Mitgliedstaaten nicht bewirken kann, dass die übermittelten Informationen zur uneingeschränkten Verfügung der Mitgliedstaaten stehen. Eine Übermittlung als solche kann nicht bedeuten, dass die Informationen unter Voraussetzungen verwertet werden dürfen, die die Anwendung der

[1127] Vgl. *EuGH*, 17.10.1989, Rs. 85/87, Dow Benelux / Kommission, Slg. 1989, 3137 ff. Rdnr. 17 und 18.

[1128] Allerdings darf die Kommission dem Unternehmen nicht die Verpflichtung auferlegen, Antworten zu erteilen, durch die es das Vorliegen einer Zuwiderhandlung eingestehen müsste, für die die Kommission den Beweis zu erbringen hat (*EuGH*, 18.10.1989, Rs. 374/87, Orkem / Kommission Slg. 1989, 3283 ff. Rdnr. 34 f. und *EuGH*, 08.03.1995, Rs. T-34/93, Société Générale / Kommission, Slg. 1995, II-545 ff. Rdnr. 74).

[1129] *EuGH*, 16.07.1992, Rs. C-67/91, Asociación Española de Banca Privada u.a., Slg. 1992, I-4785 ff. Rdnr. 37.

Verordnung – die diese Übermittlung vorsah – und die Grundrechte von Betroffenen in Frage stellen würden.

Die Verwertung ist vielmehr an einen bestimmten Zweck gebunden. Tatsächlich wird im Rahmen der Betrugsbekämpfung ein solches Beweisverwertungsverbot allerdings kaum relevant, da eine Zweckbindung, soweit sie vorhanden ist, sehr weit gefasst ist. Im Bereich der externen Untersuchungen gibt es lediglich für einen Spezialfall eine Zweckbindung, die für die Mitgliedstaaten gilt. Im Bereich der internen Untersuchungen lässt die Zweckbindung „Verwendung für die Bekämpfung von Betrug, Korruption und sonstigen rechtswidrigen Handlungen" einen weiten Spielraum.

IV. Anforderungen der Verfahrensgrundrechte an die Mitgliedstaaten

Nachdem nunmehr die Bindung der Mitgliedstaaten an das Berufsgeheimnis näher betrachtet wurde, soll – colorandi causa – nunmehr auch das Gegenstück, die Bindung an die Verfahrensgrundrechte, kurz – ohne den Anspruch diese strittige Materie umfassend darzustellen – angesprochen werden. Schließlich wird die Informantenproblematik durch eine Abwägung des Berufsgeheimnisses und der Verteidigungsrechte geprägt.

Es fragt sich demnach, ob die Mitgliedstaaten, wenn sie zum Schutz der finanziellen Interessen der Gemeinschaft handeln, auch selbst an die gemeinschaftsrechtlichen Verfahrensgrundrechte gebunden sind.

Zunächst haben die Grundrechte des Gemeinschaftsrechts die Funktion, dem Handeln der Gemeinschaftsorgane Grenzen zu setzen. Dennoch gelten sie in bestimmten Konstellationen auch gegenüber den Mitgliedstaaten[1130].

Das ist zunächst dann der Fall, wenn ein Mitgliedstaat in eine Rechtsposition eingreift, die dem Einzelnen durch Gemeinschaftsrecht gewährt wird. Besonders wichtig ist aber auch der Fall, dass die Mitgliedstaaten für den Vollzug des Gemeinschaftsrechts zuständig sind[1131]. Es darf schließlich keinen Unterschied machen, ob die Gemeinschaftsorgane selbst Ge-

[1130] *J. Gundel*, Verfahrensgrundrechte, in: Europäische Grundrechte und Grundfreiheiten, 2003, § 18 Rdnr. 33; *D. Ehlers*, Allgemeine Lehren, in: Europäische Grundrechte und Grundfreiheiten, 2003, § 7 Rdnr. 29 ff.

[1131] Im Rahmen dieses indirekten Vollzuges unterscheidet man zwischen unmittelbarem und mittelbarem Vollzug. Soweit das Gemeinschaftsrecht unmittelbar anwendbar ist, handelt es sich um unmittelbaren indirekten Vollzug. Wenn lediglich das nach gemeinschaftsrechtlichen Vorgaben erlassene nationale Umsetzungsgesetz vollzogen wird, spricht man von mittelbarem indirekten Vollzug.

meinschaftsrecht vollziehen oder dies den Mitgliedstaaten – wie in den meisten Bereichen geschehen – übertragen wurde[1132].

Sofern dementsprechend eine Vollzugstätigkeit der Mitgliedstaaten vorliegt, gelten in diesem Zusammenhang auch die gemeinschaftsrechtlichen allgemeinen Rechtsgrundsätze.

Im Endeffekt führt dies zu parallel geltenden Verfahrensgarantien: Gemeinschaftsrechtliche Verfahrensgrundrechte, die zum großen Teil mit den Vorgaben der EMRK im Einklang stehen, und nationale Verfahrensvorgaben, die ihrerseits wieder konform mit der EMRK sein müssen[1133]. Das Zusammenspiel dieser Verfahrensgarantien im Einzelnen wäre allerdings praktisch kaum auflösbar und würde doch eher an ein Bild von *M. C. Escher* erinnern[1134].

Es fragt sich nur, wann tatsächlich eine Vollzugstätigkeit vorliegt. Im Rahmen der Unterstützung der OLAF-Bediensteten bei einer Kontrolle vor Ort liegt unproblematisch eine Vollzugstätigkeit der Mitgliedstaaten vor. Es handelt sich dabei um unmittelbaren indirekten Vollzug.

Ungewiss ist hingegen, wie ein nationales Strafverfahren, das möglicherweise erst durch entsprechende vorhergehende OLAF-Untersuchungen veranlasst wurde, einzustufen ist.

Die Mitgliedstaaten handeln schließlich zum Schutz der finanziellen Interessen der Europäischen Gemeinschaft. Sie sind sogar gemeinschaftsrechtlich verpflichtet, Betrügereien zu Lasten der finanziellen Interessen der Gemeinschaft in gleicher Weise zu verfolgen, wie sie Betrügereien zu Lasten ihrer eigenen finanziellen Interessen verfolgen würden[1135]. In manchen Mitgliedstaaten mussten erst Straftatbestände geschaffen werden, die auch Schäden der finanziellen Interessen der Gemeinschaft erfassen.

Dabei geht es allerdings zu weit, die Strafverfolgungsmaßnahmen zur Ermittlung eines wegen einer gemeinschaftsrechtlichen Verpflichtung geschaffenen Straftatbestandes als indirekten mittelbaren Vollzug anzusehen. Die genauen Grenzen zwischen innerstaatlichem und mittelbarem gemeinschaftsrechtlichen Vollzug sind zwar – frei nach *Theodor Fontane* – ein

[1132] Vgl. *EuGH*, 24.03.1994, Rs. C-2/92, Bostock, Slg. 1994, I-955 ff. Rdnr. 16; *EuGH*, 13.07.1989, Rs. 5/88, Wachauf, Slg. 1989, 2609 ff. Rdnr. 19; *EuGH*, 26.04.1988, Rs. 316/86, Hauptzollamt Hamburg-Jonas, Slg. 1988, 2213 ff. Rdnr. 22: Es ist festzustellen, *„daß die Beachtung der allgemeinen Grundsätze des Gemeinschaftsrechts jeder mit der Anwendung dieses Rechts betrauten Behörde obliegt"*. Mit Verweis auf *EuGH*, 27.09.1979, Rs. 230/78, Eridania, Slg. 1979, 2749.

[1133] Jedenfalls konform im weiten Sinne, ob dies nach monistischer oder dualistischer Betrachtungsweise in ihren jeweiligen diversen Spielarten zu bewerten ist, soll hier dahinstehen.

[1134] Vgl. *M. C. Escher*, Relativity, 1953 oder House of stairs, 1951.

[1135] Siehe hierzu oben, *Teil 2* – C.I.3., S. 214 ff.

„weites Feld" und die verschiedenen Stufungen nicht immer mit letzter Trennschärfe zu ermitteln. In diesem Fall stehen freilich allein nationale Rechtsgrundlagen in Rede, bei denen die Interpretation allein in Grenzbereichen durch gemeinschaftsrechtliche Vorgaben Maß und Richtung erhält.

Etwas anderes muss jedoch für den Empfang von Informationen gelten, die *OLAF* den Mitgliedstaaten übermittelt. Diese Übermittlung findet in Anwendung des Gemeinschaftsrechts statt. Damit gilt für die Übermittlung das Regelungswerk des Gemeinschaftsrechts. Wie der *Gerichtshof* in der Rechtssache *Asociación Española de Banca Privada u.a.* feststellte, kann eine Übermittlung als solche nicht bedeuten, dass die Informationen unter Voraussetzungen verwertet werden dürfen, die die Anwendung der Verordnung – die diese Übermittlung vorsah – und die Grundrechte von Betroffenen in Frage stellen würden[1136].

V. Bindungswirkung der Entscheidung über den Charakter der Vertraulichkeit im nationalen Verfahren

Nachdem nun generell dargestellt wurde, welche Grundregeln für die Zusammenarbeit von *OLAF* und den nationalen Strafverfolgungsbehörden gelten, soll nun die Bindungswirkung einer Entscheidung betrachtet werden, die beinhaltet, ob und in welchem Umfang eine Information weitergeleitet werden darf und ob diese Information unter das Berufsgeheimnis fällt.

1. Zur Bindungswirkung von Entscheidungen

Im Allgemeinen hat eine Entscheidung die Bindungswirkung, dass sie in allen ihren Teilen für diejenigen verbindlich ist, die sie bezeichnet, Art. 249 Abs. 4 EG. Die individuelle Geltung wird entweder durch namentliche Nennung oder durch Individualisierbarkeit bewirkt[1137]. Individualisierbarkeit liegt vor, sofern sich aus dem Inhalt der Entscheidung klar ergibt, für wen sie Rechte und Pflichten begründen soll[1138] und sie den

[1136] *EuGH*, 16.07.1992, Rs. C-67/91, Asociación Española de Banca Privada u.a., Slg. 1992, I-4785 ff. Rdnr. 34.

[1137] Vgl. etwa *M. Schweitzer / W.Hummer*, Europarecht, 5. Aufl. 1996, Rdnr. 375.

[1138] *G. Schmidt*, in: Groeben / Schwarze, 6. Aufl. 2004, Art. 249 Rdnr. 45 mit Verweis auf *EuGH*, 19.05.1994, Air France / Kommission, T-2/93, Slg. 1994, II-323 ff.

Betroffenen in einer entsprechenden Weise wie den ausdrücklich genannten Adressaten individualisiert[1139].

Adressat der Entscheidung kann ein Mitgliedstaat, eine natürliche oder eine juristische Person sein. Entscheidungen, die an einen Mitgliedstaat ergehen, binden alle Organe dieses Staates[1140].

2. Bindungswirkung von OLAF-Entscheidungen über den Charakter der Vertraulichkeit

Im Speziellen ist wiederum zwischen den einzelnen Konstellationen zu differenzieren.

a) Entscheidung nach Anfrage eines Betroffenen

Eine Entscheidung nach Anfrage eines von einer OLAF-Untersuchung Betroffenen bindet den Betroffenen. Soweit ein bestimmter Informant und auch bestimmte nationale Stellen individualisierbar sind, bindet sie ebenfalls den Informanten und den/die betreffenden Mitgliedstaat/en. Ob eine solche Individualisierbarkeit vorliegt, kann jedoch nur im Einzelfall anhand einer konkreten Entscheidung bestimmt werden.

b) Entscheidung nach Anfrage des Informanten

Eine Entscheidung nach Anfrage eines Informanten bindet den Informanten. In dieser Konstellation kommt es wiederum auf den konkreten Einzelfall an, ob darüber hinaus Betroffene oder bestimmte nationale Stellen individualisierbar sind. Insbesondere dürfte dafür der Zeitpunkt der Anfrage des Informanten eine Rolle spielen.

c) Entscheidung nach Anfrage einer nationalen Stelle

Eine Entscheidung nach Anfrage einer nationalen Stelle ist an den Mitgliedstaat adressiert und bindet den betreffenden Mitgliedstaat und alle seine staatlichen Stellen. Soweit darüber hinaus ein Informant und (ein) bestimmte(r) Betroffene(r) individualisierbar sind, sind diese ebenfalls gebunden.

[1139] *G. Schmidt*, in: Groeben / Schwarze, 6. Aufl. 2004, Art. 249 Rdnr. 45 mit Verweis auf *EuGH*, 15.06.1993, Matra / Kommission, C-225/91, Slg. 1993, I-3203 ff.
[1140] *EuGH*, 21.05.1987, Rs. 249/85, Albako, Slg. 1987, 2345 ff. Rdnr. 17.

3. Zwischenergebnis

In sämtlichen Konstellationen wird also derjenige durch die Entscheidung gebunden, der anfragt und darüber hinaus all diejenigen, die nach dem Inhalt der Entscheidung individualisierbar sind.

VI. Rechtsschutz

Im Zusammenhang mit solchen Entscheidungen besteht folgender Rechtsschutz:

1. Kontrollmöglichkeiten des Gerichtshofes

Gegenüber der Tätigkeit von *OLAF* im Generellen besteht zwar zunächst keine direkte Kontrollmöglichkeit des *Gerichtshofes*, da die OLAF-Untersuchungen nicht mit einer Entscheidung abgeschlossen werden. Da keine untersuchungsabschließende Entscheidung ergeht, kann auch nicht im Rahmen der Kontrolle einer solchen Entscheidung die Rechtmäßigkeit der Untersuchungen selbst überprüft werden[1141].

Für den Bereich der internen Untersuchungen gibt es jedoch gegen eine beschwerende Maßnahme von *OLAF* eine spezielle Beschwerdemöglichkeit nach dem Beamtenstatut[1142].

Auch gibt es konkrete Rechtsschutzmöglichkeiten im Zusammenhang mit einer Entscheidung:

a) Einstweiliger Rechtsschutz

Aus der Rechtsprechung im Fall *AKZO Chemie / Kommission*[1143] ergibt sich, dass der Informant die Möglichkeit haben muss, einstweiligen Rechtsschutz zu beantragen. Wegen der weitreichenden Konsequenzen einer Entscheidung, ob die Angaben über seine Identität weitergeleitet werden sollen und ob sie unter das Berufsgeheimnis fallen, muss er die Möglichkeit haben, den *Gerichtshof* zur Überprüfung der vorgenommenen Beurteilungen anzurufen.

[1141] *L. L. Laudati*, in: Studies in Honour of Claus-Dieter Ehlermann, 2002, S. 249;

[1142] Siehe Art. 14 Verordnung (EG) Nr. 1073/1999.

[1143] *EuGH*, 24.06.1986, Rs. 53/85, AKZO Chemie / Kommission, Slg. 1986, 1965 ff., zu dieser Rechtssache siehe oben, *Teil 2* – B.IX.2.c)(1)(a), S. 113 ff.

b) Nichtigkeitsklage

Neben dem einstweiligen Rechtsschutz für den Informanten besteht im Allgemeinen die Rechtsschutzmöglichkeit gegen eine Entscheidung, die Nichtigkeitsklage nach Art. 230 EG. Ein Mitgliedstaat ist dabei nach Art. 230 Abs. 2 EG ohne weiteres klagebefugt. Eine natürliche oder juristische Person ist hinsichtlich der an sie ergangenen Entscheidungen klagebefugt. Auch kann sie Klage gegen Entscheidungen erheben, die zwar nicht an sie gerichtet sind, sie aber unmittelbar und individuell betreffen, Art. 230 Abs. 4 EG. Für natürliche und juristische Personen, die nicht ausdrücklich als Adressat bezeichnet sind, kommt es also darauf an, ob sie unmittelbar und individuell betroffen sind.

(1) Entscheidung nach Anfrage eines Betroffenen

Bei einer Entscheidung nach Anfrage eines Betroffenen sind somit jedenfalls jeder Mitgliedstaat und der Betroffene als ausdrücklich bezeichneter Adressat der Entscheidung klagebefugt. Darüber hinaus ist ein Informant, um dessen Identität es geht, zwangsläufig unmittelbar und individuell betroffen.

(2) Entscheidung nach Anfrage des Informanten

Demgegenüber sind bei einer Entscheidung nach Anfrage eines Informanten jeder Mitgliedstaat und der Informant klagebefugt. Für einen von einer OLAF-Untersuchung Betroffenen kommt es allerdings darauf an, in welchem Umfang er konkret in die Abwägung einbezogen wurde. Es hängt vom Einzelfall ab, welcher von einer OLAF-Untersuchung Betroffene unmittelbar und individuell durch die Entscheidung betroffen ist.

(3) Entscheidung nach Anfrage einer nationalen Stelle

Wenn eine Entscheidung nach Anfrage einer nationalen Stelle getroffen wird, sind wiederum jeder Mitgliedstaat und der Informant klagebefugt. Entsprechend kommt es für den von einer OLAF-Untersuchung Betroffenen wieder auf den Einzelfall an, ob er unmittelbar und individuell betroffen ist.

(4) Ermessenskontrolle

Die inhaltliche Überprüfung solcher Entscheidungen dürfte indes recht eingeschränkt sein, beinhalten diese Entscheidungen doch jeweils zwei Beurteilungen[1144].

Der *Gerichtshof* unterzieht die Handlungen der Organe in den Bereichen, in denen ihnen Ermessen zusteht, nur sehr zurückhaltend einer inhaltlichen Kontrolle. Im Gegenzug betont er die formalen Garantien[1145]. Der *EuGH* prüft die zu Grunde gelegten Tatsachen und die Einhaltung der einschlägigen Verfahrensvorschriften umso intensiver, je weiter ein von ihm angenommener Ermessensspielraum reicht[1146]. Da das Recht eines Betroffenen auf rechtliches Gehör je nach Konstellation eingeschränkt sein kann, muss der Begründungspflicht im Gegenzug eine umso größere Bedeutung zukommen. Ob die der Ermessensausübung zu Grunde gelegten Tatsachen zutreffen, lässt sich für das Gericht letztlich nur anhand der Begründung des betreffenden Rechtsaktes nachvollziehen.

Ein Beispiel wie eine solche Überprüfung durch das Gericht aussehen könnte, liefern die Beschlüsse in der Rechtssache Strafverfahren gegen Zwartveld u.a.[1147]. Der rechtliche Rahmen dieser Beschlüsse war die Pflicht zur loyalen Zusammenarbeit. Die Grundprinzipien, die diesen Be-

[1144] Der *Gerichtshof* versteht unter dem gemeinschaftsrechtlichen Begriff des „Ermessens" jeden den Organen und insbesondere der Kommission durch einschlägige Normen eröffneten Entscheidungs- bzw. Beurteilungs- oder Gestaltungsspielraum (*H.-W. Rengeling / A. Middeke / M. Gellermann*, Rechtsschutz in der EU, 1. Aufl. 1994, Rdnr. 191; *J. Schwarze*, Europäisches Verwaltungsrecht Bd. I, 1988, S. 281; *U. Everling*, WuW 1989, S. 877, 880 ff.; *H.-U. Erichsen / R. Weiß*, Jura 1990, S. 528, 533; *M. Pagenkopf*, NVwZ 1993, S. 216, 220; *E. Pache*, DVBl. 1998, S. 380, 384), dementsprechend jede Form normativ belassener Spielräume, eine Differenzierung zwischen Tatbestands- und Rechtfolgenseite findet gerade nicht statt. Umfassend: *S. Kadelbach*, Allgemeines Verwaltungsrecht unter europäischem Einfluß, 1999, S. 443. Zur Ermessenkontrolle siehe *A. Bleckmann*, Ermessensfehler, 1997, S. 219 ff.

[1145] *C. O. Lenz*, EuGRZ 1993, S. 585, 589 mit Verweis auf *EuGH*, 21.11.1991, Rs. C-269/90, Technische Universität München, Slg. 1991, I-5469 ff. Rdnr. 14: Wenn einem Gemeinschaftsorgan ein Beurteilungsspielraum zusteht, kommt den verfahrensrechtlichen Garantien des Verwaltungsverfahrens besondere Bedeutung zu. Diese Garantien umfassen insbesondere die Pflicht des zuständigen Organes, alle relevanten Aspekte des Einzelfalles sorgfältig und unvoreingenommen zu untersuchen, sowie das Recht des Betroffenen auf rechtliches Gehör und die Pflicht, die Entscheidung angemessen zu begründen.

[1146] *E. Pache*, DVBl. 1998, S. 380, 385.

[1147] Siehe hierzu auch oben, *Teil 2* – C.I.4.a)(1), S. 218 ff.; *EuGH*, Beschl. v. 13.07.1990, Rs. 2/88-Imm., Strafverfahren gegen Zwartveld u.a., Slg. 1990, I-3365 ff.; *EuGH*, Beschl. v. 06.12.1990, Rs. 2/88-Imm., Strafverfahren gegen Zwartveld u.a., Slg. 1990, I-4405; vgl. zum Fall *Zwartveld* umfassend *H.-J. Prieß*, EuR 1991, 342, 347 f.

schlüssen zu Grunde lagen, gelten somit auch für die Betrugsbekämpfung. In dieser Rechtssache bat ein nationaler Ermittlungsrichter um die Übersendung von Kontrollberichten und die Erteilung einer Aussagegenehmigung an die damaligen Kontrolleure. Beides konnte die *Kommission* zwar aus Gründen der Erhaltung ihrer Funktionsfähigkeit verweigern. Dies musste jedoch ausreichend begründet werden. Der *Gerichtshof* prüfte, ob die zwingenden Gründe, die der Weiterleitung und der Erteilung der Aussagegenehmigung entgegenstehen sollten, ausreichend dargetan wurden.

c) „Rechtshilfeersuchen" i.S.d. Rechtssache Strafverfahren gegen Zwartveld u.a.

Darüber hinaus belegen die Beschlüsse in der Rechtssache *Strafverfahren gegen Zwartveld u.a.*[1148] das Bestehen einer weiteren Rechtsschutzmöglichkeit. Ein nationales Gericht muss im Sinne dieser Rechtsprechung die Möglichkeit haben, den *Gerichtshof* anzurufen, wenn *OLAF* benötigte Unterstützung versagt und sich weigert, bestimmte Unterlagen zu übermitteln. Das gilt unabhängig von der Frage, welche Form diese Weigerung hat, bzw. ob die Weigerung Konsequenz einer Entscheidung ist. Denn das übliche Rechtsmittel gegen eine Entscheidung, eine Nichtigkeitsklage des Mitgliedstaates nach Art. 230 Abs. 2 EG, würde hier nicht weiterhelfen. Eine Nichtigerklärung der Entscheidung (Art. 231 EG) würde dem Begehren der nationalen Stelle nicht entsprechen.

Im Sinne dieser Rechtsprechung könnte der *Gerichtshof* das *OLAF* verpflichten, dem nationalen Gericht bestimmte Berichte zu übermitteln[1149]. Außerdem könnte er *OLAF* aufgeben, seinen Beamten die Genehmigung zu erteilen, vor dem betreffenden nationalen Gericht über die Informationen als Zeugen auszusagen, die in den zu übermittelten Unterlagen enthalten waren[1150]. Zusätzlich könnte er *OLAF* verpflichten, ihn innerhalb einer bestimmten Frist über die zur Durchführung des Beschlusses getroffenen Maßnahmen zu unterrichten[1151].

[1148] *EuGH*, Beschl. v. 13.07.1990, Rs. 2/88-Imm., Strafverfahren gegen Zwartveld u.a., Slg. 1990, I-3365 ff. und *EuGH*, Beschl. v. 06.12.1990, Rs. 2/88-Imm., Strafverfahren gegen Zwartveld u.a., Slg. 1990, I-4405 ff.

[1149] Vgl. *EuGH*, Beschl. v. 06.12.1990, Rs. 2/88-Imm., Strafverfahren gegen Zwartveld u.a., Slg. 1990, I-4405 ff. Ziff. 1 des Beschlusses.

[1150] Vgl. *EuGH*, Beschl. v. 06.12.1990, Rs. 2/88-Imm., Strafverfahren gegen Zwartveld u.a., Slg. 1990, I-4405 ff. Ziff. 2 des Beschlusses.

[1151] Vgl. *EuGH*, Beschl. v. 06.12.1990, Rs. 2/88-Imm., Strafverfahren gegen Zwartveld u.a., Slg. 1990, I-4405 ff. Ziff. 3 des Beschlusses.

2. Zwischenergebnis

Demzufolge gibt es im Zusammenhang mit einer Entscheidung drei verschiedene Rechtsschutzmöglichkeiten: den einstweiligen Rechtsschutz des Informanten, die übliche Rechtsschutzmöglichkeit gegen eine Entscheidung sowie eine Art „Rechtshilfeersuchen" eines nationalen Gerichts i.S.d. der Beschlüsse in der Rechtssache *Strafverfahren gegen Zwartveld u.a.*

VII. Ergebnis

Als Ergebnis des Abschnittes über die mitgliedstaatliche Ebene kann somit festgestellt werden: Die Kooperation zwischen *OLAF* und den Mitgliedstaaten ist bestimmt durch die Pflicht zur loyalen Zusammenarbeit. Die Betrugsbekämpfung ist ein besonderer Teilaspekt dieser Verpflichtung. Das Berufsgeheimnis bindet auch die Mitgliedstaaten hinsichtlich derjenigen Informationen, die sie durch Übermittlung in Anwendung der entsprechenden Sekundärrechtsakte durch *OLAF* erhalten. Zusätzlich zu dieser ohnehin bestehenden Bindung an das Berufsgeheimnis können die Mitgliedstaaten durch Entscheidungen explizit gebunden werden, die beinhalten, ob und in welchem Umfang eine bestimmte Information weitergeleitet werden darf und ob diese Information unter das Berufsgeheimnis fällt. Eine solche Entscheidung ist sowohl für die bezeichneten als auch die individualisierbaren Personen und Mitgliedstaaten verbindlich. Im Zusammenhang mit der Entscheidung gibt es drei Rechtsschutzmöglichkeiten: Zum einen den einstweiligen Rechtsschutz des Informanten, zum anderen der übliche Rechtsschutz gegen eine Entscheidung – die Nichtigkeitsklage – sowie eine Art „Rechtshilfeersuchen" eines nationalen Gerichts an den *Gerichtshof*, der *OLAF* verpflichten kann, bestimmte Unterlagen dem nationalen Gericht zu übermitteln und seinen Bediensteten eine Aussagegenehmigung zu erteilen.

Schlussfolgerungen

A. Allgemeine Schlussfolgerungen

Als Ergebnis dieser Arbeit lassen sich folgende Schlussfolgerungen zusammenfassen:

Einerseits ist *OLAF* an das Berufsgeheimnis i.S.d. Art. 287 EG gebunden. Die Identität eines Informanten wird durch das Berufsgeheimnis geschützt.

Andererseits stellt das OLAF-Untersuchungsverfahren einen Anwendungsfall für die Verteidigungsrechte dar. Die Verteidigungsrechte sind dann beeinträchtigt, wenn die Tätigkeit von *OLAF* gestaltende Auswirkungen auf ein nachfolgendes mitgliedstaatliches Strafverfahren hat. Eine solche gestaltende Auswirkung kann eine Entscheidung haben, die im Zusammenhang mit der Gewährung von Vertraulichkeit für einen OLAF-Informanten ergeht.

Vertraulichkeit wird jedoch nicht in Form einer Entscheidung gewährt, sondern ist jeweils lediglich die Konsequenz einer zweigeteilten Entscheidung. Diese kann in verschiedenen Konstellationen ergehen und somit verschiedene Facetten umfassen. Ihr sachliches Substrat bleibt jedoch gleich. Sie enthält stets die Beurteilung, ob es geboten ist, u.a. die Angaben über die Identität des Informanten weiterzuleiten und ob diese Angaben unter das Berufsgeheimnis fallen. Dabei geht es um die Weiterleitung an eine nationale Stelle oder an einen von einer OLAF-Untersuchung Betroffenen.

Die Entscheidung kann in drei verschiedenen Konstellationen ergehen: nach Anfrage eines Betroffenen, nach Anfrage des Informanten sowie nach Anfrage einer nationalen Stelle. Zusätzlich besteht die Gestaltungsmöglichkeit, dass der OLAF-Abschlussbericht zwar auch die Angaben über die Identität des Informanten enthält, insofern aber eine Art Vertraulichkeitsvermerk vorliegt, so dass diese Angaben nur intern den nationalen Ermittlungsbehörden zur Kenntnis gebracht werden. Sofern dieser Vertraulichkeitsvermerk Ausdruck einer Entscheidung ist, die die zwei genannten Beurteilungspunkte enthält, richtet sich diese zusätzliche Möglichkeit nach der dritten Konstellation, denn letztendlich ist dies nicht anders zu beurteilen als eine Entscheidung nach Anfrage einer nationalen Stelle.

Bei einer Entscheidung sind die Verteidigungsrechte eines von einer OLAF-Untersuchung Betroffenen gegenüber dem Schutz des Berufsgeheimnisses abzuwägen.

Als Leitlinien für eine solche Abwägung sind folgende Gesichtpunkte zu berücksichtigen:

α) die Stichhaltigkeit der Hinweise, die der Informant liefert;

β) ihre Beweiskraft;

γ) ihre Erforderlichkeit für eine Beweisführung im Rahmen eines nationalen Strafprozesses und wie weit es zusätzliche, andere Beweise gibt;

δ) ob der Informant respektive seine Angehörigen tatsächlich bei Offenlegung seiner Identität an Leib und Leben gefährdet wäre; wenn ja, in welchem Umfang;

ε) die Schwere der Zuwiderhandlung;

ζ) die Höhe des Schadens für die finanziellen Interessen der Gemeinschaft;

η) ob und in welchem Umfang es sich um organisierte Kriminalität handelt;

θ) die absehbaren Konsequenzen für ein nationales Strafverfahren;

ι) die absehbaren Konsequenzen für die Verteidigungsrechte von Betroffenen;

κ) absehbare Möglichkeiten der betroffenen nationalen Rechtsordnungen, die Anonymität eines Zeugen zu wahren und unter Umständen die in diesem Rahmen bestehenden Möglichkeiten, die durch die Anonymität bedingten Behinderungen der Verteidigung anderweitig auszugleichen.

Die Entscheidung ist sowohl für die bezeichneten als auch die individualisierbaren Personen und Mitgliedstaaten verbindlich. Im Zusammenhang mit der Entscheidung bestehen drei verschiedene Rechtsschutzmöglichkeiten. Zum einen der einstweilige Rechtsschutz des Informanten; zum anderen die Rechtsschutzmöglichkeit gegen eine Entscheidung, die Nichtigkeitsklage; schließlich eine Art „Rechtshilfeersuchen" eines nationalen Gerichts an den *Gerichtshof*, der *OLAF* verpflichten kann, bestimmte Unterlagen dem nationalen Gericht zu übermitteln und seinen Bediensteten eine Aussagegenehmigung zu erteilen.

B. Spezielle Schlussfolgerungen für den deutschen Rechtsrahmen

Speziell für den deutschen Rechtsrahmen ergeben sich aus der vorliegenden Arbeit folgende zusätzliche Schlussfolgerungen:

Eine Vertraulichkeitszusage nach deutschem Recht bindet lediglich die Polizei und die Staatsanwaltschaft. Auch eine Sperrerklärung nach § 96 S. 1 StPO analog bindet nur die Behörde, nicht aber das Gericht. Durch die Sperrerklärung der obersten Dienstbehörde wird der Informant lediglich zum unerreichbaren Beweismittel, indem die Behörde von ihrer aus Art. 35 Abs. 1 GG folgenden Auskunftspflicht gegenüber dem Gericht entbunden wird.

Gegenüber diesen Möglichkeiten des deutschen Rechtes kann eine OLAF-Entscheidung, die in ihrem sachlichen Regelungsgehalt umfasst, ob es geboten ist, u.a. die Angaben über die Identität des Informanten weiterzuleiten und ob diese Angaben unter das Berufsgeheimnis fallen, eine weiter reichende Bindungswirkung haben. Soweit eine solche Entscheidung unter den genannten Voraussetzungen für Deutschland verbindlich ist, bindet sie den deutschen Staat und folglich alle drei Gewalten, also jede staatliche Stelle und damit auch jedes Gericht.

Anhang

A. Literaturverzeichnis

Achterberg, Norbert, Allgemeines Verwaltungsrecht 2. Auflage, Heidelberg 1986.
Zitiert: *N. Achterberg*, Allg. Verwaltungsrecht, 2. Aufl. 1986, § ... Rdnr. ...

Alber, Siegbert / Widmaier, Ulrich, Die Charta der Grundrechte und ihre Auswirkungen auf die Rechtsprechung – Zu den Beziehungen zwischen EuGH und EGMR, EuGRZ 2000, S. 497 ff.

Alexy, Robert, Theorie der Grundrechte, Baden-Baden 1985.
Zitiert: *R. Alexy*, Theorie der Grundrechte, 1985, S. ...

Allkemper, Ludwig, Betrugsbekämpfung bei EG-Agrarsubventionen, Delegation von Kontrollbefugnissen im EAGFL-Rechnungsabschlußverfahren an private Überwachungsgesellschaften ein Mittel der Betrugseindämmung, RIW 1992, S. 121 ff.

André, Achim, Artikel 189 Abs. 3 EWG-Vertrag als politische Norm, EuR 1969, S. 191 ff.

Arhold, Christoph, Das Geldbußenregime nach der Kartell-Verordnung – Leitlinien der Kommissionspraxis und deren Überprüfung durch das EuG, EuZW 1999, S. 165 ff.

Arloth, Frank, Geheimhaltung von V-Personen und Wahrheitsfindung im Strafprozeß, München 1987
Zitiert: *F. Arloth*, Geheimhaltung von V-Personen und Wahrheitsfindung im Strafprozeß, 1987, S. ...

—, Anmerkung zu BGH, Urteil vom 05.12.1984 – 2 StR 526/84, NStZ 1985, S. 280 f.

—, Neue Wege zur Lösung des strafprozessualen „V-Mann-Problems" – Durch Beschlagnahme von Behördenakten?, NStZ 1993, S. 467 ff.

Arnold, Rainer, Vereinheitlichung des Verwaltungsverfahrensrechts in der EG unter besonderer Berücksichtigung der Regeln über die Sachverhaltsermittlung und die Verteidigungsrechte der Betroffenen, „Bereits bestehende Ansätze im Gemeinschaftsrecht und Bedürfnis ihrer Fortentwicklung", in: Jürgen Schwarze / Christian Starck (Hrsg.), Vereinheitlichung des Verwaltungsverfahrensrechts in der EG, EuR Beih. 1/1995, S. 7 ff.

Zitiert: *R. Arnold*, EuR Beih. 1/1995, S. ...

Bachof, Otto, Wege zum Rechtsstaat: ausgewählte Studien zum öffentlichen Recht, mit einem bibliographischen Anhang, Königstein 1979.
Zitiert: *O. Bachof*, Wege zum Rechtsstaat, 1979, S. ...

—, Beurteilungsspielraum, Ermessen und unbestimmter Rechtsbegriff im Verwaltungsrecht, JZ 1955, S. 97ff.

—, Neue Tendenzen in der Rechtsprechung zum Ermessen und zum Beurteilungsspielraum, JZ 1972, S. 641 ff.

Bacigalupo, E., Legal bases for the implementation, in: Mireille Delmas-Marty / John A. E. Vervaele (Hrsg.), The Implementation of the Corpus Juris in the Member States, Penal provisions for the protection of European Finances, Volume I, Antwerpen u.a. 2000, S. 369 ff.
Zitiert: *E. Bacigalupo*, Legal bases for the implementation, in: Delmas-Marty / Vervaele, The Implementation of the Corpus Juris in the Member States, Vol. I, 2000, S. ...

Barth, Holger, Landesbericht Frankreich, in: Walter Perron (Hrsg.), Die Beweisaufnahme im Strafverfahrensrecht des Auslands – Rechtsvergleichendes Gutachten im Auftrag des Bundesministeriums der Justiz, Freiburg im Breisgau, 1995, S. 89 ff.
Zitiert: *H. Barth*, Landesbericht Frankreich, in: Perron, Die Beweisaufnahme im Strafverfahrensrecht des Auslands, 1995, S. ...

Bast, Joachim, Der Grundsatz des rechtlichen Gehörs im Gemeinschaftsrecht, RIW 1992, S. 742 ff.

Beck, Axel, Bekämpfung der organisierten Kriminalität speziell auf dem Gebiet der Rauschgiftkriminalität unter besonderer Berücksichtigung der V-Mann-Problematik, Frankfurt am Main 1990
Zitiert: *A. Beck*, Bekämpfung der organisierten Kriminalität speziell auf dem Gebiet der Rauschgiftkriminalität unter besonderer Berücksichtigung der V-Mann-Problematik, 1990, S. ...

Berg, Werner / Karpenstein, Rolf, Änderungen der rechtlichen Grundlagen der EU durch den Vertrag von Amsterdam, EWS 1998, S. 77 ff.

Beulke, Werner, Strafprozeßrecht, 6. Auflage, Heidelberg 2002
Zitiert: *W. Beulke*, Strafprozeßrecht, 6. Aufl. 2002, Rdnr. ...

—, Konfrontation und Strafprozessreform – Art. 6 Abs. 3 lit. d. EMRK und ein „partizipatorisches" Vorverfahren anstelle einer Hauptverhandlung in ihrer bisherigen kontradiktorischen Struktur, in: Ernst-Walter Hanack / Hans Hilger / Volkmar Mehle u.a. (Hrsg.), Festschrift für Peter Rieß zum 70. Geburtstag am 4. Juni 2002, Berlin u.a. 2002, S. 3 ff.

Zitiert: *W. Beulke*, Konfrontation und Strafprozessreform, in: FS für Rieß, 2002, S. ...

—, Empirische und normative Probleme der Verwendung neuer Medien in der Hauptverhandlung, ZStW 113 (2001), S. 709 ff.

Beulke, Werner / Rogat, Stefan, Anmerkung zu *BGH*, Urteil vom 7.3.1995 – 1 StR 685/94 (BGHSt 41, 64), JR 1996, S. 517 ff.

Beulke, Werner / Satzger, Helmut, Anmerkung zu BGH, Beschluss v. 10.2.1993 – 5 StR 550/92 (LG Stade), JZ 1993, S. 1013 ff.

Billwiller, Christoph, Die Befugnisse des Europäischen Amtes für Betrugsbekämpfung (OLAF) im Rahmen von Kontrollen bei Wirtschaftsbeteiligten in Portugal, Aachen 2002
Zitiert: *C. Billwiller*, Die Befugnisse des Europäischen Amtes für Betrugsbekämpfung (OLAF) im Rahmen von Kontrollen bei Wirtschaftsbeteiligten in Portugal, 2002, S. ...

Bleckmann, Albert, Europarecht – Das Recht der Europäischen Union und der Europäischen Gemeinschaften, 6. Auflage, Köln u.a. 1997
Zitiert: *A. Bleckmann*, Europarecht, 6. Aufl. 1997, Rdnr. ...

—, Zu den Auslegungsmethoden des Europäischen Gerichtshofs, NJW 1982, S. 1177

—, Ermessensfehlerlehre: Völker- und Europarecht, vergleichendes Verwaltungsrecht, Köln u.a. 1997
Zitiert: *A. Bleckmann*, Ermessensfehlerlehre, 1997, S. ...

—, Die Rolle der Rechtsvergleichung in den Europäischen Gemeinschaften, ZVglRWiss 75 (1976), S. 106 ff.

—, Art. 5 EWG-Vertrag und die Gemeinschaftstreue – Zugleich ein Beitrag zur Entwicklung des allgemeinen europäischen Verwaltungsrechts, DVBl. 1976, S. 483 ff.

Börner, Bodo, Die Entscheidungen der Hohen Behörde: eine Studie zum supranationalen Verwaltungsprozess, Tübingen 1965
Zitiert: *B. Börner*, Die Entscheidung der Hohen Behörde, 1965

Böse, Martin, Strafen und Sanktionen im Europäischen Gemeinschaftsrecht, Köln u.a. 1996
Zitiert: *M. Böse*, Strafen und Sanktionen im Europäischen Gemeinschaftsrecht, 1996, S. ...

Bronett, G.-K. de, Akteneinsicht in Wettbewerbsverfahren der Europäischen Kommission, WuW 1997, S. 383 ff.

Brown, Neville / Kennedy, Tom, The Court of Justice of the European Communities, 4. Auflage, London 1994

Zitiert: *N. Brown / T. Kennedy*, The Court of Justice of the European Communities, 4. Aufl. 1994, S. ...

Brüner, Franz-Hermann / Spitzer, Harald, Der Europäische Staatsanwalt – ein Instrument zur Verbesserung des Schutzes der EU-Finanzen oder ein Beitrag zur Verwirklichung eines Europas der Freiheit, der Sicherheit und des Rechts?, NStZ 2002, S. 393 ff.

Calliess, Christian, Die Charta der Grundrechte der Europäischen Union – Fragen der Konzeption, Kompetenz und Verbindlichkeit, EuZW 2001 S. 261 ff.

Calliess, Christian / Ruffert, Matthias (Hrsg.), Kommentar des Vertrages über die Europäischen Union und des Vertrages zur Gründung der Europäischen Gemeinschaft, EUV / EGV, 2. Auflage, Neuwied u.a. 2002
Zitiert: *Bearbeiter*, in: Calliess / Ruffert, EUV / EGV, 2. Aufl. 2002, Art. ... Rdnr. ...

Capelleti, Mauro, Is the European Court of Justice "Running Wild"?, ELRev 12 (1987), S. 3 ff.

Casamayor, Louis, Le bras séculier: justice et police, Paris 1960
Zitiert: *L. Casamayor*, Le bras séculier, 1960, S. ...

Chavaki, Paraskevi, Betrugsbekämpfung in der Europäischen Union, ZEuS 1999, S. 431 ff.

Classen, Claus Dieter, Die Europäisierung der Verwaltungsgerichtsbarkeit – Eine vergleichende Untersuchung zum deutschen, französischen und europäischen Verwaltungsprozeßrecht, Tübingen 1996
Zitiert: *C. D. Classen*, Die Europäisierung der Verwaltungsgerichtsbarkeit, 1996, S. ...

Colin, Jean-Pierre, Le Gouvernement des Juges dans les Communautés Européennes, Paris 1966

Constantinesco, Léontin-Jean, Das Recht der europäischen Gemeinschaften, Band 1, Das institutionelle Recht, 1. Auflage, Baden-Baden 1977
Zitiert: *L.-J. Constantinesco*, Das Recht der europäischen Gemeinschaften, Band 1, 1977, S. ...

Coppel, Jason / Aidan O'Neill, The European court of Justice: Taking rights Seriously?, CMLRev 29 (1992), S. 669 ff.

Craig, Paul / de Búrca, Gráinne, EU Law, 3. edition, Oxford, u.a. 2002.
Zitiert: *P. Craig / G. de Búrca*, EU Law, 3. Aufl. 2002, S. ...

Creus Carreras, Antonio / Uriarte Valiente, Begoña, Access to File as a Right of the Defence in Competition Procedures Before the EC Commission, W. Comp. 21 (1998), S. 5 ff.

Dallinger, Wilhelm, Aus der Rechtsprechung des Bundesgerichtshofes in Strafsachen, MDR 1952, S. 657 ff.

Dannecker, Gerhard, Beweiserhebung, Verfahrensgarantien und Verteidigungsrechte im europäischen Kartellordnungswidrigkeitenverfahren als Vorbild für ein europäisches Sanktionsverfahren, ZStW 1999, S. 256 ff.

—, Strafrechtlicher Schutz der Finanzinteressen der Europäischen Gemeinschaft gegen Täuschung, ZStW 1996, S. 577 ff.

—, Der Allgemeine Teil eines europäischen Strafrechts als Herausforderung für die Strafrechtswissenschaft – Zur Ausgestaltung der Rechtfertigungs- und Entschuldigungsgründe, in: Thomas Weigend / Georg, Küpper (Hrsg.), Festschrift für Hans Joachim Hirsch zum 70. Geburtstag am 11. April 1999, Berlin u.a. 1999, S. 141 ff.
Zitiert: *G. Dannecker*, Der Allgemeine Teil eines europäischen Strafrechts als Herausforderung für die Strafrechtswissenschaft, in: FS für Hirsch, 1999, S. ...

Däubler, Wolfgang, Die Klage der EWG-Kommission gegen einen Mitgliedstaat, NJW 1968, S. 325 ff.

Dauses, Manfred A., Handbuch des EU-Wirtschaftsrechts, München, Stand: 12. Lieferung April 2003
Zitiert: *Bearbeiter*, in: Dauses, Handbuch des EU-Wirtschaftsrechts, 12. Lieferung April 2003, Buchstabe Rdnr. ...

—, Empfiehlt es sich, das System des Rechtsschutzes und der Gerichtsbarkeit in der Europäischen Gemeinschaft, insbesondere die Aufgaben der Gemeinschaftsgerichte und der nationalen Gerichte, weiterzuentwickeln?, in: Verhandlungen des sechzigsten deutschen Juristentages, Band. I, München 1994, S. D 1 ff.
Zitiert: *M. A. Dauses*, Empfiehlt es sich, das System des Rechtsschutzes und der Gerichtsbarkeit in der Europäischen Gemeinschaft, insbesondere die Aufgaben der Gemeinschaftsgerichte und der nationalen Gerichte, weiterzuentwickeln?, in: Verhandlungen des sechzigsten deutschen Juristentages, Bd. I 1994, S. D ...

De Valkeneer, Christian, Observations – L'infiltration et la Convention européenne des droits de l'homme, RTDH 1993, S. 313 ff.

de Witte, Bruno, The Past and Future Role of the European Court of Justice in the Protection of Human Rights, in: Philip Alston (Hrsg.), The EU and Human Rights, Oxford, 1999, S. 859 ff.
Zitiert: *B. de Witte*, in: Alston, The EU and Human Rights, Oxford, 1999, S. ...

Delmas-Marty, Mireille, Legal bases for the implementation, in: Mireille Delmas-Marty / John A. E. Vervaele (Hrsg.), The Implementation of the Corpus Juris in the Member States, Penal provisions for the protection of European Finances, Volume I, Antwerpen u.a. 2000, S. 374 ff.
Zitiert: *M. Delmas-Marty*, Legal bases for the implementation, in: Delmas-Marty / Vervaele, The Implementation of the Corpus Juris in the Member States, Vol. I, 2000, S. …

—, Necessity, legitimacy and feasibility of the Corpus Juris, in: Mireille Delmas-Marty / John A. E. Vervaele (Hrsg.), The Implementation of the Corpus Juris in the Member States, Penal provisions for the protection of European Finances, Volume I, Antwerpen u.a. 2000, S. 3 ff.
Zitiert: *M. Delmas-Marty*, Necessity, legitimacy and feasibility of the Corpus Juris, in: Delmas-Marty / Vervaele, The Implementation of the Corpus Juris in the Member States, Vol. I, 2000, S. …

Delmas-Marty, Mireille / Vervaele, John A. E. (Hrsg.), The Implementation of the Corpus Juris in the Member States, Penal provisions for the protection of European Finances, Volume I, Antwerpen u.a. 2000
Zitiert: *Bearbeiter*, Titel, in: Delmas-Marty / Vervaele, The Implementation of the Corpus Juris in the Member States, Vol. I, 2000, S. …

Deutscher, Jörg, Die Kompetenzen der Europäischen Gemeinschaften zur originären Strafgesetzgebung, Frankfurt am Main u.a., 2000
Zitiert: *J. Deutscher,* Die Kompetenzen der Europäischen Gemeinschaften zur originären Strafgesetzgebung, 2000, S. …

Di Bucci, Vittorio / Di Bucci, Michaela, Der Gerichtshof und das Rechtsschutzsystem der Europäischen Gemeinschaften, in: Moritz Röttinger / Claudia Weyringer (Hrsg.), Handbuch der europäischen Integration: Strategie – Struktur – Politik im EG-Binnemarkt, Wien 1991, S. 144 ff.
Zitiert: *V. Di Bucci / M. Di Bucci,* Der Gerichtshof und das Rechtsschutzsystem der Europäischen Gemeinschaften, in: Röttinger / Weyringer, Handbuch der europäischen Integration, 1991, S. …

Dieckmann, Jochen, Europäische Kooperation im Bereich der Strafrechtspflege – Bestandsaufnahme und Ausblick, NStZ 2001, S. 617 ff.

Diemer, Herbert, Verfahrensrügen im Zusammenhang mit der audiovisuellen Vernehmung nach § 247a StPO, NStZ 2001, S. 393 ff.

Drywa, Jürgen, Die materiellrechtlichen Probleme des V-Mann-Einsatzes, Pfaffenweiler 1987
Zitiert: *J. Drywa*, Die materiellrechtlichen Probleme des V-Mann-Einsatzes, 1987

Duttge, Gunnar, Strafprozessualer Einsatz von V-Personen und Vorbehalt des Gesetzes, JZ 1996, S. 556 ff.

Düwel, Peter, Das Amtsgeheimnis, Berlin 1965
Zitiert: *P. Düwel*, Das Amtsgeheimnis, 1965, S. ...

Dworkin, Ronald, Taking Rights Seriously, Cambridge 1977.
Zitiert: *R. Dworkin*, Taking Rights Seriously, 1977, S. ...

Eckl, Peter, Legalitätsprinzip in der Krise?, ZRP 1973, S. 139 ff.

Edward, David, Secondary Community Law, Treaty Law and General Principles of Law, in: Eberhard Eichenhofer / Manfred Zuleeg (Hrsg.), Die Rechtsprechung des Europäischen Gerichtshofs zum Arbeits- und Sozialrecht im Streit, Köln 1995, S. 45 ff.
Zitiert: *D. Edward*, Secondary Community Law, Treaty Law and General Principles of Law, in: Eichenhofer / Zuleeg, Die Rechtsprechung des Europäischen Gerichtshofs zum Arbeits- und Sozialrecht im Streit, 1995, S. ...

Ehle, Dietrich, Wirtschaftslenkung und Verfassungsrechtsschutz im Gemeinsamen Markt, RIW/AWD 1963 S. 157 ff.

Ehlers, Dirk, Europäische Grundrechte und Grundfreiheiten, Berlin 2003
Zitiert: *Bearbeiter*, Titel, in: Europäische Grundrechte und Grundfreiheiten, 2003, § ... Rdnr. ...

—, Allgemeine Lehren, in: Dirk Ehlers (Hrsg.), Europäische Grundrechte und Grundfreiheiten, Berlin 2003, § 7 S 147 ff.
Zitiert: *D. Ehlers*, Allgemeine Lehren, in: Europäische Grundrechte und Grundfreiheiten, 2003, § 7 Rdnr. 29 ff.

Eisenberg, Ulrich / Conen, Stefan, § 152 II StPO: Legalitätsprinzip im gerichtsfreien Raum?, NJW 1998, S. 2241 ff.

Emmert, Frank, Europarecht, München 1996
Zitiert: *F. Emmert*, Europarecht, 1996, § ... Rdnr. ...

Erichsen, Hans-Uwe / Weiß, Richard, System des europäischen Rechtsschutzes, Jura 1990, S. 528 ff. und 586 ff.

Erlandsson, Åsa, The Defendant's Right of Access to the Commission's File in Competition Cases, LIEI 25 (1998), 139 ff.

Esser, Josef, Grundsatz und Norm in der richterlichen Fortbildung des Privatrechts: rechtsvergleichende Beiträge zur Rechtsquellen- und Interpretationslehre, 4. Auflage, Tübingen 1990.
Zitiert: *J. Esser*, Grundsatz und Norm in der richterlichen Fortbildung des Privatrechts, 4. Aufl. 1990, S. ...

Esser, Robert, Auf dem Weg zu einem europäischen Strafverfahrensrecht – Die Grundlagen im Spiegel der Rechtsprechung des Europäi-

schen Gerichtshofs für Menschenrechte (EGMR) in Straßburg, Berlin 2002
Zitiert: *R. Esser*, Auf dem Weg zu einem europäischen Strafverfahrensrecht, 2002, S. ...

Everling, Ulrich, Elemente eines europäischen Verwaltungsrechts, DVBl. 1983, S. 649 ff.

—, Zur richterlichen Kontrolle der Tatsachenfeststellungen und der Beweiswürdigung durch die Kommission in Wettbewerbssachen, WuW 1989, S. 877 ff.

Feddersen, Christoph, Anmerkung zu *EuGH,* 22.10.2002, Rs. C-94/00, Roquette Frères, Slg. 2002, I-9011, EuZW 2003, S. 22 f.

Feige, Konrad, Der Gleichheitssatz im Recht der EWG, Tübingen 1973
Zitiert: *K. Feige*, Der Gleichheitssatz im Recht der EWG, 1973, S. ...

Felsch, Joachim, Zuhälter oder Schornsteinfeger? Gedanken zur „limitierten Tarnkappe" des Verdeckten Ermittlers beim Betreten von Wohnungen nach § 110 c S. 2 StPO, StV 1998, S. 285 ff.

Fezer, Gerhard, Rechtsprechung des Bundesgerichtshofs zum Strafverfahrensrecht – Teil 1, JZ 1996, S. 602 ff.

Franßen, Everhardt / Redeker, Konrad / Schlichter, Otto u.a. (Hrsg.), Bürger – Richter – Staat: Festschrift für Horst Sendler zum Abschied aus seinem Amt, München 1991
Zitiert: *Bearbeiter*, in: FS für Sendler, 1991, S. ...

Freyer, Harald, Europol: Bedeutung für die Justizpraxis, Kriminalistik 2003, S. 80 ff.

Frister, Helmut, Anmerkung zu BGH, Urteil v. 6.2.1997 – 1 StR 527/96, JZ 1997, S. 1130 ff.

Frowein, Jochen Abr. / Peukert, Wolfgang, Europäische MenschenrechtsKonvention: EMRK-Kommentar, 2. Auflage, Kehl u.a. 1996
Zitiert: *Bearbeiter*, in: Frowein / Peukert EMRK, 2. Aufl. 1996, Art. ... Rdnr. ...

Gassner, Ulrich M., Rechtsgrundlagen und Verfahrensgrundsätze des Europäischen Verwaltungsverfahrensrechts, DVBl. 1995, S. 16 ff.

Geiger, Rudolf, EUV, EGV: Vertrag über die Europäische Union und Vertrag zur Gründung der Europäischen Gemeinschaft, Kommentar, 3. Auflage, München 2000
Zitiert: *R. Geiger*, EUV / EGV, 3. Aufl. 2000, Art. ... Rdnr. ...

Geißer, Hans, Die Zusage der vertraulichen Behandlung einer Mitteilung bei der Straftatenklärung, GA 1985, S. 247 ff.

Gemmel, Heiko, Kontrollen des OLAF in Deutschland – Die Anwendung der VO Nr. 2185/96 und der VO Nr. 1073/99 bei Kontrollen von Wirtschaftsteilnehmern in Deutschland zum Schutz der finanziellen Interessen der Gemeinschaft, Aachen 2002
Zitiert: *H. Gemmel*, Kontrollen des OLAF in Deutschland, 2002

Girnau, Marcus, Die Stellung der Betroffenen im EG-Kartellverfahren: Reichweite der Akteneinsicht und Wahrung von Geschäftsgeheimnissen, Köln u.a. 1993
Zitiert: *G. Marcus*, Die Stellung der Betroffenen im EG-Kartellverfahren, 1993, S. …

Gleiss, Alfred / Hirsch, Martin, Kommentar zum EWG-Kartellrecht, 3. Auflage, Heidelberg 1978
Zitiert: *A. Gleiss / M. Hirsch*, EWG-Kartellrecht, 3. Aufl. 1978, Art. … Rdnr. …

Gleß, Sabine, Das Europäische Amt für Betrugsbekämpfung (OLAF), EuZW 1999, S. 618 ff.

—, Europol, NStZ 2001, S. 623 ff.

Gleß, Sabine / Zeitler, Elisabeth, Fair Trial Rights and the European Community's Fight Against Fraud, European Law Journal 2001, S. 219 ff.

Gornig, Gilbert / Trüe, Christiane, Die Rechtsprechung des EuGH und des EuG zum Europäischen Verwaltungsrecht – Teil 1, 2 und 3, JZ 2000, S. 395 ff., 446 ff., 501 ff.

Gössel, Karl Heinz, Anmerkung zu BGH, Urteil vom 16.02.1995 – 4 StR 733/94, NStZ 1996, S. 287 ff.

—, Die Beweisverbote im Strafverfahrensrecht der Bundesrepublik Deutschland, GA 1991, S. 483 ff.

Grabitz, Eberhard / Hilf, Meinhard (Hrsg.), Das Recht der Europäischen Union, Altband I und II; München, Stand: 14. Ergänzungslieferung Oktober 1999
Zitiert: *Bearbeiter*, in: Grabitz / Hilf, EUV / EGV, 14. EL Oktober 1999, Art. … Rdnr. …

—, Das Recht der Europäischen Union, München, Stand: 23. Ergänzungslieferung Januar 2004
Zitiert: *Bearbeiter*, in: Grabitz / Hilf, EUV / EGV, 23. EL Januar 2004, Art. … Rdnr. …

Grasso, G., Legal bases for the implementation, in: Mireille Delmas-Marty / John A. E. Vervaele (Hrsg.), The Implementation of the Corpus Juris in the Member States, Penal provisions for the protection of European Finances, Volume I, Antwerpen u.a. 2000, S. 377 ff.

Zitiert: *G. Grasso*, Legal bases for the implementation, in: Delmas-Marty / Vervaele, The Implementation of the Corpus Juris in the Member States, Vol. I, 2000, S. 377 ff.

Greaves, Rosa, The Nature and Binding Effect of Decisions under Article 189 EC, ELRev 21 (1996), S. 3 ff.

Griese, Antonia, Die Finanzierung der Europäischen Union, Bestandsaufnahme und Ausblick, EuR 1998, S. 462 ff.

Gröblinghoff, Stefan, Die Verpflichtung des deutschen Strafgesetzgebers zum Schutz der Interessen der Europäischen Gemeinschaften, Heidelberg 1996
Zitiert: *S. Gröblinghoff*, Die Verpflichtung des deutschen Strafgesetzgebers zum Schutz der Interessen der Europäischen Gemeinschaften, 1996, S. ...

Groeben, Hans von der / Schwarze, Jürgen (Hrsg.), Kommentar zum Vertrag über die Europäische Union und zur Gründung der Europäischen Gemeinschaft, 6. Auflage, Baden-Baden 2003 - 2004
Zitiert: *Bearbeiter*, in: Groeben / Schwarze, 6. Aufl. ..., Art. ... Rdnr. ...

Gropp, Walter, Rechtsvergleichende Beobachtungen, in: Walter Gropp, Barbara Huber (Hrsg.), Rechtliche Initiativen gegen organisierte Kriminalität, Freiburg im Breisgau 2001, S. 933 ff.
Zitiert: *W. Gropp*, Rechtsvergleichende Beobachtungen, in: Rechtliche Initiativen gegen organisierte Kriminalität, 2001, S.

Gropp, Walter / Schubert, Liane / Wörner, Matthias, Landesbericht Deutschland, in: Walter Gropp, Barbara Huber (Hrsg.), Rechtliche Initiativen gegen organisierte Kriminalität, Freiburg im Breisgau 2001, S. 69 ff.
Zitiert: *W. Gropp / L. Schubert / M. Wörner,* Landesbericht Deutschland, in: Rechtliche Initiativen gegen organisierte Kriminalität, 2001, S. 161 f.

Grzybek, Patrick, Prozessuale Grundrechte im Europäischen Gemeinschaftsrecht, 1. Auflage, Baden-Baden 1993
Zitiert: *P. Grzybek*, Prozessuale Grundrechte im Europäischen Gemeinschaftsrecht, 1993, S. ...

Gundel, Jörg, Verfahrensgrundrechte, in: Dirk Ehlers (Hrsg.), Europäische Grundrechte und Grundfreiheiten, Berlin 2003, § 18 S. 421 ff.
Zitiert: *J. Gundel*, Verfahrensgrundrechte, in: Europäische Grundrechte und Grundfreiheiten, 2003, § 18 Rdnr. ...

Guradze, Heinz, Die Europäische Menschenrechtskonvention: Konvention zum Schutze der Menschenrechte und Grundfreiheiten nebst Zusatzprotokollen, Berlin u.a. 1968
Zitiert: *H. Guradze*, EMRK, 1968, Art. ... Rdnr. ...

Haas, Hermann Heinrich, V-Leute im Ermittlungs- und Hauptverfahren, Neue prozessuale Aspekte, Pfaffenweiler 1986
Zitiert: *H. H. Haas*, V-Leute im Ermittlungs- und Hauptverfahren, 1986

Haibach, Georg, Die Rechtsprechung des EuGH zu den Grundsätzen des Verwaltungsverfahrens, NVwZ 1998, S. 456 ff.

Hailbronner, Kai / Klein, Eckart / Magiera, Siegfried u.a. (Hrsg.), Handkommentar zum Vertrag über die Europäische Union, Köln u.a., Losebl.-Ausg., Stand: 7. Lieferung 1998
Zitiert: *Bearbeiter*, in: Handkomm. EUV / EGV, 7. Lieferung 1998, Art. ... Rdnr. ...

Hamacher, Hans Werner, Betrug in der Europäischen Union – Schutz der finanziellen Interessen der Gemeinschaft, Kriminalistik 1996, S. 778 ff.

Harrison, Christopher, A Ministry of Agriculture, Fisheries and Food Perspective, in: Fraud on the European Budget, Proceedings of a Conference promoted by the Association of Europen Lawyers in the United Kingdom for the Protection of the financial interests of the European Community, Hume Papers on Public Policy, Edinburgh, Vol. 4 No. 3 1996, S. 55 ff.
Zitiert: *C. Harrison*, A Ministry of Agriculture, Fisheries and Food Perspective, in: Fraud on the European Budget, Hume Papers on Public Policy, Vol. 4 No. 3 1996, S. 55 ff.

Hecker, Bernd, Strafbare Produktwerbung im Lichte des Gemeinschaftsrechts – Europäisierung des deutschen Täuschungsschutzstrafrechts am Beispiel des Lebensmittel-, Wettbewerbs- und Betrugsstrafrechts, Tübingen 2001
Zitiert: B. Hecker, Strafbare Produktwerbung im Lichte des Gemeinschaftsrechts, 2001, S. ...

Heitzer, Anne, Punitive Sanktionen im Europäischen Gemeinschaftsrecht, Heidelberg 1997
Zitiert: A. *Heitzer*, Punitive Sanktionen im Europäischen Gemeinschaftsrecht, 1997

Herdegen, Gerhard, Bemerkungen zum Beweisantragsrecht – 1. Teil – Zugleich Besprechung von BGH-GSSt 1/83, NStZ 1984, S. 97 ff.

Hesse, Konrad, Grundzüge des Verfassungsrechts der Bundesrepublik Deutschland, 20. Auflage, Heidelberg 1999
Zitiert: *K. Hesse*, Grundzüge des Verfassungsrechts der Bundesrepublik Deutschland, 20. Aufl. 1999, Rdnr. ...

Hetzer, Wolfgang, V-Mann-Einsatz im Niemandsland? Überlegungen zu einer verfassungsrechtlich bedenklichen Situation, Kriminalistik 2001, S. 690 ff.

Hilf, Meinhard, Sekundäres Gemeinschaftsrecht und deutsche Grundrechte – Zum Beschluß des Bundesverfassungsgerichts vom 29. Mai 1974: I. Auswirkungen auf die Gemeinschaftsrechtsordnung, ZaöRV 35 (1975), S. 51 ff.

Hilf, Meinhard / Saskia Hörmann, Der Grundrechtsschutz von Unternehmen im europäischen Verfassungsverbund, NJW 2003, S. 1 ff.

Hilger, Hans, Zum Rechtsweg gegen Sperrerklärung und Verweigern der, Aussagegenehmigung in V-Mann-Prozessen, NStZ 1984, S. 145 ff.

—, Anmerkung zu BGH, Urteil vom 06.02.1997 – 1 StR 527/96, NStZ 1997, S. 449 f.

—, Verdeckte Ermittler, V-Leute, in: Festschrift für Ernst-Walter Hanack zum 70. Geburtstag am 30. August 1999, Udo Ebert / Claus Roxin / Peter Rieß / Eberhard Wahle (Hrsg.), Berlin u.a. 1999
Zitiert: *H. Hilger*, Verdeckte Ermittler, V-Leute, in: FS für Hanack, 1999, S.

—, Neues Strafverfahrensrecht durch das OrgKG – 2 Teil –, NStZ 1992, S. 523 ff.

Hitzler, Gerhard, Schwarze Liste, in: Dirk Ehlers / Hans-Michael Wolffgang (Hrsg.), Rechtsfragen der Europäischen Marktordnungen, Münster 1998, S. 245 ff.
Zitiert: *G. Hitzler*, Schwarze Liste, in: Ehlers / Wolffgang, Rechtsfragen der Europäischen Marktordnungen, 1998, S. ...

Hix, Jan-Peter, Das Recht auf Akteneinsicht im europäischen Wirtschaftsverwaltungsrecht: dargestellt am Beispiel des Kartell- und Antidumpingverfahrens der EWG, 1. Auflage, Baden-Baden 1992
Zitiert: *J.-P. Hix*, Das Recht auf Akteneinsicht im europäischen Wirtschaftsverwaltungsrecht, 1992, S. ...

Horn, Hendrik, Die Durchführung von Kontrollen durch das Europäische Amt für Betrugsbekämpfung (OLAF) in Irland – Verwaltungsrecht im Spannungsfeld von Gemeinschaftsrecht und nationalem Recht, Aachen 2002
Zitiert: *H. Horn*, Die Durchführung von Kontrollen durch das Europäische Amt für Betrugsbekämpfung (OLAF) in Irland, 2002

Hort, Peter, Ein Dekorationsstück im Schaufenster: Die EU proklamiert die Grundrechte-Charta, FAZ vom 8.12.2000, S. 3

Huber, Peter Michael, Das Kooperationsverhältnis zwischen BVerfG und EuGH in Grundrechtsfragen, EuZW 1997, S. 517 ff.

—, Recht der Europäischen Integration, München 1996
Zitiert: *P. M. Huber*, Recht der Europäischen Integration, 1996, § ... Rdnr. ...

Hünerfeld, Peter, Zeugenschutz durch Verkürzung oder Vorenthaltung von Angaben zur Person des Zeugen: ein rechtsvergleichendes Gutachten im Auftrag des Bundesministeriums der Justiz, Freiburg im Breisgau 1992
Zitiert: *Bearbeiter*, ..., in: Hünerfeld, Zeugenschutz durch Verkürzung oder Vorenthaltung von Angaben zur Person des Zeugen, 1992, S.

Hunnings, Neville March, The Stanley Adams Affair or the Biter Bit, CMLRev 24 (1987), S. 65 ff.

Immenga, Ulrich / Mestmäcker, Ernst-Joachim (Hrsg.), EG-Wettbewerbsrecht, Kommentar, Band I und II, 1. Auflage, München 1997–2001
Zitiert: *Bearbeiter*, in: Immenga / Mestmäcker, EG-Wettbewerbsrecht, 1. Aufl. 1997–2001, Art. ... Rdnr. ...

Ipsen, Hans Peter, Europäisches Gemeinschaftsrecht, Tübingen 1972.
Zitiert: *H. P. Ipsen*, Europäisches Gemeinschaftsrecht, 1972, S. ...

—, Der „Kulturbereich" im Zugriff der Europäischen Gemeinschaft, in: Wilfried Fiedler / Georg Ress (Hrsg.), Verfassungsrecht und Völkerrecht, Gedächtnisschrift für Wilhelm Karl Geck, Köln u.a. 1989, S. 339 ff.
Zitiert: *H. P. Ipsen*, Der „Kulturbereich" im Zugriff der Europäischen Gemeinschaft, in: GS für Geck, 1989, S. 339, 352 ff.

Isensee, Josef / Kirchhof, Paul, Handbuch des Staatsrechts der Bundesrepublik Deutschland, Heidelberg 1987–2000, Band 8: Die Einheit Deutschlands, Entwicklung und Grundlagen, 1995
Zitiert: *Bearbeiter*, in: HStR, Bd. VIII, 1995, § ... Rdnr. ...

Jacobs, Francis, The Uses of Comparative Law in the Law of the European Communities, in: Richard Plender (Hrsg.), Legal History and Comparative Law, Essays in Honour of Albert Kiralfy, London 1990, S. 99 ff.
Zitiert: *F. Jacobs*, The Uses of Comparative Law in the Law of the European Communities, in: FS für Kiralfy, 1990, S. ...

Jacobs, Francis G. / White, Robin C. A., The European Convention on Human Rights, Second Edition, Oxford u.a. 1996
Zitiert: *F. G. Jacobs / R. C. A. White*, The European Convention on Human Rights, 2. ed. 1996, S. ...

Jarass, Hans D., Grundfragen der innerstaatlichen Bedeutung des EG-Rechts – Die Vorgaben des Rechts der Europäischen Gemeinschaft für die nationale Rechtsanwendung und die nationale Rechtsetzung nach Maastricht, Köln u.a. 1994
H. D. Jarass, Grundfragen der innerstaatlichen Bedeutung des EG-Rechts, 1994, S. ...

Joachim, Norbert, Anonyme Zeugen im Strafverfahren – Neue Tendenzen in der Rechtsprechung, StV 1992, S. 245 ff.

Jokisch, Jens, Gemeinschaftsrecht und Strafverfahren: die Überlagerung des deutschen Strafprozeßrechts durch das europäische Gemeinschaftsrecht; dargestellt anhand ausgewählter Problemfälle, Berlin 2000
Zitiert: *J. Jokisch*, Gemeinschaftsrecht und Strafverfahren, 2000, S. …

Junker, Carolin, Der Verwaltungsakt im Deutschen und Französischen Recht und die Entscheidung im Recht der Europäischen Gemeinschaften. Eine rechtsvergleichende Untersuchung unter besonderer Berücksichtigung der Rechtsschutzmöglichkeiten Privater, Münster 1990
Zitiert: *C. Junker*, Der Verwaltungsakt im Deutschen und Französischen Recht und die Entscheidung im Recht der Europäischen Gemeinschaften, 1990, S. …

Jürgensen, Thomas / Irene Schlünder, EG-Grundrechtsschutz gegenüber den Mitgliedstaaten, AöR 121 (1996), S. 200 ff.

Kadelbach, Stefan, Allgemeines Verwaltungsrecht unter europäischem Einfluß, Tübingen 1999
Zitiert: *S. Kadelbach*, Allgemeines Verwaltungsrecht unter europäischem Einfluß, 1999, S. …

Kannengießer, Christoph, Die Entlastung im Haushaltsrecht der Europäischen Gemeinschaft, DÖV 1998, S. 55 ff.

Kapteyn, Paul J. G. / VerLoren van Themaat, Pieter / Gormley, Laurence W., Introduction to the Law of the European Communities – From Maastricht to Amsterdam, Third Edition, London u.a.1998
Zitiert: *P. J. G. Kapteyn / P. VerLooren van Themaat / L. W. Gormley*, Introduction to the Law of the European Communities, 3. ed. 1998, S. …

Karl, Wolfram (Hrsg.), Internationaler Kommentar zur Europäischen Menschenrechtskonvention, Losebl.-Slg., Köln, Stand: 5. Lieferung Januar 2002
Zitiert: IntKommEMRK (*Bearbeiter*), 5. Lieferung Januar 2002, Art. … Rdnr. …

Kevekordes, Johannes, Zur Rechtsstellung Drittbeteiligter im EG-(Kartell-) Verfahrensrecht, DB 1989, S. 2521 ff.

Kilb, Wolfgang, Die Reform des EU-Beamtenstatuts, NVwZ 2003, S. 682 ff.

Klinke, Ulrich, Der Gerichtshof der Europäischen Gemeinschaften – Aufbau und Arbeitsweise, 1. Auflage, Baden-Baden 1989
Zitiert: *U. Klinke*, Der Gerichtshof der Europäischen Gemeinschaften, 1. Aufl. 1989, Rdnr. …

Koenig, Christian, EU-Grundrechtscharta – ein neuer supranationaler Kompetenztitel?, EuZW 2000, S. 417 ff.

Kopp, Ferdinand O. / Ramsauer, Ulrich, Verwaltungsverfahrensgesetz, 8. Auflage, München 2003
Zitiert: *Kopp / Ramsauer,* VwVfG, 8. Aufl. 2003, § ... Rdnr. ...

Körner, Harald Hans, Betäubungsmittelgesetz, Arzneimittelgesetz, 5. Auflage, München 2001
Zitiert: *Bearbeiter,* in: Körner, BTMG, 5. Aufl. 2001, § ... Rdnr. ...

Korte, Matthias, Der Schutz der finanziellen Interessen der Europäischen Gemeinschaft mit den Mitteln des Strafrechts – Das „Zweite Protokoll", NJW 1998, S. 1464 ff.

Krauß, Katharina, V-Leute im Strafprozeß und die Europäische Menschenrechtskonvention, Freiburg im Breisgau 1999
Zitiert: *K. Krauß,* V-Leute im Strafprozeß und die Europäische Menschenrechtskonvention, 1999, S. ...

Krey, Volker / Jaeger, Stefan, Anmerkung zu BGH, Urteil vom 07.03.1995 – 1 StR 685/94, NStZ 1995, S. 517 ff.

Kriegler, Wolfgang, Beeinträchtigung des Rechtsschutzes durch staatliche Geheimhaltungsmaßnahmen unter Ausschluß patentrechtlicher Maßnahmen, München 1968
Zitiert: *W. Kriegler,* Beeinträchtigung des Rechtsschutzes durch staatliche Geheimhaltungsmaßnahmen unter Ausschluß patentrechtlicher Maßnahmen, 1968, S. ...

Kuhl, Lothar, UCLAF im Kampf gegen EU-Betrugskriminalität – Die „Unité de coordination de la lutte anti-fraude" der Europäischen Kommission, Kriminalistik 1997, S. 105 ff.

—, Zukunftsperspektiven des EG-Sanktionsrechts, in: Reginhard Henke, (Hrsg.), Hemmnisse und Sanktionen in der EU, Tagungsband der 8. Jahrestagung des Europäischen Forums für Außenwirtschaft, Verbrauchsteuern und Zoll e.V., Köln 1996, S. 149 ff.
Zitiert: *L. Kuhl,* Zukunftsperspektiven des EG-Sanktionsrechts, in: Henke, Hemmnisse und Sanktionen in der EU, 1996, S. ...

Kuhl, Lothar / Spitzer, Harald, Das Europäische Amt für Betrugsbekämpfung (OLAF), EuR 2000, S. 671 ff.

Kühne, Hans Heiner, Strafprozessrecht – Eine systematische Darstellung des deutschen und europäischen Strafverfahrensrechts, 6. Auflage, Heidelberg 2003
Zitiert: *H. H. Kühne,* Strafprozessrecht, 6. Aufl. 2003, Rdnr. ...

Lais, Martina, Das Recht auf eine gute Verwaltung unter besonderer Berücksichtigung der Rechtsprechung des Europäischen Gerichtshofs, ZEuS 2002, S. 447 ff.

Lammer, Dirk, Verdeckte Ermittlungen im Strafprozeß: zugleich eine Studie zum Menschenwürdegehalt der Grundrechte, Berlin 1992
Zitiert: *D. Lammer*, Verdeckte Ermittlungen im Strafprozeß, S. ...

Laudati, Laraine L., OLAF vs. DG Competition: A Comparison of the Community's Anti-fraud Enforcement System with its Competition Enforcement System, in: Armin von Bogdandy / Yves Mény / Petros Mavroidis (Hrsg.), European Integration and International Coordination. Studies in Transnational Economic Law in Honour of Claus-Dieter Ehlermann, Den Haag 2002, S. 243 ff.
Zitiert: *L. L. Laudati*, in: Studies in Honour of *Claus-Dieter Ehlermann*, 2002, S. ...

Lawson, Rick A. / Schermers, Henry G., Leading Cases of the European Court of Human Rights, Nijmegen u.a. 1997
Zitiert: *R. A. Lawson / H. G. Schermers*, Leading Cases of the European Court of Human Rights, 1997, A-... S. ... n. ...

Lecheler, Helmut, Der Fortgang der europäischen Integration im Spiegel der Rechtsprechung des EuGH und der nationalen Gerichte – Ansatzpunkte für eine „europäische Bundestreue", EuArch. 1968, S. 403 ff.

Lecourt, Robert, L'Europe des Juges, Brüssel 1976
Zitiert: *R. Lecourt*, L'Europe des Juges, 1976

Lenaerts, Koen / Vanhamme, Jan, Procedural rights of private parties in the community administrative process, CMLRev 34 (1997), S. 531 ff.

Lenz, Carl Otto, Der Europäische Grundrechtsstandard in der Rechtsprechung des Europäischen Gerichtshofes, EuGRZ 1993, S. 585 ff.

Lenz, Carl Otto / Borchardt, Klaus-Dieter, EU- und EG-Vertrag: Kommentar zu dem Vertrag über die Europäische Union und zu dem Vertrag zur Gründung der Europäischen Gemeinschaft, jeweils in der durch den Vertrag von Nizza geänderten Fassung
Zitiert: *Bearbeiter*, in: Lenz / Borchardt, EUV / EGV, 3. Aufl. 2003, Art. ... Rdnr. ...

Lesch, Heiko H., V-Mann und Hauptverhandlung – die Drei-Stufen-Theorie nach Einführung der §§ 68 III, 110 b III StPO und 172 Nr. 1a GVG, StV 1995, S. 542 ff.

Lettieri, Franco, Aufruf zur Bekämpfung des Subventionsbetrugs in der EU, EuZW 2001, S. 737

Levitt, Matthew, Commission Notice on Internal Rules of Procedures for Access to the File, ECLRev 18 (1997), 187 ff.

Lilie, Hans / Rudolph, Bernd, Sind die Regelungen der StPO über verdeckte Ermittler auch auf Vertrauenspersonen (V-Männer) der Polizei anzuwenden, deren Einsatz sich gegen einen bestimmten Beschuldigten richtet?, NStZ 1995, S. 514 ff.

Lindner, Josef Franz, EG-Grundrechtscharta und gemeinschaftsrechtlicher Kompetenzvorbehalt – Probleme und Thesen, DÖV 2000, S. 543 ff.

—, Europol: Baustein europäischen Polizeirechts – ein Überblick über die rechtlichen Grundlagen und Grundstrukturen, BayVBl 2001, S. 193 ff.

Lisken, Hans, Sperrerklärungen im Strafprozeß, NJW 1991, S. 1658 ff.

Lopian, Arthur, Übergangsrégime für Mitgliedstaaten der Europäischen Gemeinschaften, Baden-Baden 1994
Zitiert: *A. Lopian,* Übergangsrégime für Mitgliedstaaten der Europäischen Gemeinschaften, 1994, S. ...

Lorenz, Frank Lucien, Landesbericht Frankreich, in: Peter Hünerfeld (Hrsg.), Zeugenschutz durch Verkürzung oder Vorenthaltung von Angaben zur Person des Zeugen – Ein rechtsvergleichendes Gutachten im Auftrag des Bundesministeriums der Justiz, Freiburg im Breisgau 1992, S. 59 ff.
Zitiert: *F. L. Lorenz,* Landesbericht Frankreich, in: Hünerfeld, Zeugenschutz durch Verkürzung oder Vorenthaltung von Angaben zur Person des Zeugen, 1992, S.

Lübbing, Thomas, Die Aufhebung (Rücknahme und Widerruf) von Verwaltungsakten der Gemeinschaftsorgane, EuZW 2003, S. 233 ff.

Lück, Michael, Die Gemeinschaftstreue als allgemeines Rechtsprinzip im Recht der Europäischen Gemeinschaft – Ein Vergleich zur Bundestreue im Verfassungsrecht der Bundesrepublik Deutschland, Baden-Baden 1992
Zitiert: *M. Lück,* Die Gemeinschaftstreue als allgemeines Rechtsprinzip im Recht der Europäischen Gemeinschaft, 1992, S. ...

Lukanow, Jürgen, Das EU-Kontrollrecht der landwirtschaftlichen Produktion, AgrarR, 1994, S. 256 ff.

Mager, Ute, Das Europäische Amt für Betrugsbekämpfung (OLAF) – Rechtsgrundlagen seiner Errichtung und Grenzen seiner Befugnisse, ZeuS 2000, S. 177 ff.

Magiera, Siegfried, Der Schutz der finanziellen Interessen der Europäischen Union, in: Rudolf Wendt / Wolfram Höfling / Ulrich Karpen

u.a. (Hrsg.), Festschrift für Karl Heinrich Friauf, Heidelberg 1996, S. 13 ff.
Zitiert: *S. Magiera*, Der Schutz der finanziellen Interessen der Europäischen Union, in: FS für Friauf, 1996, S. ...

Malek, Klaus, Verteidigung in der Hauptverhandlung, 3. Auflage, Heidelberg 1999
Zitiert: *K. Malek*, Verteidigung in der Hauptverhandlung, 3. Aufl. 1999, Rdnr. ...

Martyn, Nicholas, Community Fraud – an analysis of the phenomenon, in: Françoise Tulkens / Christine van den Wyngaert / Ivan Vergoustrate (Hrsg.), La protection juridique des intérêts financiers des Communautés Européennes, Antwerpen 1992, S. 37 ff.
Zitiert: *N. Martyn*, Community Fraud – an analysis of the phenomenon, in: La protection juridique des intérêts financiers des Communautés Européennes, 1992, S. ...

Maul, Heinrich, Die Rechtsprechung des Bundesgerichtshofs zum Verdeckten Ermittler, StraFo 1997, S. 38 ff.

Maunz, Theodor / Günter Dürig / Roman Herzog / u.a. (Hrsg.), Grundgesetz, Kommentar, Loseblatt, München, Stand: 42. Lieferung Februar 2003
Zitiert: *Bearbeiter*, in: Maunz / Dürig, GG, 42. Lieferung Februar 2003, Art. ... Rdnr. ...

Maurer, Hartmut, Allgemeines Verwaltungsrecht, 13. Auflage, München 2000
Zitiert: *H. Maurer*, Allg. Verwaltungsrecht, 13. Aufl. 2000, § ... Rdnr. ...

Mennens, Emile, Fraud on the Financial Interests of the Community, in: Mireille Delmas-Marty (Hrsg.), What Kind of Criminal Policy for Europe?, The Hague u.a. 1996, S. 127 ff.
Zitiert: *E. Mennens*, in: What Kind of Criminal Policy for Europe?, 1996, S. ...
vv *H. Meyer*, in: Meyer / Borgs, VwVfG, 2. Aufl. 1982, § 40 Rdnr. 17 ff

Meyer, Hans / Borgs-Maciejewski, Hermann Verwaltungsverfahrensgesetz, 2. Auflage, Frankfurt am Main 1982.
Zitiert: *Bearbeiter*, in: Meyer / Borgs, VwVfG, 2. Aufl. 1982, § ... Rdnr. ...

Meyer, Jürgen, Zur prozeßrechtlichen Problematik des V-Mannes, ZStW 95 (1983), S. 834 ff.

Meyer-Goßner, Lutz, Strafprozeßordnung: Gerichtsverfassungsgesetz, Nebengesetze und ergänzende Bestimmungen, 46. Auflage, München 2003
Zitiert: *L. Meyer-Goßner*, StPO, 46. Aufl. 2003, § ... Rdnr. ...

Mögele, Rudolf, Betrugsbekämpfung im Bereich des gemeinschaftlichen Agrarrechts, EWS 1998, S. 1 ff.

Moll, Dietmar, Europäisches Strafrecht durch nationale Blankettstrafgesetzgebung? Eine Untersuchung zur strafrechtskonstituierenden Wirkung des EG-Rechts unter besonderer Berücksichtigung der allgemeinen verfassungsrechtlichen Anforderungen an Blankettverweisungen, Göttingen 1998
Zitiert: *D. Moll,* Europäisches Strafrecht durch nationale Blankettstrafgesetzgebung?, 1998, S. ...

Möller, Knut, Sicherheiten im Recht der Europäischen Gemeinschaft, Köln, u.a. 1990.
Zitiert: *K. Möller,* Sicherheiten im Recht der Europäischen Gemeinschaft, 1990, S. ...

Mörschel, Karl, Über den Umgang mit V-Leuten, Kriminalistik 1971, S. 169 ff.

Müller-Gugenberger, Christian / Bieneck, Klaus (Hrsg.), Wirtschaftsstrafrecht: Handbuch des Wirtschaftsstraf- und -ordnungswidrigkeitenrechts, 3. Auflage, Münster u.a. 2000
Zitiert: *Bearbeiter,* in: Müller-Gugenberger / Bieneck, Wirtschaftsstrafrecht, 3. Aufl. 2000, § ... Rdnr. ...

Müller-Henneberg, Hans / Schwartz, Gustav / Hootz, Christian (Hrsg.), Gesetz gegen Wettbewerbsbeschränkungen und Europäisches Kartellrecht, Gemeinschaftskommentar, 5. Auflage, Köln u.a., 9. Lieferung 2004
Zitiert: *Bearbeiter,* in: GWB und Europäisches Kartellrecht – Gemeinschaftskommentar, 5. Aufl. 9. Lieferung 2004, Art. ... Rdnr. ...

Musil, Andreas, Umfang und Grenzen europäischer Rechtssetzungsbefugnisse im Bereich des Strafrechts nach dem Vertrag von Amsterdam, NStZ 2000, S. 68 ff.

Nack, Armin, Gewährleistung der Rechtskultur durch das Revisionsrecht, in: Ernst-Walter Hanack / Hans Hilger / Volkmar Mehle u.a. (Hrsg.), Festschrift für Peter Rieß zum 70. Geburtstag am 4. Juni 2002, Berlin u.a. 2002, S. 361 ff.
Zitiert: *A. Nack,* Gewährleistung der Rechtskultur durch das Revisionsrecht, in: FS für Rieß, 2002, S. ...

Nelles, Ursula, Europäisierung des Strafverfahrens – Strafprozeßrecht für Europa?, ZStW 1997, S. 727 ff.

Nettesheim, Martin, Grundrechtliche Prüfdichte durch den EuGH, EuZW 1995, S. 106 ff.

Nicolaysen, Gert, Europarecht I: Die Europäische Integrationsverfassung, 2. Auflage, Baden-Baden 2002

Zitiert: *G. Nicolaysen*, Europarecht Bd. I, 2. Aufl. 2002, S. ... *K. Obermayer*, VwVfG, 2. Aufl. 1990, § 40 Rdnr.

Nitz, Holger, Anmerkung zu *BGH*, 06.02.1997 – 1 StR 527/96, JR 1998, S. 211 ff.

Obermayer, Klaus (Ehlers, Dirk / Link, Christoph (Hrsg.)), Kommentar zum Verwaltungsverfahrensgesetz, 2. Auflage, Neuwied u.a. 1990
Zitiert: *K. Obermayer*, VwVfG, 2. Aufl. 1990, § ... Rdnr. ...

Oppermann, Thomas, Europarecht: ein Studienbuch, 2. Auflage, München 1999
Zitiert: *T. Oppermann*, Europarecht, 2. Aufl. 1999, Rdnr. ...

Pabsch, Wiegand Christian, Der strafrechtliche Schutz der überstaatlichen Hoheitsgewalt, Bonn 1965
Zitiert: *W. C. Pabsch*, Der strafrechtliche Schutz der überstaatlichen Hoheitsgewalt, 1965, S. ...

Pache, Eckhard, Die Kontrolldichte in der Rechtsprechung des Gerichtshofs der Europäischen Gemeinschaften, DVBl. 1998, S. 380 ff.

—, Der Schutz der finanziellen Interessen der Europäischen Gemeinschaften, Berlin 1994
Zitiert: *E. Pache*, Der Schutz der finanziellen Interessen der Europäischen Gemeinschaften, 1994, S. ...

—, Das europäische Grundrecht auf einen fairen Prozess, NVwZ 2001, S. 1342 ff.

Pagenkopf, Martin, Zum Einfluß des Gemeinschaftsrechts auf nationales Wirtschaftsverwaltungsrecht – Versuch einer praktischen Einführung, NVwZ 1993, S. 216 ff.

Pauly, Jürgen, Anmerkung zu *EGMR*, Urt. v. 20.12.2001 – Nr. 33900/96 (P.S. / Deutschland), StV 2002, S. 290 ff.

Pernice, Ingolf, Die EU ringt um die Grundrechte, SZ vom 05.04.2000, S. 10

—, Eine Grundrechte-Charta für die Europäische Union, WHI Paper 1/00, www-Dokument, zuletzt eingesehen am 25.01.2003 (http://www.whi-berlin.de/).
Zitiert: *I. Pernice*, Eine Grundrechte-Charta für die Europäische Union, Rdnr. ...

—, Eine Grundrechte-Charta für die Europäische Union, DVBl. 2000, S. 847 ff.

Perron, Walter (Hrsg.), Die Beweisaufnahme im Strafverfahrensrecht des Auslands – Rechtsvergleichendes Gutachten im Auftrag des Bundesministeriums der Justiz, Freiburg im Breisgau, 1995
Zitiert: *Bearbeiter*, ..., in: Perron, Die Beweisaufnahme im Strafverfahrensrecht des Auslands, 1995, S. ...

Pfeiffer, Gerd, Karlsruher Kommentar zur Strafprozessordnung und zum Gerichtsverfassungsgesetz mit Einführungsgesetz, 5. Auflage, München 2003
Zitiert: KK – *Bearbeiter*, 5. Aufl. 2003, § ... Rdnr. ...

Philippi, Nina, Divergenzen im Grundrechtsschutz zwischen EuGH und EGMR, ZEuS 2002, S. 97 ff.

Polley, Romina / Seeliger, Daniela, Die neue Mitteilung der Europäischen Kommission über den Erlass und die Ermäßigung von Geldbußen in EG-Kartellsachen, EuZW 2002, S. 397 ff.

Prieß, Hans-Joachim, Die Verpflichtung der Europäischen Gemeinschaft zur Amts- und Rechtshilfe – Zum EuGH-Beschluß vom 13.7.1990, EuR 1991, S. 342 ff.

Prieß, Hans-Joachim / Pitschas, Christian, Die Abwehr sonstiger unerlaubter Handelspraktiken – Trade Barriers Regulation, EWS 2000, S. 185 ff.

Prieß, Hans-Joachim / Spitzer, Harald, Die Betrugsbekämpfung in der Europäischen Gemeinschaft, EuZW 1994, S. 297 ff.

Rasmussen, Hjalte, On Law and Policy in the European Court of Justice, Dordrecht 1986

Rebmann, Kurt, Der Einsatz verdeckt ermittelnder Polizeibeamter im Bereich der Strafverfolgung, NJW 1985, S. 1 ff.

—, Der Zeuge vom Hörensagen im Spannungsverhältnis zwischen gerichtlicher Aufklärungspflicht, Belangen der Exekutive und Verteidigungsinteressen, NStZ 1982, S. 315 ff.

Reiling, Michael, Streitgegenstand und Einrede der „res iudicata" in Direktklageverfahren vor den Gemeinschaftsgerichten, EuZW 2002, S. 136 ff.

Rengeling, Hans-Werner, Rechtsgrundsätze beim Verwaltungsvollzug des Europäischen Gemeinschaftsrechts – Zu den Grundlagen des Verwaltungsvollzuges sowie zur Theorie und Konkretisierung der Rechtsgrundsätze unter besonderer Berücksichtigung der Rechtsvergleichung, Köln u.a., 1977

Zitiert: *H.-W. Rengeling*, Rechtsgrundsätze beim Verwaltungsvollzug des Europäischen Gemeinschaftsrechts, 1977, S. ...

—, Handbuch zum europäischen und deutschen Umweltrecht – Eine systematische Darstellung des europäischen Umweltrechts mit seinen Auswirkungen auf das deutsche Recht und mit rechtspolitischen Perspektiven, Band I, Allgemeines Umweltrecht, 2. Auflage, Köln u.a. 2003
Zitiert: *Bearbeiter*, ..., in: Rengeling, Handbuch zum europäischen und deutschen Umweltrecht (EUDUR), 2. Aufl. 2003, Bd. I, § ... Rdnr. ...

—, Quellen des Verwaltungsrechts, in: Michael Schweitzer (Hrsg.), Europäisches Verwaltungsrecht, Wien 1991, S. 29 ff.
Zitiert: *H.-W. Rengeling*, Quellen des Verwaltungsrechts, in: Schweitzer, Europäisches Verwaltungsrecht, 1991, S.

Rengeling, Hans-Werner / Middeke, Andreas / Gellermann, Martin, Rechtsschutz in der Europäischen Union, Durchsetzung des Gemeinschaftsrechts vor europäischen und deutschen Gerichten, München 1994
Zitiert: *H.-W. Rengeling / A. Middeke / M. Gellermann*, Rechtsschutz in der EU, 1. Aufl. 1994, Rdnr. ...

Rieß, Peter (Hrsg.), Löwe-Rosenberg: Die Strafprozeßordnung und das Gerichtsverfassungsgesetz, 24. Auflage, Berlin u.a. 1989
Zitiert: LR – *Bearbeiter*, 24. Aufl. 1989, § ... Rdnr. ...

Rodríguez Iglesias, Gil Carlos, Der Gerichtshof der Europäischen Gemeinschaften als Verfassungsgericht, EuR 1992, S 225 ff.

Rogall, Klaus, Anmerkung zu BGH, Urteil vom 06.02.1996 – 1 StR 544/95, NStZ 1996, 451 f.

—, Anmerkung zu BGH, Urteil vom 7.3.1995 – 1 StR 685/94, JZ 1996, S. 260 ff.

Rogalla, Dieter, Das Dienstrecht der Europäischen Gemeinschaften, 2. Auflage, Köln u.a. 1992
Zitiert: *D. Rogalla*, Das Dienstrecht der Europäischen Gemeinschaften, 2. Aufl. 1992, S. ...

Röhl, Hans Christian, Die anfechtbare Entscheidung nach Art. 230 Abs. 4 EGV, ZaöRV 60 (2000), S. 331 ff.

Roxin, Claus, Strafverfahrensrecht, 25. Auflage, München 1998
Zitiert: *C. Roxin*, Strafverfahrensrecht, 25. Aufl. 1998, § ... Rdnr. ...

—, Zum Einschleichen polizeilicher Scheinaufkäufer in Privatwohnungen (*BGH*, StV 1997, 233), StV 1998, S. 43 ff.

Rump, Jürgen, Kontrollen im Marktordnungsrecht: Die Sicht der Zollfahndung, in: Reginhard Henke (Hrsg.), Kontrollen – ATLAS – Risikoanalyse, Tagungsband des 11. Europäischen Zollrechtstags des Europäischen Forums für Außenwirtschaft, Verbrauchsteuern und Zoll e.V. (EFA) am 10. und 11. Juni 1999 in Mannheim, Köln 2000, S. 129 ff.
Zitiert: *J. Rump*, Kontrollen im Marktordnungsrecht, in: Kontrollen – ATLAS – Risikoanalyse, 2000, S. ...

Rupp, Hans Heinrich, Grundfragen der heutigen Verwaltungsrechtslehre, 2. Auflage, Tübingen 1991
Zitiert: *H. H. Rupp*, Grundfragen der heutigen Verwaltungsrechtslehre, 2. Aufl. 1991, S. ...

—, „Ermessen", unbestimmter Rechtsbegriff" und kein Ende, in: Walther Fürst / Roman Herzog / Dieter C. Umbach (Hrsg.), Festschrift für Wolfgang Zeidler, Band 1, Berlin u.a. 1987, S. 455 ff.
Zitiert: *H. H. Rupp*, „Ermessen", unbestimmter Rechtsbegriff" und kein Ende, in: FS für Zeidler, 1987, S. ...

Satzger, Helmut, Die Europäisierung des Strafrechts – Eine Untersuchung zum Einfluß des Europäischen Gemeinschaftsrechts auf das deutsche Strafrecht, Köln u.a. 2001
Zitiert: *H. Satzger*, Die Europäisierung des Strafrechts, 2001, S. ...

—, Auf dem Weg zu einem Europäischen Strafrecht – Kritische Anmerkungen zu dem Kommissionsvorschlag für eine Richtlinie über den strafrechtlichen Schutz der finanziellen Interessen der Gemeinschaft, ZRP 2001, S. 549 ff.

—, Anmerkung zu EuGH, Urt. v. 16.6.1998 – Rs. C-226/97 (Strafverf. /Lemmens-Arrondissementsrechtbank Maastricht, Niederlande), StV 1999, 132 f.

Schachtschneider, Karl Albrecht, Ein Oktroi, nicht die gemeinsame Erkenntnis freier Menschen von ihrem Recht, FAZ vom 05.09.2000, S. 9

Schaefer, Hans Christoph, Das Fairnessgebot für den Staatsanwalt, in: Ernst-Walter Hanack / Hans Hilger / Volkmar Mehle u.a. (Hrsg.), Festschrift für Peter Rieß zum 70. Geburtstag am 4. Juni 2002, Berlin u.a. 2002, S. 491 ff.
Zitiert: *H. C. Schaefer*, Das Fairnessgebot für den Staatsanwalt, in: FS für Rieß, 2002, S. ...

Schaub, Günter, Europäisierung des deutschen Arbeitsrechts, NZA 1994, S. 769 ff.

Scherp, Dirk, Die polizeiliche Zusammenarbeit mit V-Personen: eine Untersuchung von Führungskonzepten und Motivationsstrukturen, Heidelberg 1992
Zitiert: *D. Scherp*, Die polizeiliche Zusammenarbeit mit V-Personen, 1992

Scheuner, Ulrich, Die Rechtsetzungsbefugnis internationaler Gemeinschaften, in: Friedrich August von der Heydte / Ignaz Seidl-Hohenveldern / Stephan Verosta u.a. (Hrsg.), Völkerrecht und rechtliches Weltbild: Festschrift für Alfred Verdross, Wien 1960, S. 229 ff.
Zitiert: *U. Scheuner*, Die Rechtsetzungsbefugnis internationaler Gemeinschaften, in: FS für Verdross, 1960, S. ...

Schilling, Theodor, Bestand und allgemeine Lehren der bürgerschützenden allgemeinen Rechtsgrundsätze des Gemeinschaftsrechts, EuGRZ 2000, S. 3 ff.

Schlothauer, Reinhold, Die Flucht aus der Justizförmigkeit durch die europäische Hintertür – Zum Urteil des BGH v. 25.7.2000 – 1 StR 169/00 = StV 2000, 593, StV 2001, S. 127 ff.

Schlüchter, Ellen / Greff, Oliver, Zeugenschutz durch das Zeugenschutzgesetz? Oder: Ist der Einsatz der Video-Technologie ein wirksamer Zeugenschutz?, Kriminalistik 1998, S. 530 ff.

Schmidt-Aßmann, Eberhard, Zur Europäisiserung des allgemeinen Verwaltungsrechts, in: Peter Badura / Rupert Scholz (Hrsg.), Wege und Verfahren des Verfassungslebens, Festschrift für Peter Lerche zum 65. Geburtstag, München 1993, S. 513 ff.
Zitiert: *E. Schmidt-Aßmann*, Zur Europäisiserung des allgemeinen Verwaltungsrechts, in: FS für Lerche, 1993, S. ...

Schockweiler, Fernand, Les conséquences de l'expiration du délai imparti pour l'établissement du marché intérieur, RMC 1991, S. 882 ff.

Schönke, Adolf / Schröder, Horst, Strafgesetzbuch, Kommentar, 26. Auflage, München 2001.
Zitiert: *Bearbeiter*, in: Schönke / Schröder, StGB, 26. Aufl. 2001, § ... Rdnr. ...

Schroeder, Werner, Das Gemeinschaftrechtssystem – Eine Untersuchung zu den rechtsdogmatischen, rechtstheoretischen und verfassungsrechtlichen Grundlagen des Systemdenkens im Europäischen Gemeinschaftsrecht, Tübingen 2002
Zitiert: *W. Schroeder*, Das Gemeinschaftrechtssystem, 2002, S. ...

—, Sport und europäische Integration – Die Diskriminierung von Sportlern in der Europäischen Gemeinschaft, München 1989 *W. Schroeder*, Sport und Europäische Integration, 1989, S. ...
Zitiert: *W. Schroeder*, Sport und Europäische Integration, 1989, S. ...

—, Anmerkung zum Urteil des EuGH vom 15. Dezember 1995, Rs. C-415/93, Bosman, JZ 1996, S. 254 ff.

Schrömbges, Ulrich, Kontrollen im Marktordnungsrecht: Die Sicht der Wirtschaft, in: Reginhard Henke (Hrsg.), Kontrollen – ATLAS – Risikoanalyse, Tagungsband des 11. Europäischen Zollrechtstags des Europäischen Forums für Außenwirtschaft, Verbrauchsteuern und Zoll e.V. (EFA) am 10. und 11. Juni 1999 in Mannheim, Köln 2000, S. 145 ff.
Zitiert: *U. Schrömbges*, Kontrollen im Marktordnungsrecht, in: Kontrollen – ATLAS – Risikoanalyse, 2000, S. ...

Schwarze, Jürgen, Europäisches Verwaltungsrecht, Band 1 und 2, Baden-Baden 1988
Zitiert: *J. Schwarze*, Europäisches Verwaltungsrecht Bd. I, 1988, S. ...
J. Schwarze, Europäisches Verwaltungsrecht Bd. II, 1988, S. ...

—, EU-Kommentar, 1. Auflage, Baden-Baden 2000
Zietiert: *Bearbeiter*, in: Schwarze, EU-Kommentar, 1. Aufl. 2000, Art. ... Rdnr. ...

—, Wirtschaftsverfassungsrechtliche Garantien für Unternehmen im europäischen Binnenmarkt, Baden-Baden 2001.
Zitiert: *Bearbeiter*, in: Schwarze, Wirtschaftsverfassungsrechtliche Garantien für Unternehmen im europäischen Binnenmarkt, 2001, S. ...

Schweitzer, Michael / Hummer, Waldemar, Europarecht: Das Recht der Europäischen Union – Das Recht der Europäischen Gemeinschaften (EGKS, EWG, EAG) – mit Schwerpunkt EG, 5. Auflage, Neuwied u.a. 1996
Zitiert: *M. Schweitzer / W. Hummer*, Europarecht, 5. Aufl. 1996, Rdnr. ...

Sedemund, Jochim, Allgemeine Prinzipien des Verwaltungsverfahrensrechts, dargestellt am Beispiel des Verwaltungsverfahrens der EG in Kartellsachen, in: Jürgen Schwarze (Hrsg.), Europäisches Verwaltungsrecht im Werden: Referate und Diskussionsberichte der Tagung des Arbeitskreises Europäische Integration e.V. in Hamburg vom 18. bis 20. Juni 1981 unter Leitung von Professor Dr. Jürgen Schwarze, 1. Auflage, Baden-Baden 1982, S. 45 ff.
Zitiert: *J. Sedemund*, in: Schwarze, Europäisches Verwaltungsrecht im Werden, 1. Aufl. 1982, S. ...

Sedemund, Jochim, Das Verfahren der EWG in Wettbewerbssachen, EuR 1973, S. 306 ff.

Selmayr, Martin, Das Recht der Wirtschafts- und Währungsunion. Erster Band: Die Vergemeinschaftung der Währung, Baden-Baden 2002
Zitiert: *M. Selmayr*, Die Vergemeinschaftung der Währung, 2002, S. ...

Selmayr, Martin / Kamann, Hans-Georg, Streit um die Unabhängigkeit – Die Europäische Zentralbank, die Europäische Investitionsbank und 70 Abgeordnete wehren sich gegen Olaf, FAZ vom 11.04.2000, S. 14

Sendler, Horst, Fragwürdigkeiten der richterlichen Unabhängigkeit, NJW 2001, S. 1256 ff.

Sherlock, Ann / Harding, Christopher, Controlling Fraud within the European Community, ELRev 16 (1991), S. 20 ff.

Sieber, Ulrich, Subventionsbetrug und Steuerhinterziehung zum Nachteil der Europäischen Gemeinschaft, SchwZStrR 1996, S. 357 ff.

—, Bekämpfung des EG-Betrugs und Perspektiven der europäischen Amts- und Rechtshilfe – Ergebnisse und rechtspolitische Vorschläge anlässlich einer Tagung zur Bekämpfung von Wirtschaftsstraftaten gegen die Europäische Gemeinschaft, ZRP 2000, S. 186 ff.

Simson, Werner von, Rezension zu Manfred Zuleeg, Das Recht der Europäischen Gemeinschaften im innerstaatlichen Bereich, 1969, EuR 1970, S. 185 ff.

Smit, Hans / Herzog, Peter, The law of the European Community. A commentary on the EEC Treaty, Volume 5, New York, 1976/1998
Zitiert: *H. Smit / P. Herzog,* The law of the European Community, Anm. ..., S.

Söllner, Renate, Art. 5 EWG-Vertrag in der Rechtsprechung des Europäischen Gerichtshofes, München 1985
Zitiert: *R. Söllner,* Art. 5 EWG-Vertrag in der Rechtsprechung des Europäischen Gerichtshofes, 1985, S. ...

Sommer, Ulrich, Komptabilitätsprobleme zwischen dem BGH und dem Europäischen Gerichtshof für Menschenrechte – die Entscheidung des BGH vom 18.11.1999 zur polizeilichen Tatprovokation -, StraFo 2000, S. 150 ff.

—, Anmerkung zu EGMR, 19.6.2001, Atlan u.a. / das Vereinigte Königreich, StraFo 2002, S. 53 f.

Spencer, J., Legal bases for the implementation, in: Mireille Delmas-Marty / John A. E. Vervaele (Hrsg.), The Implementation of the Corpus Juris in the Member States, Penal provisions for the protection of European Finances, Volume I, Antwerpen u.a. 2000, S. 380 ff.
Zitiert: *J. Spencer,* Legal bases for the implementation, in: Delmas-Marty / Vervaele, The Implementation of the Corpus Juris in the Member States, Vol. I, 2000, S. ...

Spinellis, D., Legal bases for the implementation, in: Mireille Delmas-Marty / John A. E. Vervaele (Hrsg.), The Implementation of the Corpus Juris in the Member States, Penal provisions for the protection of European Finances, Volume I, Antwerpen u.a. 2000, S. 383 f.
Zitiert: *D. Spinellis*, Legal bases for the implementation, in: Delmas-Marty / Vervaele, The Implementation of the Corpus Juris in the Member States, Vol. I, 2000, S. ...

Spitzer, Harald, Kontrollen und Überprüfungen der Kommission vor Ort zum Schutz der finanziellen Interessen der EG – Erste Praktische Erfahrungen mit der Anwendung von VO (Euratom, EG) Nr. 2185/96, in: Reginhard Henke (Hrsg.), Kontrollen – ATLAS – Risikoanalyse, Tagungsband des 11. Europäischen Zollrechtstags des Europäischen Forums für Außenwirtschaft, Verbrauchsteuern und Zoll e.V. (EFA) am 10. und 11. Juni 1999 in Mannheim, Köln 2000, S. 31 ff.
Zitiert: *H. Spitzer*, Kontrollen und Überprüfungen der Kommission vor Ort zum Schutz der finanziellen Interessen der EG, in: Kontrollen – ATLAS – Risikoanalyse, 2000, S. ...

Stein, Torsten, „Gut gemeint..." – Bemerkungen zur Charta der Grundrechte der Europäischen Union, in: Hans-Joachim Cremer / Thomas Giegerich / Dagmar Richter u.a. (Hrsg.), Tradition und Weltoffenheit des Rechts: Festschrift für Helmut Steinberger, Berlin, u.a. 2002, S. 1425 ff.
Zitiert: *T. Stein*, „Gut gemeint..." – Bemerkungen zur Charta der Grundrechte der Europäischen Union, in: FS für Steinberger, 2002, S. ...

Stelkens, Paul / Bonk, Heinz Joachim / Leonhardt, Klaus (Hrsg.), Verwaltungsverfahrensgesetz, Kommentar, 2. Auflage, München 1983
Zitiert: *Bearbeiter,* in: Stelkens / Bonk / Leonhardt, VwVfG, 2. Aufl. 1983, § ... Rdnr. ...

Stelkens, Paul / Bonk, Heinz Joachim / Sachs, Michael (Hrsg.), Verwaltungsverfahrensgesetz, Kommentar, 6. Auflage, München 2001
Zitiert: *Bearbeiter,* in: Stelkens / Bonk / Sachs, VwVfG, 6. Aufl. 2001, § ... Rdnr. ...

Streinz, Rudolf, Europarecht, 5. Auflage, Heidelberg 2001
Zitiert: *R. Streinz*, Europarecht, 5. Aufl. 2001, Rdnr. ...

—, Bundesverfassungsgerichtlicher Grundrechtsschutz und Europäisches Gemeinschaftsrecht – Die Überprüfung grundrechtsbeschränkender deutscher Begründungs- und Vollzugsakte von Europäischem Gemeinschaftsrecht durch das Bundesverfassungsgericht, 1. Auflage, Baden-Baden 1989
Zitiert: *R. Streinz*, Bundesverfassungsgerichtlicher Grundrechtsschutz und Europäisches Gemeinschaftsrecht, 1989, S. ...

—, *(Hrsg.)*, EUV / EGV, Vertrag über die Europäische Union und Vertrag zur Gründung der Europäischen Gemeinschaft, München 2003
Zitiert: *Bearbeiter*, in: Streinz, EUV / EGV, 1. Aufl. 2003, Rdnr. ...

Szczekalla, Peter, Allgemeine Rechtsgrundsätze, in: Hans-Werner Rengeling (Hrsg.) Handbuch zum europäischen und deutschen Umweltrecht – Eine systematische Darstellung des europäischen Umweltrechts mit seinen Auswirkungen auf das deutsche Recht und mit rechtspolitischen Perspektiven, Band I, Allgemeines Umweltrecht, 2. Auflage, Köln u.a. 2003, S. 294 ff.
Zitiert: *P. Szczekalla*, Allgemeine Rechtsgrundsätze, in: Rengeling, Handbuch zum europäischen und deutschen Umweltrecht (EUDUR), 2. Aufl. 2003, Bd. I, § 11 Rdnr. ...

—, Grundrechte, in: Hans-Werner Rengeling (Hrsg.) Handbuch zum europäischen und deutschen Umweltrecht – Eine systematische Darstellung des europäischen Umweltrechts mit seinen Auswirkungen auf das deutsche Recht und mit rechtspolitischen Perspektiven, Band I, Allgemeines Umweltrecht, 2. Auflage, Köln u.a. 2003, S. 338 ff.
Zitiert: *P. Szczekalla*, Grundrechte, in: Rengeling, Handbuch zum europäischen und deutschen Umweltrecht (EUDUR), 2. Aufl. 2003, Bd. I, § 12 Rdnr. ...

Taschke, Jürgen, Die behördliche Zurückhaltung von Beweismitteln im Strafprozeß, Frankfurt am Main 1989
Zitiert: *J. Taschke*, Die behördliche Zurückhaltung von Beweismitteln im Strafprozeß, 1989, S.

Teitgen, Pierre-Henri, La décision dans la Communauté économique européenne, RdC 134 (1971), S. 589 ff.

Tettinger, Peter, Mehr als eine fleißige Sammlung zum Schutz von Eurokraten?, FAZ vom 26.08.2000, S. 6

—, Die Charta der Grundrechte der Europäischen Union, NJW 2001, S. 1010 ff.

Theato, Diemut R., Freier Warenverkehr verlangt Zollkontrolle, in: Reginhard Henke (Hrsg.), Kontrollen – ATLAS – Risikoanalyse, Tagungsband des 11. Europäischen Zollrechtstags des Europäischen Forums für Außenwirtschaft, Verbrauchsteuern und Zoll e.V. (EFA) am 10. und 11. Juni 1999 in Mannheim, Köln 2000, S. 11 ff.
Zitiert: *D. R. Theato*, Freier Warenverkehr verlangt Zollkontrolle, in: Kontrollen – ATLAS – Risikoanalyse, 2000, S. ...

Thierfelder, Rainer, Die Entscheidung im EWG-Vertrag, Hamburg 1968
Zitiert: *R. Thierfelder*, Die Entscheidung im EWG-Vertrag, 1968

Thun-Hohenstein, Christoph / Cede, Franz / Hafner, Gerhard, Europarecht – Ein systematischer Überblick mit den Auswirkungen des Vertrages von Nizza, 4. Auflage, Wien 2003
Zitiert: *C. Thun-Hohenstein / F. Cede / G. Hafner*, Europarecht, 4. Aufl. 2003, S. ...

Thym, Daniel, Europaabgeordnete gegen Europaparlament – der erste Akt des Streits um OLAF, EuR 2000, S. 990 ff.

Tiedemann, Klaus, Europäisches Gemeinschaftsrecht und Strafrecht, NJW 1993, S. 23 ff.

—, Anmerkung zu EuGH, Urteil vom 21.09.1989 – Rs. 68/88, (Kommission / Griechenland), EuZW 1990, S. 100 f.

—, Reform des Sanktionswesens auf dem Gebiete des Agrarmarktes der Europäischen Wirtschaftsgemeinschaft, in: Otto-Friedrich von Gamm / Peter Raisch / Klaus Tiedemann (Hrsg.), Strafrecht, Unternehmensrecht, Anwaltsrecht – Festschrift für Gerd Pfeiffer zum Abschied aus dem Amt als Präsident des Bundesgerichtshofes, Köln 1988, S. 101 ff.
Zitiert: *K. Tiedemann*, Reform des Sanktionswesens auf dem Gebiete des Agrarmarktes der Europäischen Wirtschaftsgemeinschaft, in: FS. für Pfeiffer, 1988, S. ...

—, Lehren von der Straftat im Allgemeinen Teil der Europäischen Rechtssysteme – Überlegungen zur Strafrechtsangleichung in Europa – Einleitung: Re-Europäisierung des Strafrechts versus Nationalismus der (deutschen) Strafrechtslehre, GA 1998, S. 107 ff.

—, The level of protection afforded to the Community's financial interests: criminal and administrative sanctions, in: Europäische Kommission, Legal protection of the financial interests of the Community, Proceedings of the seminar organized by the Directorate-General for Financial Control and the Legal Service of the Commission of the European Communities on the 27, 28 and 29 November 1989 in Brussels, Luxemburg 1990, S. 131 ff.
Zitiert: *K. Tiedemann*, The level of protection afforded to the Community's financial interests, in: Legal protection of the financial interests of the Community, 1990, S. ...

—, Legal bases for the implementation, in: Mireille Delmas-Marty / John A. E. Vervaele (Hrsg.), The Implementation of the Corpus Juris in the Member States, Penal provisions for the protection of European Finances, Volume I, Antwerpen u.a. 2000, S. 385 ff.
Zitiert: *K. Tiedemann*, Legal bases for the implementation, in: Delmas-Marty / Vervaele, The Implementation of the Corpus Juris in the Member States, Vol. I, 2000, S. ...

Tolmein, Oliver, Europol, StV 1999, S. 108 ff.

Tomuschat, Christian, Das Francovich-Urteil des EuGH – Ein Lehrstück zum Europarecht, in: Ole Due / Marcus Lutter / Jürgen Schwarze(Hrsg.), Festschrift für Ulrich Everling, Band 2, Baden-Baden 1995, S. 1585 ff.
Zitiert: *C. Tomuschat*, Das Francovich-Urteil des EuGH, in: FS für Everling, Band 2, 1995, S. ...

Trechsel, Stefan, Nur ein Recht der Menschenrechte für Europa: „Pomp and Circumstances" – oder die EU-Grundrechtscharta als Imagepflege / Die Charta als Aushängeschild, NZZ vom 13.01.2001, S. 61

—, Akteneinsicht – Information als Grundlage des fairen Verfahrens, in: Rainer J. Schweizer / Herbert Burkert / Urs Gasser (Hrsg.), Festschrift für Jean Nicolas Druey zum 65. Geburtstag, Zürich u.a. 2002, S. 993 ff.
Zitiert: *S. Trechsel*, Akteneinsicht, in: FS für Druey, 2002, S. ...

Tupman, W. A., The search for supra-national solutions: Investigating fraud against the European Budget, in: Fraud on the European Budget, Proceedings of a Conference promoted by the Association of Europen Lawyers in the United Kingdom for the Protection of the financial interests of the European Community, Hume Papers on Public Policy, Edinburgh, Vol. 4 No. 3 1996, S. 43 ff.
Zitiert: *W. A. Tupman*, The search for supra-national solutions: Investigating fraud against the European Budget, in: Fraud on the European Budget, Hume Papers on Public Policy, Vol. 4 No. 3 1996, S. ...

Ule, Carl Hermann, Zur Anwendung unbestimmter Rechtsbegriffe im Verwaltungsrecht, in: Otto Bachof / Martin Drath / Otto Gönnenwein / u.a. (Hrsg.), Forschungen und Berichte aus dem öffentlichen Recht, Gedächtnisschrift für Walter Jellinek, 12. Juli 1885 – 9. Juni 1955, München 1955, S. 309 ff.
Zitiert: *C. H. Ule*, in: GS für Walter Jellinek, 1955, S. ...

Ulrich, Stephan, Kontrollen der EG-Kommission bei Wirtschaftsbeteiligten zum Schutz der finanziellen Interessen der Gemeinschaft: Rahmen, Kompetenzen und verfahrensrechtliche Bindungen bei Kontrollen vor Ort nach der VO (Euratom, EG) Nr. 2185/96, Frankfurt am Main u.a. 1999
Zitiert: *S. Ulrich*, Kontrollen der EG-Kommission bei Wirtschaftsbeteiligten zum Schutz der finanziellen Interessen der Gemeinschaft, 1999, S. ...

Van Camp, Roger, Lutte contre la criminalité organisée au niveau européen: nouvelles technologies (European Commission – Seminar. "Corpus Juris" and Judicial Cooperation in the field of Protection of Financial Interests of the European Union. Istanbul, 12-13 October 2000. Thursday 12 October 2000. First Session. History and General

Strategy of the European Commission in the Fight against Fraud), AGON Nr. 30 (2001), S. 5 ff.

Vedder, Christoph, Die Unterscheidung von Unionsrecht und Gemeinschaftsrecht nach dem Vertrag von Amsterdam, in: Peter-Christian Müller-Graff / Jürgen Schwarze (Hrsg.), Rechtsschutz und Rechtskontrolle nach Amsterdam, EuR Beih. 1/1999, S. 7 ff.
Zitiert: *C. Vedder*, EuR Beih. 1/1999, S. ...

—, Grundrechtsschutz in der Europäischen Union, in: Wilfried Bottke / Thomas M. J. Möllers / Reiner Schmidt (Hrsg.), Recht in Europa, Festgabe zum 30-jährigen Bestehen der Juristischen Fakultät Augsburg, Baden-Baden 2003, S. 315 ff.
Zitiert: *C. Vedder*, Grundrechtsschutz in der Europäischen Union, in: Recht in Europa, 2003, S. ...

Violini, Lorenza, Grundrechtsschutz zwischen Europäischem Gerichtshof und nationalen Gerichten nach Amsterdam, in: Peter-Christian Müller-Graff / Jürgen Schwarze (Hrsg.), Rechtsschutz und Rechtskontrolle nach Amsterdam, EuR Beih. 1/1999, S. 117 ff.
Zitiert: *L. Violini*, EuR Beih. 1/1999, S. ...

Wagemann, Markus, Rechtfertigungs- und Entschuldigungsgründe im Bußgeldrecht der Europäischen Gemeinschaften, Heidelberg 1992
Zitiert: *M. Wagemann*, Rechtfertigungs- und Entschuldigungsgründe im Bußgeldrecht der Europäischen Gemeinschaften, 1992, S. ...

Wägenbaur, Bertrand, Der Zugang zu EU-Dokumenten – Transparenz zum Anfassen, EuZW 2001, S. 680 ff.

Wägenbaur, Rolf, Betrugsbekämpfung zum Schutz der finanziellen Interessen der Gemeinschaft, EuZW 2001, S. 34

Wagner, Heinz, Anmerkung zu BGH, Urteil vom 28.04.1987 – 5 StR 666/86, NStZ 1989, S. 34 f.

Wahl, Rainer, Risikobewertung der Exekutive und richterliche Kontrolldichte – Auswirkungen auf das Verwaltungs- und gerichtliche Verfahren, NVwZ 1991, S. 409 ff.

Weatherill, Stephen / Beaumont, Paul, EC Law. The Essential Guide to the Legal Working of the European Community. 2. edition, London 1995
Zitiert: *S. Weatherill / P. Beaumont*, EC Law, 2. ed. 1995, S. ...

Weber, Albrecht, Das Verwaltungsverfahren im Antidumpingrecht der EG, EuR 1985, S. 1 ff.

—, Das Verwaltungsverfahren, in: Michael Schweitzer (Hrsg.), Europäisches Verwaltungsrecht, Wien 1991, S. 55 ff.

Zitiert: *A. Weber*, Das Verwaltungsverfahren, in: Schweitzer, Europäisches Verwaltungsrecht, 1991, S.

Wegener, Bernhard W., Rechte des Einzelnen – Die Interessentenklage im europäischen Umweltrecht, Baden-Baden 1998.
Zitiert: *B. Wegner*, Rechte des Einzelnen, 1998, S. ...

Wehner, Bernd, Informant und V-Person, Kriminalistik 1986, S. 383 ff.

Weider, Hans-Joachim, Die Videovernehmung von V-Leuten gemäß § 247 a StPO unter optischer und akustischer Abschirmung, StV 2000, S. 48 ff.

Weigend, Thomas, Spricht Europa mit zwei Zungen?, StV 2001, S. 63 ff.

Weigend, Thomas / Küpper, Georg (Hrsg.), Festschrift für Hans Joachim Hirsch zum 70. Geburtstag am 11. April 1999, Berlin u.a. 1999
Zitiert: *Bearbeiter*, ..., in: FS für Hirsch, 1999, S. ...

Weiler, Joseph. H. H., Protection of Fundamental Human Rights within the Legal Order of the European Communities, in: Rudolf Bernhardt / John Anthony Jolowicz (Hrsg), International Enforcement of Human Rights – Reports submitted to the colloquium of the International Association of Legal Science, Heidelberg, 28–30 August 1985, Berlin u.a., 1987 S. 113 ff.
Zitiert: *J. H. H. Weiler*, Protection of Fundamental Human Rights within the Legal Order of the European Communities, in: Bernhardt / Jolowicz, International enforcement of human rights, 1987, S. ...

Weiß, Wolfgang, Die Verteidigungsrechte im EG-Kartellverfahren : zugleich ein Beitrag zu den allgemeinen Rechtsgrundsätzen des Gemeinschaftsrechts, Köln 1996
Zitiert: *W. Weiß*, Die Verteidigungsrechte im EG-Kartellverfahren, 1996 S. ...

—, Der Schutz des Rechts auf Aussageverweigerung durch die EMRK, NJW 1999, S. 2236 f.

Weßlau, Edda, Anmerkung zu *BGH*, Urteil vom 7.3.1995 – 1 StR 685/94, StV 1995, S. 506 ff

Wetterich, Paul, Verwertung vertraulicher Informationen, in: Josef Kürzinger / Elmar Müller (Hrsg.), Festschrift für Wolf Middendorff zum 70. Geburtstag, Bielefeld 1986, S. 273 ff.
Zitiert: *P. Wetterich*, Verwertung vertraulicher Informationen, in: FS für Middendorff, 1986, S. ...

White, Simone, VAT revenue and organised crime: time for action?, ELRev 24 (1999), S. 433 ff.

—, Proposed Measures against Corruption of Officials in the European Union, ELRev 21 (1996), S. 465 ff.

—, Protection of the Financial Interests of the European Communities: The Fight against Fraud and Corruption, The Hague u.a. 1998
Zitiert: *S. White*, Protection of the Financial Interests of the European Communities, 1998, S. ...

Wiedemann, Gerhard (Hrsg.), Handbuch des Kartellrechts, München 1999
Zitiert: *Bearbeiter*, in: Wiedemann, Handbuch des Kartellrechts, 1999, § ... Rdnr. ...

Wille, Angelo, Die Pflicht der Organe der Europäischen Gemeinschaft zur loyalen Zusammenarbeit mit den Mitgliedstaaten, Baden-Baden 2003
Zitiert: *A. Wille*, Die Pflicht der Organe der Europäischen Gemeinschaft zur loyalen Zusammenarbeit mit den Mitgliedstaaten, 2003, S. ...

Wohlers, Wolfgang, Art. 6 Abs. 3 lit. d) EMRK als Grenze der Einführung des Wissens anonym bleibender Zeugen, in: Andreas Donatsch / Stefan Trechsel (Hrsg.), Strafrecht, Strafprozessrecht und Menschenrechte – Festschrift für Stefan Trechsel zum 65. Geburtstag, Zürich u.a. 2002, S. 813 ff.
Zitiert: *W. Wohlers*, Art. 6 Abs. 3 lit. d) EMRK als Grenze der Einführung des Wissens anonym bleibender Zeugen, in: FS für Trechsel, 2002, S. ...

Wohlfarth, Ernst / Everling, Ulrich / Glaesner, Hans Joachim / Sprung, Rudolf (Hrsg.), Die Europäische Wirtschaftsgemeinschaft: Kommentar zum Vertrag, Berlin 1960
Zitiert: *Bearbeiter*, in: Wohlfarth / Everling / Glaesner / Sprung, EWG, 1960, Art. ..., Rdnr. ...

Wölcker, Ulrich, Grundrechtsschutz durch den Gerichtshof der Europäischen Gemeinschaften und nationale Gerichte nach Amsterdam, in: Peter-Christian Müller-Graff / Jürgen Schwarze (Hrsg.), Rechtsschutz und Rechtskontrolle nach Amsterdam, EuR Beih. 1/1999, S. 99 ff.
Zitiert: *U. Wölcker*, EuR Beih. 1/1999, S. ...

Wolff, Hans Julius / Bachof, Otto / Stober, Rolf, Verwaltungsrecht, Band 1, ein Studienbuch, 11. Auflage, München 1999
Zitiert: *H. J. Wolff / O. Bachof / R. Stober*, Verwaltungsrecht I, 11. Aufl. 1999, § ... Rdnr. ...

Wolffgang, Hans-Michael, Betrugsbekämpfung im Marktordnungsrecht, in: Dirk Ehlers / Hans-Michael Wolffgang (Hrsg.), Rechtsfragen der Europäischen Marktordnungen, Münster 1998, S. 209 ff.
Zitiert: *H.-M. Wolffgang*, Betrugsbekämpfung im Marktordnungsrecht, in: Ehlers / Wolffgang, Rechtsfragen der Europäischen Marktordnungen, 1998, S. ...

Wolffgang, Hans-Michael / Ulrich, Stephan, Schutz der finanziellen Interessen der Europäischen Gemeinschaften. Bekämpfung von Unregelmäßigkeiten und Betrug im Agrarrecht und anderen finanzrelevanten Bereichen, EuR 1998, S. 616 ff.

Wollweber, Harald, Anmerkung zu BGH, Urt. v. 6.2.1997 – 1 StR 527/96, StV 1997, S. 507 ff.

Wuermeling, Joachim, Kooperatives Gemeinschaftsrecht – Die Rechtsakte der Gesamtheit der EG-Mitgliedstaaten, insbesondere der Gemeinschaftskonventionen nach Art. 220 EWGV, Kehl u.a. 1988
Zitiert: *J. Wuermeling*, Kooperatives Gemeinschaftsrecht, 1988, S. ...

Ziegler, Ursula, Die Aussagegenehmigung im Beamtenrecht, Baden-Baden 1989
Zitiert: *U. Ziegler*, Die Aussagegenehmigung im Beamtenrecht, 1989, S. ...

Zieschang, Frank, Chancen und Risiken der Europäisierung des Strafrechts, ZStW 113 (2001), S. 255 ff.

Zuleeg, Manfred, Die Auslegung des Europäischen Gemeinschaftsrechs, EuR 1969, S. 97 ff.

—, Der Schutz der Menschenrechte im Gemeinschaftsrecht, DÖV 1992, S. 937 ff.

—, Die Europäische Gemeinschaft als Rechtsgemeinschaft, NJW 1994, S. 545 ff.

—, Zum Verhältnis nationaler und europäischer Grundrechte – Funktionen einer EU-Charta der Grundrechte, EuGRZ 2000, S. 511 ff.,

—, Die föderativen Grundsätze der Europäischen Union, NJW 2000, S. 2846 ff.

Zwehl, Herwig von, Der Einsatz von V-Leuten und die Einführung des Wissens von V-Leuten in das Strafverfahren, Pfaffenweiler 1987
Zitiert: *H. von Zwehl*, Der Einsatz von V-Leuten und die Einführung des Wissens von V-Leuten in das Strafverfahren, 1987, S. ...

Zweigert, Konrad, Der Einfluß des Europäischen Gemeinschaftsrechts auf die Rechtsordnungen der Mitgliedstaaten, RabelsZ 1964, S. 601 ff.

B. Register

Fundstellen beziehen sich auf Seitenzahlen. Kursiv gedruckte Fundstellen beziehen sich auch auf Folgeseiten. Kursive gedruckte Schlagworte bezeichnen Entscheidungen.

Schriften zum Europa- und Völkerrecht und zur Rechtsvergleichung

Herausgegeben von Prof. Dr. Manfred Zuleeg

Band 1 Mathias Mühlhans: Internationales Wassernutzungsrecht und Spieltheorie. Die Bedeutung der neueren völkerrechtlichen Vertragspraxis und der wirtschaftswissenschaftlichen Spieltheorie für das Prinzip der angemessenen Nutzung internationaler Binnengewässer. 1998.

Band 2 Michael Grüb: Europäische Niederlassungs- und Dienstleistungsfreiheit für Private mit hoheitlichen Befugnissen. 1999.

Band 3 Kathrin Bremer: Nationale Strafverfolgung internationaler Verbrechen gegen das humanitäre Völkerrecht. Am Beispiel einer Rechtsvergleichung Deutschlands, der Schweiz, Belgiens und Großbritanniens. 1999.

Band 4 Jon Marcus Meese: Das Petitionsrecht beim Europäischen Parlament und das Beschwerderecht beim Bürgerbeauftragten der Europäischen Union. 2000.

Band 5 Christoph Schalast: Umweltschutz und Wettbewerb als Wertwiderspruch im deregulierten deutschen und europäischen Elektrizitätsmarkt. 2001.

Band 6 Ralf Bauer: Das Recht auf eine gute Verwaltung im Europäischen Gemeinschaftsrecht. Inhalt, Anwendungsbereich und Einschränkungsvoraussetzungen des Grundrechts auf eine gute Verwaltung in Artikel 41 der Charta der Grundrechte der Europäischen Union. 2002.

Band 7 Kerstin Estler: Zur Effektivität des einstweiligen Rechtsschutzes im Gemeinschaftsrecht. 2003.

Band 8 Ali Hahin: Der Vertrag von Amsterdam: Vergemeinschaftetes Asylrecht. 2003.

Band 9 Amina Dammann: Die Beschwerdekammern der europäischen Agenturen. 2004.

Band 10 Nina Nolte: Deregulierung von Monopolen und Dienstleistungen von allgemeinem wirtschaftlichen Interesse. Zur Bedeutung des Art. 86. Abs. 2 EGV. Insbesondere in den Bereichen der Elektrizitätswirtschaft, der Bodendienstleistungen auf Flughäfen und der Abfallwirtschaft. 2004.

Band 11 Izumi Kazuhara: Einfluss der Marktintegration auf die Auslegung und Anwendung des europäischen Wettbewerbsrechts. 2004.

Band 12 Olesia Engelbutzeder: EU Anti-Dumping Measures Against Russian Exporters. In View of Russian Accession to the WTO and the EU Enlargement 2004. 2004.

Band 13 Magnus Noll-Ehlers: Produzentenverantwortung im Europäischen Umweltrecht. 2004.

Band 14 Walter Seubert: Die Brüsseler „Verständigung“ zu Anstaltslast und Gewährträgerhaftung. Eine Betrachtung aus europarechtlicher und mitgliedstaatlicher Sicht. 2005.

Band 15 Vera Korrell: Europol. Polizei ohne rechtsstaatliche Bindungen? 2005.

Band 16 Tina Sandmann: Kommunale Unternehmen im Spannungsfeld von Daseinsvorsorge und europäischem Wettbewerbsrecht. 2005.

Band 17 Agnė Veršelytė: Das Recht auf Gesundheitsschutz in der Europäischen Union. 2005.

Band 18 Silke Sandmann: Umsetzung von Europarecht in Italien. Das La Pergola-Gesetz als Lösung eines langjährigen Problems. 2006.

Band 19 Andrea Spellerberg: Vertraulichkeit für Informanten des Europäischen Amtes für Betrugsbekämpfung (OLAF). Der Schutz des Informanten nach Art. 287 EG und die Verteidigungsrechte der Betroffenen. 2006.

FSC
www.fsc.org
MIX
Papier | Fördert gute Waldnutzung
FSC® C083411

Kolibri 360 GmbH
Ferdinand-Jühlke-Straße 7
99095 Erfurt, Deutschland
produktsicherheit@kolibri360.de

Druck:
CPI Druckdienstleistungen GmbH
im Auftrag der
Kolibri 360 GmbH
Ferdinand-Jühlke-Str. 7
99095 Erfurt